"十二五"江苏省高等学校重点教材(编号:2015-1-069)

华东地区优秀教材(2009)

医 事 法 学

（第5版）

主 编：姜柏生　万建华　王　炜

副主编：顾加栋　耿华昌　任元鹏　朱　虹

编者（以姓氏笔画为序）

万建华（江苏建康职业学院）　　　王劲松（扬州大学）

王　炜（扬州大学）　　　　　　火煜雯（南京医科大学）

朱　虹（苏州大学）　　　　　　任元鹏（南通大学）

孙宏鹏（苏州大学）　　　　　　严晓萍（扬州大学）

李秀明（江苏建康职业学院）　　杨海涛（徐州医科大学）

张天阳（苏州大学）　　　　　　姜柏生（南京医科大学）

祝　彬（南京医科大学）　　　　耿华昌（江苏大学）

顾加栋（南京医科大学）　　　　徐海荣（扬州大学）

曾日红（南京医科大学）　　　　曾　见（江苏大学）

秘书：金心蕊（南京医科大学）

东南大学出版社

·南京·

图书在版编目(CIP)数据

医事法学/姜柏生,万建华,王炜主编. —5 版.
—南京:东南大学出版社,2017.7
　ISBN　978 - 7 - 5641 - 7176 - 6

　Ⅰ. 医… Ⅱ.①姜… ②万… ③王… Ⅲ.①医药卫
生管理-法学-中国 Ⅳ.①D922.161

中国版本图书馆 CIP 数据核字(2017)第 116179 号

使用本教材的教师可通过 LQchu234@163.com
索取 PPT 参考教案

医事法学(第 5 版)

出版发行:东南大学出版社
社　　址:南京四牌楼 2 号　邮编:210096
出 版 人:江建中
网　　址:http://www.seupress.com
经　　销:全国各地新华书店
印　　刷:兴化印刷有限责任公司
开　　本:787 mm×1 092 mm　1/16
印　　张:21.75
字　　数:543 千字
版　　次:2017 年 7 月第 1 版
印　　次:2017 年 7 月第 1 次印刷
书　　号:ISBN 978-7-5641-7176-6
定　　价:38.00 元

本社图书若有印装质量问题,请直接与营销部联系。电话:025 - 83791830

第5版前言

《医事法学》第1版于2003年1月出版。为了适应我国医事法治建设的不断发展，第1版面世至今的十余年间，《医事法学》已经完成了三次修订任务，相继出版了《医事法学（第2版）》(2007年1月)、《医事法学（第3版）》(2010年8月)、《医事法学（第4版）》(2014年1月)。《医事法学》第一版及以后的三次修订的编写思路一脉相承，着重提升应有的实用性，及时吸收新的法律、法规、规章，并对理论体系和框架建构进行调整，以适应医务人员、在校医学生等读者群体的需求变化。

2015年10月，《医事法学》入选"十二五"江苏省高等学校重点教材（修订）项目，重点教材项目对教材建设提出了更高的要求。与此同时，近年来医事法学领域出现了很多新案例、新理论、新方法，医疗实践中出现的很多新问题，也需要进行理论解读、寻找解决途径，但第4版教材未能涉及。《医事法学》第5版的"修订"实属应运而生。本次"修订"，我们重新组织了编写班子，编写人员进行了多次研讨，分工重新编写，除了遵循"强调针对性""突出实践性"的一贯思路以外，还特别注重理论性，力图形成有特色的医事法学理论体系，并尽可能体现启发性和开放性，问题式教学贯彻教材始终，意在促进学生自主学习，适应医事法律制度不断更新的学科特点。教材的篇章结构方面也做了进一步完善：(1)每章列出"学习目的"，可以帮助学习者把握章节重点；(2)每章附典型案例及希望学习者思考的问题，案例和问题均具有启示作用。

另，国务院于2013年推行政府机构改革，原卫生部、国家人口和计划生育委员会予以合并，地方相关机构也将进行合并或调整。上述两类机构的职能、职责将由新设立的机构承接。本教材为了尊重法律法规的原貌，对"卫生部""国家人口和计划生育委员会"等部门名称的提法未予改动。特此说明。

《医事法学》第5版编写组成员来自南京医科大学、扬州大学、江苏大学、苏州大学、南通大学、徐州医科大学、江苏建康职业学院等高等院校。

参加编写的人员是：

南京医科大学姜柏生：绪论、第一章、附录

南京医科大学曾日红：第二章、第三章

南京医科大学祝彬：第四章

扬州大学严晓萍、王炜：第五章、第七章

江苏大学耿华昌：第六章

江苏大学曾见:第八章

苏州大学朱虹:第九章

南京医科大学火煜雯:第十章

徐州医科大学杨海涛:第十一章、第十九章

扬州大学王劲松、徐海荣:第十二章

南京医科大学顾加栋:第十三章、第十四章

江苏建康职业学院李秀明:第十五章

苏州大学孙宏鹏、张天阳:第十六章

南通大学任元鹏:第十七章、第二十章

江苏建康职业学院万建华:第十八章

全书由姜柏生初拟编写大纲,后经编委会集体讨论修改完善。全书由姜柏生、万建华、王炜和顾加栋共同统、定稿。

本次修订,得到了南京医科大学和各参编单位的支持;南京医科大学研究生金心蕊做了大量的编务工作;编写过程中参考引用了近年来诸多专家学者的理论观点,在此一并致以诚挚的谢意。

由于编写人员的水平有限,本次修订可能仍有不尽完善之处,恳请专家和同行及广大读者不吝指教。

编　者

2017 年 6 月

目　　录

绪　论

【学习目的】

　　理解和掌握医事法学的概念和研究对象；了解医事法学体系及其与相关学科的关系；明确学习医事法学的目的、意义和方法。

一、医事法学的概念、性质和任务

（一）医事法学的概念

　　医事法学是研究医事法律这一特定社会现象及其发展规律的一门法律学科。

　　20世纪以来，自然科学和社会科学逐渐从分化走向综合，出现两大领域汇流、不断融合渗透的历史趋势；20世纪60年代后期，传统的生物医学模式日渐式微，新的生物—心理—社会医学模式蓬勃兴起。医事法学就是在这一深刻的社会历史背景下孕育和成长起来的一门新兴的边缘交叉学科。从医学角度来看，医事法学属于理论医学的范畴；从法学角度来看，医事法学则属于法律科学中有关医药卫生问题的应用科学范畴。

　　需要说明的是，与医事法学相近的学科名称主要有卫生法学、医学法学、生命法学等。本书采用"医事法学"称谓，并非标新立异，而是基于目前世界各国对有关医药卫生法律事务的用语，一般均以"医事"一词概之，"医事"一词早已成了世界各国的一种约定俗成的法律专用术语。且与此相应的其他法律事务方面的用语，有"民事""刑事""海事""商事"等。所以，用"医事法学"作为学科名称，更加符合用法律术语表述法律问题的要求，也有利于与世界接轨。同时，虽然卫生法学、医学法学、生命法学与医事法学的根本目的和根本任务是一致的，但比较卫生、医学、生命与医事四者的语义，不难看出卫生、医学、生命都是作为一门相当成熟的专业学科名称来使用的，它们本身有着比较规范、明确的学科调整对象和研究范畴，其词义与医事相比，似乎显得狭隘、拘谨。而医事即医药卫生之事务本身是一个复合性词组，含义明确、宽泛，也更能反映出医事法学这一学科的深刻学术特征。换言之，医事法学包括卫生法学或医学法学或生命法学，卫生法学或医学法学或生命法学已成为医事法学之一部分。因此，为了这一新兴学科的学术繁荣，使用医事法学指称比卫生法学、医学法学、生命法学更为恰当。

　　研究医事法学，首先应该了解"医事"和"法律"的含义。

1. 什么是医事

医事一词在这里应作广义的理解,即泛指为维护和保障人体生命健康而进行的一切个人和社会活动的总和。它包含以下三个方面的内容:一是使人体在出生前后便有一个比较强健的体质;二是促使人体在生活和劳动过程中增强体质,能够避免和抵御外部环境对人体的不良影响,并保持完满的精神状态和良好的社会适应能力;三是对业已患病的人体进行治疗,使之恢复健康。《牛津辞典》为"Health"和"Medicine"下的权威定义分别是:"soundness of body or mind"和"art of restoring and preserving health",即分别为"心理与机体的圆满状态"和"恢复和保护健康的技艺"。可见,西方对医事含义的理解比国人广泛。

2. 什么是法律

法律是阶级社会特有的一种历史现象。法律的含义可以从形式与内容两个方面去理解。从形式上看,法律具有公平、正义、无私、威严等自然品性;从本质上看,法律是由一定物质生活条件决定的统治阶级意志的体现,是由国家制定或认可并由国家强制力保证实施的行为规则的总和,是确认、维护和发展对统治阶级有利的社会关系和社会统治的工具。

法律是一种特殊的社会规范,它从统治阶级的利益出发,以国家的名义规定了人们的权利和义务,明确地告诉人们,什么行为是合法的、可以做的,什么行为是非法的、禁止做的。以此来规范人们的行为,钳制被统治阶级,调整社会成员的相互关系,从而使有利于统治阶级的社会关系和社会秩序得到维护和发展,以实现统治阶级的阶级专政。

(1) 法律的特征。法律作为一种特殊的社会规范,其特征如下:

① 法律是由国家制定或认可,具有国家意志性。制定或认可是统治阶级将自己的意志上升为国家意志的两种方式。制定,就是国家机关根据法定权限和程序制定规范性法律文件的活动。认可,就是统治阶级根据需要对社会上早已存在的风俗习惯、道德规范、宗教信条等,由国家机关加以确认,并赋予其法律效力。

② 法律规定人们的权利和义务,具有确定性和可预测性。法律作为一种社会规范,是通过规定人们的权利和义务,以权利和义务为机制,影响人们的行为动机,指引人们的行为,调节社会关系的。这与道德和宗教有明显区别。一般说来,道德是通过规定人对人的义务来调整社会关系,而宗教则是通过规定人对神明的义务来调整社会关系。法律上的权利和义务规定具有确定性和可预测性的特点,它明确地告诉人们该怎样行为、不该怎样行为以及必须怎样行为;人们根据法律来预先估计自己与他人之间该怎样行为,并预见到行为的后果以及法律的态度等等。

③ 法律由国家强制力保证实施,具有国家强制性。社会规范一般都具有某种强制性,但各自强制的性质、范围、实现的程度和方式不尽相同。如道德规范是由社会舆论、人们的内心信念及习惯、传统力量加以维护,但它不具有国家强制力。所谓国家强制力,主要是指国家的军队、警察、监狱、法庭等有组织的国家暴力。法律规定人们行为所应该遵循的准则、权利和义务能否在现实中得以实施,必须依靠国家强制力予以保证,如果没有国家强制力作后盾,法律就是一纸空文,变得毫无意义。

(2) 法律的作用。法律是阶级社会重要的社会调整器。它的基本作用是建立、维护和发展对统治阶级有利的社会关系和社会秩序,通过对人们行为的规范来实现维护阶级统治的社会作用。就社会作用的范围或方向而言,可概括为两个基本职能:①政治职能,指统治阶级运用法律开展政治斗争,维护其政权统治的职能。②社会职能,指统治阶级基于其根本利益及维护全体社会居民的公共利益之目的,运用法律执行社会公共事务的职能。

（二）医事法学的性质和任务

对医事法学的性质可以从以下几方面来认识:从医事法学的总体职能来理解,医事法学具有阶级性;从立法的根本宗旨来看,医事法学具有社会性;从科学技术进步和调整纷繁复杂的社会关系来看,医事法学具有综合性;从医事法学是边缘学科来理解,它具有交叉性;从医学高科技发展的角度来分析,医事法学又具有发展性和时代性。因此,医事法学的任务就是将生物学、医学、药物学、卫生学等基本理论知识和法学的基本理论知识结合起来,运用于医药卫生事业实践,用法律手段促进医药卫生事业的发展,维护和保障公民的生命和健康。

二、医事法学的研究对象

医事法学以医事法律现象及其发展规律作为研究对象,主要研究医事法的产生及其发展规律,医事法的调整对象、特征、渊源、基本原则、医事法学体系,医事法的制定和实施,医事法律关系、医事法律责任与法律救济,我国现行的各种医药卫生法律制度,国际医事立法理论和实践以及如何运用医事法学理论来解决医药卫生改革和医学高科技发展中的新问题等。

随着社会的不断进步和科学技术的飞速发展以及医药卫生管理活动内容的日益丰富,健康在人们的实际生活和生产劳动过程中的作用受到更加广泛的关注和重视。这就为全面地、系统地研究医事活动中的客观规律和一般方法提供了必要的条件和基础,从而使医事法学的研究对象不断得到充实和发展。

三、医事法学体系

由于科学技术发展日新月异,医药卫生的外延正在不断扩大,医事法的内容也在逐渐增加。目前,我国尚无一部统一的医事法典,所以医事法只是国家有关医药卫生问题的法律规范的总称。因此,要建立医事法学的体系,就必须从众多的医药卫生法律规范中归纳和总结出一般性问题而加以研究。

根据众多医事法学专家的观点,一般认为医事法学主要由以下几部分构成:

（一）绪论部分

主要阐述医事法学的概念、性质和任务及研究对象,医事法学与相关学科的关系,学习医事法学的目的、意义和方法。

（二）总论部分

主要阐述医事法的基本理论,包括概念、调整对象,医事法的产生和历史发展,医事法的地位和作用,医事法的基本原则,医事法的表现形式,医事法律关系,医事法的制定和实施,医事法律责任与法律救济等。

（三）分论部分

主要阐述我国现行的各种医事法律制度以及国际卫生法律制度,包括公共卫生监督与疾病防治法律制度,医政管理法律制度,医疗技术人员管理法律制度,药政管理法律制度,妇幼卫生和计划生育法律制度,中医和民族医药管理法律制度以及医学高科技发展引起的有关法律问题等。

由于医事法学是一门新兴学科,它的体系尚属初创,许多理论问题有待进一步研究和探讨,在不断总结实践经验的基础上,医事法学体系将会不断发展和进一步完善。

四、医事法学与相关学科的关系

(一)医事法学与法学

法学是以法和法律现象及其发展规律作为研究对象的一门社会科学。医事法学则是以医事法为研究对象的一门法学的分支学科。二者之间是一般与特殊的关系。医事法学在法学基础理论的指导下开拓和发展自己的专门研究领域,而法学则可以吸收医事法学中带有普遍意义的原则和规律来丰富自己。因而,学习和研究医事法学应该努力掌握一般法学基础理论和基本知识。

(二)医事法学与医药卫生科学

医药卫生科学是研究人类生命过程以及防治疾病的科学。医药卫生科学属自然科学范畴,而医事法学属社会科学范畴。医事法学和医药卫生科学的共同使命都是为了保护人体生命和健康,从这一点来说两者之间是相通的。然而医药卫生科学与医事法学又有着必然的联系,表现在:其一,医药卫生科学的发展使立法思想受到影响和启迪,促进了许多医事法律、法规的产生,使医事法逐步形成了自己的结构和体系,并从原有的法律体系中脱颖而出,构成一个新的法律部门。同时,医药卫生科学理论与知识及其研究成果被运用到立法过程中,使医事法律的内容更具有科学性。其二,医事法律可以决定医药卫生发展的方向,为医药卫生发展创造良好的社会环境,保障国家医药卫生战略的实施,规范医药卫生机构的设置、组织原则、权限、职能和活动方式,控制现代医药卫生无序、失控和异化带来的社会危害等。

(三)医事法学与医学伦理学

医学伦理学是研究医学道德的一门学科。医事法律规范和医德规范都是调整人们行为的准则,它们的共同使命都是调整人际关系,维护社会秩序和公民利益。两者的联系表现在:医事法体现了医德的要求,是培养、传播和实现医德的有力武器;医德体现了医事法的要求,是维护、加强和实施医事法的重要精神力量。所以,医事法和医德相互渗透,互为补充,相辅相成。

然而,医事法与医德又是有区别的,表现在:

1. 在表现形式上,医事法是拥有立法权的国家机关依照法定程序制定的,一般都是成文的;医德一般是不成文的,存在于人们的意识和社会舆论之中。

2. 在调整的范围上,医德调整的范围要宽于医事法,凡是医事法所禁止的行为,也是医德所谴责的行为;但违反医德的行为不一定要受到医事法的制裁。

3. 在实施的手段上,医事法的实施以国家强制力为后盾,通过追究法律责任来制止一切损害人体健康的行为;医德主要依靠社会舆论、人们的内心信念和传统习俗来维护人体身心健康。

(四)医事法学与卫生政策学

卫生政策学是以卫生政策的制定和贯彻落实为研究对象的一门学科。卫生政策是指党和国家在一定历史时期内,为实现一定卫生目标和任务而制定的行为准则。医事法和卫生政策都是建立在社会主义经济基础之上的上层建筑,在本质上是一致的,体现了广大人民群众的意志和利益,都具有规范性,是调整社会关系的行为准则。它们两者的联系主要表现在:卫生政策是医事法的灵魂和依据,医事法的制定要体现卫生政策的精神和内容;医事法是实现卫生政策的工具,是卫生政策的具体化、条文化、规范化和法律化。

（五）医事法学与卫生事业管理学

卫生事业管理学是研究卫生事业管理工作中普遍应用的基本管理理论、知识和方法的一门学科。卫生事业管理的方法有多种,法律方法仅是其中的一种。所谓卫生事业管理中的法律方法,是指运用医事立法、司法和遵纪守法教育等手段,规范和监督卫生组织及其成员的行为,以使卫生事业管理目标得以顺利实现,即通常所说的卫生法治管理。所以,医事法律规范是卫生事业管理工作的活动准则和依据。卫生事业管理工作中的法律方法和其他方法的不同点在于它具有国家强制性。

（六）医事法学与法医学

法医学是应用医学、生物学、化学及其他自然科学的理论和技术,研究并解决司法实践中有关人身伤亡和涉及法律的各种医学问题的学科。两者研究的内容都与医学密切相关,且都与法律不可分离,因而联系很多。两者的区别在于:

1.研究对象不同。法医学以司法实践中有关人身伤亡和涉及法律的各种医学问题为研究对象,而医事法学则以医事法为研究对象,两者分属医学学科和法学学科。

2.产生的依据不同。法医学是应法律的需要而产生的,其任务是运用自然科学解决司法实践中的医学问题;医事法学是应医学的需要而产生的,其任务是运用法律促进医药卫生事业的发展,保障人体生命健康。

五、学习医事法学的意义

（一）依法治国,建设社会主义法治国家的需要

建设社会主义法治国家,是建设有中国特色社会主义的一条基本方针。第9届全国人大二次会议根据党中央的建议,对现行宪法加以修改,将"中华人民共和国实行依法治国,建设社会主义法治国家"作为《宪法》第五条的第一款。实行依法治国,必须要加强法治宣传教育。医药卫生事业是社会主义事业的重要组成部分,依法管理医药卫生事业是实现依法治国、建设社会主义法治国家的重要内容。只有加强法治宣传教育,包括医药卫生法治教育,不断提高广大人民群众的法治观念和法律意识,才能实现依法治国,建设社会主义法治国家的目标。

（二）发展医药卫生事业的需要

我国的医药卫生事业,是以为人民健康服务为中心,正在逐步适应社会主义市场经济体制,适应医学模式由生物医学模式向生物—心理—社会医学模式的转变,适应广大人民群众不断增长的多层次医药卫生需求。我国的医药卫生事业将成为重要的社会保障体系,成为人人都需要的、群众受益并承担一定社会福利职能的社会公益事业。为实现这一目标,医药卫生事业也将逐步走向法治管理的轨道。不仅医药卫生机构的设置,各类医药卫生人员的执业要进行法治管理,而且公民的求医行为和遵医行为也要纳入法治管理的轨道。正因为如此,对于医药卫生技术人员和医学生来说,学习医事法学可以调整知识结构,拓宽治学领域,了解与从事的工作密切相关的医事法律规范,明确自身在医药卫生工作中享有的权利和承担的义务,增强医事法律意识,正确履行岗位职责,为保护人体生命和健康、促进医药卫生事业的发展作出自己的贡献。

（三）提高医药卫生执法水平的需要

我国社会主义医药卫生事业的重要功能之一,是实施社会公共卫生监督管理。医事行政执法是政府管理全社会卫生的基本方式,是实现预防战略、保护人体生命健康的基本手段。提高医事行政执法水平,必须要有一支既有丰富的专业知识,又熟悉自己执法范围的医事法律规范,乃至了解整个医事法律体系基本情况的高素质的医事行政执法队伍。学习医事法学理论和知识,将有助于医事行政执法人员更好地做到依法行政,有法必依,执法必严,违法必究,不断提高医事行政执法水平。

（四）维护公民生命健康权利的需要

对广大公民来说,通过学习和了解医事法学基本理论、基本知识,树立医事法治观念,可以在自己的生命健康权利受到侵害时,正确运用法律武器来维护自身的合法权益。同时,对生命健康权、医药卫生行业及医药服务行为的特殊性有一个全面、科学、系统的认识,能进一步提高遵守医事法律规范的自觉性,更好地维护自身的生命健康权利。

六、学习医事法学的方法

（一）理论联系实际的方法

理论与实际相结合是马克思主义理论研究的出发点和归宿。医事法学是一门应用性的理论学科,具有很强的实践性。这里的理论,就是指医事法学的基本理论、基本知识和相关学科的知识。所谓联系实际,一是联系客观的事实、制度、现象及实际中存在的问题;二是密切结合我国医药卫生体制改革和医药卫生法治建设的实践;三是联系社会思潮、认识及流行的各种观点和见解;四是结合个人的思想实际和专业工作实际。只有广泛地联系和深入地考察生动的社会实际,才能使我们的思路开阔,避免认识僵化;同时我们也会得到对理性认识的检验,自觉提高运用理论解决实际问题的能力。

（二）历史分析的方法

法是人类社会发展到一定历史阶段的产物。它同当时的社会经济有着密切联系,受当时社会政治、文化、宗教等社会意识形态的影响。医事法律规范的确定和实施都是基于具体的历史条件和特定的历史背景的,如果脱离了时间和空间,问题就得不到正确的认识和解决。因此学习医事法学一定要坚持历史分析的方法,把法律现象及法律关系的研究同一定的社会经济关系、意识形态以及医药卫生的发展实际等联系起来,深入研究不同医事法律的产生与发展基础,探究其产生与发展的根源和条件。

（三）比较分析的方法

比较分析方法是学习医事法学的重要方法之一。比较可以分为纵向比较和横向比较两种方法。纵向比较,就是指要了解古今医事法律规范的历史演变,用批判分析的态度借鉴历史。横向比较,就是指要了解世界各国的医事法律制度和国际医事立法的情况,既要吸收国外成功经验、科学成果,又要剔除其不合国情的成分。做到有分析、有比较、有选择,从而完善和发展具有中国特色的社会主义医事法学体系。

【思考题】
1. 如何理解医事法学产生的深刻社会历史背景和现实基础？
2. 医事与法律相互之间有着什么样的关系？
3. 简述医事法和医德的联系和区别。

第一章 医事法概述

【学习目的】

理解和掌握医事法的概念和调整对象;重点掌握医事法的特征和基本原则;了解医事法的历史与发展;熟悉医事法律体系和渊源;明确医事法的地位和作用。

第一节 医事法的概念和调整对象

一、医事法的概念

医事法是指由国家制定或认可,并由国家强制力保证实施的旨在调整保护公民生命健康活动中形成的各种社会关系的法律规范的总和。

医事法有狭义和广义两种理解。狭义的医事法,仅指由全国人民代表大会及其常务委员会所制定的各种医事法律。广义的医事法,不仅包括上述各种医事法律,而且还包括被授权的其他国家机关制定、颁布的从属于医事法律的在其所辖范围内普遍有效的医事法规和规章及其他规范性文件,如医事条例、规则、决定、标准、章程、办法等,还包括宪法和其他部门法律中有关医事的内容。本书所述医事法即属于广义的医事法。

二、医事法的调整对象

医事法的调整对象,是指各种医事法律规范所调整的社会关系。调整的具体社会关系不同,也就形成了不同调整范围的法律规范性文件。一般来说,医事法主要调整以下三个方面的社会关系。

(一)医事组织关系

医药卫生组织体制是经济基础的反映,必须同生产资料所有制和生产力的发展水平相适应。在医事组织活动中,重要的是用法律条文的形式将各级医药卫生行政部门和各级、各类医药卫生组织的法律地位、组织形式、隶属关系、职权范围以及权利义务等固定下来,形成合理的管理体系和制度。唯有如此,国家才能有效地对医事工作进行有序的组织和领导,医药卫生组织才有活动的准则。例如,制定《医疗机构管理条例》《计划生育技术服务管理条例》等,明确这些医疗卫生机构的法律地位、职责范围、编制和工作方法等,以保证它们在法律规定的范围内从事相应的医事活动。

(二) 医事管理关系

医事管理是国家从社会生活总体角度进行的全局性的统一管理。具体来说,就是国家医药卫生行政机关根据国家法律规定,对医事工作进行的计划、组织、指挥、调节和监督等活动,以期达到控制和消灭疾病,提高人民健康水平,为社会主义物质文明和精神文明建设服务的目的。在医事管理活动中,国家医药卫生行政机关与其他国家机关、企事业单位、社会团体及公民形成的权利义务关系,为医事法所调整。它是一种纵向的行政关系,可以表现为医事行政隶属关系,如卫生行政机关和医疗机构的医政管理关系;也可以表现为医事职能管辖关系、医事管理中的行政许可关系、行政处罚关系、行政赔偿关系、行政复议关系、行政诉讼关系等。

(三) 医事服务关系

这是指医药卫生行政机关、医疗卫生组织、有关企事业单位、社会团体和公民向社会公众提供的医疗预防保健服务、医药卫生咨询、医药卫生设施服务等活动。医事服务关系是一种横向的社会关系,它表现为提供服务和接受服务的平等主体和特殊民事主体之间的权利义务关系。

第二节　医事法的特征和基本原则

一、医事法的特征

所谓法的特征,是指法不同于其他社会现象的特殊性。医事法作为我国社会主义法律体系中的一个重要组成部分,它必然具有一般法律规范所具有的基本特征,例如是调整人的行为的社会规范,由国家制定或认可,以规定人们的权利和义务作为其主要内容,并由国家强制力保证实施等。但医事法同时又具有自身的特征,这也是医事法区别于其他法律部门的属性。一般认为,医事法的特征可以概括为以下几个方面:

(一) 以保护公民生命健康权为根本宗旨

公民生命健康权是公民人身权中一项最基本的权利。医事法以保障公民生命健康权为根本宗旨,这是它区别于其他法律部门的主要标志。

(二) 综合性和多样性

这是指医事法带有诸法合体,多种调节手段并用的特征。首先,医事法的渊源体系具有综合性和多样性;其次,医事法的调节手段具有综合性和多样性,既采用纵向的行政手段调整医药卫生行政管理活动中产生的社会关系,又采用横向的民事手段调整医事服务活动中的权利义务关系;再次,医事法除采用自己独有的法律措施外,还使用刑法、民法、劳动法、诉讼法等部门法的调整手段,以有效地保护公民的生命健康权。

（三）科学性和技术规范性

医事法是依据生物学、医学、卫生学、药物学等自然科学的基本原理和研究成果制定的。医事法与现代科学技术紧密结合,体现了医事法的科学性;同时,医事法保护的是公民生命健康这一特定的对象,就必然要将大量的技术规范法律化,即医事法将直接关系到公民生命健康安全的科学工作方法、程序、操作规范、标准等确定下来,成为技术规范,把遵守技术规范确定为法律义务,使公民的生命健康权得到切实保障。

（四）社会共同性

健康问题已成为当今人类所面临的共同问题。全世界都在探求解决人人享有健康保健,为人们造就一个清洁、卫生、适宜的环境,预防和消灭疾病,保障人体生命健康,促进社会经济发展等问题的办法。世界卫生组织（WHO）等国际组织制定了许多国际医事协议、条例和公约,成为国际社会共同遵守的准则,从而推动了国际医事法的发展。

二、医事法的基本原则

医事法的基本原则,是指贯穿于各种医事法律规范之中,对调整保护人体生命健康而发生的各种社会关系具有普遍指导意义的准则。

（一）保护公民身心健康的原则

这是指公民每个人都依法享有改善卫生条件,获得基本医疗保健的权利,以增进身心健康,提高生命质量。在我国,人民群众是国家的主人,是一切物质财富和精神财富的创造者,是社会主义现代化建设的主力军,所以,医事工作必须立足于全体公民,保护人体健康,使人人享有健康保健。

（二）预防为主的原则

这是指医事工作要坚持"预防为主,综合治理"的方针,正确处理防病和治病的关系,把预防工作放在首位,坚持防治结合,预防为主。如果重视预防工作,加强医药卫生基本设施建设,改变不良卫生习惯,严格把住生产、工作、学习、生活等环节的医疗卫生质量要求,就可以控制和减少疾病。这是一项综合性的系统工程,必须依靠全体公民增强预防保健意识,明确医药卫生预防工作是全社会的共同责任。

（三）依靠科技进步的原则

这是指在防病治病活动中,要高度重视当今科学技术的作用,大力开展医学科学研究及成果推广,不断提高医疗预防技能和仪器设备的现代化。医药卫生部门是一个推进生命科学发展、维护生命健康权益的高科技部门,因此,以维护人体生命健康为宗旨的医事法,必然把依靠科技进步作为自己的原则之一。

（四）中西医协调发展的原则

这是指在对疾病的诊疗护理中,要正确处理中国传统医学和西方医学的关系,要认真学习现代医学,努力发展和提高现代医学的科学技术水平。同时还必须努力继承和发展祖国传统医药学遗产,运用现代科学技术知识和方法对其加以研究、整理、挖掘,把它提高到现代科学水平,从而使中西两个不同理论体系的医药学互相取长补短、协调发展。

（五）动员全社会参与的原则

这是指医事工作必须坚持政府领导、部门配合、社会支持、群众参与,使医药卫生事业成为全民的事业。这一原则反映了医事工作的社会性,有利于增强社会全体成员的参与意识和责任感。

（六）国家医事管理和监督的原则

这是指医药卫生行政机关或国家授权的医药卫生职能部门，对管辖范围内有关单位和个人执行国家颁布的医事法律、法规、规章和标准的情况予以监察督导和管理。国家医事监督包括医政监督、药政监督、防疫监督和其他有关医事监督。

一、我国的医事立法

我国古代医事法的制定和实施，散见于各种律书和古籍之中，构成了我国医事法的发展轮廓和演变轨迹。奴隶制时代的医事法是我国医事立法的启蒙时期；西周的《周礼》详实地记载了我国最早的医事管理制度，包括司理医药的机构、病历书写和医生考核制度等；封建时代的医事法是我国医事立法逐步发展和渐趋完善时期。尽管封建王朝兴衰更替，但是都比较重视制定医事法规和建立比较完备的医事管理制度。从《秦律》、《唐律》、《元典章》、《大明会典》到《大清律》中，可以看到医事法的规定涉及医药卫生管理机构、传染病防治、医学教育、公共卫生、医疗事故处理等方面。

太平天国的《太平条规》、《刑律诸条禁》对医院制度、医疗免费、公共卫生的法制建设做了一次特殊的尝试。

中华民国时期的医事法是我国医事立法专门化、具体化时期。中华民国仿效西制设卫生部负责全国医药卫生工作，制定了卫生行政大纲和涉及卫生行政、防疫、公共卫生、医政、药政、食品卫生和医学教育等一系列法规，医事管理制度日趋完备。

新民主主义革命时期的医事法是中国共产党在革命根据地为保证革命战争的胜利，保护革命根据地人民的生命安全和健康而制定的，在中国医事法制史上揭开了崭新的一页。

中华人民共和国的成立，标志着我国的医事立法工作进入了一个新的历史时期。特别是党的十一届三中全会以来，社会主义民主和法制建设得到加强，医事立法工作有了突破性进展。1982年宪法有关国家发展医疗卫生事业，保护人民健康的规定，为新时期的医事立法指明了方向，提供了依据。随着社会主义市场经济体制的逐步形成与完善和医药卫生事业改革的不断深化，医事法制建设的重要性和迫切性日益显著，创造了医事立法工作的良好环境。医事立法进入了空前发展和繁荣的新时期。目前，我国主要的医事法律有：食品安全法、药品管理法、国境卫生检疫法、传染病防治法、母婴保健法、执业医师法、献血法、红十字会法、职业病防治法、精神卫生法、人口与计划生育法等。主要医事法规有：公共场所卫生管理条例、尘肺病防治条例、放射性同位素与射线装置放射防护条例、化妆品卫生监督条例、学校卫生工作条例、国境卫生检疫法实施细则、传染病防治法实施办法、艾滋病监测管理的若干规定、食盐加碘消除碘缺乏危害管理条例、国内交通卫生检疫条例、医疗事故处理条例、突发公共卫生事件应急条例、医疗机构管理条例、流动人口计划生育工作管理办法、红十字标志使用办法、药品管理法实施细则、医疗用毒性药品管理办法、麻醉药品和精神药品管理条例、放射性药品管理办法、药品行政保护条例、血液制品管理条例、医疗器械监督管理条例、医疗废物管理条例、乡村医生从业管理条例、护士条例、母婴保健法实施办法、计划生育技术服务管理条例、血吸虫病防治条例、疫苗流通和预防接种管理条例、艾滋病防治条例等。此外，卫生、计划生育、食品药品监督、国境检疫、中医药等国家行政机关也制定发布了大量规章。各省、自治区、直辖市也结合实际制定了一大批地方性医事法规或规章。上述规范性文件初步形成了具有中国特色的社会主义医事法律体系。

二、外国的医事立法

医事法的历史是一部知识的历史。在世界各国的法律中，早就有与医药卫生有关的法律规范。从古埃及颁布的对于掩埋尸体、排水以及处罚违纪医生、严禁弃婴的规定，到古印度的《摩奴法典》以及古巴比伦的《汉谟拉比法典》，都涉及公共卫生、医事赔偿制度等医事规范和当时社会的卫生法治思想。古罗马的《十二铜表法》《阿基拉法》等产生，反映了奴隶制时代的医药卫生法律体系已经开始萌芽。

近代西方国家医事立法的发展，与资本主义社会经济发展和科学技术的进步有着密切关系。英国1601年制定的《伊丽莎白济贫法》是最早的现代资产阶级医事立法，影响久远。1848年又制定了《医事法》《医疗法》，1859年公布了《药品食品法》，1878年颁布了《全国检疫法》，以后又逐步制定了《助产士法》《妇幼保健法》等。

日本从1874年开始建立医事制度，制定了《医务工作条例》，1925年颁布《药剂师法》，1933年颁布《医师法》，1942年颁布了著名的《国民医疗法》，1948年制定了《药事法》等。

美国纽约市1866年通过了《都会保健法案》，1878年美国颁布了《全国检疫法》，1902年美国制定了有关生物制品的法规，1906年颁布了《纯净食品与药物法》，1914年制定了《联邦麻醉剂法令》等。

20世纪60年代后期，医事立法得到了迅速发展。世界上许多国家都把医事立法作为贯彻实施国家提出的医药卫生方针政策，实现医药卫生领域重大战略目标的主要手段。虽然各国政治、经济、历史、文化传统有所差异，但都根据各自国家不同时期的任务和存在的医事问题，加强了医事立法。其主要内容涉及公共卫生、疾病防治、医政管理、药政管理、医疗保健、健康教育、精神卫生等诸多方面。

三、国际卫生法

国际卫生法是调整国家(包括类似国家的政治实体以及由国家组成的国际组织)之间在保护人体生命健康活动中所产生的各种关系的有拘束力的原则、规则和规章、制度的总称。国际卫生法的特点是：其法律关系主体是国家或国际组织；制定者是国家或国家集团，一般不需要特别的立法机构和专设的部门；其实施和监督除依靠国家外，有时也依靠临时的国际专业小组或委员会，但却无需暴力等手段强制推行。

世界卫生组织(WHO)自1948年成立后，积极地在国与国之间进行了医学和医药卫生立法的交流协作，其各专家委员会与特设小组把制定国际医药卫生公约、协约、规则，食品、生物制品、药品的国际标准，以及诊疗方法的国际通用规范和原则，作为其主要工作内容。随着高新医学技术的不断出现和医药卫生经济的发展，生死观念和文化的变化，越来越多的特殊法律问题需要认真对待，需要在国际上寻找共同的理解和认知。世界卫生组织除进行较广泛深入的医事法理学研究和向发展中国家提供医事立法咨询外，还制定了一系列单行国际医药卫生法规和与医药卫生相关产品的国际标准，订立了多项有价值的国际公约、条约和世界性医学原则。其中主要有：《国际卫生条例》(1969年)、《食品卫生国际标准》、《药品生产质量规范》(GMP)、《放射防护基本安全标准》、《麻醉品单一公约》(1961年)、《精神药物公约》(1971年)、《残疾人权利宣言》(1975年)、《环境与发展宣言》(1992年)等。

国际性一些涉及医药卫生领域的学会和其他非政府组织对国际医事立法十分关注。成立于1947年的世界医学会(WMA)，在1948年制定了著名的以医学道德规范为核心的《日内瓦宣言》，通过后被命名为《医学伦理学国际法》，随之该医学会又制定了一系列世界性医学原则，主要包括：有关人体实验原则的《赫尔辛基宣言》(1964年)、《护士伦理学国际法》、有关死亡确定问题的《悉尼宣言》(1968年)、有关医学流产处理原则的《奥斯陆宣言》(1970年)、有关犯人人道待遇问题的《东京宣言》、有关精神病人准则的《夏威夷宣言》、《献血与输血的道德规范》(1981年)以及《世界人类基因组与人权宣言》(1997年)等。以上这些具有国际法性质的宣言和文件，虽然发端于医学伦理学思想和人类共同的道德追求，但更多地体现了各国医学界对于这些领域和课题在后医学时代的认识中，在医学道德应用的实践中所表现出的一种新的科学和医事法律文化精神。

第四节　医事法律体系和渊源

一、医事法律体系

法律体系是指由一国现行的全部法律规范按照不同的法律部门分类组合而形成的一个呈体系化的有机联系的统一整体。医事法律体系是指以现行的医事法律法规为基础形成的门类齐全、协调一致的有机统一体。医事法律体系可分为层次性结构体系和内容性结构体系。层次性结构体系是从医事法律规范的各种具体表现形式上划分，可以理解为医事法的渊源。内容性结构体系是从医事法律规范所包括的具体内容上所作的划分。关于内容性结构体系，目前仍有比较大的争议。一般认为，内容性结构体系大体由以下几个方面的规范性法律文件组成，即疾病预防与控制法、公共卫生监管法、医政管理法、药政管理法、人口与生殖健康法、医疗保障法和其他综合法。

二、医事法的渊源

医事法的渊源又称医事法的法源，是指医事法律规范的各种具体表现形式。我国医事法有以下几种表现形式：

（一）宪法

宪法是国家的根本大法，是国家最高权力机关通过法定程序制定的具有最高法律效力的规范性法律文件。它不仅是国家一切立法的基础，也是制定各种法律、法规的依据。我国宪法中有关保护公民生命健康的医药卫生方面的许多条款，就是医事法的渊源之一，是制定医事法的重要依据，并在医事法律体系中具有最高的法律效力。

（二）医事法律

我国现有的医事法律都是由全国人大常委会制定的,它们是:《食品安全法》、《药品管理法》、《国境卫生检疫法》、《传染病防治法》、《红十字会法》、《母婴保健法》、《献血法》、《执业医师法》、《职业病防治法》、《精神卫生法》、《人口与计划生育法》等。此外,刑法、民法、婚姻法、劳动法等法律中有关医药卫生的条款也是医事法的渊源。一般把前者称为医事法的直接渊源,把后者称为医事法的间接渊源。

（三）医事法规

它是以宪法和医事法律为依据,针对某一特定的调整对象而制定的。它有三种类型:第一种是国家最高行政机关即国务院制定的,如《护士条例》;第二种是由卫生部提出法规草案,经国务院批准,由卫生部发布的,如《艾滋病监测管理的若干规定》;第三种是指省、自治区、直辖市根据国家授权或为贯彻执行国家法律,结合当地实际情况,由省一级的人大及其常委会制定的有关医药卫生方面的规范性文件,称为地方性医事法规。

（四）医事规章

它是医事法律和法规的补充,从制定的程序和发布的形式看也有三种类型:第一种是卫生部制定发布的,如《传染性非典型肺炎防治管理办法》;第二种是由卫生部与其他部门联合制定发布的,如《精神疾病司法鉴定暂行规定》;第三种是由各省、自治区、直辖市以及各省、自治区人民政府所在地的市和经国务院批准的较大的市的人民政府,根据医事法律制定的地方医事规章。

（五）技术性规范

由于医事法具有技术控制和法律控制的双重性质,因此,医事标准、医事技术规范和操作规程就构成了医事法律体系中一个重要的组成部分。这些标准、规范和规程可分为国家和地方两级。前者由卫生部制定颁布,后者由地方政府医药卫生行政部门制定颁布。值得注意的是,这些标准、规范和规程的法律效力虽然不及法律、法规,但在具体实施的过程中,它们的地位又是相当重要的。因为医事法律、法规只对社会医药卫生管理中的一些问题作了原则规定,而对某种行为的具体控制,则需要依靠标准、规范和规程。所以,从一定意义上说,只要医事法律、法规对某种行为作了规范,那么医事标准、规范和规程对这种行为的控制就有了相应的法律效力。

（六）医事自治条例与单行条例

医事自治条例与单行条例是指民族自治地方的人大依法在其职权范围内根据当地民族的政治、经济、文化的特点,制定发布的有关本地区医药卫生行政管理方面的法律文件。

（七）国际医事条约

国际医事条约指由我国与外国签订的或批准、承认的某些国际条约。它可以是由全国人大常委会决定同外国缔结的医事条约和医事协定,或者是由国务院按职权范围同外国缔结的医事条约和协定。国际医事条约,除我国声明保留的条款外,均对我国产生约束力,如《国际卫生条例》、《麻醉品单一公约》等。

第五节　医事法的地位和作用

一、医事法的地位

医事法的地位是指医事法在我国法律体系中的地位。所谓法律体系,是指由各法律部门组成的一国现行法律有机联系的统一整体。法律体系的建设是通过立法活动和法规整理、编纂和法律解释等多方面的活动来实现的,因而是不断变化和发展的。一个国家的法律体系可以划分为若干个法律部门。法律部门一般是以法律所调整的对象即一定的社会关系为依据来划分的。我国的法律体系一般认为除了包括刑法、民法、行政法、诉讼法等传统法律部门外,还包括环境保护法、知识产权法、医事法、人权法等新兴的法律部门或法律学科。由于医事法调整对象的特殊性和调整内容的系统性,以及我国医事法治建设的发展,医事法已逐渐成为我国社会主义法律体系的重要组成部分,成为一个新兴的、独立的法律部门,并在经济社会发展中起着十分重要的作用。

二、医事法的作用

(一)贯彻党的医药卫生政策,维护社会医药卫生秩序

国家对社会的管理方式是多种多样的,首先是制定国家政策,其中包括制定医药卫生政策,用以规范各级政府的医事工作和人们的医事行为。但是,仅仅有医事政策是不够的,因为医事政策并不具备法律规范的属性,还需要通过医事立法,使党和国家的医药卫生政策具体化、法律化,成为具有相对稳定性、明确规范性和国家强制性的法律条文。医药卫生行政部门和司法机关可以根据医事法律规范的规定,坚持依法行政,切实保护公民和社会组织的合法权益,从"人治"走向"法治";公民和社会组织也可以对照医事法律规范的规定,判断和约束自己的医事行为,自觉改变不良卫生习惯和行为方式,使党和国家的医事政策通过法律这一强制措施得以落实;同时,对一切危害公共卫生和人体健康的行为,也有了明确的界限与裁量标准,并能依法受到应有的惩处。

(二)增强医事法治观念,保护公民身心健康

保护公民身心健康是医事法的基本原则。随着我国现代化建设的日益发展,也出现了一些严重威胁我国公民健康的问题,如工业"三废"、化学农药、环境污染、食品污染、假劣药品等,严重危害了人体健康和生命安全。因此,医药卫生行政管理中,要通过医事法治的宣传教育,增强医事法治观念,使国家机关、企事业单位、社会团体、医疗卫生机构和公民明确各自在医事活动中的权利和义务,努力改善和提高卫生条件;同时,对违反医事法治的行为进行制裁,从而起到保护公民身心健康的作用。

(三)促进经济发展,推动医学科学的进步

医事法保护人体的生命健康,也就是保护生产力,对经济建设发挥巨大的推动和促进作用。医学的存在是医事立法的基础,医事法的制定与实施是保证和促进医学发展的重要手段。我国颁布许多医事法律、法规和规章,使医疗卫生事业从行政管理上升为法律管理,从

一般技术规范和医德规范提高到法律规范,为医学科学的进步和发展起着强有力的法律保障作用。随着新的科学技术不断应用到医学领域中,当代医学科学也向医事立法提出了一系列新的课题。例如,人工授精、试管婴儿、安乐死、脑死亡、人体器官与组织的移植、克隆技术等问题,都需要法律作出明文规定,用法律手段加以调整。只有通过医事立法,才可确保医学科学新技术、新成果受人类依法控制,不被滥用,以造福人类。

（四）促进国际医事交流和合作

随着世界经济发展和对外开放扩大,我国与国外的友好往来日益增多,涉及的医药卫生事务更加宽泛和复杂。为了预防传染病在国际间传播,维护我国主权,保障彼此间权利和义务,我国颁布了《国境卫生检疫法》、《艾滋病监测管理的若干规定》、《外国医师来华短期行医暂行管理办法》等一系列涉外的医事法律、法规和规章。为了推动世界医药卫生事业的发展,我国政府正式承认《国际卫生条约》,参加缔结了《麻醉品单一公约》和《精神药物公约》等。在医事立法上,我国还注意与有关的国际条例、协约、公约相协调,既维护国家主权,保护人体生命健康,又履行国际间的义务,促进国际间医事交流与合作。

【思考题】

1. 医事法的特征和基本原则是什么?

2. 如何构建和完善我国医事法律体系?

3. 举例说明医事法的社会作用和意义。

第二章　医事法律关系与医事法律责任

【学习目的】

理解医事法律关系的概念与构成要件；掌握医事法律关系主体、内容和客体三个构成要素；理解权利、义务、责任相互间的关系。

【案情导引】

2006年4月22日和4月24日，广东省某医院住院的重症肝炎病人中先后出现2例急性肾功能衰竭症状，至4月29日、30日又出现多例相同病症病人。对此，该院及时组织肝肾疾病专家会诊，分析原因。5月3日，广东省药监局报告，发现部分患者使用齐齐哈尔B制药公司生产的"亮菌甲素注射液"后，出现严重不良反应。国家药监局立即责成黑龙江药监局暂停了该企业"亮菌甲素注射液"的生产，封存了库存药品并派出调查组分赴黑龙江、广东等地进行调查。国家食品药品监督管理局5月15日通报了事件查处的进展情况：B制药公司违反有关规定，购入的药用辅料"丙二醇"实际为"二甘醇"，将"二甘醇"辅料用于"亮菌甲素注射液"生产，导致多人肾功能急性衰竭。

问题：

1. 分析本案中的医事法律关系。

2. 本次事件可能涉及哪几类法律责任？

第一节　医事法律关系

一、医事法律关系的概述

（一）概念

医事法律关系，是医事法所构建的或调整的国家机关、企事业单位和其他社会团体之间、各自内部机构之间，以及它们与公民之间，以在医药卫生管理监督和医药卫生预防保健服务过程中所形成的以权利义务为内容的社会关系。

（二）主要特征

医事法律关系的主要特征：

1. 以医事法规为基础。各种医事法律关系都是由医事法律规范事先加以设定,并以相应的医事法律规范的存在为前提。

2. 动态复杂性。医事法律关系是一种纵横交错的法律关系,其内容具有多样性、复杂性和可变性。纵向关系是指医事行政管理关系,如医疗许可制度中医疗行政机关与申请者之间的关系;横向关系是指在提供医药卫生服务与商品的过程中发生的民事法律关系,如医院与患者之间的关系。

3. 主体特殊性。医事法作为专业性很强的部门法,决定了医事法律关系主体的特殊身份,即一方通常是从事医药卫生工作的组织或个人。

二、医事法律关系的构成要素

从逻辑上说,医事法律关系由该法律关系的主体、客体和内容构成,三者缺一不可。

（一）医事法律关系的主体

医事法律关系的主体是指在医事法律关系中享有权利和承担义务的个人或组织,其中,权利的享有者为权利人,义务的承担者为义务人。主体是医事法律关系产生的先决条件,是客体的占有者、使用者和行为的实践者,没有主体及其活动,也就不能产生医事法律关系。在我国,医事法律关系的主体主要包括国家医药卫生行政机关、医疗卫生单位、企事业单位、社会团体和自然人。

1. 国家医药卫生行政机关。其通过制定颁布各种医事政策、法规,采用行政手段、法律手段,行使领导、管理、组织医事工作等职权。国家医药卫生行政机关在国家医事工作中的地位和作用,决定了其同其他主体之间主要是一种命令与服从的管理关系。

2. 医疗卫生单位。包括医疗机构、医学院校、药检所、妇幼保健院（所）等机构。

3. 企事业单位。主要是指与医事工作有关的食品和药品生产、经营企业及医药研究单位等。

4. 社会团体。其可分为医药卫生社会团体和一般社会团体。医药卫生社会团体如中国红十字会、中华医学会等,它们在医事法律关系中的地位和作用类似于医药卫生事业单位,为社会提供医事咨询和医疗预防保健服务工作。

5. 自然人。个人是医事法律关系中最基本的主体,包括中国公民、外国公民、无国籍人。个人作为医事法律关系的主体有两种情况：一种是以特殊身份成为医事法律关系的主体,如医疗机构内部工作人员管理关系中的医疗机构工作人员;另一种是以普通公民身份参加医事法律关系成为主体,如医疗服务关系中的病人。对于依法个体行医的公民,其地位和作用类似于医院,与病人发生医事服务关系,同时接受当地医药卫生行政机关和其他主管机关的管理和监督。

（二）医事法律关系的客体

医事法律关系的客体,是医事法律关系主体的意志及行为所指向、影响和作用的客观对象。对于主体而言,客体往往具有客观性、可控性、有用性。在某种意义上可以说,客体是医事法律关系主体发生权利义务联系的中介。最重要的客体为：

1. 生命健康。世界卫生组织（WHO）把健康定义为"健康不仅是没有疾病和症状,而且是一种个体在身体上、心理上和社会适应性的完好的状态"。保护公民的生命健康权,是我国社会主义民主和法制的根本原则之一。我国的医事法律、法规明确地规定了公民的生命健康是医事法律关系的重要保护客体。

2. 行为。一般情形下,作为法律关系客体的行为,是指相关主体为达到一定目的而必须进行的活动,如在医疗服务关系中的医疗服务行为。行为有作为和不作为两种形式,前者是指积极实施的活动,如医疗活动中的治疗手术;后者是指对一定活动的限制,如不伤害。

3. 物。主要包括进行各种医疗和医事管理工作过程中使用的、能满足人民群众对医疗保健的需要的、并通常以一定物理形态存在的生产资料和生活资料,如药品、医疗器具等。

4. 精神产品。这主要是指主体从事智力活动所取得的信息、知识或其他智力成果,如医药卫生科学技术发明、学术著作等。

(三)医事法律关系的内容

医事法律关系的内容,是指医事法律关系的主体依法所享有的权利和承担的义务。一般而言,权利与义务是相对应的概念,二者是一对矛盾体,互相依存、互为前提。有权利,才有义务;在有义务的情形下,必定有某种权利存在。

1. 权利。这里的"权利",是医事法律规范对相关主体所赋予的实现己方意志的可能性。它表现为权利人可依据己方意志作出或不作出某种行为,或要求对方依法作出或不作出某种行为。

2. 义务。这里的"义务",是医事法律规范对相关主体所规定的必须履行的责任,或必须承担的不利或负担。它表现为,义务人必须依法按照权利人的要求作出或不作出一定的行为,以实现对方的权利。当义务人拒不履行义务或不依法履行义务时,权利人可以依法请求医药卫生行政部门或司法机关给予法律保护,要求依法追究对方的行政责任、民事责任或刑事责任。

三、医事法律关系的产生、变更和消灭

医事法律关系有一个产生、变更和消灭的过程。产生,是指相关主体间权利义务关系从无到有的过程;变更,是指关系主体、客体或权利义务发生了变化;消灭,是指主体间权利义务关系完全终止。

医事法律关系的产生、变更和消灭,均以相应的医事法律规范的存在为前提,并以一定法律事实的产生为直接原因。法律规范为人们的行为设定了一定的模式,使法律关系当事人享有权利和承担义务具有可能性。但该可能性,并不能必然引起法律关系的产生、变更和消灭。只有同时具备一定的法律事实,法律上所规定的权利义务关系才能体现为实际的权利义务关系。为此,现实生活中,医事法律关系变动得以实现,除了法律规范的变化,主要由一定法律事实的推动。而根据是否以主观意志为转移,法律事实可分为法律行为和法律事件。

1. 法律事件。是指与当事人主观意志无关的事实。一般分为两类:一类是自然事件,如病人因非医疗因素死亡而终止医患法律关系,作为医事行政相对人的企事业单位因强烈地震、严重失火等自然灾害而被迫停业;另一类是社会事件,即来自当事人主观意志之外的诸如医药卫生政策的重大调整、医事法律的重大修改、地方政府医事行政措施的颁布实施等。

2. 法律行为。是指受当事人主观意志支配的作为或不作为,即当事人的主观因素是引发此种事实的原因。根据行为与法律规定要求是否一致,法律行为可分为合法行为和违法行为。合法行为,是指医事法律关系主体实施符合医事法律规范、为我国法律所确认并保护、能够产生行为人预期后果的行为。违法行为,是指医事法律关系主体违反医事法律规定、造成社会危害并产生法律责任的有过错的行为,如制售假药、劣药,用甲醇兑制白酒等。

第二节　医事法律责任

一、医事法律责任的概念

医事法律责任是指对违反医事法律规范的行为主体,进行否定性评价以及科以其所应承担的带有强制性的不利法律后果,如金钱赔偿、支付罚款、被判徒刑等。法律责任承担着一个社会评价的功能,并对因违法或违约行为而发生的损害,进行补救、矫正,以恢复应有的秩序。责任是对义务的督促,最终是为了确保权利的实现。

二、医事法律责任的种类

根据违反医事法律规范和法律责任的性质以及承担法律责任的方式不同,可将医事法律责任分为民事责任、行政责任、刑事责任三种。

(一)民事责任

医事民事责任,是指行为主体因违反医事法律规范而侵害了公民、法人和其他组织的民事权益,所应承担的以财产为主的法律责任。承担民事责任的形式主要是:停止侵害,排除妨碍,消除危险,返还财产,恢复原状,赔偿损失,支付违约金,消除影响,恢复名誉,赔礼道歉等。构成医事侵权民事责任必须具备以下要件:

1. 损害事实。即指受害人的财产权或人身权受到侵害的事实,不仅包括物质上的损失,还包括精神上的损害,如身体损害或财产损失等。

2. 违法行为。即指行为人违反医事法律规范的客观行为,包括作为和不作为两种方式,前者如医务人员使用假冒伪劣药品致人伤残的;后者如医务人员借故推诿病人,贻误抢救时机等。

3. 违法行为与损害事实之间存在因果关系。因果关系,一般是指引起与被引起关系。如果违反医事法律规范行为与受害人的损害事实之间没有因果关系,则不管其他条件是否具备,行为人都不承担侵权责任。

4. 主观过错。即行为人实施违法行为或违约行为时的主观心理状态,包括故意和过失两种形式。故意是指明知自己的行为会发生危害社会的结果,希望或放任这种结果发生的心理状态;过失是指应当预见自己的行为可能会损害他人、危害社会,因疏忽大意而没有预见,或已预见却轻信能避免,以致发生危害结果的心理状态。

(二)行政责任

医事行政责任是指行为主体实施违反医事行政法律规范行为,尚未构成犯罪所应承担的法律后果。根据我国现行的医事法律规定,追究行政责任的形式主要有行政处罚和行政处分两种。

医事行政处罚,是指医药卫生行政机关或法律、法规授权组织,在职权范围内依法对违反医事行政管理秩序的行政相对人(公民、法人或其他组织)所给予的行政制裁。行政处罚的种类主要有申诫罚、财产罚、行为罚和人身自由罚,其常用形式有:警告、罚款、没收违法所得、没收非法财物、责令停产停业、暂扣或吊销有关许可证等。不同的行为违法适用于何种处罚形式,由医事法律规范严格规定,任何人不许超越。行政处分,是由有管辖权的国家机关或其他组织依照行政隶属关系,对于违反医事法律规范的国家公务员或所属人员所实施的惩罚措施,其具体形式主要有:警告、记过、记大过、降级、降职、撤职、留用察看和开除等。

行政处罚与行政处分虽然都属于行政责任,但它们有明显区别。①主体不同:行政处罚由专门机关实施;处分由所属机关或有权机关决定。②性质不同:处罚是外部行为,主要针对行政相对人的违法行为;处分属内部行为,主要针对相关工作人员的失职行为。③法律救济不同:对处罚不服可以提请行政复议或行政诉讼,对处分不服只适用内部申诉途径。

医事行政责任的构成要件:

1. 行为人违反医事法律规范所确定的义务。医事法律义务包括法律规定的不得作出一定行为或应当作出一定行为。行为人以积极的方式实施了医事法律规范所禁止做出的作为,即违法的作为。如生产经营者生产经营《食品安全法》中禁止生产经营的有毒有害食品。行为人消极地不履行医事法律规范所规定的义务,即违法的不作为。如医疗保健机构、卫生防疫机构发现传染病时,不按《传染病防治法》第24条规定采取控制措施。

2. 行为人主观上存在过错。行为人的过错分为两种:一是明知故犯,故意违反医事法律规范,如出入境人员故意逃避卫生检疫。二是疏忽大意或过于自信而造成的过错,此类过错在临床医疗工作中常见。无论哪种过错,都应承担相应的法律责任,但在程度上会有所区别。

3. 违法行为造成损害后果。危害公共卫生和人体健康的行为,在违法情节上有轻重之分,在损害后果上有大小之别。在对其追究行政法律责任时,必须依据医事法律规范的明文规定办理。如不能将显著轻微、危害程度不大的行为当作违法,也不能将情节恶劣、危害后果严重并已经触犯刑律的犯罪行为按行政违法处理。

(三)刑事责任

医事刑事责任,是指行为主体实施了犯罪行为,严重侵犯了医药卫生管理秩序及公民的人身健康权,依刑法应当承担的法律后果。犯罪行为是医患关系违法性最严重的行为,所以由此产生的法律责任也最严重。根据我国刑法规定,刑罚分为主刑和附加刑。主刑包括管制、拘役、有期徒刑、无期徒刑、死刑;附加刑,可与主刑同时适用,也可独立适用,包括罚金、剥夺政治权利、没收财产。我国刑法对违反医事法行为的刑事责任做了明确规定,相关罪名有20余个,如危害公共卫生安全罪,妨害传染病防治与检疫罪,传染病菌种、毒种扩散罪,非法组织卖血罪,强迫卖血罪,非法采集、供应血液罪,生产、销售假药罪,组织出卖人体器官罪,医疗事故罪,非法行医罪等。构成违反医事法的刑事责任,必须以刑法的明文规定及医事刑事犯罪为前提。依据刑法理论,构成犯罪必须具备以下四个要件:

1. 犯罪客体。是指我国刑法所保护的、为犯罪行为所侵犯的社会关系,包括社会管理关系中的公共卫生关系和公民生命健康权利等。

2.犯罪客观方面。是指犯罪活动的客观外在表现,包括危害行为、危害结果、危害行为与结果之间的因果关系、实施危害行为的时间、地点、方法等方面。

3.犯罪主体。是指实施犯罪行为并承担刑事责任的人。刑法理论上将主体分为一般主体和特殊主体两类。一般主体仅要求行为人达到刑事责任年龄,具有刑事责任能力。特殊主体还需具有特定身份,如医疗事故罪的主体需要具备医生执业资格。

4.犯罪的主观方面。是指犯罪主体对自己实施的犯罪行为引起的危害结果所持的心理态度。它由故意或过失、犯罪的目的和动机等几个因素组成。

【思考题】

1.理解医事法律关系的构成要素。

2.理解医事侵权民事责任的构成要件。

3.理解医事法律关系、医事违法、医事法律责任三者之间的联系和区别。

第三章 医事法的制定与实施

【学习目的】

理解医事法制定的概念;了解立法机关及职权、医事法的立法程序;熟悉医事法实施的概念、医事法适用范围及相关法律解释;掌握医事法实施的基本形式即医事法的遵守、医事法的执行、医事法的适用和医事法律监督等。

【案情导引】

某市卫生局接到患者李某投诉,称其3月份曾在本市妇幼医院进行体检。该院主治医师孙某怀疑其感染了艾滋病病毒,并在未确诊的情况下向李某的工作单位通报了此事,致使单位许多人误认为李某是艾滋病患者,给其造成了极大的精神压力和生活压力,且导致了家庭的破裂。卫生局对此高度重视,进行了认真的调查,认为李某反映的情况属实,拟给予医师孙某吊销执业证书的行政处罚。

问题:

1. 卫生局对孙某进行该类行政处罚可否适用简易程序?

2. 医师孙某可否申请听证?

3. 吊销执业证书的行政处罚作出后,如孙某不服该行政处罚决定,如何救济自己的权利?

第一节 医事法的制定

一、医事法制定的概念

医事法的制定,又称医事立法,是指一定的国家机关依照法定权限和法定程序认可、创制、修改或废止医事法律和其他医事规范性法律文件的一种专门性活动。

对医事立法在法理上可以从广、狭两义上去理解。狭义的医事立法仅指最高国家权力机关依照法定权限和法定程序制定、修改或废止医事法律的特定活动;在我国专指全国人民代表大会及其常务委员会依法定权限和法定程序制定、修改或废止医事法律的活动。广义的医事立法是指有关国家机关依照法定权限和法定程序,制定、修改各种具有不同法律效力的规范性文件的活动;既包括国家权力机关制定的医事法律,也包括国家行政机关、地方权力机关等制定医事法规、规章和其他规范性文件的活动。

二、医事法的立法机关及职权

我国的立法机关及其权限由宪法、立法法及其他相关立法制度严格规定。

1. 全国人民代表大会和全国人民代表大会常务委员会行使国家立法权。全国人大修改宪法,制定和修改刑事、民事、国家机构的和其他的基本法律。全国人大常委会有权制定和修改除应当由人大制定的法律以外的其他法律;在全国人民代表大会闭会期间,对全国人民代表大会制定的法律进行部分补充和修改,但是不得同该法律的基本原则相抵触。

2. 国务院根据宪法和法律,规定行政措施、制定行政法规、发布决定性的命令,改变或者撤销各部、各委员会发布的不适当的命令、指示和规章,改变或者撤销地方各级卫生行政机关的不适当的决定和命令。

3. 国务院各部、委员会根据法律和国务院的行政法规、决定、命令,在本部门的权限内,发布命令、指示和规章。

4. 中央军事委员会及其所属部门。中央军事委员会根据宪法和法律,制定军事法规,发布决定和命令。中央军事委员会所属部门,可根据法律和中央军事委员会的军事法规、决定、命令,在其权限范围内发布决定、命令和军事规章。

5. 地方各级人大及其常委会是地方性医事法规的制定机关,在不与宪法、法律、行政法规相抵触的前提下,制定和公布地方性医事法规。民族自治地方的人民代表大会有权依照当地的政治、经济和文化特点,制定有关医药卫生方面的自治条例和单行条例。

6. 地方各级行政机关。省、自治区、直辖市,省、自治区、直辖市所在地的市,以及经国务院批准的较大的市的人民政府,可以依照卫生法律、卫生行政法规,制定相关卫生规章。县级以上人民政府的卫生部门,可以发布命令与决定。

三、医事法的立法程序

医事法立法程序,与一般立法程序一样,是指有权的国家机关在认可、创制、修改和废止法律和规范性法律文件的过程中,所须遵循的法定步骤和方法。其基本步骤为:

1. 提出法案,即由有立法提案权的机关、组织和人员,依据法定程序向有权立法的机关提出关于制定、认可、变动规范性法律文件的提议的专门活动。

2. 审议法案,即在由法案到法的阶段,由有权主体对法案运用审议权,对法律草案进行正式的审查和讨论。

3. 法律草案的通过,即有权的机关和人员通过一定的方式对法案作出的最终的、具有决定意义的裁决。一般而言,法案只有获得法定多数表决者的赞同,才能获得通过而成为法。

4. 公布法,亦称法的颁布,是指由有权机关或人员,在特定时间内,采用特定方式,将法公之于众。

第二节 医事法的实施

一、医事法实施的概念

法的生命在于它在社会生活中的具体实施,立法者制定法定法的目的,就是要使法律规范层面的权利义务在社会生活中得到实施。医事法的实施是指通过一定的方式使医事法律规范在社会实际生活中贯彻与实现,是医事法的要求向现实转化的过程。其实施形式,主要包括医事法的遵守、医事法的执行、医事法的适用和医事法律监督四个方面。

二、医事法实施的效力范围

医事法之所以存在和发生作用,就在于它对人们的行为具有约束力,其通过效力来调整人们的相互关系,控制和维护社会秩序。法的效力,从某种意义上是法的生命,但其有一定范围要求。医事法实施的前提,是明确医事法的效力范围即医事法的生效范围和适用范围,意指医事法对什么人、在什么时间和什么空间有效。具体讲,其包括医事法的时间效力、空间效力、对象效力。

（一）医事法的时间效力

医事法的时间效力是指法生效的时间范围,包括效力起始时间和终止时间,以及该法律对其颁布以前的事件和行为是否有效即法的溯及力问题。

1. 医事法的生效。我国医事法开始生效的时间有以下三种情况:(1)在法律、法规和规章的条文中明确规定其颁布后的某一具体时间生效。其目的是为法律的具体操作提供一个准备时间。我国现行的医事法律大多属此类情况。(2)在法律、法规和规章的条文中明确规定自公布之日起生效。如2003年5月9日,国务院颁布的《突发公共卫生事件应急条例》等。(3)在法律、法规和规章的条文中没有规定生效时间,则均以颁布之日为生效之时。如1990年11月20日,卫生部发布的《冷饮食品卫生管理办法》等。

2. 医事法的失效,即医事法的废止。我国医事法的失效有以下五种情况:(1)新法颁布施行后,相应的旧法即自行失效;(2)新法取代旧法,在新法条文中明确宣布旧法废止;(3)立法机关通过发布专门的决议、通令等,对某些适用期已过以及同现行政策不符的医事法律、法规、规章明令废止;(4)法律本身规定的有效期届满;(5)法律已完成其历史任务而自行失效。

3. 医事法的溯及力。医事法的溯及力即指某一法律规范对它生效以前的事件和行为可否适用的问题,如果适用,该法律规范就具有溯及力,反之就没有溯及力。我国医事法原则上没有溯及力,即采取法不溯及既往的原则;但为了更好地保护公民、法人和其他组织的权利和利益而作的特别规定除外,如刑法适用采用的是从旧兼从轻原则。

（二）医事法的空间效力

医事法的空间效力是指医事法生效的地域范围。它依立法机关的不同而有区别:

1. 在主权管辖的全部范围内生效。全国人民代表大会及其常务委员会制定的医事法律、国务院制定的医事法规、卫生部等国务院部委制定的卫生规章,除有特别规定外,适用于我国全部领域,包括领土、领海、领空以及延伸意义上的部分,如我国驻外使、领馆,航行或停泊于境外的我国船舶和飞机。

2. 在特定的区域范围内生效。(1)地方性医事法规和规章,只在发布机关管辖的行政区域内生效;(2)某些国家发布的法规和规章,是针对特定区域发布的,明文规定在某特定区域范围内生效;(3)有的法具有域外效力,在互相尊重国家主权和领土完整的国际法原则基础上,为维护国家核心利益和公民权益,我国某些法律或某些法律条款具有域外效力,如在刑事方面明确规定某些犯罪应由我国追究其刑事责任。

(三)医事法的对象效力

医事法的对象效力是指医事法律、法规、规章适用于哪些人,或者说对哪些人有效的问题。这里的人包括自然人和法所拟制的人——法人和其他组织。我国医事法对人的效力,有三种情况:

1. 对医事法律规范空间效力范围内的所有人均有效,包括中国公民、外国人和无国籍人。

2. 对空间效力范围内某种具有特定职能的公民、法人和组织有效。如《执业医师法》、《医疗机构管理条例》分别适用于医师和医疗机构。

3. 对空间效力范围内的某些人适用或不适用,由医事法律、法规、规章明文规定。如《国境卫生检疫法》第 25 条规定:"……居住在两国边境接壤地区的居民在边境指定地区的临时往来,双方的交通工具和人员的入境、出境检疫,依照双方协议办理。"对有豁免权和外交特权的外国人犯罪,需要追究刑事责任的,应通过外交途径解决。对于外国人在中国领域外对中华人民共和国和中国公民的犯罪行为,依我国法律最低判处有期徒刑三年以上者,可直接适用中国刑法,但按犯罪地国家的法律如果不受处罚的除外。

三、医事法实施中的法律解释

医事法的解释,是指对医事法律的内容、含义、概念、术语等所作的必要的说明。立法之法难免存在诸如法律漏洞、用语模糊以及法律规范与案件事实的脱节等问题,让医事法实施前或中的法律解释成为必然。按照法律解释的主体和效力不同,可以将医事法的解释分为正式解释和非正式解释。

(一)正式解释

正式解释也称法定解释、有权解释。它是指特定的国家机关依据宪法和法律所赋予的职权,对医事法有关的法律条文所进行的解释。包括立法、司法和行政解释。

1. 立法解释。即指依法有权制定医事法律、法规和规章的立法机关,对有关医事法律、法规和规章条文所作的进一步解释。立法解释常见的有三种形式:(1)将解释的内容作为本医事法律条文的一部分,如《食品卫生法》第 54 条对食品所作的解释;(2)通过颁布专门的解释性文件对某一医事法规作出的补充规定,常见的补充规定等;(3)通过医事法草案说明报告解释医事法。

2. 司法解释。即指司法机关依法对医事法适用工作中的问题如何具体应用法律所作的解释,常见的有审判解释、检察解释。我国 1981 年公布的《全国人民代表大会常务委员会关于加强法律解释工作的决议》规定:凡属于法院审判工作中具体应用法律、法令的问题,由最高人民法院进行解释;凡属于检察院检察工作中具体应用法律、法令的问题,由最高人民检察院进行解释;最高人民法院和最高人民检察院的解释如果有原则性的分歧,报请全国人民代表大会常务委员会解释或决定。

3. 行政解释。即指国家行政机关在依法行使职权时,对有关法律、法规如何具体应用问题所作的解释。一般有两种情况:(1)国务院及其所属卫生行政部门对不属于审判和检察工作中的其他法律问题如何具体应用问题所作的解释;(2)省、自治区、直辖市人民政府卫生行政主管部门对地方性规范如何具体应用的问题所作的解释,这种解释仅在所辖区内生效。

(二)非正式解释

非正式解释也称无权解释、无效解释或非官方解释,是指社会团体或公民按照个人的理解和认识,对医事法所作的解释。可分为学理性解释和任意解释。

1. 学理性解释。即指在教学、科研以及法制宣传活动中对法律规范所作的解释。这种解释在法律上没有约束力,不能直接作为法律适用的根据。但是它对于正确理解和适用法律,推动法学发展,有着十分重要的意义。

2. 任意解释。即指一般公民、当事人、辩护人、代理人对法律所作的理解和说明。它对执法机关正确适用法律规范、防止工作中出现偏差,具有一定的参考价值。

第三节　医事法的遵守

一、医事法遵守的概念

医事法的遵守是指一切国家机关、政党、社会团体、企事业单位以及全体公民服从法律,依法办事,将医事法律规范中规定的权利和义务,转化为社会生活中的权利和义务。它是医事法得以实施的重要方式。守法的内容和范围极其广泛,不仅包括遵守广义上的医事法律,而且包括在医事法适用过程中,有关国家机关依法作出的、具有法律效力的决定书,如人民法院的判决书、调解书,卫生行政部门的卫生许可证、医事行政处罚决定书等非规范性文件。但在具体的要求上是有区别的:(1)宪法中的医药卫生条款、医事法律、卫生行政法规、卫生行政规章等,除了法有明文规定外,要求普遍遵守;(2)某些特定性规章、地方性法规不得以宪法和法律的身份要求社会普遍遵守。

二、医事法遵守的内容

医事法的遵守,既包括守法主体依法承担和履行医事义务或职责,更包括守法主体依法享有权利、行使权利。

1. 医事法的遵守包括社会主体依照医事法律规定履行义务的活动。在法学理论中,义务的履行与权利的享有互为因果,没有无权利的义务,也没有无义务的权利。无论是对医方还是对患方而言,守法才能使己方处于主动地位,不仅能为自己赢得利益,也能避免不必要的困扰与惩罚。与其相对的是违法,例如,医疗方在医疗活动中未履行告知义务、病历书写不规范、擅自离岗、不当公开患者个人隐私等。

2.医事法的遵守包括社会主体依照医事法律规定实现自身权益的活动。在诊疗活动中,并非所有组织和个人都能够做到遵守法律,这使得人们在权利的实现过程中不得不面临障碍。为此,需要运用法律来保障自己的合法权益,如"起诉""应诉""反诉"等。医患双方维护好各自的合法权益,也是督促相对方履行义务的一种重要方式。重视运用法律武器来维权,克服花钱买平安或忍气吞声的思想,牢固树立风险和证据意识,适时掌握"法、理、情"原则。当然,在此过程中要防止权利滥用,即医患双方在权利行使过程中不要故意超越权利界限损害对方的合法权益,否则也会被要求承担由此而来的法律责任。例如,医疗方过度检查、患方医闹等当前较为突出的社会问题。

第四节　医事法的执行

一、医事法执行的概念

医事法执行是指国家医药卫生行政机关、法律法规授权的组织和受委托的组织及其工作人员,依照医事法律、法规和规章的规定的职权和程序,贯彻实施法律、实现国家医药卫生管理的活动。需要说明的是,医事法执行在法理上有广义和狭义两种理解。广义的医事法执行则是指国家机关和法律、法规授权的社会组织依照法定的职权和程序,行使国家权力,将医药卫生法律规范创造性地运用于具体人或组织,解决具体问题的一种专门活动,包括医药卫生执法活动和司法机关依法处理有关医药卫生违法和犯罪案件的司法活动。狭义的医事行政执法,包括医药卫生行政部门,法律法规授权的组织、受委托的组织,及其工作人员在行使医药卫生行政管理权的过程中,依照法定职权和程序,贯彻实施医事法的活动。本节所讲的执法,是指狭义上的执法。

二、医事法执行的特征

（一）合法性

医事行政执法必须是合法的行为,具体要求包括主体合法、内容合法、程序合法。主体合法是指医事行政执法的主体必须是医事法律、法规规定的机关或授权的组织。内容合法是要求医事行政执法必须符合医事法律规范的规定。程序合法是指医事行政执法必须严格遵守和执行法律程序。

（二）主动性

医事行政执法一般都以执法主体的单方意思表示即可成立,不需得到相对人的同意,也不以相对人的意志为转移。主动执法,才能确保医事法律规范的目的得以实现。

（三）国家强制性

医事行政执法是代表国家管理医药卫生事务,体现国家意志。具有国家强制性,是医事行政执法的根本保证。

（四）执法行为必然产生一定的法律后果

医事行政执法行为往往涉及确定特定人某种权利和义务,剥夺、限制其某种权利,拒绝或拖延其要求行政执法主体履行某种法定职责等。因此,必然会直接或间接地产生相关的权利义务关系,及相应的、现实的法律后果。

三、医事法执行的主体

医事法执行的主体是指依法享有国家医药卫生行政执法权力,以自己的名义实施医药卫生行政执法活动并独立承担由此引起的法律责任的组织。

根据执法主体资格取得的法律依据不同,医药卫生行政执法主体可以分为职权性执法主体和授权性执法主体两种。职权性执法主体是指根据宪法和行政组织法的规定,在机关依法成立时就拥有相应行政职权并同时获得行政主体资格的行政组织。职权性执法主体只能是国家行政机关,包括各级人民政府及其职能部门以及县级以上地方政府的派出机关。授权性执法主体是指根据宪法和行政组织法以外的单行法律、法规的授权规定而获得行政执法资格的组织。我国医药卫生行政执法主体主要有:卫生行政机关、食品药品监督管理机关、计划生育管理机关、国境卫生检疫机关、法律法规授权的卫生执法组织等。

四、医事法执行的内容

医事行政执法的内容是指医事行政执法主体依法办事,直接影响或直接涉及个人、组织的权利义务。它大致可分为两类:一是行政执法主体依法做出决定,采取措施,直接影响个人、组织的权利义务;二是通过各种形式,对个人、组织是否依法正当行使权利和履行义务的情况进行监督检查。其主要形式有以下几种:

(一)医事行政处理决定

医事行政处理决定是医事行政执法主体依法针对特定对象所做的具体的、单方面的、能直接引起法律关系产生的决定,是医事行政执法主体运用较广泛的一种执法手段。其表现形式主要有:

1. 命令。即指医事行政执法主体依法要求相对人进行一定的作为或不作为的意思表现行为。如命令食品生产经营者进行体检等。

2. 批准。即指医事行政执法机关对个人、组织的申请予以同意的行政处理决定。如卫生行政机关对医疗机构申请开业的批准、卫生行政机关对执业医师申请注册的准予决定等。

3. 拒绝。即指卫生行政机关对个人、组织的申请不予同意的决定。如卫生行政机关对不符合条件的医师不予注册的决定等。

(二)医事行政许可

医事行政许可,是指卫生行政机关根据公民、法人或者其他组织的申请,经依法审查,准予其从事特定活动的行为。这是卫生行政机关的主要执法活动之一,如医疗机构设置许可、食品药品生产经营许可、食品生产经营卫生许可等。

医事行政许可具有以下法律特征:(1)医事行政许可是一种行政赋权行为;(2)医事行政许可以一般禁止为前提条件;(3)医事行政许可的内容是直接赋予相对人从事某种特定活动的权利和资格;(4)医事行政许可是依据相对人的申请而作出的行为。

为了规范行政许可的设定和实施,保护公民、法人和其他组织的合法权益,维护公共利益和社会秩序,保障和监督行政机关有效实施行政管理,2003年8月27日十届全国人大常委会第4次会议通过了《中华人民共和国行政许可法》,自2004年7月1日起施行。根据

《行政许可法》规定,下列事项可以设定行政许可:

(1) 直接涉及国家安全、公共安全、经济宏观调控、生态环境保护以及直接关系人身健康、生命财产安全等特定活动,需要按照法定条件予以批准的事项。

(2) 有限自然资源开发利用、公共资源配置以及直接关系公共利益的特定行业的市场准入等,需要赋予特定权利的事项。

(3) 提供公众服务并且直接关系公共利益的职业、行业,需要确定具备特殊信誉、特殊条件或者特殊技能等资格、资质的事项。

(4) 直接关系公共安全、人身健康、生命财产安全的重要设备、设施、产品、物品,需要按照技术标准、技术规范,通过检验、检测、检疫等方式进行审定的事项。

(5) 企业或者其他组织的设立等,需要确定主体资格的事项。

(6) 法律、行政法规规定可以设定行政许可的其他事项。

医事行政许可也要遵守上述规定,凡是依法需要赋予相对方特定权利或者认定其特定资格的事项,依法设定医事行政许可。

医事行政许可的实施机关有:(1)卫生行政机关;(2)法律、法规授权机关;(3)受卫生行政机关委托的行政机关。

医事行政许可的实施程序一般是:申请、受理、审查、听证、决定。

行政机关作出准予行政许可的决定,需要颁发行政许可证件的,应当向申请人颁发加盖本行政机关印章的下列许可证件:(1)许可证、执照或者其他许可证书;(2)资格证、资质证或者其他合格证书;(3)行政机关的批准文件或者证明文件;(4)法律、法规规定的其他行政许可证件。

(三) 医事行政监督检查

医事行政监督检查是指医事行政执法主体为实现行政管理职能,对个人、组织是否遵守医事法律规范和具体医事行政处理决定所进行的监督检查。主要包括预防性监督(设计审查、施工监督、竣工验收等)和经常性医事监督(查阅证照、察看卫生状况、操作情况、个人卫生状况、询问、采样等)两类,也可分为定期医事监督检查和不定期医事监督检查。

(四) 医事行政强制措施

医事行政强制措施是医事行政执法主体为了预防、制止危害社会行为的产生而对相对人采取的限制行为或处置财产的行动。行政强制措施必须由法律、法规严格限定,当危害得到制止或消除后,医事行政强制措施必须立即停止。如医事行政执法主体认为某食品可能导致食物中毒,即可依据食品卫生法对该食品予以临时封存。经检验,属于可能导致食物中毒或被污染的食品,则予以销毁,不能导致食物中毒或未被污染的食品,予以解封。

医事行政强制措施按照不同的对象,可以分为限制人身自由行政强制措施和对财产予以查封、扣押、冻结等行政强制措施。按照不同的性质,可以分为行政处置和行政强制执行。行政处置是在紧急情况下采取的强制措施,如强制隔离;行政强制执行是在行政相对人拒不履行义务时采取的强制措施,如强行划拨。

(五) 医事行政处罚

医事行政处罚是医事行政执法主体依法惩戒违反医事行政管理秩序的个人、组织的一种行政法律制裁。在医事法律责任一节中已经阐述过行政处罚的概念、法律特征、种类以及与行政处分的区别,现仅就医事行政处罚的其他有关问题作一简要介绍。

1. 法律依据

为了规范行政处罚的设立和实施,保障和监督行政机关有效实施行政管理,维护公共利益和社会秩序,保护公民、法人或者其他组织的合法权益,1996 年 3 月 17 日八届全国人大第 4 次会议通过了《中华人民共和国行政处罚法》。为了保障卫生行政机关正确行使行政处罚职权,根据行政处罚法和有关医事法律、法规规定,1997 年 6 月 19 日卫生部发布了《卫生行政处罚程序》;2003 年 5 月 15 日国家食品药品监督管理局发布了《药品监督行政处罚程序规定》等。

2. 基本原则

医事行政处罚应当坚持以下基本原则:事实清楚、证据确凿原则;适用法律正确原则;先调查取证后裁决原则;合法适当、公正公开原则;处罚与教育相结合原则。

3. 处罚程序

医事行政处罚程序是指行政机关作出行政处罚的方式、步骤以及实现这些方式、步骤的时间和顺序的行为过程。处罚程序包括一般程序、简易程序、听证程序。

(1) 一般程序,也称普通程序,是指医事行政部门实施行政处罚的基本工作程序。包括受理与立案;调查取证;告知处罚事实、理由、依据和有关权利;听取陈述、申辩和举行听证;作出处罚决定;送达处罚决定书六个步骤。

(2) 简易程序,其适用于违法事实确凿并有法定依据,即对公民处以 50 元以下,对法人或其他组织处以 1000 元以下罚款或者警告的行政处罚的,可以当场作出行政处罚决定的情形。

(3) 听证程序,是指医事行政机关在作出行政处罚决定前,由该机关中相对独立的机构和工作人员主持,该机关调查取证人员和行为人作为双方当事人参加,对案件有关问题进行质证、辩论,听取意见、获取证据,进一步查明事实的法定程序。听证程序是行政处罚法规定的一种特殊的行政处罚程序。听证程序只适用于责令停产停业、吊销许可证或执照、较大数额罚款等较重的行政处罚。医事行政处罚主体在作出以上较重的行政处罚前应当告知当事人有要求听证的权利,并按规定程序组织听证。

(六) 医事行政复议

医事行政复议是公民、法人或其他组织不服医药卫生行政机关的具体行政行为,依照法定的条件和程序,向上级医药卫生行政机关或法定的其他机关提出申诉,受理机关依法对引起争议的具体行政行为进行审查并作出裁决的一种法律制度。医事行政复议虽不是司法救济手段,却是一项非常重要的医事行政救济制度,是解决行政争议案件的重要途径。

1. 医事行政复议的基本原则

医事行政复议的目的是保护公民、法人和其他组织的合法权益,纠正、防止违法或不当的行政行为。因此,医事行政复议应遵循合法原则、公正与公开原则、及时便民原则、不调解原则。

2. 医事行政复议的受案范围

依照我国《行政复议法》规定,医事行政复议的受案范围应包括以下行政案件:(1)对医药卫生行政机关作出的行政处罚不服的;(2)对医药卫生行政机关采取的有关强制性措施决定不服的;(3)认为医药卫生行政机关侵犯其合法经营自主权的;(4)认为符合条件申请有关卫生许可证,卫生行政部门拒绝颁发或不予答复的;(5)要求医药卫生行政机关履行其他法定职责拒不答复的;(6)认为医药卫生行政机关违法要求履行义务的;(7)认为医药卫生行政机关侵害其财产权、人身权的;(8)其他可以申请医事行政复议的具体行政行为。

行政复议法对行政复议的排除范围作出了规定:(1)不服行政处分及其他人事处理决定的;(2)不服行政机关对民事纠纷作出的调解和其他处理的。

3. 医事行政复议的管辖

医事行政复议的管辖是指不同层次的医药卫生行政机关之间,在受理卫生行政争议案件方面的分工和权限,是医事行政复议案件受案范围的具体化。主要内容有:(1)对县以上医药卫生行政机关具体行政行为不服的,申请人可以向该医药卫生行政机关的本级人民政府申请行政复议,也可以向上一级医药卫生行政机关申请行政复议;(2)对医药卫生行政机关依法设立的派出机构依照法律、法规或者规章规定,以自己的名义作出的具体行政行为不服的,向设立该派出机构的医药卫生行政机关或者该机关的本级人民政府申请行政复议;(3)对法律、法规授权的组织的具体医药卫生行政行为不服的,可向直接管理该组织的医药卫生行政机关申请行政复议;(4)两个医药卫生行政机关或医药卫生行政机关与其他行政机关共同作出的行政行为,向其共同上一级行政机关申请行政复议。

4. 医事行政复议的机构

医事行政复议机关是依法承担并履行医事行政复议职责的行政机关。医事行政复议机关负责法制工作的机构具体办理行政复议事项,履行相应职责。

5. 医事行政复议的参与人

医事行政复议参与人包括:(1)申请人,即认为具体医药卫生行政行为直接侵犯了其合法权益的公民、法人或其他组织;(2)被申请人,即作出引起申请人不服的具体行政行为的医药卫生行政机关或法律、法规授权组织;(3)第三人,即与申请复议的具体行政行为有利害关系,为维护自己的合法权益,经复议机关同意参加复议的公民、法人或其他组织。

6. 医事行政复议的期限

医事行政复议期限也就是时效问题。公民、法人或者其他组织认为医药卫生行政机关的具体行政行为侵犯其合法权益的,可以自知道该具体行政行为之日起60日内提出行政复议申请,但是法律规定的申请期限超过60日的除外。因不可抗力或者其他正当理由耽误法定申请期限的,申请期限自障碍消除之日起继续计算。

7. 医事行政复议的受理

行政复议机关收到行政复议申请后,应当在五日内进行审查,对不符合本法规定的行政复议申请,决定不予受理,并书面告知申请人;对符合本法规定,但是不属于本机关受理的行政复议申请,应当告知申请人向有关行政复议机关提出。医事行政复议期间不停止具体行政行为的执行,但是有下列情况之一的可以停止执行:(1)被申请人认为需要停止执行的;(2)复议机关认为需要停止执行的;(3)申请人申请停止执行,复议机关认为其申请要求合理,决定停止执行的;(4)法律规定停止执行的。

8. 医事行政复议决定

医事行政复议机关以事实为依据,以法律为准绳,对行政争议得出结论,作出书面处理,即为复议决定。复议决定书一经送达,即具有法律效力。复议决定存在以下几种情形:(1)具体行政行为认定事实清楚,证据确凿,适用依据正确,程序合法,内容适当的,决定维持;(2)被申请人不履行法定职责的,决定其在一定期限内履行;(3)具体行政行为有下列情形之一的,决定撤消、变更或者确认该具体行政行为违法;决定撤消或者确定该具体行政行为违法的,可以责令被申请人在一定期限内重新作出具体行政行为。这些情形是:主要事实不清,证据不足的;适用依据错误的;违反法定程序的;超越或者滥用职权的;具体行政行为明显不当的。医事行政复议机关责令被申请人重新作出具体行政行为的,被申请人不得以同一的事实和理由作出与原具体行政行为相同或基本相同的具体行政行为。

当事人对行政复议决定不服,可以依照行政诉讼法的规定向人民法院提起行政诉讼。如申请人在法定期间不提起诉讼,又不履行行政复议决定,医药卫生行政机关可以向人民法院申请强制执行。

第五节 医事法的适用

一、医事法适用的概念

医事法的适用,是指国家适用法律机构根据法定职权和法定程序,具体应用医事法处理案件的专门活动。国家适用法律机构,通常叫司法机关。在中国法律制度框架下,检察机构和审判机构都属于司法机构。检察机构司法活动的最终目的是为了法律的准确执行和适用。审判机构的审判活动,是最为标准的适用法律,要求依据医事法律,公正办理医事诉讼案件,维护医事法律的严肃和权威。其包括医事民事诉讼、医事刑事诉讼、医事行政诉讼。

医事法的适用,是医事法实施的最终环节。通常情况下,医事法律制定出来之后,含义明确,而且不论是社会一般个人或者一般组织,还是国家行政机构或者公职人员,都能够自觉依照医事法律行使权利、权力,履行法定义务、职责,则医事法的适用不会出现。医事法的适用的原因,要么是出现了不遵守医事法的情形,要么是出现了执法不公正情形,需要诉请法律适用机构强制裁决、强制执行;要么是人们对权利、权力、义务、职责的认识存在分歧,需要法律适用机构作出决定,然后强制执行。

二、医事法适用的特征

1.专属性。司法权专属于人民法院和人民检察院,其他任何国家机关、社会组织和个人都不能行使此权力。

2.程序性。程序性,是司法最重要、最显著的特点之一。目前我国存在刑事诉讼、民事诉讼和行政诉讼这三大类法定诉讼程序,是保证司法公正的重要条件。

3.专业性。司法是司法机关运用法律处理案件的专门活动,需要专业的判断,这就要求司法人员必须具有精深的法律专业知识和丰富的经验,因此,司法具有很强的专业性。

4.权威性。司法是国家司法机关以国家强制力为后盾,以国家的名义处理案件的专门活动,因此,它所作出的裁决具有很大的权威性。

三、医事法适用的原则

1.司法法治原则。在我国,这条原则具体地体现为"以事实为根据,以法律为准绳"的原则。以事实为根据,就是司法机关对案件作出处理决定,只能以被合法证据证明了的事实和依法推定的事实作为适用法律的依据。以法律为准绳,就是指司法机关在司法时,按照法定权限和法定程序,在查明事实的基础上,依据法律的有关规定,作出公正裁决。以事实为根据,以法律为准绳,是一个有机的整体,必须在司法中全面贯彻执行。

2. 司法平等原则。是指各级国家司法机关及其司法人员在处理案件、行使司法权时,对于任何公民,不论其民族、种族、性别、职业、宗教信仰、教育程度、财产状况、居住期限等有何差别,也不论其出身、政治历史、社会地位和政治地位有何不同,在适用法律上一律平等,不允许有任何的特殊和差别。

3. 司法权独立行使的原则。我国宪法规定:人民法院、人民检察院依照法律规定独立行使审判权、检察权,不受任何行政机关、社会团体和个人的干涉。当然,司法权同其他任何权力一样,都要接受监督和制约。在当今中国,司法权不仅要接受党的领导和监督、国家权力机关的监督,还要接受行政机关、企事业单位、社会团体、民主党派和人民群众的监督以及社会舆论的监督,司法机关上下级之间以及同级之间也存在监督和约束,通过这些多样的监督形式和监督机制,防止司法权的滥用。

4. 司法公正的原则。司法公正是社会正义的重要组成部分,它包括实体公正和程序公正。实体公正主要是指司法裁判的结果公正,当事人的权益得到了充分的保障,违法犯罪者受到了应有的惩罚和制裁。程序公正主要是指司法过程的公正,司法程序具有正当性,当事人在司法过程中受到公平的对待。

第六节　医事法律监督

一、医事法律监督的概念

医事法律监督在广义上是指国家机关、政党、企事业单位、社会团体和公民个人等依照法律规定和法定程序,对医事法在社会中的实施情况所进行的监察与督促。在狭义上则是指具有法定监督权的国家机关依照法定职权和程序对医事法的实施所实行的监察与督促,尤其是指医事行政法制监督。医事法的执行,具有单方主动性,必须防止权力滥用;同时,执法活动若缺乏效率,社会管理就会出现混乱状态。为此,医事行政法制监督对于依法治国,完善医事法制,促进医事法的实施,保护公民、法人和其他组织的合法权益具有重大的意义。

二、医事法律监督的内容

医事法律监督的内容,就是法律监督主体之间以及监督主体与被监督者之间的权利和义务。主要包括:1.对各级国家权力机关所制定的医事法律、法规的合法性和合理性进行监督;2.对各级卫生行政机关、授权机构、受托组织及其工作人员实施医事法的具体行为的合法性和适当性进行监督;3.对其他社会主体的守法行为进行监督。

三、医事法律监督的体系

（一）国家的法律监督

国家对医事法律监督，包括权力监督、行政监督和司法监督三个方面。

1. 权力的法律监督

权力监督是指各级人民代表大会及其常务委员会对医事行政执法主体及其工作人员在医事法的适用过程中是否依法办事进行的监督。根据宪法和有关法律的规定，权力监督的方式和主要内容有：

（1）卫生行政法规、规章、规定、命令等有无同宪法和法律相抵触的情况；

（2）在医事行政管理活动中，是否做到有法可依、有法必依、执法必严、违法必究；

（3）对经选举产生的或任命的卫生行政机关的领导人的违法行为进行调查、处理；

（4）组织医事行政执法大检查，听取卫生行政部门卫生监督情况的报告；

（5）对群众普遍关心和反映强烈的卫生问题及申诉和检举的卫生监督人员存在的问题，督促卫生行政机关采取措施，予以纠正和解决。

2. 行政监督

行政监督是卫生行政机关内部所进行的有关卫生行政法律、法规执行情况的法律监督。行政监督包括专门的行政监督和一般的行政监督两个部门。

专门的行政监督是指由国家行政机关中专门化的行政监督机构——监察部、厅、局、处所进行的法律监督。

一般的行政监督是指各级行政机关上下级之间、同级之间，在行政执法活动中所进行的相互监督。行政复议制度的实施、卫生行政机关的严格卫生执法和医事行政处罚监督制度都是非常重要的行政法制监督。

3. 司法监督

司法监督是指国家司法机关依照法定程序，对卫生行政机关及其工作人员是否在执法中违法进行的监督。包括人民检察院的检察监督权和人民法院的国家审判权，通过审理卫生行政案件，对医事行政执法行为的合法性进行审查、评价、判决等来对卫生行政机关实施监督。

（二）社会的法律监督

社会对医事法律监督，包括政党监督、社会团体监督、舆论监督、企事业单位及公民监督。

1. 共产党的法律监督。党对医事行政法制监督主要体现在组织上的监督。

2. 社会团体的法律监督。社会团体主要指政协、民主党派、工会、共青团、妇联、学术团体等。它们的法律监督主要是通过两种方式得以实现的：一是通过政治协商会议实施民主监督；二是通过法律诉讼程序进行诉讼监督。

3. 舆论的法律监督。舆论在社会生活中具有重大的作用。人们可以通过报纸、电视、广播等发表言论，实现法制监督。执法机关也可以通过舆论了解社会民众的意向，接受来自各个方面的监督。

4. 企事业单位及公民的法律监督。企事业单位和公民是医事行政执法中的管理相对人，故医事行政执法是否合法，直接影响其自身的权利。他们的监督形式主要有：(1)向卫生行政机关提出建议、批评、检举;(2)对违法的具体行政行为有权向司法机关提出诉讼和控告。

【思考题】
1. 医事立法的主要特征是什么?
2. 为什么要遵守医事法?
3. 怎么理解执行医事法单方主动的特征?

第四章 医事司法救济

【学习目的】

熟悉司法救济的价值及其特点,医事司法救济的特点以及医事民事诉讼的概念、基本原则、特点以及法律关系;明确医事民事诉讼的管辖和具体程序;掌握医事行政诉讼概念、特征、基本原则,以及医事行政诉讼的管辖、程序和医事行政诉讼与医事行政复议的区别;了解医事刑事诉讼和医事行政赔偿的内容。

【案情导引】

2011年7月,陈某怀孕后在南京市鼓楼区H医院建立保健卡(大卡),并在H医院进行了孕产期的各项相关检查。2011年12月1日,H医院D医生在为陈某行彩色多普勒超声检查后,出具诊断报告单,内容显示"骨骼:脊柱可显示,上肢肱骨、尺桡骨可显示,下肢股骨、胫腓骨可显示。左手显示欠清"。后陈某定期产前检查,并于2012年4月3日产下一女婴李某,诊断为新生儿右手阙如。后对女婴行X线检查,检查表现:右侧腕骨及右侧掌指骨残缺,所示尺桡骨短小畸形,余未见明显异常。根据南京市医学会医疗损害鉴定书的分析意见,"H医院2011年12月1日彩色多普勒超声诊断报告关于手部位的描述不规范,关于该部位的复查未履行告知义务,对优生优育选择权有一定影响"。陈某及其丈夫李某欲通过诉讼维护其合法权益,诉讼请求项目包括要求H医院赔偿增加的抚养、教育等费用,残疾辅助器具费,精神损害抚慰金,鉴定费等共计22万元。

问题:

1. 该案件应当以H医院为被告还是以D医生为被告?

2. 该案件应当以谁为原告,父母还是女婴?还是父母和女婴?

3. 该案件原告应当主张什么样的诉讼理由,医疗损害责任还是侵害知情同意权(优生优育选择权)责任?

第一节 概　述

《世界人权宣言》第8条规定:任何人当宪法或法律所赋予他的基本权利遭受侵害时,有权由合格的国家法庭对这种侵害行为作有效的补救。这就是著名的诉诸司法权利（the right of access to justice），它表明任何一个法治国家都不能拒绝公民寻求司法救济。

一、司法救济

"没有救济的权利就不是权利"。当立法确认权利之后，在权利的实现过程中主要有行政救济和司法救济两种。行政救济是指行政权力在行政管理或行政执法过程中运用行政权力依法对权利的救济。司法救济是指司法权力在司法裁判过程中运用司法权严格依照法律规定对权利的救济。

司法对权利救济的特点是：

1. 司法权只拥有判断权，以思维为活动形式，所以司法对权利的救济是独立进行的，不允许其他组织和个人干涉；

2. 一般坚持"不告不理"原则进行消极被动的权利救济；坚持中立的法律立场，严格依既定法律规则进行救济；

3. 注重权利救济的过程即司法程序，程序中设定诸多程序性权利旨在救济实体权利的实现；

4. 坚持法律标准、司法态度的稳定性，对权利的救济不靠随机应变；

5. 司法权只掌握在受过专门训练的法官手中，对权利的司法救济不可转授给其他非司法主体；

6. 司法是权利救济的最后一道关口，具有终局性，又称司法最终解决原则。

可见，司法救济是运用国家司法权力调整处理各种法律关系和矛盾并强制相关当事人履行法定义务以维护其他当事人权利的一种救济手段。

二、医事司法救济

医事司法救济是指运用国家司法权力调整处理各种医事法律关系和矛盾并强制相关当事人履行法定医事义务以维护其他当事人医事权利的一种救济手段。

医事司法救济除具有上述司法对权利救济的普遍特点外，还具有其自身的特点：

（一）引发医事司法救济活动的最终原因是为了保护公民的生命健康权

医事活动的最终目标和出发点是为了保护公民的生命健康权利，医事法律关系的构建是围绕医事活动而进行的，当医事法律关系主体的权利受到侵害时可以寻求司法救济，不管医事法律关系主体被侵犯的权利是何种性质的权利，但最终是为保护公民的生命健康权。

（二）医事司法救济途径种类全面

由于医事法律关系纵横交错，而医事司法救济是运用国家司法权力调整处理各种医事法律关系和矛盾并强制相关当事人履行法定医事义务以维护其他当事人医事权利的一种救济手段，这就决定了医事司法救济的途径可能是平等的医事服务法律关系主体通过民事诉讼寻求对自己的权利保护；也可能是医事行政管理法律关系的相对人通过行政诉讼的方式寻求对自己的权利保护；还有可能是国家为追究医事犯罪行为人的刑事责任而提起的刑事诉讼。

（三）医事诉讼活动中必有一方当事人是从事医事工作的组织和个人

由于医事法律关系主体通常必定有一方是从事医事工作的组织和个人，例如在纵向法律关系中必定有一方是医药卫生管理机关,在横向法律关系中必定有一方当事人是医药预防保健机构或个人。因此,反映在医事诉讼活动中,必有一方当事人是从事医事工作的组织和个人。

关于司法救济途径的种类,尚没有形成统一的观点。这里我们讲述的医事司法救济的途径主要包括四种:医事行政诉讼、医事刑事诉讼、医事民事诉讼、医事行政赔偿。

第二节 医事行政诉讼

一、医事行政诉讼的概念

医事行政诉讼是指公民、法人或其他组织认为行政机关(法律、法规授权组织或受委托组织)及其工作人员的行政行为侵犯其合法权益时,依法向人民法院提起诉讼,由人民法院依据事实与法律进行审理并作出裁决的法律活动。

二、医事行政诉讼的特征

1. 医事行政诉讼是医药卫生行政管理相对人不服卫生行政执法机关管理处罚,向人民法院提起的诉讼。

2. 医事行政诉讼的被告只能是卫生行政部门,这是区别于民事诉讼和刑事诉讼的一个重要特征。

3. 医事行政诉讼的标的是审查具体医药卫生行政行为是否合法。

三、医事行政诉讼的基本原则

1. 举证责任倒置原则。举证责任也称提供证据的责任,是指当事人对争议事项有责任加以证明,否则就要承担败诉的风险。在医事行政诉讼中,举证责任属于"举证倒置",也就是作为被告的医药卫生行政机关必须提供原先作出具体医药卫生行政行为的事实依据和法律依据,而不像民事诉讼中由原告提供证据。如果医药卫生行政机关在医事行政诉讼中不举证或者举不出证据,将承担败诉的后果。

2. 复议前置原则。卫生行政部门和管理相对人之间的争议,在起诉至人民法院进行医事行政诉讼前,可依法经过上级卫生行政部门复议。一些法律明确规定的争议案件,未经复议的人民法院不予受理。

3. 行为持续原则。在医事行政诉讼期间,医药卫生行政机关正在实施的具体医药卫生行政行为并不因原告提起诉讼而停止执行。

4. 一般不得调解不得反诉原则。人民法院在审理医事行政诉讼案件时,只能以事实和法律为根据来审查和确认医药卫生行政机关所作出的具体行政行为是否合法,并作出判决或裁定,不可以进行调解,作为被告的行政机关也无权放弃自己的职责。但行政赔偿、补偿以及行政机关行使法律法规规定的自由裁量权的案件可以调解。另外,在诉讼期间,医药卫生行政机关无权提起反诉。

5. 司法变更权有限性原则。人民法院在医事行政诉讼中，一般不享有司法变更权，对被诉的医药卫生行政机关的卫生行政处理决定，只能作出维持或撤消的判决或裁定，不能直接变更具体行政行为内容，只有在特殊例外情况下享有一定变更权。

四、医事行政诉讼的诉讼程序

（一）医事行政诉讼的受案范围

医事行政诉讼的受案范围是指法律授予人民法院对卫生行政案件特定的审判权限，或者说哪些卫生行政案件相对人才有权向人民法院提起医事行政诉讼。根据《行政诉讼法》的规定，结合卫生行政的实际，医事行政诉讼的受案范围主要有以下几类：

1. 不服医药卫生行政机关行政处罚的案件。主要是指对罚款、吊销卫生许可证、责令停产停业、没收财产等行政处罚不服的，可依法向人民法院提起诉讼。

2. 不服医药卫生行政机关强制措施的案件。卫生行政强制措施是医药卫生行政机关为了履行行政管理职能，依法对公民的人身或财产加以限制的一种特别措施（如在卫生行政执法中，对传染病人进行强制隔离、封存某种药品等）。对限制人身自由或者对财产封存、扣压等卫生强制措施不服的，可以依法提起行政诉讼。

3. 对医药卫生行政机关"不作为"的案件。保护公民的人身健康、财产安全同样是卫生行政部门的法定职责。当公民申请医药卫生行政机关履行保护人身权、财产权等法定职责时，医药卫生行政机关拒绝履行；当公民、法人和其他组织欲进行与卫生有关的生产经营行为，并认为符合法定条件，申请卫生许可证，但医药卫生行政机关"不作为"，即不履行法定职责，医药卫生行政管理相对人就有权依法向人民法院提起诉讼。

（二）医事行政诉讼的管辖

医事行政诉讼管辖是指各级人民法院或同级人民法院在受理第一审行政案件时的职权划分，即人民法院在受理第一审卫生行政案件上的分工和权限。主要分为级别管辖和地域管辖。

1. 级别管辖。是指在人民法院系统内划分和确定各级人民法院受理第一审医事行政诉讼案件的分工和权限。①基层人民法院管辖第一审卫生行政案件；高级人民法院可以确定若干基层人民法院跨行政区域管辖第一审行政案件；②中级人民法院管辖对国务院各部门或县级以上人民政府行政行为提起诉讼的第一审卫生行政案件和辖区内重大、复杂的第一审卫生行政案件；③高级人民法院负责本辖区内重大、复杂的第一审卫生行政案件；④最高人民法院负责全国范围内重大、复杂的第一审卫生行政案件。

2. 地域管辖。又称区域管辖，是指同级人民法院之间在各自辖区内受理第一审医事行政诉讼案件的分工和权限，也就是根据人民法院所在行政区划确定的管辖。

（1）一般的地域管辖。是指卫生行政案件由最初作出行政行为的行政机关所在地人民法院管辖。经复议的案件，也可以由复议机关所在地人民法院管辖。作为被告的行政机关设在什么地方，就由什么地方的人民法院管辖。

（2）特殊的地域管辖。是指按法律特别规定所确定的管辖。通常又分为专属管辖和共同管辖。①专属管辖是以原告起诉的具体行政行为指向的对象所在地为标准确定法院管辖的制度。如：因不动产提起医事行政诉讼，由不动产所在地人民法院管辖。②共同管辖是指两个或两个以上人民法院对同一卫生行政案件都有管辖权时，如何确定管辖法院的制度。

如:对限制人身自由的行政强制措施不服的卫生行政案件,由被告或原告所在地人民法院管辖。

3. 指定管辖和移送管辖。行政诉讼法规定,有管辖权的人民法院由于特殊原因不能行使管辖权或对管辖权发生争议,经双方协商解决不成的,由共同上级人民法院决定将第一审医事行政诉讼案件指定某个下一级人民法院管辖。当人民法院发现受理的案件不属于自己管辖时,应将其移送给管辖权的人民法院处理。

(三)医事行政诉讼的起诉和受理

起诉是指公民、法人或其他组织,认为医药卫生行政机关的具体行政行为侵犯其合法权益,请求人民法院给予法律保护的诉讼行为。受理是指人民法院对公民、法人或其他组织提起的医事行政诉讼请求进行初步审查,决定是否立案受理的活动。

1. 起诉条件

根据行政诉讼法的规定,起诉必须符合一定条件:①原告必须是卫生行政处罚或其他处理决定的相对人,或者是行政处罚、处理决定的利害关系人;②要有明确的被告,被告可能是医药卫生行政机关,也可能是法律、法规授权的组织;③要有具体的诉讼请求和相应的事实根据,并以书面的形式向人民法院提出诉讼请求;④诉讼请求属于人民法院受案范围和受诉人民法院管辖。

2. 起诉方式

直接起诉:即当事人对具体行政行为不服,可以不经过复议,直接向人民法院起诉。这在卫生法律、法规中有三种情况:①没有规定复议,只规定可以向人民法院起诉,如《国境卫生检疫法》、《药品管理法等》;②规定可以申请复议,也可以直接向人民法院起诉,如《传染病防治法》、《食品卫生法》等;③既未规定复议,也未规定诉讼,如《母婴保健法》、《艾滋病监测管理若干规定》等。

复议前置:即对医药卫生行政机关的具体行政行为不服,只能先向医药卫生行政机关申请行政复议,经复议以后才能向人民法院起诉。主要有两种情况:①在法律或法规中只规定可以申请行政复议,没有规定行政诉讼,这种情况很少;②在法律或法规中明确规定,对具体行政行为不服可申请复议,对复议决定不服可起诉,如《麻醉药品管理办法》、《尘肺病防治条例》、《放射保护条例》、《化妆品卫生监督条例》等。

3. 起诉期限

医事行政诉讼最多见的是 15 日和 6 个月两种:①经过行政复议的案件,应当在接到行政复议决定书或行政复议期满之日起 15 日内起诉;②卫生法律没有明确期限,也不属复议前置的,一般起诉期限为 6 个月,自知道或应当知道作出行政行为之日起计算。法律另有规定的除外。

(四)医事行政诉讼案件的审理与判决

医事行政诉讼案件的审理是指人民法院从受理卫生行政案件起,到终审判决前所进行的各项诉讼行为的总和,主要包括:组成合议庭、通知被告应诉、查阅材料、收集证据、决定是否停止具体行政行为的执行等。

医事行政诉讼案件审判组织一般为合议制,开庭审理除涉及国家秘密和个人隐私外,一般实行公开审理,由合议庭进行法庭调查和双方当事人(代理人)辩论,在辩论终结后依法裁判。适用简易程序审理的行政案件,由审判员一人独任审理。

根据法律规定,人民法院可视具体情况作出如下四种判决:

1. 判决维持卫生行政执法部门的原处理决定。主要是指卫生行政执法部门的具体行政行为证据确凿,适用法律、法规正确,符合法定程序,判决维持原处理决定。

2. 判决撤消或部分撤消卫生行政执法部门所作出的具体行政行为。主要是指卫生行政执法的具体行政行为主要证据不足,或者适用法律、法规有错误,或者违反法定程序,或者超越职权和滥用职权的。此外,还可判处卫生行政执法部门重新作出一个具体行政行为。

3. 判决卫生行政执法机关在一定期限内履行其法定职责。主要是指卫生行政执法机关不履行或者拖延履行法定职责,判决其履行职责。

4. 判决变更原处理决定。主要是指卫生行政执法部门的行政处罚显失公正,由法院判决变更。

（五）医事行政诉讼的上诉

我国行政诉讼实际是两审终审制。在第一审判决后,原告、被告、第三人任何一方不服判决,均可在接到判决书之日起15日内向上一级人民法院提出上诉。无论上诉提出的理由是什么,上诉人民法院均对一审判决进行全面的审查。第二审判决,是终审判决。判决书一经送达即产生法律效力。当事人无论是否申诉,都必须执行判决。

（六）医事行政诉讼案件的执行

卫生行政案件的执行是指人民法院依照法定程序对已经发生法律效力的法律文书,在负有义务的一方当事人拒不履行义务时,强制其履行义务的法律活动。人民法院对卫生行政案件的执行有两种情况:一是人民法院判决生效后,义务人不执行生效判决,权利人可以向一审人民法院申请强制执行。公民申请执行的期限为1年,行政机关、法人或其他组织申请执行的期限为180天。二是卫生行政部门作出的具体行政行为超过复议及起诉期限,当事人既不申请复议和起诉又不履行义务时,医药卫生行政机关可在起诉期限届满3个月内,向被申请人住所地或被执行的财产所在地人民法院申请强制执行。

五、医事行政诉讼与医事行政复议的关系

医事行政复议与医事行政诉讼都是解决卫生行政争议的法律制度。卫生行政争议是指卫生行政主体在行使管理职权过程中,与管理相对人之间发生的争议。这种争议不是平等主体之间的民事争议,而是在不平等的行政法律关系主体之间所发生的争议,所以医事行政复议与医事行政诉讼,既有本质上的区别,又有形式上的密切联系。

医事行政复议与医事行政诉讼的共同点是:二者都是用以解决卫生行政争议的法定手段和方式;二者的目的都是为了保护医药卫生管理相对人的合法权益,监督和维护医药卫生行政机关依法行政。第二,二者在程序上都是基于医药卫生管理相对人的请求而开始的程序活动。

医事行政复议与医事行政诉讼的区别:①在性质上:医事行政复议是一种行政程序活动,体现了国家行政权,是行政内部监督;而医事行政诉讼则是一种司法活动,体现了国家司法权,是司法监督。②在受理机关上,医事行政复议只能由与相对人发生行政争议的医药卫生行政机关的上级机关受理;而医事行政诉讼则由人民法院受理。③在适用程序上,医事行政复议适用行政程序;而医事行政诉讼适用司法程序。④在审查的范围上,医事行政复议时,对具体行政行为既审查合法性又审查合理性;而医事行政诉讼时则主要审查合法性。

⑤在法律效果上,医事行政复议以后仍可再提起诉讼;而医事行政诉讼则是两审终审。

医事行政复议与医事行政诉讼的联系:在一定的法定条件下,不经过医事行政复议则不能提起医事行政诉讼,医事行政复议是医事行政诉讼的前置条件。如尘肺病的防治、特殊药品管理等引起的行政争议,必须要经过行政复议以后才能提起行政诉讼。另外,在复议期间不得起诉,必须待复议结束;或法定期限届满复议机构仍无结论,才能起诉。同样,当事人一旦提起行政诉讼则不能再申请复议。

第三节　医事刑事诉讼

一、医事刑事诉讼的概念

医事刑事诉讼,是指公安机关、人民检察院、人民法院,在当事人和其他诉讼参与人的参加下,依照法定的程序,查明案件事实,应用刑法解决被告人是否有医事犯罪行为和是否应受刑事处罚所进行的侦查、起诉和审判活动。它具有如下特征:

1. 医事刑事诉讼的前提是有医事犯罪行为的发生。

2. 医事刑事诉讼,是公安、司法机关代表国家进行的行使国家刑罚权的活动,这一点使它区别于医事民事诉讼和医事行政诉讼。

3. 医事刑事诉讼是在当事人和其他诉讼参与人的参加下进行的活动,其中心任务是解决犯罪嫌疑人、被告人的刑事责任问题。

二、医事刑事诉讼的基本原则

根据《中华人民共和国刑事诉讼法》,刑事诉讼的基本原则如下:刑事司法权专有原则;审判权、检察权独立行使的原则;依靠群众的原则;公、检、法三机关分工负责、互相配合、互相制约的原则;无罪推定原则;保障诉讼参与人诉讼权利的原则;有法定情节不追究刑事责任的原则。

三、医事刑事诉讼的主体

医事刑事诉讼的主体,又称为医事刑事诉讼法律关系的主体,是指在医事刑事诉讼中依法享有司法职权的机关和依法享有诉讼权利并承担诉讼义务的当事人和其他诉讼参与人。主要包括:

1. 公安机关

公安机关是国家的治安保卫机关,是各级人民政府的职能部门;是法定的侦查机关,负责刑事案件的立案、侦察、收集和调取证据;对现行犯或重大嫌疑分子,依法刑事拘捕,依法执行逮捕;同时公安机关还是刑罚的执行机关之一,担负着对被判处管制、剥夺政治权利、宣告缓刑、假释、暂予监外执行罪犯的执行、监督和考察职责。

2. 人民检察院

人民检察院是国家的法律监督机关。在刑事诉讼的侦察阶段,依法对其管辖的案件进行侦察、起诉;对公安机关主管的侦察案件进行审查,决定起诉。在审判阶段是公诉案件的公诉人,同时行使审判监督权。

3. 人民法院

人民法院是国家的审判机关,代表国家独立行使审判权。未经人民法院依法判决,对任何人都不得确定有罪。

4. 犯罪嫌疑人、被告人

"犯罪嫌疑人"和"被告人"是对涉嫌医事犯罪而受到刑事追诉的人的两种称谓。在公诉案件中,受刑事追诉者在检察机关向法院提起公诉以前,称为"犯罪嫌疑人",在检察机关正式向法院提起公诉以后,则称为"被告人"。

5. 被害人

被害人是指其人身、财产及其他权益遭受医事犯罪行为侵害的人。在自诉案件中被害人是自诉人,在公诉案件中是控诉一方的诉讼参与人,在附带民事诉讼中是原告人。在与健康相关产品的犯罪案件中,被害人往往提起刑事自诉。

6. 其他诉讼参与人

代理人、证人、辩护人、鉴定人、翻译人等都是医事刑事诉讼法律关系的重要主体,依法享有相应的诉讼权利并履行相应的义务。

四、医事刑事诉讼的管辖

医事刑事诉讼的管辖,是指公安机关、人民检察院和人民法院等依照法律规定立案受理医事刑事案件以及人民法院系统内审判第一审医事刑事案件的分工制度。包括立案管辖和审判管辖。

1. 立案管辖

是指人民法院、人民检察院和公安机关各自直接受理医事刑事案件的职权范围。

(1)人民法院直接受理的医事刑事案件,主要有除严重危害社会秩序和国家利益以外的生产、销售假药或劣药案;生产销售不符合卫生标准的食品或有毒、有害食品案;生产、销售不符合标准的医用器材案;生产、销售不符合卫生标准的化妆品案。对此类案件,受害人如有证据证明,可以直接向人民法院提起刑事诉讼。

(2)人民检察院直接立案侦察的医事刑事案件主要有:传染病防治失职案;放纵制售假劣药和放纵制售有毒有害或不符合卫生标准的食品、化妆品、医用器材犯罪行为案。

(3)公安机关立案侦察的医事刑事案件,除人民法院和人民检察院负责立案的医事刑事案件外的其他医事刑事案件,包括妨害传染病防治、非法组织卖血、医疗事故、非法行医等案件。

2. 审判管辖

(1)级别管辖,是指各级人民法院审判第一审医事刑事案件的职权范围。

普通的医事刑事案件,由基层人民法院管辖;被告人可能被判无期徒刑、死刑的医事刑事案件,如已致人死亡或造成严重人身伤害的制售假劣药品或有毒、有害食品罪行等,由中级人民法院管辖;全省(直辖市、自治区)性的重大医事刑事案件,由高级人民法院管辖;全国性的重大医事刑事案件,由最高人民法院管辖。

(2)地域管辖,是指同级人民法院之间,在审判第一审医事刑事案件上的权限划分。

医事刑事案件,由医事犯罪所在地的人民法院管辖。犯罪所在地,包括犯罪预备地、犯罪实施地、犯罪结果地等。

五、医事刑事诉讼中的辩护与代理

1. 辩护,是指医事刑事案件的犯罪嫌疑人、被告人及其辩护人反驳对犯罪嫌疑人、被告人的指控,提出有利于犯罪嫌疑人、被告人的事实和理由,以证明犯罪嫌疑人、被告人无罪、罪轻或者应当减轻、免除处罚,维护犯罪嫌疑人、被告人合法权益的诉讼活动。包括自行辩护、委托辩护、指定辩护三种。

（1）自行辩护,指犯罪嫌疑人、被告人自己针对指控进行反驳、申辩和解释的行为。

（2）委托辩护,指犯罪嫌疑人、被告人依法委托律师或其他公民担任辩护人,协助其进行辩护。

（3）指定辩护,指对于没有委托辩护人的被告人,人民法院在法律规定的某些特殊情况下,为被告人指定承担法律援助义务的律师担任其辩护人,协助被告人进行辩护。

2. 代理,是指代理人接受公诉案件的被害人及其法定代理人或者近亲属、自诉案件的自诉人及其法定代理人、附带民事诉讼的当事人及其法定代理人的委托,以被代理人的名义参加诉讼,由被代理人承担代理行为的法律后果的一项诉讼活动。包括公诉案件中的代理、自诉案件中的代理、附带民事诉讼中的代理三种。

（1）公诉案件中的代理,指诉讼代理人接受公诉案件的被害人及其法定代理人或者近亲属的委托,代理被害人参加刑事诉讼,以维护被害人的合法权益。

（2）自诉案件中的代理,指代理人接受自诉人及其法定代理人的委托参加诉讼,以维护自诉人的合法权益。

（3）附带民事诉讼的代理,指诉讼代理人接受附带民事诉讼的当事人及其法定代理人的委托,在所受委托的权限范围内,代理参加诉讼,以维护当事人及其法定代理人的合法权益。

六、医事刑事诉讼程序

根据我国刑事诉讼法的规定,普通刑事案件的诉讼,一般需要经过立案、侦查、起诉、审判和执行等五个既紧密联系又相对独立的阶段。

1. 立案

刑事诉讼中的立案是指公安司法机关对于报案、控告、举报、自首以及自诉人起诉等材料,按照各自的职能范围进行审查后,认为有犯罪事实发生并需要追究刑事责任时,决定将其作为刑事案件进行侦查或审判的一种诉讼活动。

2. 侦查

侦查是指公安机关、人民检察院在办理案件的过程中,依照法律进行的专门调查工作和有关的强制性措施。侦查行为主要包括:讯问犯罪嫌疑人;询问证人、被害人;勘验、检查;侦查实验;搜查;扣押物证、书证;查询、冻结存款、汇款;鉴定;辨认;通缉等活动。

3. 起诉

刑事诉讼中的起诉是指法定的机关或者个人,依照法律规定向有管辖权的法院提出控告,要求该法院对被指控的被告人进行审判并予以刑事制裁的一种诉讼活动或程序。包括公诉和自诉。

公诉是指人民检察院认为犯罪嫌疑人的犯罪事实已经查清,证据确实、充分,依法应当追究刑事责任的,应当作出起诉决定,按照审判管辖的规定,向人民法院提起公诉。提起公诉之前必须要进行审查起诉程序,只有当符合提起公诉的条件时才能提起公诉。

自诉是相对于公诉而言的,它是指法律规定的享有自诉权的个人直接向有管辖权的人民法院提起的刑事诉讼。包括告诉才处理的案件;被害人有证据证明的轻微刑事案件;被害人有证据证明对被告人侵犯自己的人身权利、财产权利的行为应当追究刑事责任,而公安机关或者人民检察院不予追究被告人刑事责任的案件。

4. 审判

刑事诉讼中的审判是指原告、被告或控辩双方在法庭上各自提出自己的主张和证据并进行辩论,法官站在第三者的地位上,基于国家权力依法进行审理并作出裁判的一种诉讼活动。

人民法院进行审判,应经过开庭,法庭调查(起诉、询问被告、质证,这是法庭审判的核心环节),法庭辩论,被告人最后陈述等过程,最后经合议庭评议并作出判决。对判决不服,在10日内人民检察院可以提出抗诉,当事人可以提起上诉,进入二审程序。

七、医事刑事诉讼案件的主要种类

医事刑事诉讼案件的种类主要有:

1. 与公民生命健康权益相关的刑事诉讼;

2. 与药品和健康相关产品有关的刑事诉讼;

3. 与公共卫生监督有关的刑事诉讼;

4. 与医疗机构和医务人员管理有关的刑事诉讼;

5. 与卫生行政执法和卫生管理相关的刑事诉讼;

6. 与卫生资源管理有关的刑事诉讼;

7. 与医学科学教育与研究和科学技术相关的刑事诉讼。

第四节　医事民事诉讼

一、医事民事诉讼的概念

医事民事诉讼是指人民法院、当事人和其他诉讼参与人,在审理民事案件的过程中,所进行的各种诉讼活动,以及由这些活动所产生的各种诉讼法律关系的总和。医事民事诉讼具有如下特点:

1. 医事民事诉讼必须严格按照法定程序进行。任何违反程序规定的行为都将会导致医事民事诉讼无效。

2. 法院的审判活动在诉讼过程中起重要作用。法院作为国家的审判机关,对诉讼的发生、变更和消灭具有决定性意义。

3. 医事民事诉讼过程具有阶段性和连续性。民事诉讼是由若干诉讼程序与诉讼阶段相互衔接、相互联系所构成的统一的民事诉讼程序体系。

二、医事民事诉讼的基本原则

医事民事诉讼的基本原则主要有：

1. 当事人诉讼权利平等原则。是指医事民事诉讼当事人在民事诉讼中平等地享有和行使诉讼权利,人民法院审理民事案件,应当保障和便利当事人行使诉讼权利。

2. 辩论原则。人民法院审理医事民事案件时,当事人有权进行辩论。所谓辩论,是指当事人双方在人民法院主持下,就案件事实和适用法律等有争议的问题,陈述各自的主张和意见,相互进行反驳和答辩,以维护自己的合法民事权益。通过当事人双方的辩驳,有利于人民法院查明事实,分清是非,正确适用法律,及时解决纠纷。

3. 处分原则。医事民事诉讼当事人有权在法律规定的范围内处分自己的民事权利和诉讼权利。处分原则贯穿于民事诉讼的全过程,并在很大程度上影响着诉讼的进行。但是当事人的处分行为必须是自己的真实意思表示,任何因强迫、欺诈、利诱或重大误解形成的违背当事人真实意思的处分行为都是不能成立的。

4. 法院调解原则。人民法院审理医事民事案件,应当根据自愿和合法的原则进行调解,调解不成的,应当及时判决。

5. 检察监督原则。人民检察院有权对人民法院的民事审判活动实行法律监督。人民检察院是我国的法律监督机关,它不仅应参与刑事诉讼,对刑事审判过程实行监督,而且也应参与民事诉讼,对民事审判过程实行监督。

6. 同等原则和对等原则。同等原则,是指一国公民、组织在他国进行民事诉讼时,与他国公民、组织享有同等的诉讼权利和承担同等的诉讼义务。对等原则,是指一国法院在民事诉讼中对他国公民、组织的诉讼权利加以限制的,他国法院对该国公民、组织的民事诉讼权利给以同样的限制。

三、医事民事诉讼法律关系

医事民事诉讼法律关系,是指由民事诉讼法律、法规所调整的人民法院、当事人及其他诉讼参与人之间存在的以诉讼权利和诉讼义务为内容的具体的社会关系。民事诉讼法律规范的存在,是特定的社会关系转变为民事诉讼法律关系的前提;民事诉讼法律关系是民事诉讼法律规范在现实生活中的体现。医事民事诉讼法律关系的构成要素包括主体、内容和客体三个要素。

（一）医事民事诉讼法律关系的主体

医事民事诉讼法律关系的主体,是指在民事诉讼中享有诉讼权利和承担诉讼义务的国家机关、公民、法人和其他组织。根据我国民事诉讼法的相关规定,医事民事诉讼法律关系的主体包括人民法院、人民检察院、当事人、诉讼代理人和其他诉讼参加人。

（二）医事民事诉讼法律关系的内容

医事民事诉讼法律关系的内容,是指民事诉讼法律关系主体根据民事诉讼法律规范所享有的诉讼权利和所应当承担的诉讼义务。医事民事诉讼法律关系的主体不同,医事民事诉讼法律关系所表现的具体的诉讼权利义务也不尽相同。他们有各自的权利（权力）范围和义务范围。

（三）医事民事诉讼法律关系的客体

医事民事诉讼法律关系的客体,是指民事诉讼法律关系主体的诉讼权利和诉讼义务所指向的对象。医事民事诉讼法律关系主体之间存在着多种民事诉讼法律关系,各个主体所享有的诉讼权利和承担的诉讼义务也不尽相同,因而客体也有区别。

人民法院和当事人之间的诉讼权利义务所指向的对象,是案件的客观事实和实体权利请求;人民法院和人民检察院之间的诉讼权利义务所指向的对象是人民法院生效裁判认定的事实和适用的法律;人民法院和其他诉讼参与人之间的诉讼权利和诉讼义务所指向的对象是案件的客观事实;当事人之间的诉讼权利义务所指向的对象是诉讼理由和诉讼请求;当事人与其他诉讼参与人之间的诉讼权利义务所指向的对象是案件的客观事实。

四、医事民事诉讼中的管辖

医事民事诉讼中的管辖,是指在人民法院系统内部,确定各级法院之间以及同级人民法院之间受理第一审民事案件的分工和权限。划分上下级法院之间受理第一审民事案件的分工和权限的管辖称为级别管辖。确定同级人民法院之间在各自辖区受理第一审民事案件的分工和权限的管辖称为地域管辖。确定管辖应当遵循以下基本原则:(1)便于当事人诉讼;(2)便于法院行使审判权;(3)有利于案件公正审判;(4)兼顾各级法院的职能和工作负担的均衡;(5)确定性与灵活性相结合;(6)有利于维护国家主权。

五、医事民事诉讼程序

（一）起诉

起诉是指公民、法人或者其他组织,认为所享有的或者依法由自己管理、支配的民事权益受到侵害或者与他人发生争议,以自己的名义请求法院通过审判给予司法保护的诉讼行为。起诉必须符合下列条件:

1. 原告必须是与本案有直接利害关系的公民、法人或其他组织。

2. 有明确的被告。

3. 有具体的诉讼请求和事实、理由。

4. 属于法院受理民事诉讼的范围和受诉法院管辖。

法院接到原告的起诉后,应当依法及时审查,以决定是否立案。审查的内容包括两个方面:首先审查原告的起诉是否符合民事诉讼法规定的四个条件;其次审查手续是否完备,如有欠缺,应当限期当事人更正。法院经审查认为符合起诉条件的,应当在七日内立案并通知当事人;认为不符合起诉条件的,应当在七日内做出不予受理的裁定。

人民法院一旦受理原告的起诉后,将产生以下法律效果:

1. 受诉法院取得了对该案的管辖权。

2. 双方当事人、法院之间相互产生了具体的诉讼法律关系。

3. 诉讼时效中断。

（二）审判

1. 审理前的准备。是指法院和当事人在受理起诉后至开庭审理之前,依法所进行的一系列诉讼活动。主要包括以下内容:

（1）送达起诉状副本和答辩状副本。

（2）告知诉讼权利义务与合议庭组成人员。

（3）认真审核诉讼材料,调查收集必要的证据。

（4）追加当事人。

2. 开庭审理

开庭审理,是指法院在当事人以及其他诉讼参与人的参与下,依照法定的形式和程序,在法庭上对民事案件进行实体审理的诉讼活动过程。主要包括开庭准备、法庭调查、法庭辩论、案件评议和宣告判决等阶段。

一审法院作出判决和裁定后,当事人对判决不服的,可以在15日内提起上诉;对裁定不服的,可以在10日内提起上诉。上诉被受理后,案件将依法进入二审程序。当事人如果在法定的期限内没有提出上诉,上诉期满后,裁判文书将依法发生法律效力,如果义务人不按要求履行法定义务,则权利人可以依据生效的法律文书申请人民法院强制执行。

第五节　医事行政赔偿

一、医事行政赔偿与国家赔偿概述

医事行政赔偿是指医药卫生行政机关及其工作人员违法行使职权,侵犯了公民、法人或其他组织的合法权益并造成损害后果,由国家承担的赔偿责任。

医事行政赔偿是行政侵权赔偿的一种类型,而行政侵权赔偿又是国家赔偿责任的一种类型。为此首先简单介绍国家赔偿责任的内容。

国家赔偿责任是指国家基于国家机关和国家机关工作人员违法行使职权侵犯公民、法人或其他组织的合法权益造成损害所承担的赔偿责任。国家赔偿责任在我国主要有两大部分:①行政赔偿;②司法赔偿。司法赔偿包括刑事赔偿和法院违法采取强制措施所造成损害的赔偿。由于行政机关是国家机关的重要组成部分,是国家的经济、社会、文化、卫生生活中的重要角色,因此行政机关的活动与公民、法人或者其他组织的联系最为紧密,行政侵权赔偿也成为国家赔偿中一个极为重要、必不可少的组成部分。

1994年5月我国颁布了《中华人民共和国国家赔偿法》。在这部法律中明确了国家承担赔偿责任的原则是"违法性"存在。也就是国家承担赔偿的前提是国家机关及其工作人员在行使职权时必须有行为违反了法律、法规的规定;这里的违法是指行为违法,而不是行为的结果违法;是行为客观上的违法,而不是主观上的"过错";行为违法内容可以是实体法,也可以是程序法;另外行为违法的形式可以是积极的作为,也可以是消极的不作为。

根据《国家赔偿法》的规定,国家赔偿以支付赔偿金为主要方式,对能返还财产或恢复原状的,予以返还财产或恢复原状。造成受害人名誉权、荣誉权损害的,应当在侵害行为影响的范围内,为受害人消除影响,恢复名誉,赔礼道歉。赔偿金的计算标准主要有以下几种:①侵犯人身自由的,每日赔偿金为上年度职工日平均工资;②造成身体伤害的,支付医疗费和误工减少的收入,但最高为上年度职工工资的5倍;致残丧失劳动能力的,最高为上年度职工平均工资的 20 倍;③造成死亡的,各项赔偿金总额为上年度职工平均工资的 20 倍;④罚款没收的返还没收财物;⑤吊销许可证或执照、停产停业的,赔偿停业期间经常性的费用开支;⑥如有其他损害的,只赔偿直接损失。

二、医事行政赔偿的构成要件

医事行政赔偿的构成要件就是指构成侵权赔偿责任的条件。下面三个条件是最基本的条件,而且在构成赔偿责任时应同时存在。

1. 存在违法行政行为。医药卫生行政行为只有在违法的情况下,才能构成对行政相对人合法权益的侵害;因此违法医药卫生行政行为是行政侵权责任发生的首要条件。

2. 存在损害事实。违法行为并不一定导致危害后果的发生。如没有损害后果就谈不上赔偿。损害必须是已经发生的并现实存在的对受法律保护利益的损害。既包括财产上的损害,也包括人身及精神上的损害。

3. 行为与事实存在直接的因果关系。即卫生行政违法行为与损害事实两者之间存在着必然的、内在的、合乎规律的联系。受害人的损失直接由医药卫生行政机关或者工作人员的违法行政行为造成。

三、医事行政赔偿的范围

(一)具体行政行为违法而引起的赔偿范围

医事行政赔偿责任是与医事行政诉讼的受案范围相对应的,诉讼审查的对象是具体行政行为,因此,行政赔偿的范围也仅指具体行政行为的赔偿范围。主要包括:①违法行政处罚行为造成的损害赔偿,这些行政处罚的种类可归纳为三大类:即自由罚、财产罚和行为罚;②违法采取行政强制措施的赔偿;③侵犯法律规定的经营自主权的赔偿;④颁发许可证和执照的违法行为的赔偿;⑤行政机关不履行保护公民、组织的人身权、财产权的法定职责的赔偿;⑥行政机关违法要求公民、法人或者其他组织履行义务的行为的赔偿。

(二)不予赔偿的范围

国家赔偿的范围是有限度的,并非所有的违法行为给相对人造成的损害都需要赔偿。医药卫生行政机关的工作人员与职权无关的个人行为,国家不承担赔偿责任;对国防、外交等国家行为,行政法规、规章以及发布具有普遍约束力的决定、命令的行为,对这些情况,人民法院不但没有审查权,不能作为行政诉讼的案件受理,而且国家也不承担赔偿责任。另外,还有因公民、法人或者其他组织自己的故意行为导致损害发生的,国家不承担赔偿责任。

四、赔偿请求人和赔偿义务机关

(一)赔偿请求人

赔偿请求人是指合法权益受到医药卫生行政机关及其工作人员违法行使职权的行为侵犯而遭到损害的人。换言之,合法权益受到医药卫生行政机关和其工作人员行使行政职权的行为侵犯,那么造成损害的公民、法人或者其他组织就是对该医药卫生行政机关提出赔偿请求的权利人。但如果相对人不复存在,则其利害关系人的损失就无法得到弥补,因此,与行政诉讼规定的原告资格一样,赔偿请求权在一定情况下可以转移。

① 受害公民死亡的赔偿请求权转移。如当赔偿请求人是公民,且该公民已死亡,那么

该公民的近亲属就可以提起医事行政诉讼,同时有权附带提起赔偿请求。

② 法人和其他组织终止的赔偿请求权转移。如:法人或其他组织在合并和分立的情况下,原先的赔偿请求权可以转移为现在承受权利的法人或其他组织行使。

（二）赔偿义务机关

医事行政赔偿义务机关是指对违法行使行政职权侵犯公民、法人或者其他组织的合法权益,造成损害应当承担赔偿责任的医药卫生行政机关。医药卫生行政机关工作人员违法行使职权侵犯行政相对人合法权益造成损害的,由该工作人员所在的行政机关承担赔偿义务。

五、医事行政赔偿的程序

按照《行政诉讼法》和《国家赔偿法》的规定,医事行政赔偿的请求可以单独提出也可以一并提出。

① 单独提出。公民、法人或者其他组织单独就损害赔偿提出请求。单独提起赔偿请求的,应当先由行政机关解决;解决方式成立后,如对行政处理不服,可以向人民法院提起赔偿诉讼;

② 一并提出。一并提出包括在申请复议时一并提出和提起行政诉讼时一并提出。提起行政诉讼时一并提出可以是在起诉时一并提出,也可以在行政诉讼案件审理过程中提出。

医事行政赔偿程序中,还有一个行政机关内部的程序,就是追偿。追偿是指承担赔偿责任后的赔偿义务机关向有故意或重大过失的本机关的工作人员追究责任的一种制度。行政机关赔偿损失后,应当责令有故意或重大过失的行政机关工作人员承担部分或者全部赔偿费用。当然赔偿义务机关行使追偿权时必须符合下列条件:①赔偿义务机关已经向受害人支付了赔偿费用;②受害人的损失是由行政机关工作人员执行职务的行为造成的;③该工作人员必须有故意或重大过失。

【思考题】
1. 在医事行政诉讼中为什么要实行举证责任倒置?
2. 医事民事法律关系与医事民事诉讼法律关系的区别和联系有哪些?

第五章　医疗机构管理法律制度

【学习目的】

　　了解医疗机构的基本概念、分类状况和执业登记的一般要求；明确医疗机构的设置原则与审批条件；理解并掌握医疗机构执业应该遵守的规则。

【案情导引】

　　2016年4月，"魏则西事件"发酵网络，刷爆朋友圈。就读于西安电子科技大学的2012级学生魏则西，因患有罕见的滑膜肉瘤病，在各大肿瘤医院都说没有希望的情况下，通过百度搜索得知"武警北京总队第二医院"有一种号称与美国斯坦福大学合作的肿瘤生物免疫疗法，并被该医院医生告知可以接受其治疗。从2015年9月份开始，魏则西在父母的带领下先后4次从陕西咸阳前往北京，在武警北京总队第二医院花费了20多万医疗费后，才得知这个疗法在美国早已宣布无效被停止临床。2016年4月12日，魏则西去世。后经证实，所谓的"武警北京总队第二医院"肿瘤科，已经外包给了"莆田系"。

　　问题：

　　1.医疗机构的"外包"行为是否合法？

　　2.医疗机构应该如何规范诊疗活动？

　　3.如何加强公立医院、社会办医院的分类监督管理？

第一节　概　　述

一、医疗机构的概念

医疗机构是指依法定程序设立的从事疾病诊断、治疗活动的卫生机构的总称。

医疗机构应以救死扶伤、防病治病、为人民的健康服务为宗旨，其依法从事的诊疗活动受法律保护。国家扶持医疗机构的发展，鼓励以多种形式创建医疗机构。

二、医疗机构的分类

按医疗机构的功能、任务、规模等,我国医疗机构可划分为以下十二类:(1)综合医院、中医医院、中西医结合医院、民族医医院、专科医院、康复医院;(2)妇幼保健院;(3)中心卫生院、乡(镇)卫生院、街道卫生院;(4)疗养院;(5)综合门诊部、专科门诊部、中医门诊部、中西医结合门诊部、民族医门诊部;(6)诊所、中医诊所、民族医诊所、卫生所、医务室、卫生保健所、卫生站;(7)村卫生室(所);(8)急救中心、急救站;(9)临床检验中心;(10)专科疾病防治院、专科疾病防治所、专科疾病防治站;(11)护理院、护理站;(12)其他诊疗机构。卫生防疫、国境卫生检疫、医学科研和教学等机构在本机构业务范围之外开展诊疗活动以及美容服务机构开展医疗美容业务的,也必须依照有关法律的规定,申请设置相应类别的医疗机构。按医疗机构的性质、社会功能及其承担的任务等,医疗机构可分为:非营利医疗机构和营利性医疗机构。

为促进卫生领域对外交流与合作,进一步扩大医疗机构对外开放,我国允许境外医疗机构、企业和其他经济组织在我国境内与我国的医疗机构、企业和其他经济组织以合资或合作形式设立医疗机构,逐步取消对境外资本的股权比例限制。对具备条件的境外资本在我国境内设立独资医疗机构进行试点,逐步放开。境外资本既可举办营利性医疗机构,也可以举办非营利性医疗机构。鼓励境外资本在我国中西部地区举办医疗机构。

三、医疗机构的管理立法

新中国成立以来,我国十分重视卫生事业的发展。1951 年 1 月 3 日,当时的政务院批准颁布了我国第一个医疗机构管理方面的行政法规《医院诊所管理暂行条例》。随后国务院及卫生部等又陆续制定了一系列有关医疗机构管理的行政法规和部门规章,如《县卫生院暂行组织通则》、《县属区卫生所暂行组织通则》等。但是,这些行政法规和部门规章由于各种原因并没有得到很好的贯彻实施。1978 年以后,随着国家法制建设的恢复和发展,卫生部先后制定、颁布了《全国农村人民公社卫生院暂行条例(草案)》、《农村合作医疗章程(试行草案)》、《全国城市街道卫生院工作条例(试行草案)》、《全国血站工作条例(试行草案)》、《综合医院组织编制原则(试行草案)》、《全国医院工作条例》、《医院工作制度》等。随着改革开放的深入,国家实行多层次、多形式和多渠道办医的政策,允许个人和社会团体举办医疗机构,军队、企事业单位的医疗机构可以对社会开放等,在医疗机构管理上需要制定新的管理办法。卫生部和有关部门又先后颁布了《医师、中医师个体开业暂行管理办法》、《关于清理整顿医疗机构若干问题的规定》以及《医院分级管理办法(试行)》等等,但由于立法层次较低,约束力有限,这些规章没能体现其应有的权威性和规范性。

20 世纪 80 年代后期到 90 年代初,是我国经济迅猛发展的时期,与此同时,医疗机构的急骤增长和人民群众对医疗服务质量要求的提高,对加强医疗机构的管理提出了一系列新的问题。针对这些问题,在总结过去管理经验的基础上,经卫生部会同有关部门起草并讨论,国务院于 1994 年 2 月 26 日发布了《医疗机构管理条例》,自同年 9 月 1 日起施行。为了配合该条例的实施,1994 年 8 月 29 日,卫生部发布了《医疗机构管理条例实施细则》及《医疗机构监督管理行政处罚程序》、《医疗机构设置规划指导原则》、《医疗机构基本标准(试行)》、《医疗机构评审委员会章程》等。随着社会主义市场经济体制下卫生改革的深入和社会需要,国务院办公厅于2000年2月转发了国务院体改办等部门制定的《关于城镇医药卫生体制改革的指导意见》,卫生部等部委联合印发了《关于城镇医疗机构分类管理的实施意见》,2000年5月卫生部、对外贸易经济合作部联合发布了《中外合资、合作医疗机构暂行管理办法》,2010年11月国务院办公厅转发了发展和改革委员会、卫生部等五部委《关于进一步鼓励和引导社会资本举办医疗机构的意见》,2015年3月国务院办公厅印发《全国医疗卫生服务体系规划纲要(2015—2020)》,2016年7月国家卫生计生委印发《医疗机构设置规划指导原则(2016—2020)》,使我国医疗机构的管理更趋完善。

第二节 医疗机构的设置管理

一、医疗机构设置规划的制定

县级以上地方人民政府卫生行政部门应当根据本行政区域内的人口、医疗资源、医疗需要和现有医疗机构的分布状况,依据卫生部制定的《医疗机构设置规划指导原则》,制定本行政区域医疗机构设置规划,经上一级卫生行政部门审核,报同级人民政府批准,在本行政区域发布实施。机关、企业和事业单位可以根据需要设置医疗机构,并纳入当地医疗机构的设置规划。

二、医疗机构设置规划应遵循的原则

(一)公平性原则

从当地的医疗供需实际出发,面向全人群,充分发挥现有医疗资源的作用。现阶段发展要以农村、基层为重点,严格控制城市医疗机构的发展规模,保证全体居民尤其是广大农民公平地享有基本医疗服务。

(二)整体效益原则

医疗机构设置要符合当地卫生发展总体规划的要求,充分发挥医疗系统的整体功能,合理配置医疗资源,提高医疗预防保健网的整体效益,局部要服从全局。

(三)可及性原则

医疗服务半径适宜,交通便利,布置合理,易于为群众服务。

(四)分级管理原则

为了合理有效地利用卫生资源,确保医疗机构的服务质量,按医疗机构的功能、任务、规模将其分为不同级别,实行标准有别、要求不同的管理,建立和完善分级医疗体系。

(五)公有制主导原则

医疗机构应坚持国家和集体举办为主,个人和其他社会团体为补充的原则。

(六)中西医并重原则

遵循卫生工作的基本方针,中西医并重,保证中医、中西医结合、民族医医疗机构的合理布局及资源配置。

三、医疗机构设置的条件

单位或者个人要设置医疗机构,必须向县级以上地方人民政府卫生行政部门提出申请。申请时应当提交下列文件:设置申请书;设置可行性研究报告;选址报告和建筑设计平面图等。

有下列情形之一的,不得申请设置医疗机构:不能独立承担民事责任的单位;正在服刑或者不具有完全民事行为能力的个人;医疗机构在职、因病退职或者停薪留职的医务人员;发生二级以上医疗事故未满 5 年的医务人员;因违反有关法律、法规和规章,已被吊销执业证书的医务人员;被吊销《医疗机构执业许可证》的医疗机构法定代表人或者主要负责人等。在城市申请设置诊所的个人,必须同时具备下列条件:经医师执业资格考试合格,取得《医师执业证书》;取得《医师执业证书》或者医师职称后,从事 5 年以上同一专业临床工作;省、自治区、直辖市卫生行政部门规定的其他条件。在乡镇和村申请设置诊所的个人的条件,由省、自治区、直辖市卫生行政部门规定。

中外合资、合作医疗机构的设置和发展必须符合区域卫生规划和医疗机构设置规划,并执行医疗机构基本标准,能够提供国际先进的医疗机构管理经验、管理模式和服务模式,能够提供具有国际领先水平的医学技术和设备,可以补充或完善当地在医疗服务能力、医疗技术、资金和医疗设施方面的不足。同时应当符合以下条件:必须是独立的法人;投资总额不得低于 2000 万元人民币;中方在中外合资、合作医疗机构中所占有的股份比例或权益不得低于 30%;合资、合作期限不超过 20 年;省级以上卫生行政部门规定的其他条件。

四、医疗机构设置的审批

卫生行政部门对设置医疗机构申请,应当自受理之日起 30 日内,依据当地医疗机构设置规划进行审批,对符合医疗机构设置规划和卫生部制定的医疗机构标准的,发给设置医疗机构批准书;对不予批准的要以书面形式告知理由。

床位在 100 张以上的综合医院、中医医院、中西医结合医院、民族医医院以及专科医院、疗养院、康复医院、妇幼保健院、急救中心、临床检验中心和专科疾病防治机构的设置审批权限的划分,由省、自治区、直辖市卫生行政部门规定。其他医疗机构的设置,由县级卫生行政部门负责审批。

机关、企业和事业单位按照国家医疗机构基本标准设置为内部职工服务的门诊部、诊所、卫生所(室),报所在地的县级行政部门备案。

国家统一规划的医疗机构的设置,由卫生部决定。

设置中外合资、合作医疗机构,经申请获卫生部许可后,按照有关规定向外经贸部提出申请。予以批准的,发给《外商投资企业批准证书》。凭此证到国家工商行政管理部门办理注册登记手续,并向规定的卫生行政部门申请领取《医疗机构执业许可证》。中外合资、合作医疗机构不得设置分支机构。

有下列情形之一的,设置医疗机构的申请不予批准:不符合当地《医疗机构设置规划》;设置人不符合规定的条件;不能提供满足投资总额的资信证明;投资总额不能满足各项预算开支;医疗机构选址不合理;污水、污物、粪便处理不合理等。

第三节　医疗机构的执业管理

一、医疗机构执业登记

医疗机构执业必须进行登记,领取《医疗机构执业许可证》。

申请医疗机构执业登记应当填写《医疗机构申请执业登记注册书》,并提交下列材料:《设置医疗机构批准书》或者《设置医疗机构备案回执》;医疗机构用房权证明或者使用证明;医疗机构建筑设计平面图;验资证明、资产评估报告;医疗机构规章制度;医疗机构法定代表人或者主要负责人以及各科室负责人名录和有关资格证书、执业证书复印件等。

申请门诊部、诊所、卫生所、医务室、卫生保健所和卫生站执业登记的,还应当提交附设药房(柜)的药品种类清单、卫生技术人员名录及其有关资格证书、执业证书复印件等。

登记机关在受理医疗机构执业登记申请后,应当自申请人提供规定的全部材料之日起45日内审核申请人是否具备规定的条件,是否符合医疗机构基本标准,并进行实地考察、核实,对有关执业人员还应进行消毒、隔离和无菌操作等基本知识和技能的现场抽查考核。经审核合格的,予以登记,发给《医疗机构执业许可证》;审核不合格的,应将审核结果和不予批准的理由以书面形式通知申请人。

不予登记的情形有:不符合《设置医疗机构批准书》核准的事项;中外合资、合作医疗机构不符合《医疗机构基本标准》;投资不到位;医疗机构用房不能满足诊疗服务功能;通讯、供电、上下水道等公共设施不能满足医疗机构正常运转;医疗机构规章制度不符合要求;消毒、隔离和无菌操作等基本知识和技能的现场抽查考核不合格等;省、自治区、直辖市卫生行政部门规定的其他情形。

医疗机构登记的事项是:类别、名称、地址、法定代表人或主要负责人;所有制形式;注册资金(资本);服务方式;诊疗科目;房屋建筑面积、床位(牙椅);服务对象;职工人数;执业许可证登记号(医疗机构代码)等;省、自治区、直辖市卫生行政部门规定的其他登记事项。门诊部、诊所、卫生所、医务室、卫生保健所、卫生站还应当核准附设药房(柜)的药品种类。

医疗机构执业登记的变更:医疗机构变更名称、地址、法定代表人或者主要代表人、所有制形式、注册资金(资本)、服务方式、诊疗科目、床位(牙椅)、服务对象,应当向卫生行政部门申请办理变更登记。机关、企业和事业单位设置的为内部职工服务的医疗机构向社会开放,应当按规定申请办理变更登记。

医疗机构分立或者合并的,应当根据不同情况办理相应手续:保留医疗机构的,申请办理变更登记;新设置医疗机构的,申请设置许可和执业登记;终止医疗机构的,申请注销登记。

医疗机构停业必须经登记机关批准。除改制、扩建、迁建原因外,其停业时间不得超过一年,否则视为歇业。医疗机构歇业则必须向原登记机关办理注销登记,经登记机关核准后,收缴《医疗机构执业许可证》。

二、医疗机构执业登记的校验

床位在 100 张以上的医疗机构,其执业许可证每 3 年校验一次,其他医疗机构的执业许可证的校验期为 1 年。医疗机构应当于校验期前 3 个月向登记机关办理校验手续。办理时,应提交医疗机构校验申请书、医疗机构执业许可证副本等。

卫生行政部门应当在受理校验申请后 30 日内完成校验。校验时,若认为医疗机构不符合医疗机构设置标准的,或其在限期改正期间,或其有省、自治区、直辖市卫生行政部门规定的其他情形的,可视情况,给予 1~6 个月的暂缓校验期。不设床位的医疗机构在暂缓校验期内不得执业。暂缓校验期满仍不能通过校验的,由登记机关注销其《医疗机构执业许可证》。

三、医疗机构的名称

医疗机构的名称由识别名称和通用名称依次组成。识别名称有:地名、单位名称、个人姓名、医学学科名称、医学专业和专科名称、诊疗科目名称和其他批准使用的名称。通用名称有:医院、中心卫生院、卫生院、疗养院、妇幼保健院、门诊部、诊所、卫生所、卫生站、卫生室、医务室、卫生保健所、卫生站、急救中心、急救站、临床检验中心、防治院、防治所、护理院、护理站、护理中心以及卫生部规定或者认可的其他名称。

医疗机构的名称必须名副其实,与其类别或诊疗科目相适应。各级地方人民政府设置的医疗机构的识别名称中应当含有省、市、县、区、街道、乡、镇、村等行政区划名称,其他医疗机构的识别名称中不得含有行政区划名称。国家机关、企业和事业单位、社会团体或者个人设置的医疗机构的名称中应当含有设置单位名称或者个人的姓名。

医疗机构不得使用有损于国家、社会或者公共利益的名称,也不得使用侵犯他人利益的名称或以外文字母、汉语拼音组成的名称以及以医疗仪器、药品、医用产品命名的名称,含有"疑难病"、"专治"、"专家"、"名医"或者同类含义文字的名称,其他宣传或暗示诊疗效果的名称,超出登记的诊疗科目范围的名称等规定不得使用的名称。

医疗机构名称中含有外国国家(地区)名称及其简称、国际组织名称,或者含有"中国"、"全国"、"中华"、"国家"等字样以及跨省地域名称等,由卫生部核准,属于中医、中西医结合和民族医医疗机构的,由国家中医药管理局核准。

四、医疗机构执业的条件

任何单位和个人在未取得《医疗机构执业许可证》前,不得开展诊疗活动。为内部职工服务的医疗机构未经许可和变更登记不得向社会开放。医疗机构被吊销或者注销执业许可证后,也不得继续开展诊疗活动。

医疗机构应当按照核准登记的诊疗科目开展诊断、治疗活动,未经允许不得擅自扩大业务范围。需要改变诊疗科目的,应当按照规定的程序和要求,办理变更登记手续。

医疗机构执业必须遵守有关法律、法规和医疗技术规范,不得使用非卫生技术人员从事医疗卫生工作。工作人员上岗工作应当佩带载有本人姓名、职务或者职称的标牌。

医疗机构应当将《医疗机构执业许可证》、诊疗科目、诊疗时间和收费标准悬挂于明显处所。医疗机构的印章、银行账户、牌匾以及医疗文件中使用的名称应当与核准登记的医疗机构名称相同。

五、医疗机构执业的规则

（一）医疗机构在内部管理中应遵守的规则

1. 医疗机构应当加强医疗质量管理，实施医疗质量保证方案。注重对医务人员的医德教育，组织他们学习医德规范和有关教材，督促医务人员恪守职业道德，定期检查、考核各项规章制度和各类人员岗位责任制的执行及落实情况。经常对医务人员进行"基础理论、基本知识、基本技能"的训练与考核，把"严格要求、严密组织、严谨态度"落实到各项工作中去。

2. 标有医疗机构标识的票据和病历本册以及处方笺、各种检查的申请单、报告单、证明文书单、药品分装袋、制剂标签等不得买卖、出借和转让。不得冒用标有其他医疗机构标识的票据和病历本册以及处方笺、各种检查的申请单、报告单、证明文书单、药品分装袋、制剂标签等。

3. 严格执行无菌消毒、隔离制度，采取科学有效的措施处理污水和废弃物，预防和减少医院感染。

4. 必须按照人民政府或者物价部门的有关规定收取医疗费用，详细列项，并出具收据。

5. 医疗机构的门诊病历的保存期不得少于 15 年；住院病历的保存期不得少于 30 年。

6. 医疗机构还必须承担相应的预防保健工作，承担县以上人民政府卫生行政部门委托的支援农村、指导基层医疗卫生工作等任务。当发生重大灾害、事故、疾病流行或者其他意外情况时，医疗机构及其卫生技术人员必须服从县级以上人民政府卫生行政部门的调遣。

（二）医疗机构在执业活动中应遵守的规则

1. 对危重病人应当立即抢救，对限于设备或者技术条件不能诊治的病人，应当及时转诊。

2. 未经医师亲自诊查，医疗机构不得出具疾病诊断书、健康证明书或者死亡证明书等证明文件。未经医师、助产人员亲自接产，医疗机构不得出具出生证明书或者死亡报告书。为死因不明者出具的《死亡医学证明书》，只作是否死亡的诊断，不作死亡原因的诊断。如要求进行死亡原因诊断的，医疗机构应当指派医生对尸体进行解剖和有关死因检查后方能作出死因诊断。

3. 医疗机构应当尊重患者对自己的病情、诊断、治疗的知情权利。在施行手术、特殊检查或者特殊治疗时，应当向患者作必要的解释，征得患者同意，对按照有关规定需取得患者书面同意方可进行医疗活动时应当由患者本人签署同意书。无法取得患者意见时，应当取得其家属或者关系人同意及签字。无法取得患者意见又无家属或者关系人在场或者遇到其他特殊情况时，诊治医师应当提出医疗处置方案，在取得医疗机构负责人或者授权负责人的批准后实施。因实施保护性医疗措施不宜向患者说明情况的，应当将有关情况通知患者家属，并取得患者家属和有关人员的配合。

4. 医疗机构对传染病、精神病、职业病等患者的特殊诊治和处理，应当按照国家有关法律、法规的规定办理。

5. 医疗机构应当按照有关药品的法律、法规，加强药品管理。不得使用假劣药品、过期和失效药品及违禁药品。

6. 医疗机构发生医疗事故，按照国家有关规定处理。

第四节 医疗机构的监督管理与处罚

一、医疗机构的监督管理

国务院卫生行政部门负责全国医疗机构的监督管理工作。县级以上地方人民政府卫生行政部门负责本行政区域内医疗机构的监督管理工作。中国人民解放军卫生主管部门负责对军队的医疗机构实施监督管理。

县级以上人民政府卫生行政部门行使下列监督管理职权:医疗机构职权的设置审批、执业登记和校验;对医疗机构的执业活动进行检查指导;负责组织对医疗机构的评审;对违反医疗机构管理的行为给予处罚。

国家对医疗机构实行评审制度,由专家组成的评审委员会按照卫生部制定的医疗机构评审办法和标准,对医疗机构基本标准、服务质量、技术水平、管理水平等进行综合评价。

县级以上地方人民政府卫生行政部门负责组织本行政区域医疗机构评审委员会,聘任医院管理、医学教育、医疗医技、护理和财务等有关专家组成评审委员会。根据评审委员会的评审意见,对达到评审标准的医疗机构,发给评审合格证书;对未达到评审标准的医疗机构,提出处理意见。

二、处罚

(一)对违反《医疗机构管理条例》行为的管辖

一般的违反条例的违法行为由行为发生地的县级卫生行政部门负责查处。重大的、复杂的违反条例的违法行为,由行为发生地的设区的市级卫生行政部门负责查处。省、自治区、直辖市卫生行政部门负责查处发生在所辖区域的违反条例的重大、复杂的违法行为。卫生部负责查处全国范围内违反条例的重大、复杂的违法行为。

卫生行政部门在查处违法行为时,发现不属于自己管辖的,应当及时移送有管辖权的卫生行政部门;发现当事人有在其他地区违法的行为时,应当及时将有关情况通报有关的卫生行政部门。

卫生行政部门之间因管辖权发生争议的,由争议双方协商解决,不能协商解决的,由上一级卫生行政部门指定管辖。

(二)对违反《医疗机构管理条例》行为的处罚形式

医疗机构违反《医疗机构管理条例》时,医疗机构本身及其直接责任人员都应当承担一定的法律责任。从该条例规定来看,都是行政法律责任,主要是由医疗机构本身来承担,责任形式是行政处罚。

(三)应受处罚的行为及处罚的内容

1. 未取得《医疗机构执业许可证》擅自执业

对未取得《医疗机构执业许可证》擅自执业的,由县级以上人民政府卫生行政部门责令停止执业活动,没收非法所得和药品、器械,并处以 3000 元以下罚款。有下列情形之一的,责令停止执业活动,没收非法所得和药品、器械,处以 3000 元以上 10000 元以下的罚款:(1)因擅自执业曾受过卫生行政部门处罚;(2)擅自执业的人员为非卫生技术人员;(3)擅自执业时间在 3 个月以上;(4)给患者造成伤害;(5)使用假药、劣药蒙骗患者;(6)以行医为名骗取患者钱物;(7)省、自治区、直辖市卫生行政部门规定的其他情形。

2. 逾期不校验《医疗机构执业许可证》又不停止诊疗活动

医疗机构不按期办理校验《医疗机构执业许可证》又不停止诊疗活动的,由县级以上人民政府卫生行政部门责令限期补办校验手续。在限期内仍不办理校验的,吊销《医疗机构执业许可证》。

3. 出卖、转让、出借《医疗机构执业许可证》

医疗机构转让、出借《医疗机构执业许可证》的,由县级以上人民政府卫生行政部门没收非法所得,并处以 3000 元以下罚款。有下列情形之一的,没收非法所得,处以 3000 元以上 5000 元以下罚款,并吊销《医疗机构执业许可证》:(1)出卖《医疗机构执业许可证》的;(2)转让或者出借《医疗机构执业许可证》是以营利为目的的;(3)受让方或者承借方给患者造成伤害的;(4)转让、出借《医疗机构执业许可证》给非卫生技术人员的;(5)省、自治区、直辖市卫生行政部门规定的其他情形。

4. 诊疗活动超出登记范围

除急诊和急救外,医疗机构诊疗活动超出登记的诊疗科目范围,情节轻微的,由县级以上人民政府卫生行政部门处以警告。有下列情形之一的,责令限期改正,并可处以 3000 元以下的罚款:(1)超出登记的诊疗科目范围的诊疗活动累计收入在 3000 元以下的;(2)给患者造成伤害的。有下列情形之一的,处以 3000 元罚款,并吊销《医疗机构执业许可证》:超出登记的诊疗科目范围的治疗活动累计收入在 3000 元以上的;给患者造成伤害的;省、自治区、直辖市卫生行政部门规定的其他情形。

5. 使用非卫生技术人员从事医疗卫生技术工作

医疗机构使用非卫生技术人员从事医疗卫生技术工作的,由县级以上人民政府卫生行政部门责令限期改正,并可处以 3000 元以下的罚款。有下列情形之一的,处以 3000 元以上 5000 元以下的罚款,并吊销《医疗机构执业许可证》:(1)使用两名以上非卫生技术人员从事诊疗活动的;(2)使用的非卫生技术人员给患者造成伤害的。

6. 出具虚假证明文件

医疗机构出具虚假证明文件,情节轻微的,由县级以上人民政府卫生行政部门给予警告,并可处以 500 元以下罚款。有下列情形之一的,处以 500 元以上 1000 元以下罚款,对直接责任人员由所在单位或者上级机关给予行政处分:(1)出具虚假证明文件造成延误诊治的;(2)出具虚假证明文件给患者精神造成伤害的;(3)造成其他危害后果的。

【思考题】

1. 根据医疗机构设置规划应遵循的原则,联系我国医疗机构设置的现状,就某一方面谈谈你个人的认识。

2. 医疗机构的执业规则有哪些?

第六章 执业医师法律制度

【学习目的】

熟悉医师的概念和含义；掌握执业医师考试的条件和种类，执业医师注册、重新注册、不予注册以及注销和变更注册的具体规定；明确关于个体行医的相关法律规定；了解执业医师法的概念、立法目的、宗旨及适用范围，执业医师的考核和培训、执业医师的执业规则以及执业医师违反相关法律法规所应承担的法律责任。

【案情导引】

甲某于 2005 年 7 月毕业于某中医药大学，获得本科学历，其专业方向为中西医结合（市场营销）。为了能够参加当年全国执业医师考试，通过熟人找到该市中医院医务科长乙某，乙某为其开具了虚假证明，证明其在执业医师的指导下，已在该中医院试用期满一年。甲某将其毕业证书、试用期证明等相关考试报名材料拿到当地考点进行报名，申请中西医结合类别的执业医师考试。审核甲某报考资格的工作人员丙某恰好是其亲戚，为使甲某能够顺利参加考试，丙某帮其涂改了考生报名表上的有关信息，涂去了"市场营销"这个专业方向，使甲某获得了当年执业医师考试资格。而后，甲某通过了当年的执业医师考试，取得了执业医师资格，还进行了注册登记，成为一名具有执业资格的中西医结合医师。事后因人告发，事情败露，当地卫生行政部门注销了甲某注册，吊销了其《医师执业资格证书》。同时，追究为其开具虚假证明的乙某行政责任，对工作人员丙某也进行了处分。

问题：

按照相关法律规定，执业医师资格取得必须具备的条件是什么？甲某、乙某、丙某和某市中医院在所述案例中都存在着哪些违法违规行为？

第一节 概　　述

一、概念

(一) 医师的概念

医师,是指依法取得执业医师资格或者执业助理医师资格,经注册在医疗、预防或者保健机构执业的专业医务人员。

我国的医师分为执业医师和执业助理医师。执业医师,是指依法取得执业医师资格并经注册,在医疗、预防或者保健机构中,按照其注册的执业类别和范围,独立从事相应医疗工作的人员。执业助理医师,是指依法取得执业助理医师资格并经注册,在医疗、预防或者保健机构中执业医师的指导下,按照其注册的执业类别和范围执业的人员。

医师应当具备良好的职业道德,发扬人道主义精神,履行防病治病、救死扶伤、保护人民健康的神圣职责。医师在执业活动中应当尊重病人、爱护病人,把病人当作自己的亲人,对所有病人平等相待,维护病人的生命健康,保障病人的各种权利。医师应具有良好的执业水平,要在实践中不断接受医学继续教育,努力钻研业务,更新知识,提高专业技术水平。同时,广大医师为解除患者的病痛,抢救病人的生命,保护人民的健康而勤恳地工作,理应受到全社会的尊重。医师依法履行职责,受法律保护。

(二) 执业医师法的概念

执业医师法,是指在调整加强医师队伍建设,提高医师职业道德和业务素质,保障医师的合法权益和保护人民健康活动中产生的各种社会关系的法律规范的总称。简而言之,就是规范医师执业活动的法律。

1998 年 6 月 26 日九届全国人大常委会第三次会议审议通过了《中华人民共和国执业医师法》,自 1999 年 5 月 1 日起施行。这是我国第一部规范医师执业活动的法律。

二、我国执业医师管理制度

我国早在西周时代,《周礼》就有对医师进行诸如年终考核以定其报酬等相关管理的记载。以后历代的法典如《唐律》、《元典章》、《大明会典》等都有规范医师执业行为的法律条文。20 世纪 20 年代开始,我国出现了对医师执业管理的单行法律,如国民政府 1929 年颁布的《医师暂行条例》、1931 年的《高等考试西医师考试条例》、1943 年的《医师法》等。

新中国成立后,卫生部经政务院批准相继颁布了《医师暂行条例》、《中医师暂行条例》和《牙医师暂行条例》等。党的十一届三中全会以后,卫生部又先后制定发布了一系列规范性文件,使医师执业管理法律法规逐步完善,如《卫生技术人员职称及晋升条例(试行)》(1979年)、《医院工作人员职责》(1982 年)、《医师、中医师个体开业暂行管理办法》(1988 年)、《外国医师来华短期行医管理办法》(1993 年)、《中华人民共和国执业医师法》(1998 年)(以下简称《执业医师法》)。随后,卫生部在 1999 年成立了国家医师资格考试委员会,发布了《医师资格考试暂行办法》、《医师执业注册暂行办法》、《关于医师执业注册中执业范围的暂行规定》等配套规章。至此,我国执业医师管理跨入规范化、法制化的轨道。

三、执业医师法立法目的和宗旨

《执业医师法》的立法目的和宗旨,包括以下三个相互联系、不可分割的内容:

1. 提高医师的职业道德和业务素质,加强医师队伍的建设。由于医疗、预防、保健活动关系到人民群众的生命健康,而医师正是利用自己所掌握的医学知识和技术为人们提供医疗、保健服务,这就要求医师不但具有一般的道德素质和正常人的知识水平,更要具有这种职业所要求的有别于一般人的职业道德和业务水平,这是一种更高水平的要求。《执业医师法》通过对医师资格准入、执业注册、考核和培训、法律责任的规定来保障医师的职业道德和业务素质的不断提高,从而建设一支高质量、高水平、高素质的医师队伍。

2. 保障医师的合法权益。党和政府历来十分重视医疗卫生工作,我国的医师队伍随着医疗卫生事业的需要,取得了很大发展。但是,由于对医师及其医疗活动未纳入法制轨道,医师的权利和职责不明确,侵犯医师人身安全和名誉、扰乱医师正常执业活动和正常生活的违法行为没有明确的处罚规定,医师的合法权益因而得不到应有的保障,医师的工作热情和为病人生命安全担当风险的责任感受到挫伤,妨碍了医师队伍的稳定和发展,对保障病人的生命健康也不利。

3. 保护人民健康。人民健康关系到国家民族的兴衰,现代世界上许多国家都把国民的医疗保健工作作为一项重要的社会福利政策,把维护人民身体健康作为自己奋斗的方向。我国《宪法》第二十一条规定:"国家发展医疗卫生事业,发展现代医学和我国传统医药……开展群众性的卫生活动,保护人民健康。"因而制定《执业医师法》的最大目的就在于推进人民保健、疾病预防和医疗卫生事业,保护人民健康,提高整个中华民族的身体素质。

总之,无论是加强医师队伍建设还是保障医师的合法权益,最后的着眼点都在保护人民健康;从整体上说,它们都是保护人民的手段。

四、执业医师法的适用范围

《执业医师法》的适用范围,是指在医疗、预防、保健机构中工作的,依法取得执业医师资格或者执业助理医师资格,经注册取得医师执业证书,从事相应的医疗、预防、保健业务的专业医务人员。其中包括执业医师和执业助理医师,也包括计划生育技术服务机构中的医师,还包括军队医师、乡村医生和来华短期行医的外国医师。

第二节　医师资格考试制度

一、执业资格考试制度

执业资格是专业技术人员依法独立工作或开业所必需的,由国家认可和授予的个人学识、技术和能力的资质证明。资格考试是国家行业准入制度成熟完善的标志。实行执业资格考试制度也是我国社会管理法制化、规范的社会主义市场经济的必然选择。

执业资格考试是检验应试者是否具备从事某一特定行业所必需的资格,是否达到从事某一特定岗位工作的最基本要求。它要求应试者通过考试后,能直接胜任该岗位的大多数工作,并具有该行业特有的基本经验。

目前我国已经有十几个行业开始实行执业资格考试,但在法律上明确规定由行业主管部门独立组织实施的只有医师资格考试,其他行业执业资格考试都是由行业主管部门与国家人事部共同组织实施。这体现了立法机构对卫生行政部门的高度信任和对医学考试高度专业性的尊重,同时也给医师资格考试提出了更高的要求。

二、医师资格考试制度

医师资格是从事医师职业所应具备的学识、技术和能力的必备条件和身份。医师资格考试是世界各国普遍采用的行业准入形式,也是《执业医师法》和医师管理制度的核心内容。《执业医师法》规定,国家实行医师资格考试制度。执业医师资格考试是评价申请医师资格者是否具备执业所必需的专业知识与技能的考试,是医师执业的准入考试。

医师资格统一考试的办法,由国务院卫生行政部门制定。医师资格考试由省级以上人民政府卫生行政部门组织实施。

（一）国外以及我国香港地区医师资格考试情况简介

通过考试取得执业资格,是国际执业资格认可的共同途径,也是公平竞争取得资格、保证人才质量的有效措施。医师资格的取得,一般是国家设立国家医师资格考试,通过后授予行医资格。而把医师资格考试作为医师管理制度的一项核心内容,在外国许多国家已经实行了很多年,一些国家甚至已经实行了数百年。

美国 1915 年成立全国医学考试委员会,1916 年在华盛顿进行了第一次考试。目前美国医师执照考试是相对独立的阶段考试,医师基本资格国家考试为三次,前两次是在校期间参加考试,第三次为在毕业一年后参加考试,分别考核考生是否具有从事医师职业必备的医学基础知识、临床医学基础知识和临床技能。在美国,全科医师只是专科医师中的一种,没有任何特殊之处,全科医师每 3 年必须获得继续医学教育 150 学分,每 6 年必须参加美国家庭医学委员会组织的全科医师资格再认证,合格者方能注册执业。美国几乎所有的州都实行行医执照的更新制度。

在英国,专科医师和全科医师分别有各自独立的培养过程。要想成为专科医师,在高中毕业后,还必须在医学院校学习 5—6 年,其中 2—3 年学习基础课程,3 年学习临床知识,取得医学学士学位后还必须参加相当时间的毕业后培训,经过考核合格,授予医师资格,给予注册。而要想成为全科医师至少需要 9 年的医学教育和岗位培训,取得全科医师资格后,可选择在所需的社区服务,服务期间每年须提交工作报告,并授受检查评估,注册后还要参加皇家全科医师学会组织的继续医学教育活动。

德国的医学教育学制为 6 年,包括 3 年的基础医学课程和 3 年的临床学习,期间必须参加三个阶段全国统一的国家医师资格考试,严格实行淘汰制,毕业时授予医学硕士学位并获得医师称号。毕业后经过 18 个月的注册前培训,申请一个全科医师培训项目,经过 2—3 年的全科医师培训,考试合格便可取得全科医师证书。专科医师培训包括初级培训和高级培训两部分,培训时间依据各专科的不同为 4—6 年或 6—8 年不等,高级培训至少 2 年,圆满完成培训并通过考试者被授予专科医师资格证书,并取得专科医师称号。

日本早在 1870 年就建立了医师资格考试制度。日本法律规定,医科学生在校学习 6 年,毕业当年即可参加国家医师资格考试,考试合格取得医师证书。在指定的医疗中心或医学院附属医院实习 2 年后,可注册行医。专科医师培训需在取得医师证书后,经过 5—6 年的临床进修或研究院专科攻读,再经二次考试合格,由各专科学会授予专科医师证书或予以专科医师注册。

我国香港地区医师执照考试每年举行一次,考试包括专业知识考试、医学英语水平考试和临床考试三部分内容,并且必须通过专业知识考试和英语水平考试后才能参加临床考试,考试对象为 5 年以上全日制医学院校毕业并经临床实习者。医科学生毕业后必须积累至少 1 年的相关工作经验,参加法定考试后再接受高级培训并通过院士资格考核,就可以注册成为专科医师。

(二)我国医师资格考试的种类

医师资格考试分为执业医师资格考试和执业助理医师资格考试。

考试分为临床医师、中医师、口腔医师和公共卫生医师四类。其中中医类包括中医、民族医和中西医结合,而民族医又含蒙医、藏医、维医、傣医四类。

考试方式分为实践技能考试和医学综合考试。中医师资格考试由国家中医药管理局组织实施。

(三)参加医师资格考试的条件

1. 申请报考执业医师资格所应具备的条件:

(1)学历要求:具有高等学校医学专业本科以上学历。是指具有国务院教育行政部门认可的各类高等学校医学专业本科以上学历,包括大学本科毕业生(含具有医学学士学位的双学位)、研究生班毕业生、硕士研究生和博士研究生毕业者。

(2)专业要求:所学专业必须是医学专业。这项要求也是世界各国的惯例,高等医学院校和综合大学中的生物学、药理学等非医学专业的毕业生,不具有申请报考执业医师的资格。

(3)资历要求:必须在执业医师指导下,从事医师业务 1 年以上并在试用期内未出现不宜从事医师业务的情况,或者必须是已经取得执业助理医师资格。

(4)经验要求:具有专科学历的执业助理医师要求从业满二年就可以申请报考执业医师;而对于具有中专学历的执业助理医师则需要满五年的从业经历方可申请报考执业医师。

(5)地点要求:毕业后,必须在医疗、预防、保健机构中从业 1 年以上,在非上述地点从业的人员,不具有申请报考的资格。

2. 具有高等学校医学专科学历或者中等专业学校医学专业学历,在执业医师指导下,在医疗、预防、保健机构中试用期满一年的,可以参加执业助理医师资格考试。

3. 以师承方式学习传统医学满三年或者经多年实践医术确有专长的,经县级以上人民政府卫生行政部门确定的传统医学专业组织或者医疗、预防、保健机构考核合格并推荐,可以参加执业医师资格或执业助理医师资格考试。考试的内容和办法由国务院卫生行政部门另行制定。

(四)医师资格的取得

参加医师资格考试成绩合格,即可取得执业医师资格,这就具有了法律规定的医师行业的准入资格,按照法律及有关规定经注册即可从事医师工作。不具有医师资格的人员不得以任何形式开展诊疗活动(即开展医师执业活动),否则为非法行医。

医师资格经合法取得后受法律保护,任何组织和个人不得非法剥夺。

第三节 医师执业注册制度

一、医师执业注册制度

医师执业注册制度,就是国家以法律形式确定,取得医师资格且准备从事医师业务的人员,只有经过注册,取得执业许可后,才可以从事医师执业活动的法律制度。

我国《执业医师法》规定,国家实行医师执业注册制度。国务院卫生行政主管部门负责全国执业注册监督管理工作,县级以上地方卫生行政部门是医师执业注册的主管部门,负责本行政区域内的医师执业注册监督管理工作。

根据法律规定,凡取得执业医师资格或执业助理医师资格的,均可申请医师执业注册。未经医师注册取得执业证书,不得从事医师执业活动。

(一)医师注册的条件和程序

1. 申请注册的人员必须是已经取得医师资格,准备专职从事医师工作,需要领取医师执业证书执业的人员。

2. 必须向所在地县级以上人民政府卫生行政部门申请注册,并提交相关材料。申请人应提交的材料有:(1)注册申请书;(2)医师资格证明;(3)健康证明;(4)身份证明;(5)所在医疗、预防、保健机构的执业许可证复印件;(6)有关部门出具的技能和道德状况考核证明。

3. 卫生行政部门在收到申请之日起30日内应当作出准予注册或者依法不予注册的答复。卫生行政部门应当对申请人提交的各种材料进行审核,对于符合条件的,及时给予注册,发给医师执业证书。对不符合注册条件的,不予注册,但必须书面通知申请人并说明理由。

4. 为方便注册申请人简化注册手续,医疗、预防、保健机构可以为本机构中的医师集体办理注册手续。

(二)注册医师的执业要求

1. 医师经注册后,可以在医疗、预防、保健机构中按照注册的执业类别执业,从事相应的医疗、预防、保健业务。具体包括如下几个方面:

(1)医师的执业地点。即医师具体在哪一个医疗、预防、保健机构执业。在固定的医疗、预防、保健机构中执业便于对医师的管理,医师未经批准不得在注册的执业地点以外的地方执业。

(2)医师的执业类别。即医师是从事医疗、预防、保健三类医务工作中的哪类执业活动的医师。医师必须按照注册的执业类别执业,注册为预防医师或者保健医师的,就不能从事医疗执业。

(3)医师的执业范围。即医师的具体诊疗科目,包括内科、外科、儿科、放射科等。医师从事业务活动不能超越自己注册的范围,如内科医师不能进行外科诊疗,牙科医师也不能代替放射科医师。但这些规定不包括经有关部门批准或者是紧急情况下从事的执业活动。

2. 未经医师注册取得执业证书,不得从事医生执业活动,禁止非医师擅自行医。但有下列情况之一的,不属于超范围执业:(1)对病人实施紧急医疗救护的;(2)临床医师依据《住院医师规范化培训规定》和《全科医师规范化培训试行办法》等进行临床转科的;(3)依据国家有关规定,经医疗、预防、保健机构批准的卫生支农、会诊、进修、学术交流、承担政府交办的任务和卫生行政部门批准的义诊等;(4)省级以上卫生行政部门规定的其他情形。

（三）不予注册的情形

有下列情形之一的,不予注册:

1. 不具有完全民事行为能力的;

2. 因受刑事处罚,自刑罚执行完毕之日起至申请注册之日止不满2年的;

3. 受吊销医师执业证书行政处罚,自处罚决定之日起至申请注册之日止不满2年的;

4. 甲类、乙类传染病传染期、精神病发病期以及身体残疾等健康状况不适宜或者不胜任医疗、预防、保健业务工作的;

5. 重新申请注册,经卫生行政部门指定机构或组织考核不合格的;

6. 国务院卫生行政部门规定不宜从事医疗、预防、保健业务的其他情形的。

受理申请的卫生行政部门对不符合条件不予注册的,应当自收到申请之日起30日内书面通知申请人,并说明理由。申请人有异议的,可以自收到通知之日起15日内,依法向上级卫生行政部门或者同级人民政府提出复议,也可以直接向人民法院提起行政诉讼。

（四）注销注册、变更注册、重新注册

1. 注销注册

对于经过注册,取得医师证书又出现了不能或不宜从事医师业务情况的,其所在医疗、预防、保健机构应当在30日内报告准予注册的卫生行政部门,卫生行政部门应当注销注册,收回医师执业证书。具体情形有:(1)死亡或者被宣告失踪的;(2)受刑事处罚的;(3)受吊销医师执业证书行政处罚的;(4)因参加医师定期考核不合格被暂停执业活动期满,再次考核仍不合格的;(5)中止医师执业活动满2年的;(6)身体健康状况不适宜继续执业的;(7)有出借、出租、抵押、转让、涂改《医师执业证书》行为的;(8)有国务院卫生行政部门规定不宜从事医疗、预防、保健业务的其他情形的。

2. 变更注册

医师变更执业地点、执业类别、执业范围等注册事项的,应当到注册主管部门办理变更注册手续,并提交医师变更执业注册申请审核表、医师资格证书、医师执业证书以及省级以上卫生行政部门规定提交的其他材料。

注册主管部门应当自收到变更注册申请之日起30日内办理变更注册手续。对因不符合变更注册条件不予变更的,应当自收到变更注册申请之日起30日内书面通知申请人,并说明理由。申请人如有异议,可以依法申请行政复议或者向人民法院提起诉讼。

医师在办理变更注册手续中如原医师执业证书被注销,在未取得新的医师执业证书前,不得从事执业活动。

3. 重新注册

医师中止执业或注销注册后,申请重新执业的,须重新注册。有下列情形之一,应当重新申请注册:(1)中止医师执业活动2年以上的;(2)法定的不予注册规定情形消失的。

重新申请注册的人员,应当首先到县级以上卫生行政部门指定的医疗、预防、保健机构或组织,接受 3—6 个月的培训,并经考核合格,方可依照法律的规定重新申请执业注册。

（五）个体行医的规定

个体行医,是指执业医师以个人名义从事医疗、预防、保健业务的行为。

申请个体行医的执业医师,须经注册后在医疗、预防、保健机构中执业满 5 年,并按照国家有关规定办理审批手续。需要强调的是,"执业满 5 年"为从事同一专业临床工作满 5 年;未经批准,不得行医。

执业助理医师不得申请个体行医,设置个体诊所。

二、医师的考核

考核是指一定的组织按照事先确定的原则、内容、方法和程序对所属的工作人员进行的考察和评价活动。

（一）考核的主体

对医师进行考核的主体,是县级以上人民政府卫生行政部门委托的医疗、预防、保健机构,或者是医疗机构评审委员会、医师协会以及其他医学专业组织等,后者主要对个体行医的执业医师进行考核。

（二）考核的标准

考核的标准就是医师的执业标准,包括良好的职业道德、合格的业务水平、一定的工作成绩和《执业医师法》所规定的医师执业规则等。

（三）考核的形式

考核形式有日常考核和定期考核两种。日常考核是定期考核的基础和前提,定期考核是日常考核的概括和总结。因此,医疗、预防、保健机构应注重对其所属医师的日常考核,为定期考核积累材料,提供依据。

（四）考核的内容

医师考核的内容可以分为医师的业务水平、工作成绩和职业道德三个方面:

1. 业务水平。指医师从事本职工作所具备的知识和技能。基本内容应包括:掌握本专业的基础理论、基本知识、基本技能;能够独立正确、及时、规范地书写各种医疗文书;根据医疗常规,能够独立地对本专业常见病、多发病,作出及时、正确的诊断;能够独立运用常规医疗手段,对本专业常见病、多发病,进行正确、及时、合理、有效地治疗;在诊疗活动中,严防各种技术事故与差错等。

2. 工作成绩。指医师完成工作的数量和质量。这是医师考核的重点。基本内容包括:完成行政部门委托的考核机构或组织所规定的医疗、预防、保健任务的工作量;运用国内外先进医学科学技术,开展新技术、新疗法;得到患者和同行对其工作的认可等。

3. 职业道德。指医师思想品德的客观反映。它主要体现在医师与患者的关系上。基本内容包括:发扬人道主义精神,尽心尽职为患者服务,遵守医疗规章制度和技术操作规范,尊重患者的人格和权利,及时如实地向患者或家属介绍病情等。具体内容可以参照卫生部颁布的《医务人员医德规范及实施办法》。

（五）考核的结果

考核的结果是对医师考核的总体评价,是医师的业务水平、工作成绩和职业道德的综合反映。考核的结果分为合格和不合格二种。医师考核的结果,考核机构应当报告准予注册的卫生行政部门备案,并作为医师晋升相应技术职务的条件。对于考核不合格的医师,可责令其暂停执业3—6个月,并接受培训和继续医学教育;暂停期满后再次进行考核,合格的允许其继续执业,仍不合格的则注销注册,收回医师执业证书。对收回、注销执业证书的行政处罚措施,当事人不服,可申请行政复议或提起行政诉讼。

县级以上人民政府卫生行政部门负责指导、检查、监督医师考核工作。

三、医师的表彰与奖励

根据《执业医师法》的规定,医师下列行为应给予表彰或者奖励:

1. 在执业活动中,医德高尚、事迹突出的;

2. 对医学专业技术有重大突破,作出显著贡献的;

3. 遇有自然灾害、传染病流行、突发重大伤亡事故及其他严重威胁人民生命健康的紧急情况时,救死扶伤、抢救诊疗表现突出的;

4. 长期在边远、贫困地区、少数民族地区、条件艰苦的基层单位努力工作的;

5. 国务院卫生行政部门规定应当予以表彰或者奖励的其他情形的。

奖励的形式、种类和程序等,可按照国务院、国家卫生行政主管部门的有关规定执行。

四、医师的培训

（一）培训的内容

医师的培训是以提高医师水平和素质为目的的各种教育和训练活动。参加培训,接受继续医学教育不仅是广大医师的权利,也是医师应尽的义务。

培训的内容具体包括:岗位培训、全科医师培训、进修教育、毕业后医学教育、继续医学教育。其中:岗位培训是根据专业需要进行的培训,有岗前、在岗和转岗培训;全科医师培训是按其服务需要进行全科医师模式教育和培训,提高现有专业技术人员的职业道德和专业素质;进修教育是指医师根据工作需要到上级医院接受一定阶段的、某一专业的临床训练,提高专业水平;毕业后医学教育是指学生毕业后接受的规范化的专业的培训性质的教育,是临床医师成长的重要阶段;继续医学教育,是指毕业后学习新知识、新理论、新技术、新方法为主的终身性医学教育。

（二）培训的形式

培训的形式包括:学术会议、学术讲座、专题讲习班、病历讨论会、技术操作示教、手术示范、新技术推广、临床病理讨论会、案例讨论会、短期或长期培训、专题调研和考察、出版医学著作、撰写和发表论文等。

（三）卫生行政部门在医师培训工作中的职责

1. 制定医师培训计划。全国继续医学教育委员会提出我国继续医学教育的总体规划和实施计划;省、自治区、直辖市继续医学教育委员会负责制定实施细则;地、县两级卫生行政部门负责组织和落实各项继续教育活动。

2. 为医师培训和继续医学教育提供和创造相应的条件。

3. 采取有力措施,对在农村和少数民族地区从事业务的医务人员实施培训。

（四）医疗卫生机构在医师培训工作中的职责

1. 医疗、预防、保健机构应保证本机构医师培训和继续医学教育的实施。

2. 承担医师考核任务的医疗卫生机构应为医师的培训和继续医学教育提供和创造条件。

五、执业医师工作的管理机构

国务院卫生行政部门主管全国的医师工作，县级以上地方人民政府卫生行政部门负责管理本行政区域内的医师工作。

军队的医师工作由中国人民解放军总政治部、总后勤部主管。军队各级政治机关、后勤（联勤）机关按照职责分工，负责本级医师的管理工作。

传统医学师承和确有专长人员的资格认定和考核由省级中医药主管部门组织，各考核机构具体实施，其医师资格考试的组织管理与实施，按《医师资格考试暂行办法》的有关规定执行。

第四节　医师执业规则

一、医师在执业活动中的权利和义务

（一）医师的权利

医师的权利指取得医师资格、依法注册的医师在执业活动中依法所享有的权利，是医师能够做出或不做出一定行为，以及要求他人相应做出或不做出一定行为的许可和保障，并为法律所确认、设定和保护。具体包括：

1. 在注册的范围内，进行医学诊查、疾病调查、医学处置，出具相应的医学证明文件；

2. 按照国务院卫生行政主管部门规定的标准，获得与本人执业活动相当的医疗设备基本条件；

3. 从事医学研究、学术交流，参加专业学术团体；

4. 参加专业培训，接受继续医学教育；

5. 在执业活动中，人格尊严、人身安全不受侵犯；

6. 获取工资报酬和津贴，享受国家规定的福利待遇；

7. 对所在机构的医疗、预防、保健工作和行政部门的工作提出意见和建议，依法参与所在机构的民主管理。

（二）医师的义务

医师执业义务是指医师在执业过程中必须履行的责任。具体包括：

1. 遵守法律、法规，遵守技术操作规范；

2. 树立敬业精神，遵守职业道德，履行医师职责，尽职尽责为患者服务；

3. 关心、爱护、尊重患者，保护患者的隐私；

4. 努力钻研业务，更新知识，提高专业技术水平；

5. 宣传卫生保健知识,对患者进行健康教育。

二、医师执业规则

医师执业规则是指医师在执业活动中遵循的规范。这些规范主要是国务院卫生行政部门制定的规章制度中规定的医师执业应遵守的标准、规范及执业医师行为准则。主要包括:

1. 医师实施医疗、预防、保健措施,签署有关医学证明文件,必须亲自诊查、调查,并按照规定及时填写医学文书,不得隐匿、伪造或者销毁医学文书及有关资料。

2. 医师应当使用经国家有关部门批准使用的药品、消毒药剂和医疗器械;除正当诊断治疗外,不得使用麻醉药品、医疗用毒性药品、精神药品和放射性药品。

3. 医师不得利用职务之便,索取、非法收受患者财物或者牟取其他不正当利益。

4. 医师应当如实向患者或者其家属介绍病情,但应注意避免对患者产生不利后果;医师进行实验性临床医疗,应当经医院批准并征得患者本人或者其家属同意。

5. 遇有自然灾害、传染病流行、突发重大伤亡事故及其他严重威胁人民生命健康的紧急情况时,医师应当服从县级以上卫生行政部门的调遣。

6. 对危重病人,医师应当采取紧急措施进行处理,不得拒绝。

7. 发生医疗事故或者发现传染病疫情时,应当按照有关规定及时向所在机构或者卫生行政部门报告;发现涉嫌伤害事件或者非正常死亡时,应当按照有关规定向有关部门报告。

8. 执业助理医师应当在执业医师的指导下,在医疗、预防、保健机构中按照其执业类别执业。县级以上的医疗机构中执业的助理医师没有处方权,不能独立从事执业活动。在乡、民族乡、镇的医疗、预防、保健机构中工作的执业助理医师可根据医疗诊治的需要,独立从事一般的执业活动。

9. 医师外出会诊,为其他医疗机构特定的患者开展执业范围内的诊疗活动,需经所在医疗机构的批准。

第五节　乡村医生从业管理

一、概念

乡村医生,是指尚未取得执业医师资格或者执业助理医师资格,经注册在村医疗卫生机构从事预防、保健和一般医疗服务的医生。

为了提高乡村医生的职业道德和业务素质,加强乡村医生从业管理,保护乡村医生的合法权益,保障村民获得初级卫生保健服务,2003 年 8 月 5 日,国务院根据《执业医师法》制定并公布了《乡村医生从业管理条例》,自 2004 年 1 月 1 日起施行。《乡村医生从业管理条例》对乡村医生的执业注册、执业规则、考核和培训以及法律责任都作了明确规定。

而村医疗卫生机构中的执业医师或者执业助理医师,依照《执业医师法》的规定管理,不适用《乡村医生从业管理条例》。

二、乡村医生执业注册制度

（一）条例公布前的乡村医生申请条件

取得县级以上卫生行政主管部门颁发的乡村医生证书，并符合下列条件之一的，可以申请乡村医生执业注册，取得乡村医生执业证书后，继续在村医疗卫生机构执业：

1. 已经取得中等以上医学专业学历的；

2. 在村医疗卫生机构连续工作20年以上的；

3. 按照省、自治区、直辖市人民政府卫生行政主管部门制定的培训规划，接受培训取得合格证书的。

（二）条例公布后的乡村医生申请条件

条例公布之日起进入村医疗卫生机构从事预防、保健和医疗服务的人员，应具备执业医师资格或者执业助理医师资格。不具备前款规定条件的地区，根据实际需要，可以允许具有中等医学专业学历的人员，或者经培训达到中等医学专业水平的其他人员申请执业注册，进入村医疗卫生机构执业。

国家鼓励乡村医生通过医学教育取得医学专业学历；鼓励符合条件的乡村医生申请参加国家医师资格考试。国家鼓励取得执业医师资格或者执业助理医师资格的人员，开办村医疗卫生机构，或者在村医疗卫生机构向村民提供预防、保健和医疗服务。

乡村医生须向所在地县级卫生行政部门申请执业注册，经批准取得执业证书后，方可在聘用其执业的村医疗卫生机构从事预防、保健和一般医疗服务。未经注册取得乡村医生执业证书的，不得执业。

乡村医生执业证书有效期为5年。乡村医生执业证书有效期满需要继续执业的，应当在有效期满前3个月申请再注册。

三、乡村医生执业规则

（一）乡村医生在执业活动中享有的权利

1. 进行一般医学处置，出具相应的医学证明；

2. 参与医学经验交流，参加学术团体；

3. 参加业务培训和教育；

4. 在执业活动中，人格尊严、人身安全不受侵犯；

5. 获取报酬；

6. 对当地的预防、保健、医疗工作和卫生行政主管部门的工作提出意见和建议。

（二）乡村医生在执业活动中须履行的义务

1. 遵守法律、法规、规章和诊疗护理技术规范、常规；

2. 树立敬业精神，遵守职业道德，履行乡村医生职责，为村民健康服务；

3. 关心、爱护、尊重患者，保护患者的隐私；

4. 努力钻研业务，更新知识，提高专业技术水平；

5. 向村民宣传卫生保健知识，对患者进行健康教育。

此外，乡村医生应当协助有关部门做好初级卫生保健服务工作；按照规定及时报告传染病疫情和中毒事件，如实填写并上报有关卫生统计报表，妥善保管有关资料。乡村医生应当如实向患者或者其家属介绍病情,对超出一般医疗服务范围或者限于医疗条件和技术水平不能诊治的病人,应当及时转诊;情况紧急不能转诊的,应当先行抢救并及时向有抢救条件的医疗卫生机构求助。

乡村医生不得出具与执业范围无关或者与执业范围不相符的医学证明,不得进行实验性临床医疗活动。

乡村医生还应当严格按照上级的有关规定,在基本用药目录规定的范围内用药。

第六节　法律责任

一、行政责任

《执业医师法》规定,有下列情形之一的需要承担行政责任:

1. 以不正当手段取得医师执业证书的,由发给证书的卫生行政部门予以吊销;对负有直接责任的主管人员和其他直接责任人员,依法予以行政处分。

2. 医师在执业活动中有下列行为之一的,由县级以上人民政府卫生行政部门给予警告或者责令暂停 6 个月以上 1 年以下执业活动;情节严重的,吊销其执业证书:

(1) 违反卫生行政规章制度或者技术操作规范,造成严重后果的;

(2) 由于不负责任延误危急患者的抢救和诊治,造成严重后果的;

(3) 造成医疗事故的;

(4) 未经亲自诊查、调查,签署诊断、治疗、流行病学等证明文件或者有关出生、死亡等证明文件的;

(5) 隐匿、伪造或者擅自销毁医学文书及有关资料的;

(6) 使用未经批准使用的药品、消毒药剂和医疗器械的;

(7) 不按照规定使用麻醉药品、医疗用毒性药品、精神药品和放射性药品的;

(8) 未经患者或者家属同意,对患者进行实验性临床医疗的;

(9) 泄露患者隐私,造成严重后果的;

(10) 利用职务之便,索取、非法收受患者财物或者牟取其他不正当利益的;

(11) 发生自然灾害、传染病流行、突发重大伤亡事故以及其他严重威胁人民生命健康的紧急情况时,不服从卫生行政部门调遣的;

(12) 发生医疗事故或者发现传染病疫情,患者涉嫌伤害事件或者非正常死亡,不按照规定报告的。

3. 未经批准擅自开办医疗机构行医或者非医师行医的,由县级以上人民政府卫生行政部门予以取缔,没收其违法所得及其药品、器械,并处 10 万元以下的罚款;对医师吊销其执业证书。

4. 阻碍医师依法执业,侮辱、诽谤、威胁、殴打医师或者侵犯医师人身自由、干扰医师正常工作、生活的,如尚不构成犯罪,依照治安管理处罚法的规定处罚。

5. 医疗、预防、保健机构未按照《执业医师法》第 16 条的有关规定履行报告职责,导致严重后果的,由县级以上人民政府卫生行政部门给予警告;并对该机构的行政负责人依法给予行政处分。

6. 卫生行政部门工作人员或者医疗、预防、保健机构工作人员违反《执业医师法》的有关规定,弄虚作假、玩忽职守、滥用职权、徇私舞弊,尚不构成犯罪的,依法给予行政处分。

二、民事责任

《执业医师法》规定,医师在医疗、预防、保健工作中造成事故的,依照法律或国家有关规定处理。未经批准擅自开办医疗机构行医或非医师行医,给患者造成损害的,依法承担相应的赔偿责任。

三、刑事责任

在医疗活动中,违反《执业医师法》或其他法律规定,构成犯罪的,将依法追究刑事责任。

1. 医疗事故罪。《刑法》第335条规定,医务人员由于严重不负责任,造成就诊人死亡或者严重损害就诊人身体健康的,处3年以下有期徒刑或者拘役。

2. 非法行医罪。《刑法》第336条规定,未取得医生执业资格的人非法行医,情节严重的,处3年以下有期徒刑、拘役或者管制,并处或者单处罚金;严重损害就诊人身体健康的,处3年以上10年以下有期徒刑,并处罚金;造成就诊人死亡的,处10年以上有期徒刑,并处罚金。

3. 非法进行节育手术罪。《刑法》第336条规定,未取得医生执业资格的人擅自为他人进行节育复通手术、假节育手术、终止妊娠手术或者摘取宫内节育器,情节严重的,处3年以下有期徒刑、拘役或者管制,并处或者单处罚金;严重损害就诊人身体健康的,处3年以上10年以下有期徒刑,并处罚金;造成就诊人死亡的,处10年以上有期徒刑,并处罚金。

4. 《执业医师法》第39条规定,未经批准擅自开办医疗机构行医或者非医师行医的,构成犯罪的,依法追究刑事责任。

5. 《执业医师法》第40条规定,阻碍医师依法执业,侮辱、诽谤、威胁、殴打医师或者侵犯医师人身自由、干扰医师正常工作、生活,构成犯罪的,依法追究刑事责任。

【思考题】

1. 《执业医师法》对未经批准擅自开办医疗机构或者非医师行医的违法行为,所应承担的法律责任是如何规定的?

2. 《执业医师法》对医师实施医疗措施,签署有关医学证明文件有哪些具体要求?

3. 简述医师注册后受吊销医师执业证书的行政处罚,所在的医疗机构及准予注册的卫生行政部门对其医师执业证书的处理程序及规定。

第七章 护士管理法律制度

【学习目的】

　　了解护士概念的内涵和管理立法的沿革;明确护士执业注册的条件与原则;熟悉护士执业资格的考试申请与考试纪律;掌握护士执业的权利和义务;理解违反《护士条例》的法律责任。

【案情导引】

　　案情简介:

　　2016年8月5日,武汉大学中南医院发生一起伤护事件,一位孝感的76岁女性患者因失语,到武汉大学中南医院急救中心就诊。11:00,患者进入抢救室,在接下来的18分钟内,护士完成了多功能监护,测量生命体征,血糖测定,十二导心电图,建立静脉通道,抽血查血常规,电解质,TNI等其他相关检查。护士同时还把相关情况向当班医生汇报。11:18,医生根据对患者家属的问诊及相应的检查结果需给患者做头部CT,并请护士把患者的处置单开出来。护士说:等一下,前面还有一个病人的没开。家属一听这话,情绪非常激动,很大声地对护士说"你再说一遍",护士于是说"等一下",此时,家属冲过来,扬言要打人。该护士说:你不要乱来,我怀孕了。一旁的护士也说:你不要打人,她真的怀孕了。患者家属称:怀孕又怎么样?打!嘭……狠狠的一拳打过去了。据了解,被打护士今年34岁,已怀孕两个多月,经检查,她牙龈撕裂,听力下降,急性颅脑损伤,先兆流产。事发后,打人者已被东亭派出所带走。医院保留通过法律渠道追究打人者刑事责任的权利。

　　问题:

　　1. 护士依法享有哪些执业权利和义务?

　　2. 如何保障护士的合法权益?

　　3. 如何追究侵犯护士合法权益行为的法律责任?

第一节　概　述

一、护士的概念

护士是指受过护理专业教育,掌握护理、病房管理的知识和技术,并具有一定卫生预防工作能力的卫生人员。

本章中所称护士,是指经执业注册取得护士执业证书,依照《护士条例》规定从事护理活动,履行保护生命、减轻痛苦、增进健康职责的卫生技术人员。"护士"这一概念不同于护理职称序列中的"护士",而是作为一门职业的从业人员的统称。1888年,美国护士约翰逊在福州医院开办我国第一所护士学校。1909年,中华护士会正式成立。1914年,第1届全国护士会议在上海召开,会上首次将nurse完整地译为中文"护士"。"护"即保护、养育、爱护、乳母之义;"士"是指从事此职业的人员必须有专门的学问和科学知识。从此,护士作为一个职业的从业人员的统称一直沿用至今。1922年,国际护士大会在日内瓦召开,正式接纳中华护士会为第十一个成员国会员。

护士作为一个职业的从业人员,在医疗、预防、保健和康复工作中起着重要作用,护理工作是医疗卫生工作的重要组成部分。因此,护士的劳动应受全社会的尊重,护士的执业权利应受到法律的保护,任何单位和个人不得侵犯。

二、护士管理立法沿革

护理工作是平凡而高尚的职业,护理学科是一门既古老而又年轻的学科。说它古老是因为自从有了人类就有了护理活动的萌芽,古印度公元前250年就建立起早期的护士训练学校;说它年轻是因为直到1860年,英国女护士南丁格尔(1820—1910)在伦敦圣多马医院创建了第一所护士学校后,护理工作与护士教育在深度及广度上有了长足的进展,才使护理专业研究走向正规化。南丁格尔说过:"护士工作的对象,不是冷冰冰的石块、木片和纸片,而是有热血和生命的人";护士工作的基本内容不仅仅是测量体温、铺床发药、清毒打针、备皮导尿,而且还应该有社会、心理的护理。为了促进护理事业的发展,提高护理质量,世界各国和有关护士国际组织十分重视护士的道德规范建设和护士管理立法,以法律的形式对护理人员的资格、职责、范围、教育培训、实践服务等问题予以规定。

护理立法源于20世纪初。1903年,美国北卡罗莱纳、新泽西等州首先颁布了《护士执业法》,作为护士执业的法律规范。1919年,英国颁布了护理法,荷兰于1921年颁布了护理法,随着,芬兰、意大利、波兰等许多国家也相继颁布了护理法律、法规。在有关国际组织的推动下,护理管理立法工作得到了很快的发展。1947年,国际护士委员会发表了一系列有关护理立法的专著。1953年,世界卫生组织发表了第一份有关护理立法的研究报告;国际护士协会制定了《护士伦理学国际法》,并分别于1965年和1973年修订。该规范把护士的基本职责概括为"促进健康,预防疾病,恢复健康和减轻痛苦"四个方面。护理是人类的需要,因此,护理职业固有的道德观念是珍惜生命,尊重人类尊严,不受国家、种族、信仰、肤色、年龄、性别、政治和社会地位的限制。1968年，国际护士委员会特别成立了一个专家委员会，制定了《系统制定护理法规的参考指导大纲》，为各国护理法必须涉及的内容提供了权威性的指导。世界卫生组织2000年对121个国家的调查资料显示，有78个国家制定了护士法、护理人员法或者护理法，从法律层面对护士的从业资质（即护士的准入条件）、护士的执业范围和执业规则、护士的权利和义务、护理机构的设立规则、护士的继续教育等进行了规定。

为了推动护理事业的发展，我国也非常注重护理管理立法工作的开展。尤其是新中国成立以来，政府和有关部门十分重视护理队伍的稳定、护理人才的培养和护理质量的提高，先后发布了有关护士管理方面的法规、规章。1982年，卫生部发布了《医院工作制度》和《医院工作人员职责》，其中规定了护理工作制度和各级各类护士的职责。1988年，卫生部制定了包括护士在内的《医务人员医德规范及其实施办法》。1993年3月26日，卫生部颁布了《中华人民共和国护士管理办法》，1994年1月1日起施行。该办法的实施在中国护理管理史上发挥了重要的作用，它使中国有了较为完善的护士注册及考试制度，并使中国的护理管理逐步走上了标准化的管理轨道。为了进一步加强护士管理，提高护理质量，从法律上明确护士的权利、义务和执业规则，切实保障护士的合法权益，促进护理事业的全面、协调和可持续发展，2008年1月23日，国务院第206次常务会议通过了《护士条例》，2008年5月6日，卫生部发布了《护士执业注册管理办法》，并均于2008年5月12日起实施；2010年5月10日，卫生部与人力资源与社会保障部联合发布《护士执业资格考试办法》。《护士条例》等的颁布实施，在很大程度上推动了我国护理事业的发展，解决了护理人才培养、使用、管理、待遇、激励措施、工作环境等方面出现的不足，进一步规范了医护、护患关系，成为我国护理管理立法进程中的一个重要里程碑。2014年3月6日，全国政协委员、中华护理学会理事长李秀华在全国"两会"上，提交了关于"亟待制定并出台《中华人民共和国护士法》"的提案，呼吁尽快制定并出台《护士法》，维护我国护士的合法权益，完善护士执业保障制度，促进护理事业的可持续发展。

第二节　护士执业注册

根据《护士条例》和《护士执业注册管理办法》规定，护士执业，应当经执业注册取得护士执业证书。

一、护士执业注册条件

1. 具有完全民事行为能力；
2. 在中等职业学校、高等学校完成国务院教育主管部门和国务院卫生主管部门规定的普通全日制3年以上的护理、助产专业课程学习，包括在教学、综合医院完成8个月以上护理临床实习，并取得相应学历证书；
3. 通过国务院卫生主管部门组织的护士执业资格考试；
4. 符合国务院卫生主管部门规定的健康标准。

二、护士执业注册申请

应当自通过护士执业资格考试之日起 3 年内提出;逾期提出申请的,除应当具备护士执业注册条件中第(1)项、第(2)项和第(3)项规定条件外,还应当在符合国务院卫生主管部门规定条件的医疗卫生机构接受 3 个月临床护理培训并考核合格。

三、护士执业注册原则

1. 申请护士执业注册的,应当向拟执业地省、自治区、直辖市人民政府卫生主管部门提出申请。收到申请的卫生主管部门应当自收到申请之日起 20 个工作日内作出决定,对具备《护士条例》规定条件的,准予注册,并发给护士执业证书;对不具备《护士条例》规定条件的,不予注册,并书面说明理由。

护士执业注册有效期为 5 年。

2. 护士在其执业注册有效期内变更执业地点的,应当向拟执业地省、自治区、直辖市人民政府卫生主管部门报告。收到报告的卫生主管部门应当自收到报告之日起 7 个工作日内为其办理变更手续。护士跨省、自治区、直辖市变更执业地点的,收到报告的卫生主管部门还应当向其原执业地省、自治区、直辖市人民政府卫生主管部门通报。

3. 护士执业注册有效期届满需要继续执业的,应当在护士执业注册有效期届满前 30 日向执业地省、自治区、直辖市人民政府卫生主管部门申请延续注册。收到申请的卫生主管部门对具备《护士条例》规定条件的,准予延续,延续执业注册有效期为 5 年;对不具备本条例规定条件的,不予延续,并书面说明理由。

4. 护士有行政许可法规定的应当予以注销执业注册情形的,原注册部门应当依照行政许可法的规定注销其执业注册。

县级以上地方人民政府卫生主管部门应当建立本行政区域的护士执业良好记录和不良记录,并将该记录记入护士执业信息系统。

护士执业良好记录包括护士受到的表彰、奖励以及完成政府指令性任务的情况等内容。护士执业不良记录包括护士因违反《护士条例》以及其他卫生管理法律、法规、规章或者诊疗技术规范的规定受到行政处罚、处分的情况等内容。

第三节　护士执业资格考试

为了保证护士执业人员的业务水准,正确评价申请护士执业者是否具备护士执业所必需的专业知识和技能,加强护士执业准入控制,从源头上保证护士队伍整体素质,我国实行护士执业资格考试制度。

一、护士执业资格考试管理

《护士执业资格考试办法》规定,国家护士执业资格考试是评价申请护士执业资格者是否具备执业所必须的护理专业知识与工作能力的考试。

护士执业资格考试实行国家统一考试制度,由卫生与计划生育委员会负责组织实施,统一考试大纲,统一命题,统一合格标准。

护士执业资格考试遵循公平、公开、公正的原则,每年举行一次,具体考试日期在举行考试3个月前向社会公布。为加强对考生实践能力的考核,原则上采用"人机对话"考试方式进行。考试包括专业实务和实践能力两个科目,一次考试通过两个科目为考试成绩合格,考试成绩合格者,取得考试成绩合格证明,作为申请护士执业注册的有效证明。考试成绩于考试结束后45个工作日内公布,考生成绩单由报名考点发给考生。

护士执业资格考试考务管理实行承办考试机构、考区、考点三级责任制。

二、护士执业资格考试申请

在中等职业学校、高等学校完成国务院教育主管部门和国务院卫生主管部门规定的普通全日制3年以上的护理、助产专业课程学习,包括在教学、综合医院完成8个月以上护理临床实习,并取得相应学历证书的,可以申请参加护士执业资格考试。

申请参加护士执业资格考试的人员,应当在公告规定的期限内报名,并提交以下材料:

1. 护士执业资格考试报名申请表;

2. 本人身份证明;

3. 近6个月二寸免冠正面半身照片3张;

4. 本人毕业证书;

5. 报考所需的其他材料。

申请人为在校应届毕业生的,应当持有所在学校出具的应届毕业生毕业证明,到学校所在地的考点报名。学校可以为本校应届毕业生办理集体报名手续。

申请人为非应届毕业生的,可以选择到人事档案所在地报名。

三、护士执业资格考试纪律

护士执业资格考试实行回避制度。考试工作人员有下列情形之一的,应当回避:(1)是考生近亲属的;(2)与考生有其他利害关系,可能影响考试公正的。

考试考务管理工作要严格执行有关规章和纪律,切实做好试卷命制、印刷、发送和保管过程中的保密工作,严防泄密。

对违反考试纪律和有关规定的,按照《专业技术人员资格考试违纪违规行为处理规定》处理。

第四节　护士执业权利和义务

为了维护护士的合法权益,规范护理行为,在《护士条例》中明确规定了护士执业的权利和义务。

一、护士享有的权利

1.护士执业,有按照国家有关规定获取工资报酬、享受福利待遇、参加社会保险的权利。任何单位或者个人不得克扣护士工资,降低或者取消护士福利等待遇。

2.护士执业,有获得与其所从事的护理工作相适应的卫生防护、医疗保健服务的权利。从事直接接触有毒有害物质、有感染传染病危险工作的护士,有依照有关法律、行政法规的规定接受职业健康监护的权利;患职业病的,有依照有关法律、行政法规的规定获得赔偿的权利。

3.护士有按照国家有关规定获得与本人业务能力和学术水平相应的专业技术职务、职称的权利;有参加专业培训、从事学术研究和交流、参加行业协会和专业学术团体的权利。

4.护士有获得疾病诊疗、护理相关信息的权利和其他与履行护理职责相关的权利,可以对医疗卫生机构和卫生主管部门的工作提出意见和建议。

二、护士应履行的义务

1.护士执业,应当遵守法律、法规、规章和诊疗技术规范的规定。

2.护士在执业活动中,发现患者病情危急,应当立即通知医师;在紧急情况下为抢救垂危患者生命,应当先行实施必要的紧急救护。

护士发现医嘱违反法律、法规、规章或者诊疗技术规范规定的,应当及时向开具医嘱的医师提出;必要时,应当向该医师所在科室的负责人或者医疗卫生机构负责医疗服务管理的人员报告。

3.护士应当尊重、关心、爱护患者,保护患者的隐私。

4.护士有义务参与公共卫生和疾病预防控制工作。发生自然灾害、公共卫生事件等严重威胁公众生命健康的突发事件时,护士应当服从县级以上人民政府卫生主管部门或者所在医疗卫生机构的安排,参加医疗救护。

第五节　医疗卫生机构的职责

《护士条例》在医疗机构的职责方面,也做了严格的规定。这些规定将极大地激发广大护士的工作热情,促进护理工作的规范化,吸引更多的优秀人才从事护理工作。我们国家的护理事业也将会更加健康、快速地发展。

医疗卫生机构承担着以下职责:

首先,按照国务院卫生主管部门的要求配备护士。《护士条例》规定,医疗卫生机构配备护士的数量不得低于国务院卫生主管部门规定的护士配备标准。《护士条例》施行前,尚未达到护士配备标准的医疗卫生机构,应当按照国务院卫生主管部门规定的实施步骤,自《护士条例》施行之日起3年内达到护士配备标准。

其次,保障护士合法权益。其中包括:应当为护士提供卫生防护用品,并采取有效的卫生防护措施和医疗保健措施;应当执行国家有关工资、福利待遇等规定,按照国家有关规定为在本机构从事护理工作的护士足额缴纳社会保险费用;对在艰苦边远地区工作,或者从事直接接触有毒有害物质、有感染传染病危险工作的护士,所在医疗卫生机构应当按照国家有关规定给予津贴;应当制定、实施本机构护士在职培训计划,并保证护士接受培训;根据临床专科护理发展和专科护理岗位的需要,开展对护士的专科护理培训。

最后,加强护士管理。其中包括:应当按照国务院卫生主管部门的规定,设置专门机构或者配备专(兼)职人员负责护理管理工作;不得允许未取得护士执业证书的人员、未依照《护士条例》规定办理执业地点变更手续的护士以及护士执业注册有效期届满未延续执业注册的护士在本机构从事诊疗技术规范规定的护理活动;在教学、综合医院进行护理临床实习的人员应当在护士指导下开展有关工作;应当建立护士岗位责任制并进行监督检查。护士因不履行职责或者违反职业道德受到投诉的,其所在医疗卫生机构应当进行调查;经查证属实的,医疗卫生机构应当对护士作出处理,并将调查处理情况告知投诉人。

第六节　法律责任

任何违反《护士条例》规定的行为,都应当按照行为的性质依法追究行为人的法律责任。《护士条例》主要从七个方面明确了相关法律责任。

1. 护士监管工作中的法律责任:卫生主管部门的工作人员未依照《护士条例》规定履行职责,在护士监督管理工作中滥用职权、徇私舞弊,或者有其他失职、渎职行为的,依法给予处分;构成犯罪的,依法追究刑事责任。

2. 医疗卫生机构违反有关护士配备标准及护理人员执业资格规定的法律责任:医疗卫生机构有下列情形之一的,由县级以上地方人民政府卫生主管部门依据职责分工责令限期改正,给予警告;逾期不改正的,根据国务院卫生主管部门规定的护士配备标准和在医疗卫生机构合法执业的护士数量核减其诊疗科目,或者暂停其6个月以上1年以下执业活动;国家举办的医疗卫生机构有下列情形之一、情节严重的,还应当对负有责任的主管人员和其他直接责任人员依法给予处分:

(1) 违反《护士条例》规定,护士的配备数量低于国务院卫生主管部门规定的护士配备标准的;

(2) 允许未取得护士执业证书的人员或者允许未依照本条例规定办理执业地点变更手续、延续执业注册有效期的护士在本机构从事诊疗技术规范规定的护理活动的。

3. 医疗卫生机构违反有关工资、福利、社保、津贴及职业危险保护规定的法律责任:医疗卫生机构有下列情形之一的,依照有关法律、行政法规的规定给予处罚;国家举办的医疗卫生机构有下列情形之一、情节严重的,还应当对负有责任的主管人员和其他直接责任人员依法给予处分:

(1) 未执行国家有关工资、福利待遇等规定的;

(2) 对在本机构从事护理工作的护士,未按照国家有关规定足额缴纳社会保险费用的;

(3) 未为护士提供卫生防护用品,或者未采取有效的卫生防护措施、医疗保健措施的;

(4) 对在艰苦边远地区工作,或者从事直接接触有毒有害物质、有感染传染病危险工作的护士,未按照国家有关规定给予津贴的。

4. 医疗卫生机构违反有关培训、管理规定的法律责任:医疗卫生机构有下列情形之一的,由县级以上地方人民政府卫生主管部门依据职责分工责令限期改正,给予警告:

(1) 未制定、实施本机构护士在职培训计划或者未保证护士接受培训的;

(2) 未依照《护士条例》规定履行护士管理职责的。

5. 护士执业违法的法律责任:护士在执业活动中有下列情形之一的,由县级以上地方人民政府卫生主管部门依据职责分工责令改正,给予警告;情节严重的,暂停其 6 个月以上 1 年以下执业活动,直至由原发证部门吊销其护士执业证书:

(1) 发现患者病情危急未立即通知医师的;

(2) 发现医嘱违反法律、法规、规章或者诊疗技术规范的规定,未依照《护士条例》第十七条的规定提出或者报告的;

(3) 泄露患者隐私的;

(4) 发生自然灾害、公共卫生事件等严重威胁公众生命健康的突发事件,不服从安排参加医疗救护的。

护士在执业活动中造成医疗事故的,依照医疗事故处理的有关规定承担法律责任。

6. 吊销执业证书的禁业期限:护士被吊销执业证书的,自执业证书被吊销之日起 2 年内不得申请执业注册。

7. 侵犯护士合法权益的法律责任:扰乱医疗秩序,阻碍护士依法开展执业活动,侮辱、威胁、殴打护士,或者有其他侵犯护士合法权益行为的,由公安机关依照治安管理处罚法的规定给予处罚;构成犯罪的,依法追究刑事责任。

【思考题】

1. 如何看待护士管理立法的现实意义?

2. 护士的执业权利和义务主要有哪些?

第八章　医疗损害、医疗纠纷法律制度

【学习目的】

了解医疗纠纷处理制度的历史沿革;理解医疗纠纷、医疗事故、医疗损害责任和医疗纠纷人民调解方面的基本概念和法律制度;明确医疗事故与医疗损害两个概念之间的联系和区别;掌握《侵权责任法》中医疗损害的不同类型和构成要件。

【案情导引】

原告是已故患者陈某的父母。陈某于 2012 年 5 月 7 日上午因"胸腹闷痛 1 天"到被告处就诊。被告诊断陈某系"胃胀",并开具药物。陈某服用药物后,于 2012 年 5 月 8 日晨起后出现胸腹部闷痛加剧,发热等病情加重的情形,但未进一步寻求诊治。2012 年 5 月 8 日下午 4 时许,原告发现卧床的陈某呼吸、心跳已停止,经抢救无效死亡。同月 9 日,漳州市医院病理科对陈某进行了尸解病理检查,结论为:"符合急性心肌炎,倾向病毒性"。漳州市人民检察院检察技术处接受漳州市卫生局、漳州市医学会委托,于 2012 年 7 月 6 日出具《法医学死因鉴定书》,鉴定意见为:"陈某系患有病毒性心肌炎而猝死"。原、被告因赔偿问题不能达成一致意见,原告具状诉至法院。

经被告申请,法院委托漳州市医学会对本案医疗行为与陈某死亡是否存在因果关系,是否存在医疗过错,是否属于医疗事故及责任程度(即参与度、原因力的大小)进行鉴定。漳州市医学会依据《医疗事故处理条例》进行首次医疗事故技术鉴定,于 2013 年 7 月 25 日作出《医疗事故技术鉴定书》,分析意见为:1.患者死因系病毒性心肌炎而猝死。2.根据患方陈述,在病情加重情况下,患者未进一步诊治,是造成病情延误诊治的主要原因。3.医方系乡村医生,在诊疗过程中出现以下不足:(1)体检不全面;(2)用药不规范;(3)病情沟通不详细。医方诊疗行为与患者死亡无因果关系。结论为:本病例不属于医疗事故。原告不服,向法院申请重新鉴定。福建省医学会接受法院委托后,于 2013 年 12 月 5 日作出《医疗事故技术鉴定书》,分析意见为:1.根据患者病情演变及尸检病理检查结果,患者猝死原因为重症心肌炎,并发心力衰竭,以病毒性可能性大。该病起病急骤,发展迅速,病情凶险,死亡率高,早期诊断困难。2.医方在诊疗过程中,医疗记录不完整,用药欠规范。3.患者死亡是其病情发展的结果,与医方的诊疗行为无因果关系。结论为:本病例不属于医疗事故。

原告认为被告在诊疗过程中存在过错,并申请法院委托有资质的鉴定机构对被告方在诊疗过程中是否存在过错,该过错与原告的损害后果之间是否存在因果关系进行鉴定。南方医科大学司法鉴定中心收到法院的委托材料后,发函回复:被鉴定人就诊的整个医疗过程过于简短,病理资料过于有限,中心技术能力有限,无法对本案作出明确鉴定意见,不予受理本案委托。法院组织双方当事人再次摇号确定鉴定机构。北京华夏物证鉴定中心接受法院委托,于 2015 年 3 月 4 日作出《法医临床司法鉴定意见书》,鉴定意见为:被告对其诊疗过程的记录不能证实其已尽到了应尽的诊治义务,根据病毒性心肌炎的一般发展规律,提示被告可能存在对被鉴定人的病情注意不足的医疗过错,该医疗过错与被鉴定人陈某的死亡之间存在一定的因果关系,建议被告承担的过错责任程度以轻微责任为宜。

问题:

1. 医疗损害赔偿的法律依据是什么?

2. 本案经历多次鉴定,不同鉴定的法律依据是什么?

3. 法院最终应当以哪一份鉴定结论作为审理案件的依据?

第一节　医疗纠纷预防与处理制度概述

一、医疗纠纷处理法律制度沿革

我国针对医疗纠纷的专门立法最早开始于 1987 年的《医疗事故处理办法》。但是由于在医疗事故鉴定程序和医疗事故补偿标准等方面存在严重不足,《医疗事故处理办法》在实践中并没有对医疗纠纷的解决发挥预期的积极作用。各地司法实践不统一,有的法院甚至完全排除《医疗事故处理办法》的适用,其中影响最为深远的是 1999 年泸州市中级人民法院出台的《审理医疗损害赔偿案件的若干意见(试行)》(泸中法发〔1999〕35 号),明确规定"医方对自己是否有过错和违约行为,对医疗损害的因果关系负证明责任"。最高人民法院于2001 年 12 月 6 日通过的《最高人民法院关于民事诉讼证据的若干规定》支持了泸州市中级人民法院的上述立场,确定"因医疗行为引起的侵权诉讼,由医疗机构就医疗行为与损害结果之间不存在因果关系及不存在医疗过错承担举证责任"。这样就在全国范围内统一了医疗纠纷案件的法律适用,同时也实际上否定了《医疗事故处理办法》。

鉴于《医疗事故处理办法》在实践中遇到的问题,在卫生部多年立法调研的基础上,国务院于 2002 年 2 月 20 日通过了《医疗事故处理条例》。《医疗事故处理条例》更好地完善了医疗事故的鉴定和处理程序,明确了患者的知情同意权、查阅和复制病历资料等多项权益,并且大幅度提高了医疗事故损害赔偿标准。卫生部随后陆续颁布了《医疗机构病历管理规定》、《医疗事故技术鉴定暂行办法》、《医疗事故分级标准(试行)》等配套部门规章。2003 年1 月 6 日《最高人民法院关于参照〈医疗事故处理条例〉审理医疗纠纷民事案件的通知》出台,规定对于医疗事故引起的医疗赔偿纠纷参照《医疗事故处理条例》办理,对于医疗事故以外的原因引起的其他医疗赔偿纠纷适用《民法通则》的规定。这一《通知》由此开启了我国医疗纠纷案件法律适用"二元制"的时代,人民法院要根据医疗纠纷是否构成医疗事故,分别适用《医疗事故处理条例》或者《民法通则》。特别是由于《医疗事故处理条例》所规定的损害赔偿标准低于《民法通则》和《最高人民法院关于审理人身损害赔偿案件适用法律若干问题的解释》的标准,再加上医疗事故鉴定制度普遍受到质疑,法律适用"二元制"现象对于医疗纠纷案件的处理造成了很大的干扰,各地继续存在严重的法律适用混乱问题。

以上问题促使 2009 年 12 月 26 日第 11 届全国人大常委会第十二次会议审议通过的《侵权责任法》第七章放弃了"医疗事故"概念,而针对医疗纠纷中的民事责任创设了"医疗损害"概念。医疗损害概念的外延包括了医疗事故,但不限于医疗事故。《侵权责任法》实施后,医疗损害民事赔偿诉讼出现两个方面的重大变化:一是医疗损害诉讼"举证倒置"规则被废除。根据《侵权责任法》第 54 条,医疗损害实行过错责任原则,除了该法第 58 条规定的三种情形以外,其他因医疗行为引起损害的诉讼不再适用"举证责任倒置"规则。二是医疗损害赔偿的范围与项目统一。根据《侵权责任法》第 16 条及以下条文的规定,医疗活动涉及的生命权、身体权、健康权、名誉权、隐私权、财产权等权益属于民事权益范围,造成损害的均应当予以赔偿。医疗损害赔偿项目与标准不再适用《医疗事故处理条例》的有关规定。当然《侵权责任法》并没有完全否定《医疗事故处理条例》及其相关的行政规章。与医疗损害相关的行为需要被追究行政责任的,仍然按照《医疗事故处理条例》等法规或规章执行,因此医疗机构必须充分重视"医疗事故"法律制度。此外,《医疗事故处理条例》关于医疗纠纷发生后的病历复印、封存、尸体解剖等规定对医疗纠纷处理活动仍然具有重要意义。

二、医疗纠纷预防制度建设

与《医疗事故处理办法》相比,《医疗事故处理条例》已经相当重视医疗纠纷的预防工作,特别规定医疗机构应当设置医疗服务质量管理监控部门或配备专(兼)职人员,监督检查医务人员的医疗服务工作、执业情况,接受患者投诉。但是在很长一段时期内,医疗纠纷预防制度的建设在实践当中没有得到应有的重视。近年来,随着医患关系紧张局面的不断加剧,全国各地都开始加强建设医疗纠纷预防制度。当前的制度建设主要集中于以下几个方面:

一是通过地方立法,将医疗纠纷纳入地方社会治安综合治理环节,统合各级政府、公检法和人民调解等组织机构,比如《江西省医疗纠纷预防与处理条例》(2014 年)、《上海市医患纠纷预防与调解办法》(2014 年)、《广东省医疗纠纷预防与处理办法》(2013 年),还有由国家卫计委起草的《医疗纠纷预防与处理条例(送审稿)》(2015 年)等。这些规范性文件的共同特点是着眼于及时解决医疗纠纷,防止医疗纠纷影响医疗秩序。

二是设立患者权益保护机构,加强医患沟通,从源头上预防医疗纠纷的产生,比如 2011 年 8 月,甘肃省卫生厅发布《关于建立维护患者权益工作网络体系的通知》(甘卫办发〔2011〕361 号),在全国率先成立了维护患者权益处,并吸纳社会各界人士组建了维护患者权益协会,受理群众来信来访事项,向患者提供政策咨询和信息服务,指导调解处理医患纠纷,引导患者合理维护权益,加强了卫生行政部门处理医疗纠纷和维护患者权益工作的力度。在 2013 年 1 月 7 日举行的 2013 年全国卫生工作会议上,卫生部长陈竺表示,各级各类医疗机构要尽快设立患者权益保护的机构,维护患者合法权益,同时要保护医务人员不受侵害。

三是积极推动医疗责任保险和医疗意外保险的普及,为患者提供更加便捷的经济保障。在《关于加快发展现代保险服务业的若干意见》(国发〔2014〕29 号)中,国务院明确提出,要发挥责任保险化解矛盾纠纷的功能作用,把与公众利益关系密切的医疗责任与医疗意外作为责任保险发展的重点之一。作为响应与贯彻,国家卫生计生委等部委于 2014 年 7 月 9 日发布的《关于加强医疗责任保险工作的意见》(国卫医发〔2014〕42 号)设定的目标是,"到

2015 年底前,全国三级公立医院参保率应当达到 100%;二级公立医院参保率应当达到 90% 以上"。2015 年 1 月 28 日公布的《进一步改善医疗服务行动计划》(国卫医发〔2015〕2 号)提出,"积极建立以医疗责任保险为主、医疗风险互助金、医疗意外险等为补充的医疗责任风险分担形式"。

四是加强医疗纠纷人民调解制度建设,促进医疗纠纷更加公平快捷地得到解决。2010 年出台的《关于加强医疗纠纷人民调解工作的意见》(司发通〔2010〕5 号)一方面开启了医疗纠纷人民调解制度的全面建设,另一方面也着重强调了医疗责任保险与医疗纠纷人民调解制度的衔接问题,提出要大力推进医疗纠纷人民调解工作,建立以医疗纠纷人民调解为主体,医疗纠纷院内调解、人民调解、司法调解与医疗责任风险分担机制相衔接的医疗纠纷处理体系。截至 2014 年 4 月,全国已经建立了医疗纠纷人民调解组织 3396 个,有人民调解员 2.5 万多人,55% 的医疗纠纷人民调解委员会具备政府财政支持。2013 年全国共调解医疗纠纷 6.3 万件,调解成功率达 88%。

五是针对经济困难和遭受严重医疗损害的患者建立更加完善的社会救助制度,减轻患者经济负担。国家发展和改革委等部委《关于开展城乡居民大病保险工作的指导意见》(发改社会〔2012〕2605 号)要求,针对大病负担重的情况,引入市场机制,建立大病保险制度。另外,对遭受医疗损害的患者直接给予一定程度的经济补偿或者救助,已经在多个国家或者地区得到实践。尤其在患者不享受医疗保险或者医疗保险保障不足的情况下,这种经济补偿对于患者无疑更具有重要意义。当前,这一制度也已经在我国被付诸实践。镇江市依据《镇江市无过错医疗损害救助办法》(镇政规发〔2014〕4 号),对因医疗意外遭受严重损害的患者给予一定数额的经济救助。宁波市通过《宁波市医疗救助办法》(宁波市人民政府令第 139 号),在基本医疗保险、大病保险补偿的基础上,进一步对患者个人承担的医疗费用实施救助。以上措施无疑都可以直接减轻患者经济负担,从而有效促进医患矛盾的缓和。

第二节　医疗事故处理

一、医疗事故的概念与分级

(一)医疗事故概念

根据《医疗事故处理条例》第 2 条的规定,医疗事故是指医疗机构及其医务人员在医疗活动中,违反医疗卫生管理法律、行政法规、部门规章和诊疗护理规范、常规,过失造成患者人身伤害的事故。其要点是:

1. 医疗事故的责任主体是医疗机构及其医务人员

国家对从事医疗活动的医疗机构和医务人员设定了严格的许可制度。所谓医疗机构必须是取得设置医疗机构批准书、领取《医疗机构执业许可证》的合法机构;医务人员亦指按照现行法律规定需取得法定资格后执业的人员。

2. 医疗事故发生在医疗活动中

医疗事故必然与医疗活动有关。诊疗护理是医疗活动的主要内容和形式,没有医疗活动内容的事故,不能称为医疗事故。医疗活动的外延一般认为是医疗机构和医务人员在执业范围内从事的专业性活动。

3. 造成医疗事故的行为具有违法违规性

违法是指违反卫生管理方面的法律、行政法规、部门规章和诊疗护理规范、常规。遵守这些法律及规范是医疗活动合法性、正当性的必要前提。违法违规行为虽然不　定构成医疗事故,但是造成医疗事故的行为必定具有违法违规性。

4. 过失造成患者人身损害

医疗机构及医务人员对损害的发生具有主观上的过失。过失是行为人对其行为的结果应当预见而没有预见或者已经预见但轻信能够避免的主观心理状态。过失区别于故意,如果故意造成患者人身损害,则不属于医疗事故范畴。

5.过失行为与患者遭受的损害之间具有因果关系

因果关系是法律责任的构成要件。实践中,过失行为与患者的损害之间往往存在多种情况,如多因一果、此因彼果等等,需要进行具体的、实事求是的分析。是否具有因果关系通常需要通过医疗事故技术鉴定来确定。

此外,《医疗事故处理条例》排除了以下不属于医疗事故的若干情形:

(1) 在紧急情况下为抢救垂危患者而采取紧急措施造成不良后果的;

(2) 在医疗活动中由于患者病情异常或者患者体质特殊而发生不良后果的;

(3) 在现有医学科学技术条件下,发生无法预料或者不能防范的不良后果的;

(4) 无过错输血感染造成的不良后果的;

(5) 因患者原因延误诊疗导致不良后果的;

(6) 因不可抗力造成不良后果的。

（二）医疗事故分级

为了正确处理医疗事故,合理确定法律责任,保护患者和医疗机构及医务人员的合法权益,《医疗事故分级标准(试行)》根据对患者人身造成的损害程度,把医疗事故分为四级十二等,每一等均列出了损害的具体情形,便于分级分等参照。

1. 一级医疗事故

造成患者死亡、重度残疾,分为甲、乙两等。

2.二级医疗事故

造成患者中度残疾、器官组织损害导致严重功能障碍,分为甲、乙、丙、丁四等。

3.三级医疗事故

患者轻度残疾、器官组织损害导致一般功能障碍,分为甲、乙、丙、丁、戊五等。

4.四级医疗事故

造成患者明显人身损害的其他后果的医疗事故,未分等。

二、医疗事故的预防与处置

（一）医疗事故的预防

为了有效地预防医疗事故,《医疗事故处理条例》规定,医疗机构及其医务人员,必须积极从各方面预防医疗事故。医疗机构应当对医务人员进行卫生管理法律、法规、规章和诊疗护理规范培训,组织医疗安全、质量意识教育,及时传达上级卫生部门的有关医疗安全方面文件和各项规定;应当设置医疗服务质量监控部门或者配备专(兼)职人员,具体负责监督本医疗机构的医务人员的医疗服务工作,检查医务人员执业情况,接受患者对医疗服务的投诉,向其提供咨询服务;应当制定防范、处理医疗事故的预案,预防医疗事故的发生,减轻医疗事故的损害。

(二)医疗事故的处置措施

1. 报告措施

医务人员在医疗活动中发生或者发现医疗事故,可能引起医疗事故的医疗过失行为或者发生医疗事故争议的,应当立即向所在科室负责人报告,科室负责人向相关部门报告,直至向医疗机构负责人报告。

发生导致患者死亡或者可能为二级以上的医疗事故,导致3人以上人身损害后果的重大医疗过失行为,医疗机构应当在12小时内向所在地卫生行政部门报告;发生导致3名以上患者死亡,10名以上患者出现人身损害的,医疗机构应当立即向所在地县级卫生行政部门报告,地方卫生行政部门应当立即逐级报告直至卫生部。

2. 补救措施

发生或发现医疗过失行为,医疗机构及其医务人员应立即采取有效措施,避免或者减轻对患者身体健康的损害,防止损害扩大。

3. 病历和可疑实物封存措施

发生医疗事故争议时,死亡病例讨论记录、疑难病例讨论记录、上级医师查房记录、会诊意见、病程记录等主观病历资料在医患双方在场的情况下封存和启封,封存的病历资料由医疗机构保管。疑似输液、输血、注射、药物等引起不良后果的,医患双方共同对现场实物进行封存和启封,封存的现场实物由医疗机构保管。

4. 尸检措施

患者死亡,医患双方当事人不能确定死因或者对死因有异议的,应当在患者死亡后48小时内进行尸检。尸检应当由按照国家有关规定取得相应资格的机构和病理解剖专业技术人员进行。拒绝或者拖延尸检,超过规定时间,影响对死因判定的,由拒绝或者拖延的一方承担责任。

三、医疗事故技术鉴定

医疗事故技术鉴定,是指根据《医疗事故处理条例》、《医疗事故技术鉴定暂行办法》和《医疗事故分级标准(试行)》的规定,由医学会组织有关临床医学专家或(和)法医学专家组成的专家组,运用医学、法医学等科学知识和技术,对涉及医疗事故纠纷的有关专门性问题进行检验、鉴别和判断并提供鉴定结论的活动。医疗事故技术鉴定结论可以作为医患双方协商解决医疗纠纷的依据,是卫生行政部门处理医疗纠纷案件及作出行政处罚的法定依据,同时也是医疗纠纷诉讼中的重要证据之一。

市级医学会负责首次鉴定,省级医学会负责再次鉴定,中华医学会只在必要时组织疑难、复杂并在全国有重大影响的医疗事故争议的鉴定工作。对不需要进行医疗事故技术鉴定的或者医疗机构不如实提供相关材料、不配合相关调查,导致医疗事故技术鉴定不能进行的,卫生行政部门可以依据调查结果对医疗事故争议进行直接判定。

负责医疗事故技术鉴定的医学会建立医疗事故技术鉴定专家库。专家来源于医疗机构、医学教学科研机构和法医,除了本行政区域外、也可以来自于外省市。专家的条件是具有良好的业务素质和执业品德,受聘于相关机构并担任相应专业高级技术职务 3 年以上者。每起鉴定,通常由医患双方在医学会的主持下从专家库中随机抽取 5 或 7 名专家组成鉴定组。

医学会自接到双方当事人提交的有关材料、书面陈述及答辩之日起 45 日内组织鉴定,并应在实施鉴定 7 日前,将鉴定的时间、地点、要求等书面通知双方当事人,双方当事人按通知要求参加鉴定,参加鉴定的双方当事人每一方人数不超过 3 人,任何一方当事人无故缺席、自行退席或拒绝参加鉴定的,不影响鉴定的进行。

医疗事故技术鉴定实行两级鉴定终结制。任何一方当事人对首次鉴定结论不服的,可以自收到首次医疗事故技术鉴定书之日起 15 日内向卫生行政部门提出再次鉴定的申请,或由双方当事人共同委托省、自治区、直辖市医学会组织再次鉴定。

四、医疗事故处理

卫生行政部门受理当事人医疗事故争议处理申请和接到医疗机构关于重大医疗过失行为的报告后,对于不能判断是否属于医疗事故的,在作出受理决定之日起 5 日内将有关材料交由市级医学会组织鉴定并书面通知申请人。卫生行政部门受理的再次鉴定的申请,在收到申请之日起 7 日内交由省级医学会组织再次鉴定。

对于鉴定为医疗事故的,双方当事人就赔偿事宜申请由卫生行政部门调解的,卫生行政部门可以进行调解。

县级以上地方人民政府卫生行政部门必须逐级将当地发生的医疗事故及对发生医疗事故的医疗机构和医务人员作出行政处理的情况上报国家卫生部。

五、医疗机构及医务人员的医疗事故法律责任

需追究责任的情形:(1)发生医疗事故;(2)涂改、伪造、隐匿、销毁病历资料;(3)未如实告知患者病情、医疗措施和医疗风险;(4)没有正当理由,拒绝为患者提供复印或者复制病历资料服务;(5)未在规定的时间内补记抢救工作病历内容;(6)未按规定的要求书写和妥善保管病历资料;(7)未按照"条例"的规定封存、保管、启封病历资料和实物;(8)未制定有关医疗事故防范和处理预案;(9)未在规定时间内向卫生行政部门报告重大医疗过失行为;(10)未设置医疗服务质量监控部门或者配备专(兼)职人员;(11)未按照"条例"规定向卫生行政部门报告医疗事故;(12)未按照规定进行尸检和保存处理尸体。

责任:对发生上述情形(1)的医疗机构给予警告;情节严重的,责令限期停业整顿直至由原发证部门吊销执业许可证;对负有责任的医务人员按照刑法追究刑事责任,尚不够刑事处罚的依法给予行政处分或纪律处分或暂停执业活动、吊销执业证书的处罚。对发生上述情形(2)的医疗机构,责令改正,给予警告;对负有责任的主管人员和其他直接责任人员给予行政处分或纪律处分,情节严重的,吊销执业证书或者资格证书。对发生上述情形(3)~(12)的医疗机构,责令改正,情节严重的,对负有责任的主管人员和其他直接责任人员给予行政处分或纪律处分。

第三节 医疗损害责任制度

一、医疗损害责任一般规定

《侵权责任法》第 7 章详细规定了医疗损害责任。其中第 54 条规定，"患者在诊疗活动中受到损害，医疗机构及其医务人员有过错的，由医疗机构承担赔偿责任。"该规定包含了损害后果、过错与因果关系等民事侵权责任的基本构成要件。

1. 损害后果

根据第 54 条的规定，只有患者在诊疗活动中受到损害，才会产生医疗损害责任。根据《医疗机构管理条例实施细则》第 88 条，诊疗活动是指通过各种检查，使用药物、器械及手术等方法，对疾病作出判断和消除疾病、缓解病情、减轻痛苦、改善功能、延长生命、帮助患者恢复健康的活动。因此患者在医疗机构受到损害并非都必然是医疗损害。比如因为医院内地板湿滑导致就诊的患者摔倒受伤，医疗机构违反的只是《侵权责任法》第 37 条第 1 款规定的公共场所管理人的安全保障义务，而不构成医疗损害责任。

2. 过错

过错在法律上是指行为人在主观心理上或客观行为上的可归责性，包括故意与过失两种形式。故意是指行为人明知自己的行为会发生侵害他人权益的结果，并且希望或者放任这种结果的发生。过失是指应当预见自己的行为可能发生侵害他人权益的结果，却因为疏忽大意而没有预见，或者已经预见而轻信能够避免。医疗损害责任主要是由于医疗机构及其医务人员的过失所引起的。

《侵权责任法》第 57 条规定，"医务人员在诊疗活动中未尽到与当时的医疗水平相应的诊疗义务，造成患者损害的，医疗机构应当承担赔偿责任。"因此，判断诊疗行为是否存在过错的客观依据是"当时的医疗水平"。尽到诊疗义务的一个重要方面，是诊疗行为符合法律、行政法规、规章以及诊疗规范的有关要求。实践中，在判断何为"当时的医疗水平"时，应当综合考虑医疗条件、医疗水平、医疗机构及其医务人员的资质、地域性、专门性和紧急性等因素。

原则上患者应当举证证明医疗机构及其医务人员的诊疗行为存在过错，这通常要依赖于医疗损害鉴定。但是为了减轻患者的举证困难，《侵权责任法》第 58 条规定，"患者有损害，因下列情形之一的，推定医疗机构有过错：（一）违反法律、行政法规、规章以及其他有关诊疗规范的规定；（二）隐匿或者拒绝提供与纠纷有关的病历资料；（三）伪造、篡改或者销毁病历资料。"

3. 因果关系

诊疗活动与患者的损害之间必须存在因果关系，也即患者的损害是由诊疗活动所导致。如果损害与诊疗活动不存在因果关系，则医疗机构不承担责任。例如，患者或者其近亲属不配合医疗机构进行符合诊疗规范的诊疗，因此遭受的损害就与诊疗活动没有因果关系。诊疗活动与患者损害之间的因果关系由患者负责举证，由于涉及专业技术问题，通常需要借助于医疗损害鉴定来完成。

二、医疗损害的基本类型

1. 医疗技术损害

医疗技术损害是指医疗机构及其医务人员运用医学知识、技术及设备,为患者诊断病情并实施治疗的过程中,因未尽到与当时的医疗水平相应的诊疗义务,对患者造成的损害。医务人员采用的诊疗方法、药品和器械等应当符合法律法规、部门规章、诊疗规范,以及医疗水平的要求。医疗机构及医务人员不得采用已经明确淘汰的诊疗方法、药品和器械。

2. 对患者知情同意权的侵害

《侵权责任法》第55条规定,医务人员在诊疗活动中应当向患者说明病情和医疗措施;需要实施手术、特殊检查、特殊治疗的,医务人员应当及时向患者说明医疗风险、替代医疗方案等情况,并取得其书面同意。根据《医疗机构管理条例实施细则》第88条的定义,特殊检查和特殊治疗是指具有下列情形之一的诊断、治疗活动:(一)有一定危险性,可能产生不良后果的检查和治疗;(二)由于患者体质特殊或者病情危笃,可能对患者产生不良后果和危险的检查和治疗;(三)临床试验性检查和治疗;(四)收费可能对患者造成较大经济负担的检查和治疗。

在特定情形下,患者的知情同意权可以受到限制。《侵权责任法》第56条规定,因抢救生命垂危的患者等紧急情况,不能取得患者或者其近亲属意见的,经医疗机构负责人或者授权的负责人批准,可以立即实施相应的医疗措施。

3. 医疗产品损害

医疗产品损害是指医疗机构在诊疗过程中使用有缺陷的药品、消毒药剂、医疗器械以及血液及血液制品等医疗产品,因此造成的患者人身损害。《侵权责任法》第59条规定:因药品、消毒药剂、医疗器械的缺陷,或者输入不合格的血液造成患者损害的,患者可以向生产者或者血液提供机构请求赔偿,也可以向医疗机构请求赔偿。

4. 对患者隐私权的侵害

隐私权是指自然人享有的私人生活安宁与私人信息秘密依法受到保护,不被他人非法侵扰、知悉、收集、利用和公开的一种人格权。医疗机构及医务人员对于诊疗过程中获得的患者健康状况、家庭情况及其他隐私,负有保密义务,未经许可不得向他人透露。《侵权责任法》第62条规定,医疗机构及其医务人员应当对患者的隐私保密。泄露患者隐私或者未经患者同意公开其病历资料,造成患者损害的,应当承担侵权责任。

5. 过度医疗

过度医疗是超过疾病实际需求的诊断和治疗的行为,包括过度检查、过度治疗。《侵权责任法》第63条规定,医疗机构及其医务人员不得违反诊疗规范实施不必要的检查。对于患者因为过度医疗而遭受的不必要医疗费用支出等损害后果,医疗机构应当承担赔偿责任。

三、医疗损害责任的承担

根据《侵权责任法》第15条,承担侵权责任的方式主要有八种,包括:1.停止侵害;2.排除妨碍;3.消除危险;4.返还财产;5.恢复原状;6.赔偿损失;7.赔礼道歉;8.消除影响、恢复名誉。这八种方式既可以单独适用,也可以合并适用。第16条及以下条款规定,侵害他人造成人身损害的,应当赔偿医疗费、护理费、交通费等为治疗支出的合理费用,以及因误工减少的收入;造成残疾的,还应当赔偿残疾生活补助费和残疾赔偿金,造成死亡的,还应当赔偿丧葬费和死亡赔偿金。侵害他人人身权益,造成财产损失的,按照被侵权人因此受到的损失赔偿,被侵权人的损失难以确定,侵权人因此获得利益的,按照其获得的利益赔偿;侵权人因此获得的利益难以确定,被侵权人和侵权人就赔偿数额协商不一致,向人民法院提起诉讼的,由人民法院根据实际情况确定赔偿数额。侵害他人人身权益,造成他人严重精神损害的,被侵权人可以请求精神损害赔偿。

四、法定不承担责任的情形

在某些特殊情况下,由于条件限制,医务人员主观上没有过错,即便造成了不良后果也不应当承担责任。《侵权责任法》第60条第1款规定,"患者有损害,因下列情形之一的,医疗机构不承担赔偿责任:1.患者或者其近亲属不配合医疗机构进行符合诊疗规范的诊疗;2.医务人员在抢救生命垂危的患者等紧急情况下已经尽到合理诊疗义务;3.限于当时的医疗水平难以诊疗。"

五、医疗损害鉴定

（一）医疗损害鉴定的含义

医疗损害鉴定是指人民法院在医疗纠纷案件审判过程中,为了确定医疗机构及其医务人员对于医疗损害的发生有无过错,或者诊疗行为与医疗损害之间是否存在因果关系等专业性问题,根据当事人的申请或者依职权委托法定的鉴定机构对医疗过程及医疗损害涉及的医疗技术等专业问题进行的鉴定活动。

根据《最高人民法院关于适用〈中华人民共和国侵权责任法〉若干问题的通知》,人民法院审理民事纠纷案件,根据当事人的申请或者依职权决定进行鉴定的,统一称为"医疗损害鉴定"。2010年6月28日通过的《卫生部关于做好〈侵权责任法〉贯彻实施工作的通知》将人民法院委托各级医学会进行的鉴定称为"医疗损害责任技术鉴定"。因此,"医疗损害鉴定"与"医疗损害责任技术鉴定"的含义是相同的。

（二）医疗损害鉴定机构和鉴定标准

人民法院可以依据当事人的申请或依职权决定委托具备条件的医学会或司法鉴定机构进行医疗损害鉴定,但是各地法院的具体操作实践并不统一。比如,江苏省高级人民法院在《关于做好〈侵权责任法〉实施后医疗损害鉴定工作的通知》中规定,医疗损害鉴定应委托医学会组织专家进行,统称为医疗损害鉴定;当事人均同意委托其他司法鉴定机构进行医疗损害鉴定的,应予准许。广东省高级人民法院在《关于人民法院委托医疗损害鉴定若干问题的意见（试行）》中规定,人民法院审理医疗损害责任纠纷案件,只能委托省内具备条件的医学会或司法鉴定机构进行医疗损害鉴定。

根据《卫生部关于做好〈侵权责任法〉贯彻实施工作的通知》,对于司法机关或医患双方共同委托的医疗损害责任技术鉴定,医学会应当受理,并可参照《医疗事故技术鉴定暂行办法》等有关规定,依法组织鉴定;医疗损害责任技术鉴定分级参照《医疗事故分级标准（试行）》执行。尽管如此,在委托医学会进行鉴定时,江苏省高级人民法院、卫生厅联合颁布的《关于医疗损害鉴定工作的若干意见（试行）》、广东省高级人民法院的《关于人民法院委托医疗损害鉴定若干问题的意见(试行)》和北京市高级人民法院的《关于审理医疗损害赔偿纠纷案件若干问题的指导意见(试行)》中都对鉴定程序进行了特别规定,对《医疗事故技术鉴定暂行办法》和《医疗事故分级标准(试行)》的适用进行了一定的限制和补充。

如果人民法院依据当事人的申请或依职权决定委托司法鉴定机构进行医疗损害鉴定,则按照《全国人民代表大会常务委员会关于司法鉴定管理问题的决定》、《最高人民法院对外委托鉴定、评估、拍卖等工作管理规定》及司法部 2007 年 7 月 18 日颁布的《司法鉴定程序通则》组织鉴定。

(三)医疗损害鉴定的内容

医疗损害鉴定中,当事人申请鉴定的主要有以下内容:

1. 医疗机构的诊疗行为有无过错;

2. 医疗机构是否尽到告知义务;

3. 医疗机构是否违反诊疗规范实施不必要的检查;

4. 医疗过错行为与损害结果之间是否存在因果关系;

5. 医疗过错行为在损害结果中的责任程度;

6. 人体损伤残疾程度;

7. 其他专门性问题。

第四节　医疗纠纷人民调解制度

一、医疗纠纷人民调解的含义

医疗纠纷人民调解,是指在医疗纠纷人民调解委员会主持下,以国家法律、法规、规章和社会公德规范为依据,通过说服、疏导等方法,促使当事人在平等协商基础上自愿达成调解协议,解决民间纠纷的活动。医疗纠纷人民调解委员会是依法设立的调解民间纠纷的群众性组织。相对于卫生行政部门,人民调解委员会在调解医疗纠纷时处于更加中立的地位,更容易获得患者一方的信赖。

为进一步发挥人民调解工作在化解医疗纠纷、和谐医患关系方面的重要作用,司法部、卫生部与中国保险监督管理委员会联合颁布的《关于加强医疗纠纷人民调解工作的意见》要求高度重视人民调解工作的重要作用,加强医疗纠纷人民调解组织的建设。

二、医疗纠纷人民调解组织

医疗纠纷人民调解委员会是专业性人民调解组织,由具有较强专业知识和较高调解技能、热心调解事业的离退休医学专家、法官、检察官、警官,以及律师、公证员、法律工作者和人民调解员组成,原则上每个医疗纠纷人民调解委员会至少配备 3 名以上专职人民调解员。司法行政部门与卫生、民政等部门对医疗纠纷人民调解委员会的工作进行监督指导,建立医学、法学专家库,提供专业咨询指导,帮助医疗纠纷人民调解委员会做到依法、规范调解。

三、医疗纠纷人民调解工作方式

当事人可以向医疗纠纷人民调解委员会申请调解;医疗纠纷人民调解委员会也可以主动调解。医疗纠纷人民调解委员会受理本辖区内医疗机构与患者之间的医疗纠纷。受理范围包括患者与医疗机构及其医务人员就检查、诊疗、护理等过程中发生的行为、造成的后果及原因、责任、赔偿等问题,在认识上产生分歧而引起的纠纷。

四、医疗纠纷人民调解程序

医疗纠纷人民调解委员会调解医疗纠纷按照《人民调解法》、《人民调解委员会组织条例》、《人民调解工作若干规定》要求的程序进行。人民调解员根据纠纷的不同情况,可以采取多种方式调解民间纠纷,充分听取当事人的陈述,讲解有关法律、法规和国家政策,耐心疏导,在当事人平等协商、互谅互让的基础上提出纠纷解决方案,帮助当事人自愿达成调解协议。在征得当事人的同意后,人民调解员可以邀请具有专门知识、特定经验的人员或者有关社会组织的人员参与调解。需要进行相关鉴定以明确责任的,经双方同意,医疗纠纷人民调解委员会可以委托有法定资质的专业鉴定机构进行鉴定。

当事人在人民调解活动中享有的权利有:选择或者接受人民调解员;接受调解、拒绝调解或者要求终止调解;要求调解公开进行或者不公开进行;自主表达意愿、自愿达成调解协议。同时,当事人有义务如实陈述纠纷事实;遵守调解现场秩序,尊重人民调解员;尊重对方当事人行使权利。

五、医疗纠纷人民调解协议

经人民调解委员会调解成功的案件,人民调解委员会可以制作调解协议书。调解协议书自各方当事人签名、盖章或者按指印,人民调解员签名并加盖人民调解委员会印章之日起生效。经人民调解委员会调解达成的调解协议,具有法律约束力,当事人应当按照约定履行。双方当事人认为有必要的,还可以共同向人民法院申请司法确认,由人民法院对调解协议进行审查,依法确认调解协议的效力。人民法院依法确认调解协议有效,一方当事人拒绝履行或者未全部履行的,对方当事人可以向人民法院申请强制执行。

【思考题】
1. 医疗事故与医疗损害有何关联?
2. 医疗事故鉴定与医疗损害鉴定有什么区别?
3. 医疗损害责任有哪些类型?

第九章　健康促进法律制度

【学习目的】

掌握《母婴保健法》中婚前保健和孕产期保健的内容、胎儿性别鉴定的禁止性规定、《人口与计划生育法》中对公民生育权利和义务的规定;熟悉流动人口计划生育工作管理的要求、计划生育技术服务的内容;了解《母婴保健法》、《人口与计划生育法》中对相关违法行为追究法律责任的规定以及我国初级卫生保健的法制建设工作进展。

【案情导引】

2013 年 11 月上旬,安徽省蚌埠市怀远县卫生局接到举报称,孕妇赵某在县城某街道曹某开办的"以马内利"诊所引产造成重伤,生命垂危。卫生、计生、公安三部门抽调专人负责此案。经查,孕妇赵某 2011 年初育一女,2013 年再次怀孕,9 月份已怀孕 4 个多月时由家人托关系找外地 B 超医生鉴定胎儿性别为女孩,遂欲引产。因无计生部门开具的引产证明,医院不同意为其实施引产手术。孕妇家人又托人找到曹某(某乡镇卫生院退休执业护士),在其开设的"以马内利"诊所花 3200 元人民币做引产手术。2013 年 10 月 28 日,曹某为赵某注射引产药物,次日又为其做钳夹,但未把胎儿夹出来。经 B 超检查发现胎儿仍活着,曹某让赵某服用米非司酮和米索前列腺醇。11 月 2 日,曹某再次为赵某做钳夹术,但只夹出部分。11 月 3 日,赵某在曹某诊所行清宫术,当晚 10 时腹痛不止,紧急送医。经蚌埠市第一人民医院检查后诊断为(1)急性弥漫性腹膜炎;(2)子宫穿孔;(3)直肠穿孔。经查,曹某的诊所无医疗机构执业许可证,曹某本人无母婴保健技术合格证书、医师执业资格及证书。2014 年 1 月 15 日,曹某因涉嫌非法进行节育手术罪被怀远县公安局刑事拘留。(案例来源:陶跃宇.一起非法终止妊娠致人重伤移送案件的分析与探讨.2015 临床急重症经验交流第二次高峰论坛)

问题:

1.曹某从事的引产活动违反了哪些法律、法规的规定?曹某应承担哪些法律责任?

2.为什么非法行医、非法终止妊娠屡禁不止?

第一节　母婴保健法律制度

一、母婴保健法概述

母婴保健法,是指调整保障母亲和婴儿健康,提高出生人口素质活动中产生的各种社会关系的法律规范的总称。

我国宪法规定,婚姻、家庭、母亲和儿童受国家保护。在我国,母婴保健工作一直受到党和政府的高度关心。为了用法律手段来保障母亲和婴儿健康,提高出生人口素质,1994年10月27日八届全国人大常委会第10次会议通过了《中华人民共和国母婴保健法》(以下简称《母婴保健法》),并自1995年6月1日起施行。这是我国第一部保护妇女和儿童健康的法律,是宪法对人民的健康和对妇女、儿童保护原则的具体化,是我国妇幼卫生史上的一个里程碑。为了更好地贯彻实施母婴保健法,2001年6月20日国务院公布了《母婴保健法实施办法》。卫生部相继制定了《婚前保健工作规范》、《产前诊断技术管理办法》、《母婴保健医学技术鉴定管理办法》、《关于禁止非医学需要的胎儿性别鉴定和选择性别的人工终止妊娠的规定》等规章。2009年8月27日第11届全国人民代表大会常务委员会第十次会议通过了《全国人民代表大会常务委员会关于修改部分法律的决定》,其中包括对《母婴保健法》进行了修正。国务院尚未对《母婴保健法实施办法》进行修订,但部分省级立法机关根据所在行政区域的实际情况进行了修订,如江苏省2015年1月16日第12届人民代表大会常务委员会第十四次会议通过了《江苏省实施〈中华人民共和国母婴保健法〉办法》,自2015年6月1日起施行。

二、母婴保健工作的相关机构及其职责

(一)各级政府和有关部门的职责

国务院卫生行政部门主管全国的母婴保健工作,其职责主要包括:执行《母婴保健法》及其实施办法;制定《母婴保健法》配套规章及技术规范,并负责解释;按照分级分类指导原则制定全国母婴保健工作发展规划和实施步骤;组织推广母婴保健适宜技术并进行评价;对母婴保健工作进行监督管理。国务院其他有关部门在各自职责范围内,配合卫生行政部门做好母婴保健工作。

县级以上地方人民政府卫生行政部门管理本行政区域内的母婴保健工作并实施监督,其主要职责是:按照国务院卫生行政部门规定的条件和技术标准,对婚前医学检查、遗传病诊断、产前诊断及结扎手术和终止妊娠手术单位进行审批和注册;对从事婚前医学检查、遗传病诊断、产前诊断、结扎手术和终止妊娠手术的人员以及从事家庭接生的人员进行考核,并颁发相应的证书;对《母婴保健法》及其实施办法的执行情况进行监督检查;依照《母婴保健法》及其实施办法进行行政处罚。

(二)医疗保健机构及母婴保健工作人员

医疗保健机构按照国务院卫生行政部门的规定,负责其职责范围内的母婴保健工作。

医疗保健机构开展婚前医学检查、遗传病诊断、产前诊断以及施行结扎手术和终止妊娠手术，必须符合国务院卫生行政部门规定的条件和技术标准，并经县级以上人民政府卫生行政部门许可。

从事遗传病诊断、产前诊断的人员，必须经过省、自治区、直辖市人民政府卫生行政部门的考核，并取得相应的合格证书；从事婚前医学检查、施行结扎手术和终止妊娠手术的医疗、保健机构和人员以及从事家庭接生的人员，须经县级人民政府卫生行政部门的考核并取得相应的合格证书。母婴保健工作的人员应严格遵守有关技术操作规范，严格遵守职业道德。

（三）母婴保健监督员

为认真贯彻执行《母婴保健法》、加强对母婴保健工作的监督管理，我国实行母婴保健监督员制度。卫生部于1995年8月7日配套出台了《母婴保健监督员管理办法》。母婴保健监督员在县级以上地方人民政府卫生行政部门和妇幼保健机构中聘任。国家对母婴保健监督员实行资格考试、在职培训、工作考核和任免制度。县级以上地方人民政府卫生行政部门对母婴保健监督员进行统一管理。母婴保健监督员由聘任机关发给全国统一的证件。

母婴保健监督员在法定范围内，根据卫生行政部门或相应的监督管理机构交付的任务，行使下列监督职权：(1)监督检查《母婴保健法》及其实施办法的执行情况；(2)对违反《母婴保健法》及其实施办法的单位和个人提出处罚意见；(3)提出改进母婴保健工作的建议；(4)完成卫生行政部门交给的其他监督检查任务；(5)参与有关案件的处理。

三、婚前保健和孕产期保健

（一）婚前保健

医疗保健机构应当为公民提供婚前保健服务，对准备结婚的男女双方提供与结婚和生育有关的生殖健康知识，并根据需要提出医学指导意见。婚前保健服务的内容有：

1. 婚前卫生指导：关于性卫生知识、生育知识和遗传病知识的教育，主要包括(1)有关性卫生的保健和教育；(2)新婚避孕知识及计划生育指导；(3)受孕前的准备、环境和疾病对后代影响等孕前保健知识；(4)遗传病的基本知识；(5)影响婚育的有关疾病的基本知识；(6)其他生殖健康知识。

2. 婚前卫生咨询：对有关婚配、生育保健等问题提供医学意见。

3. 婚前医学检查：对准备结婚的男女双方可能患影响结婚和生育的疾病进行病史询问、体格及相关检查。婚前检查包括下列疾病的检查：(1)严重遗传性疾病，指由于遗传因素先天形成，患者全部或者部分丧失自主生活能力，而且后代再现风险高，医学上认为不宜生育的疾病；(2)指定传染病，指《中华人民共和国传染病防治法》中规定的艾滋病、淋病、梅毒、麻风病以及医学上认为影响结婚和生育的其他传染病在传染期内的；(3)有关精神病，指精神分裂症、躁狂抑郁型精神病以及其他重型精神病。经婚前医学检查，医疗保健机构应当出具《婚前医学检查证明》。发现患有指定传染病在传染期内或者有关精神病在发病期内的，医师应当提出医学意见，准备结婚的男女双方应当暂缓结婚。对诊断患医学上认为不宜生育的严重遗传性疾病的，医师应当向男女双方说明情况并提出医学意见；经男女双方同意，采取长效避孕措施或者施行结扎手术后不生育的，可以结婚。但《中华人民共和国婚姻法》规定禁止结婚的除外。

省、自治区、直辖市人民政府可根据本地区的实际情况，制定婚前医学检查制度实施办法。在实行婚前医学检查的地区,准备结婚的男女双方在办理结婚登记前,应当到医疗、保健机构进行婚前医学检查。婚姻登记机关在办理结婚登记时,应当查验婚前医学检查证明或者《母婴保健法》规定的医学鉴定证明。

（二）孕产期保健

1. 孕产期保健服务

医疗保健机构应当为育龄妇女和孕产妇提供相应的生殖保健服务。通过系列保健服务,为孕产妇提供科学育儿、合理营养和母乳喂养的指导,同时提供对婴儿进行体格检查和预防接种,逐步开展新生儿疾病筛查、婴儿多发病和常见病防治等医疗保健服务。孕产期保健服务的内容有:(1)母婴保健指导,对孕育健康后代以及严重遗传性疾病和碘缺乏病的发病原因、治疗和预防方法提供医学意见;(2)孕妇、产妇保健,为孕妇、产妇提供卫生、营养、心理等方面的咨询和指导以及产前定期检查等医疗保健服务;(3)胎儿保健,为胎儿生长发育提供监护,提供咨询和医学指导;(4)新生儿保健,为新生儿生长发育、哺乳和护理提供医疗保健服务。

2. 医学指导和医学意见

医疗保健机构对患严重疾病或者接触致畸物质,妊娠可能危及孕妇生命安全或者可能严重影响孕妇健康和胎儿正常发育的,应当对孕妇进行医学指导和必要的医学检查。医师发现或者怀疑患严重遗传性疾病的育龄夫妻,应当提出医学意见,对限于医疗技术条件难以确诊的,应当向当事人说明情况并向上级转诊;育龄夫妇根据医师的医学意见采取相应的措施。生育过严重缺陷患儿的妇女再次妊娠前,夫妻双方应当到县级以上医疗保健机构接受医学检查。

经产前检查,医疗机构发现或者怀疑胎儿异常的,应当对孕妇进行产前诊断。异常的情形包括:(1)羊水过多或过少;(2)胎儿发育异常或胎儿有可疑畸形;(3)孕早期接触过可能导致胎儿先天缺陷的物质;(4)有遗传病家族史或曾经分娩过先天性严重缺陷的婴儿;(5)年龄超过 35 周岁的初产妇。

经产前诊断,有下列情形之一的,医师应当向夫妻双方说明情况,并提出终止妊娠的医学意见:(1)胎儿患严重遗传性疾病的;(2)胎儿有严重缺陷的;(3)因患严重疾病,继续妊娠可能危及孕妇生命安全或者严重危害孕妇健康的。

施行终止妊娠的或者结扎手术,应当经本人同意,并签署意见;本人无行为能力的,应当经其监护人同意,并签署意见。依法施行终止妊娠或者结扎手术的,接受免费服务。

3. 婴儿保健服务

医疗保健机构和从事家庭接生的人员按照国务院卫生行政部门的规定,出具统一制发的新生儿出生医学证明;有婴儿死亡以及新生儿出生缺陷情况的,应当向卫生行政部门报告。医疗保健机构应当按照国家有关规定开展新生儿先天性、遗传性代谢病筛查、诊断、治疗和监测。

医疗、保健机构应当按照规定进行新生儿访视,建立儿童保健手册(卡),定期对其进行健康检查,并按照规定的程序和项目对婴儿进行预防接种,逐步开展新生儿疾病筛查、婴儿多发病和常见病防治等医疗保健服务。

医疗保健机构为产妇提供科学育儿、合理营养和母乳喂养的指导,为住院分娩的产妇提供必要的母乳喂养条件,并且不得向孕产妇和婴儿家庭宣传、推荐母乳代用品。

四、母婴保健医学技术鉴定

母婴保健医学技术鉴定,是指接受母婴保健服务的公民或提供母婴保健服务的医疗保健机构,对婚前医学检查、遗传病诊断和产前诊断结果或医学技术鉴定结论持有异议所进行的医学技术鉴定。母婴保健医学技术鉴定工作必须坚持实事求是、尊重科学、公正鉴定、保守秘密的原则。

（一）医学技术鉴定的申请

公民对许可的医疗保健机构出具的婚前医学检查、遗传病诊断、产前诊断结果持有异议的,可在接到诊断结果证明之日起15日内,向所在地县级或者设区的市级妇幼保健医学技术鉴定委员会提出书面申请。母婴保健医学技术鉴定委员会应当在接到鉴定申请之日起30日内作出医学技术鉴定意见,如有特殊情况,最长不得超过90日,鉴定结论应及时通知当事人。当事人对鉴定结论有异议,可在接到《母婴保健医学技术鉴定证明》之日起15日内向上一级医学技术鉴定委员会申请重新鉴定。

（二）医学技术鉴定组织

县级以上地方人民政府可以设立母婴保健医学技术鉴定委员会,负责本行政区域内对婚前医学检查、遗传病诊断、产前诊断结果有异议的进行医学技术鉴定。母婴保健医学技术鉴定分为省、市、县三级鉴定,省级母婴保健医学技术鉴定委员会的鉴定为最终鉴定结论。

（三）医学技术鉴定人员

从事医学技术鉴定的人员,必须具有较丰富的临床实践经验和相关学科理论知识以及一定医学遗传学知识,具有主治医师以上的专业技术职称,具有认真负责的工作精神和良好的医德医风。医学技术鉴定委员会组成人员由卫生行政部门提名,同级人民政府聘任。进行医学技术鉴定时必须有5名以上相关专业医学技术鉴定委员会成员参加。参加鉴定人员中与当事人有利害关系、可能影响公正鉴定的,应当回避。

五、严禁采用技术手段对胎儿进行性别鉴定

《母婴保健法》规定,严禁采用技术手段对胎儿进行性别鉴定,但医学上确有需要的除外。2002年11月29日,卫生部、国家计生委、国家药监局联合发布了《关于禁止非医学需要的胎儿性别鉴定和选择性别的人工终止妊娠的规定》,指出未经卫生行政部门或计划生育行政部门的批准,任何机构和个人不得开展胎儿性别鉴定和人工终止妊娠手术。对怀疑胎儿可能为伴性遗传病,需要进行性别鉴定的,由省、自治区、直辖市人民政府卫生行政部门指定的医疗、保健机构按照国务院卫生行政部门的规定进行鉴定。实施医学需要的胎儿性别鉴定,应当由实施机构3人以上的专家组集体审核。经诊断,确需终止妊娠的,由实施机构为其出具医学诊断结果并通报县级人民政府计划生育行政部门。

六、法律责任

（一）行政责任

未取得国家颁发的有关合格证书的,有下列行为之一,县级以上地方人民政府卫生行政部门应当予以制止,并可以根据情节给予警告或者处以罚款:(1)从事婚前医学检查、遗传病诊断、产前诊断或者医学技术鉴定的;(2)施行终止妊娠手术的;(3)出具本法规定的有关医

学证明的。

从事母婴保健工作的人员违反本法规定,出具有关虚假医学证明或者进行胎儿性别鉴定的,由医疗保健机构或者卫生行政部门根据情节给予行政处分;情节严重的,依法取消执业资格。

以上违法出具有关医学证明的,出具的证明无效。

(二)民事责任

母婴保健工作人员在诊疗护理过程中,因诊疗护理过失,造成病员死亡、残疾、组织器官损伤导致功能障碍的,应根据医疗事故处理办法的有关规定,承担相应的民事责任。

(三)刑事责任

未取得国家颁发的有关合格证书,施行终止妊娠手术或者采取其他方法终止妊娠,致人死亡、残疾、丧失或者基本丧失劳动能力的,依照刑法有关规定追究刑事责任。

第二节　人口与计划生育法律制度

一、人口与计划生育的法制建设

人口是制约经济和发展的关键因素。计划生育是指依据人口与社会经济发展的客观要求,在全社会范围内采取控制措施,按照计划进行人类自身生产。人口与计划生育法,是指调整人口发展规划、制定与实施公民生育权的行使、计划生育服务和管理活动中产生的各种社会关系的法律规范的总称。

新中国成立后,人民安居乐业,死亡率大幅下降,人口迅速增长。20世纪50年代起,国家开始提倡节制生育。1962年国务院发出《关于认真提倡计划生育的指示》,提倡要对人口的出生增长实行计划调节和控制,以实现人口与经济、社会的协调发展。20世纪70年代初,计划生育政策在全国城乡普遍推行。1982年9月党的十二大明确提出实行计划生育、控制人口数量、提高人口素质是我国的一项基本国策。同年,计划生育被写入《宪法》。1991年,中国中央、国务院《关于加强计划生育工作严格控制人口增长的决定》中规定,提倡晚婚、晚育、少生、优生;提倡一对夫妇只生育一个孩子。1995年底,政府制定了《中国计划生育工作纲要(1995—2000)》。经过几十年的努力,我国的人口增长得到有效控制。1998年以来,我国人口自然增长率已降到10‰以下。2001年12月29日第9届全国人民代表大会常务委员会第二十五次会议通过了《中华人民共和国人口与计划生育法》,自2002年9月1日施行。这标志着我国人口与计划生育法制建设进入了一个新的阶段。

随着时代的发展,受低生育率和人口老龄化影响,我国自2010年前后人口红利开始逐渐消失。如果人口政策不作调整,未来劳动人口占比将持续走低,成为制约经济发展的重要因素。2013年11月15日,十八届三中全会通过的《中共中央关于全面深化改革若干重大问题的决定》指出,放开单独夫妇生育二胎,即夫妻双方其中一方为独生子女且他们生育的第一胎不是多胞胎,可以生育二胎。2015年12月27日,十二届全国人大常委会第十八次会议审议通过了《人口与计划生育法修正案(草案)》,自2016年1月1日起施行,该修正案明确在全国统一实施全面两孩政策,提倡一对夫妇生育两个子女。

二、生育权利和义务

《人口与计划生育法》规定了我国的基本生育政策,并授权各省制定具体的生育政策,同时规定了公民实行计划生育的权利和义务。这些规定对引导公民自觉进行计划生育有积极的作用,也是我国实行生育调节的重要方式。

（一）公民的生育权利

1. 公民有生育的权利,也有不生育的权利。男女在实行计划生育上享有平等的权利。夫妻双方在实行计划生育中负有共同的责任。考虑到妇女在生育中的实际情况,规定禁止歧视、虐待、遗弃女婴,禁止歧视、虐待生育女婴的妇女和不育的妇女。

2. 公民有自由而负责任地决定生育子女的时间、数量和间隔的权利。《人口与计划生育法》规定,实行计划生育是我国的基本国策,提倡一对夫妻生育两个子女。符合法律、法规规定条件的,可以要求安排再生育子女。少数民族也要实行计划生育。夫妻双方户籍所在地的省、自治区、直辖市之间关于再生育子女的规定不一致的,按照有利于当事人的原则适用。公民生育权的行使应符合我国法律、法规的规定,而且要考虑到夫妻和个人对子女、家庭和社会的责任。

3. 公民有获得计划生育信息、手段、教育、知情选择的权利。实行计划生育的育龄夫妻免费享受国家规定的基本项目的计划生育技术服务,有关行政部门必须组织开展人口与计划生育宣传教育,大众传媒应当开展人口与计划生育的社会公益宣传。育龄夫妻自主选择计划生育避孕节育措施,预防和减少非意愿妊娠。

4. 公民有健康与安全保障的权利。实施避孕节育手术,应当保证受术者的安全。国家创造条件,保障公民知情选择安全、有效、适宜的避孕措施。同时,我国在计划生育过程中还十分重视帮助不孕症患者,运用辅助生殖技术帮助他们实现生儿育女的愿望。

5. 公民有获得帮助、补偿、奖励的权利。妇女怀孕、生育和哺乳期间,按照国家有关规定享受特殊劳动保护并可以获得帮助和补偿。公民实行计划生育手术,享受国家规定的休假,地方人民政府可以给予奖励。符合法律、法规规定生育子女的夫妻,可以获得延长生育假的奖励或者其他福利待遇。

（二）公民的生育义务

1. 公民有依法实行计划生育的义务。计划生育工作既反映了国家的总体利益,也充分考虑到公民的实际困难,强调国家指导、群众自愿。公民应自觉规范生育行为,履行法定义务,依法负责任地行使生育权。

2. 公民有依法采取避孕节育措施的义务。《人口与计划生育法》规定,实行计划生育,以避孕为主。育龄夫妇在自主选择的基础上做好避孕节育措施,预防和减少非意愿妊娠。提倡对已生育子女的夫妻选择长效避孕措施。

3. 公民有依法缴纳社会抚养费的义务。《人口与计划生育法》规定,违反法律、法规规定条件生育子女的公民,有义务依法缴纳社会抚养费。社会抚养费是国家对不符合法律法规多生育的生育者采取的一种经济限制的措施。公民违反法律、法规规定生育子女,给社会增加了负担。国家采取征收社会抚养费的办法,即要求违反计划生育政策的公民承担一定的经济责任,对增加的社会公共投入适当进行补偿是必要的。社会抚养费的征收和管理目前仍遵循国务院 2002 年 8 月 2 日发布、2002 年 9 月 1 日起施行的《社会抚养费征收管理办法》。社会抚养费的具体征收标准由省、自治区、直辖市规定。由于各地征收社会抚养费的标准很不统一,在征收程序、管理等方面也存在很大差异,加上全面二孩政策的出台,社会抚养费征收政策也需要作出调整。国家卫计委对《社会抚养费征收管理办法》做了一些修改,准备上升为国务院条例。2014 年 11 月 20 日,国务院法制办将卫生计生委起草并报送国务院审查的《社会抚养费征收管理条例(送审稿)》及起草说明等全文公布,向社会各界征求意见,引起广泛热议。但目前该条例尚未见正式出台。

4. 公民有协助人民政府开展人口与计划生育工作的义务。

5. 夫妻双方在实行计划生育中负有共同的责任。在决定是否生育、何时生育、采取何种方式避孕、由谁来承担避孕措施等问题上,夫妻双方有共同的参与权和决定权,也有共同的职责。

三、流动人口计划生育工作管理

流动人口是指到异地从事务工、经商等活动的人口,以工作、生活为目的的异地居住的成年育龄人员,但不包括因出差、就医、上学、旅游、探亲、访友等事宜在异地居住、预期将返回户籍所在地居住的人员,也不包括在直辖市、设区的市行政区域内区与区之间异地居住的人员。流动人口的存在,加大了计划生育工作管理的难度。对流动人口计划生育工作管理是计划生育工作的重要内容。为加强和规范流动人口计划生育工作、控制人口增长,经国务院批准,1998 年 9 月 22 日国家计生委发布了《流动人口计划生育工作管理办法》。近年来,随着我国社会经济的不断发展,流动人口的计划生育工作发生了一系列变化。为此,国务院于2009 年 5 月 11 日发布、自 2009 年 10 月 1 日起施行了《流动人口计划生育工作条例》,为新形势下的流动人口计划生育工作提供了制度保障。

(一)领导机构和各部门职责

流动人口计划生育工作由流动人口户籍所在地和现居住地的人民政府共同负责,以现居住地人民政府为主,户籍所在地人民政府予以配合。县级以上地方人民政府领导本行政区域内流动人口计划生育工作,将流动人口计划生育工作纳入本地经济社会发展规划,并提供必要的保障;建立健全流动人口计划生育工作协调机制,组织协调有关部门对流动人口计划生育工作实行综合管理;实行目标管理责任制,对有关部门承担的流动人口计划生育工作进行考核、监督。县级以上地方人民政府人口与计划生育部门、乡(镇)人民政府、街道办事处及流动人口现居住地村民委员会、居民委员会等有关部门在自己职责范围内做好流动人口计划生育工作。

(二)流动人口计划生育权利和义务

1. 流动人口计划生育权利

流动人口在现居住地享受下列计划生育服务和奖励、优待:(1)免费参加有关人口与计划生育法律知识和生殖健康知识普及活动;(2)依法免费获得避孕药具,免费享受国家规定的其他基本项目的计划生育技术服务;(3)晚婚晚育或者在现居住地施行计划生育手术的,按照现居住地省、自治区、直辖市或者较大的市的规定,享受休假等;(4)实行计划生育的,按照流动人口现居住地省、自治区、直辖市或者较大的市的规定,在生产经营等方面获得支持、优惠,在社会救济等方面享受优先照顾。用人单位应当依法落实法律、法规和规章规定的流动人口计划生育奖励、优待。

流动人口户籍所在地的县级人民政府人口和计划生育部门、乡(镇)人民政府或者街道办事处不得要求已婚育龄妇女返回户籍所在地进行避孕节育情况检查;地方各级人民政府和政府有关部门以及协助查验婚育证明的村民委员会、居民委员会及其工作人员,应当对涉及公民隐私的流动人口信息予以保密;育龄夫妻生育第一个子女的,可以在现居住地的乡(镇)人民政府或者街道办事处办理生育服务登记。

2. 流动人口计划生育义务

《流动人口计划生育工作条例》规定:(1)育龄夫妻应当自觉落实计划生育避孕节育措施,接受户籍所在地和现居住地人民政府的计划生育管理。(2)流动人口中的成年育龄妇女在离开户籍所在地前,应当凭本人居民身份证到户籍所在地的乡(镇)人民政府或者街道办事处办理婚育证明;已婚的,办理婚育证明还应当出示结婚证。(3)成年育龄妇女应当自到达现居住地之日起30日内提交婚育证明。

四、计划生育技术服务

计划生育技术服务是指计划生育技术指导、咨询以及与计划生育有关的临床医疗服务。加强计划生育技术服务工作,对控制人口、实现计划生育目标、提高人口素质、保障公民的生殖健康权利,具有重要意义。

(一)计划生育技术服务的原则

《计划生育技术服务管理条例》规定,计划生育技术服务实行国家指导与个人自愿相结合原则。公民享有避孕方法的知情选择权,国家保障公民获得适宜的计划生育技术服务的权利。国家向农村实行计划生育的育龄夫妻免费提供避孕、节育技术服务,所需经费由地方财政予以保障,中央财政对西部困难地区给予适当补助。

(二)计划生育技术服务内容

1. 计划生育技术指导、咨询,主要包括:(1)生殖健康科普宣传、教育、咨询;(2)提供避孕药具及相关的指导、咨询、随访;(3)对已经施行避孕、节育手术和输卵(精)管复通手术的,提供相关的咨询、随访。

2. 临床医疗服务。县级以上城市从事计划生育技术服务的机构可以在批准的范围内开展下列与计划生育有关的临床医疗服务:(1)避孕和节育的医学检查;(2)计划生育手术并发症和计划生育药具不良反应的诊断、治疗;(3)施行避孕、节育手术和输卵(精)管复通手术;(4)开展围绕生育、节育、不育的其他生殖保健项目。具体项目由国务院计划生育行政部门、卫生行政部门共同规定。乡级计划生育技术服务机构可以在批准的范围内开展下列计划生育技术服务项目:(1)放置宫内节育器;(2)取出宫内节育器;(3)输卵(精)管结扎术;(4)早期人工终止妊娠术。

向公民提供的计划生育技术服务和药具应当安全、有效,符合国家规定的质量技术标准。从事计划生育技术服务的机构施行避孕、节育手术、特殊检查或者特殊治疗时,应当征得受术者本人同意,并保证受术者的安全。严禁利用超声技术和其他技术手段进行非医学需要的胎儿性别鉴定;严禁非医学需要的选择性别的人工终止妊娠。

(三)计划生育技术服务的机构和人员

1. 计划生育技术服务机构

从事计划生育技术服务的机构包括计划生育技术服务机构和从事计划生育技术服务的医疗、保健机构。为了确保从事计划生育技术服务的机构履行职责,规范服务,维护公民生育权益,《计划生育技术服务管理条例》对机构的设置、服务范围、执业许可和执业资格等事项作了明确规定:(1)从事计划生育技术服务的机构,必须符合国务院计划生育行政部门规定的设置标准;(2)设立计划生育技术服务机构,由设区的市级以上地方人民政府计划生育行政部门批准,发给《计划生育技术服务机构执业许可证》,并在许可证上注明获准开展的计划生育技术服务项目;(3)从事计划生育技术服务的医疗、保健机构,由县级以上地方人民政府卫生行政部门审查批准,在其《医疗机构执业许可证》上注明获准开展的计划生育技术服务项目,并向同级计划生育行政部门通报;(4)计划生育技术服务机构从事产前诊断和从事计划生育技术服务的机构使用辅助生育技术治疗不育症的,应分别经省、自治区、直辖市人民政府计划生育行政部门同意,由同级卫生行政部门审查批准和由省级以上人民政府卫生行政部门审查批准,并向同级计划生育行政部门通报。

2. 计划生育技术服务人员

从事与计划生育有关的临床医护人员应当按照执业医师法和国家有关护士管理的规定分别取得执业医师、执业助理医师、乡村医生或者护士的资格,并在相应的机构中执业;个体医疗机构不得从事计划生育手术;计划生育技术服务人员必须按照批准的服务范围、服务项目、手术术种从事计划生育技术服务,遵守与执业有关的法律、法规、规章、技术常规、职业道德规范和管理制度。

五、法律责任

(一) 行政责任

1.《人口与计划生育法》规定,有下列行为之一的,由计划生育行政部门或者卫生行政部门依据职权责令改正,给予警告,没收违法所得;违法所得一万元以上的,处违法所得二倍以上六倍以下的罚款;没有违法所得或者违法所得不足一万元的,处一万元以上三万元以下的罚款;情节严重的,由原发证机关吊销执业证书:①非法为他人施行计划生育手术的;②利用超声技术和其他技术手段为他人进行非医学需要的胎儿性别鉴定或者选择性别的人工终止妊娠的;③进行假医学鉴定、出具假计划生育证明的。

2. 伪造、变造、买卖计划生育证明,由计划生育行政部门没收违法所得,违法所得五千元以上的,处违法所得二倍以上十倍以下的罚款;没有违法所得或者违法所得不足五千元的,处五千元以上二万元以下的罚款。以不正当手段取得计划生育证明的,由计划生育行政部门取消其计划生育证明;出具证明的单位有过错的,对直接负责的主管人员和其他直接责任人员依法给予行政处分。

3. 国家机关工作人员在计划生育工作中,有下列行为之一,尚不构成犯罪的,依法给予行政处分;有违法所得的,没收违法所得:①侵犯公民人身权、财产权和其他合法权益的;②滥用职权、玩忽职守、徇私舞弊的;③索取、收受贿赂的;④截留、克扣、挪用、贪污计划生育经费或者社会抚养费的;⑤虚报、瞒报、伪造、篡改或者拒报人口与计划生育统计数据的。

4. 相关部门和组织违反人口计划生育法律法规,不履行协助计划生育管理义务的,由有关地方人民政府责令改正,并给予通报批评;对直接负责的主管人员和其他直接责任人员依法给予行政处分。

5. 违反生育政策和计划生育法律法规规定生育子女的公民,应当依法缴纳社会抚养费。未在规定的期限内足额缴纳应当缴纳的社会抚养费的,自欠缴之日起,按照国家有关规定加收滞纳金;仍不缴纳的,由作出征收决定的计划生育行政部门依法向人民法院申请强制执行。按照规定缴纳社会抚养费的人员是国家工作人员的,还应当依法给予行政处分;其他人员还应当由其所在单位或者组织给予纪律处分。

6. 拒绝、阻碍计划生育行政部门及其工作人员依法执行公务的,由计划生育行政部门给予批评教育并予以制止;构成违反治安管理行为的,依法给予治安管理处罚。

（二）民事责任

计划生育技术服务人员违章操作或者延误抢救、诊治,造成严重后果的,依照《执业医师法》、《母婴保健法》、《母婴保健法实施办法》、《计划生育技术服务管理条例》、《医疗事故处理条例》、《侵权责任法》等有关法律、行政法规的规定承担相应的法律责任。

（三）刑事责任

《人口与计划生育法》规定,有下列行为之一的,构成犯罪的,依法追究刑事责任:①非法为他人施行计划生育手术的。②利用超声技术和其他技术手段为他人进行非医学需要的胎儿性别鉴定或者选择性别的人工终止妊娠的。③进行假医学鉴定、出具假计划生育证明的。④伪造、变造、买卖计划生育证明。⑤国家机关工作人员在计划生育工作中,有侵犯公民人身权、财产权和其他合法权益的;滥用职权、玩忽职守、徇私舞弊的;索取、收受贿赂的;截留、克扣、挪用、贪污计划生育经费或者社会抚养费的;虚报、瞒报、伪造、篡改或者拒报人口与计划生育统计数据的。⑥拒绝、阻碍计划生育行政部门及其工作人员依法执行公务的。

【思考题】

1. 简要叙述现行《婚姻登记条例》与《母婴保健法》在婚前医学检查内容方面的冲突情况,上述规范性法律文件之间的冲突如何解决？你对完善解决规范性法律文件之间的冲突机制有何建议？

2. 对违反生育政策生育子女的公民,处罚由罚款改为现行的征收社会抚养费,有什么区别和意义？

第十章　精神卫生法律制度

【学习目的】

了解精神卫生法的相关概念、精神卫生工作的方针、原则及管理机制；掌握精神障碍患者的权利及其保护、心理健康促进和精神障碍的预防、诊疗、康复和保障措施，熟悉相关部门和人员的法律责任。

【案情导引】

患者甲女被其丈夫乙带至某精神卫生中心门诊部就诊，由于甲不配合精神检查，门诊医生丙对乙采集病史后，拟断为"精神分裂症"，并开具了住院证，直接收住入院。病房医生采集病史及精神检查后诊断为"精神分裂症"，予以开药治疗，但甲认为自己没病，不肯服药，护士将其关在隔离房中，用保护带保护在床上，并用压舌板强行灌药。院方以病情不稳定为由拒绝家属探视，女方家属要求给予甲医学鉴定，也被院方拒绝。之后，医院组织全院范围的讨论，讨论意见为甲无精神病，予以出院。

问题：

医务人员的上述行为存在哪些违法之处？

第一节　概　　述

一、精神卫生法的概念、立法沿革和适用范围

（一）精神卫生法相关概念

精神卫生（Mental Health）是指开展精神障碍的预防、治疗和康复，促进公民心理健康的各项活动。精神卫生有狭义和广义之分。狭义的精神卫生是指精神障碍的预防、医疗和康复工作，即对精神障碍患者早期发现，及时治疗，有效康复，最终使其回归社会。广义的精神卫生，除了上述内容外，还包括促进全体公民心理健康，通过政府、用人单位、学校、新闻媒体等有关部门的工作，促进公民了解精神卫生知识，提高社会公众的心理健康水平。本章所称的精神卫生是指广义的概念。

精神障碍(Mental Disorder)是一种精神疾病,是指由各种原因引起的感知、情感和思维等精神活动的紊乱或者异常,导致患者明显的心理痛苦或者社会适应等功能损害。

精神障碍根据病情的严重程度,分为一般的精神障碍和严重的精神障碍。严重精神障碍,是指疾病症状严重,导致患者社会适应等功能严重损害,对自身健康状况或者客观现实不能完整认识,或者不能处理自身事务的精神障碍。

精神卫生法的概念有广义和狭义之分。广义的精神卫生法是指在维护和增进公民心理健康、预防和治疗精神障碍、促进精神障碍患者康复的活动中产生的各种社会关系的法律规范的总和。狭义的精神卫生法特指2012年10月26日第11届全国人民代表大会常务委员会第二十九次会议通过的《中华人民共和国精神卫生法》(以下称"本法")。

(二)精神卫生法的立法沿革

我国精神卫生立法历时27年,分为三个阶段:卫生部起草阶段、国务院法制办审查修改阶段、全国人大常委会审议阶段。

卫生部起草阶段用时22年。1985年起的二十多年间,卫生部曾多次开展立法调研,并征求法律专家、医学专家、医疗机构和有关部门、社会团体的意见。

2007年底,卫生部向国务院报送了精神卫生法草案(送审稿),精神卫生法立法进入了国务院法制办审查修改阶段。国务院法制办先后四次征求有关部门、地方政府和部分高校、医疗机构及专家的意见;两次征求了世界卫生组织等国际组织驻华代表处的意见,并分专题召开专家论证会,于2011年6月向社会公开征求意见。

2011年10月、2012年8月、2012年10月,全国人大常委会三次审议精神卫生法草案,直至2012年10月26日表决通过,标志着我国精神卫生工作走上了法制轨道。

(三)精神卫生法的适用范围

根据《精神卫生法》的规定,该法于2013年5月1日起正式施行。在中华人民共和国境内开展维护和增进公民心理健康、预防和治疗精神障碍、促进精神障碍患者康复的活动,均应该适用该法。

二、制定精神卫生法的意义

精神卫生问题既是公共卫生问题,也是重大的社会问题。随着社会经济的发展,生活节奏的加快,人们面临的工作、生活等各方面的压力越来越大,精神健康问题也逐渐增多,它成为我们急需要解决的一个重要问题。精神卫生法的制定,对于做好精神障碍的预防、治疗和康复工作,维护和增进人民群众的身心健康,保障我国经济的全面、协调和可持续发展具有重大意义。

(一)填补了我国精神卫生领域中的法律空白

《精神卫生法》共七章八十五条,对精神卫生工作的方针原则和管理机制、心理健康促进和精神障碍预防、精神障碍的诊断和治疗、精神障碍的康复、精神卫生工作的保障措施、维护精神障碍患者合法权益等作了规定。它是我国首部保障精神障碍患者合法权益的法律,填补了我国精神卫生领域中的法律空白。

(二)有利于提高公众心理健康水平

《精神卫生法》规定了预防为主的方针,坚持预防、治疗和康复相结合的原则,规定了政府及各部门、单位、学校等在心理健康促进和精神障碍的预防方面的责任。精神卫生法的制定,对于引导公众关注心理健康,增强心理健康意识,提高心理健康水平,减少精神障碍的发生,产生了重要的推动作用。

（三）有利于维护精神障碍患者的合法权益

作为弱势群体,精神障碍患者往往受到不同程度的歧视,合法权益常常得不到保障,侵犯精神障碍患者合法权益的行为时有发生。鉴于此,我们需要规范精神卫生服务,保护精神障碍患者的合法权益,包括他们的人格尊严、人身和财产安全,教育、劳动、医疗以及从国家和社会获得物质帮助等方面的合法权益不受侵犯。

（四）推动了我国精神卫生事业的发展

我国精神障碍患者人数众多,而我国精神卫生工作总体上比较薄弱,精神卫生专业机构和人员缺乏,精神障碍防治和康复能力严重不足。《精神卫生法》立足于这一现实,加强人、财、物等方面的投入,解决防治和康复能力不足等突出问题,促进了我国精神卫生事业的发展。

三、精神卫生工作的方针、原则和管理机制

（一）精神卫生工作的方针和原则

精神卫生工作实行预防为主的方针,坚持预防、治疗和康复相结合的原则。预防是精神卫生工作中非常重要的一环,通过积极有效的预防,可以减少精神障碍的发生,促进全民的心理健康。除了预防为主的方针外,对于已经患有精神障碍的患者来说,及时的治疗和有效的康复就显得极为重要。预防、治疗和康复是"全面治疗"三个不可分割的组成部分。大部分精神障碍是慢性疾病,并有可能导致某种程度的残疾。因此,精神障碍需要坚持预防、治疗和康复相结合的原则,三个方面都要重视。

（二）精神卫生工作的管理机制

精神卫生工作实行政府组织领导、部门各负其责、家庭和单位尽力尽责、全社会共同参与的综合管理机制。

1. 政府组织领导

县级以上人民政府领导精神卫生工作,将其纳入国民经济和社会发展规划,建设和完善精神障碍的预防、治疗和康复服务体系,建立健全精神卫生工作协调机制和工作责任制,对有关部门承担的精神卫生工作进行考核、监督。

乡镇人民政府和街道办事处根据本地区的实际情况,组织开展预防精神障碍发生、促进精神障碍患者康复等工作。

2. 部门各负其责

国务院卫生行政部门主管全国的精神卫生工作。县级以上地方人民政府卫生行政部门主管本行政区域的精神卫生工作。

县级以上人民政府司法行政、民政、公安、教育、人力资源和社会保障等部门在各自职责范围内负责有关的精神卫生工作。同时,要注意各部门之间的相互配合,既要有分工,又要有合作。

3. 家庭和单位尽力尽责

精神障碍患者的监护人应当履行监护职责,维护精神障碍患者的合法权益,禁止对精神障碍患者实施家庭暴力,禁止遗弃精神障碍患者。学校、医疗机构、用人单位等在精神卫生

工作中都应依法承担起相应的职责。

4.全社会共同参与

做好精神卫生工作,需要全社会的共同参与。精神卫生法规定,中国残疾人联合会及其地方组织依照法律、法规或者接受政府委托,动员社会力量,开展精神卫生工作。村民委员会、居民委员会依照本法的规定开展精神卫生工作,并对所在地人民政府开展的精神卫生工作予以协助。国家鼓励和支持工会、共产主义青年团、妇女联合会、红十字会、科学技术协会等团体依法开展精神卫生工作。

各级人民政府和县级以上人民政府有关部门应当采取措施,鼓励和支持组织、个人提供精神卫生志愿服务,捐助精神卫生事业,兴建精神卫生公益设施。对在精神卫生工作中作出突出贡献的组织、个人,按照国家有关规定给予表彰、奖励。

第二节　精神障碍患者的权利及其保护

精神障碍患者属于社会上的弱势群体,一方面因为罹患精神疾病而身心遭受痛苦,另一方面也因为精神疾病而受到社会上一些人的歧视,给正常的生活、学习、工作等造成影响。因此,我们需要对精神障碍患者的合法权益给予特别保护。精神卫生法规定了精神障碍患者享有物质、精神等各方面的权利,这体现了法律对社会弱势群体的权益维护,也彰显了社会的文明和进步。

一、精神障碍患者的人格尊严、人身和财产安全不受侵犯

人格尊严、人身和财产安全既是公民的宪法权利,也是公民的民事权利。对于精神障碍患者来说,依法维护他们的人格尊严、人身和财产安全不受侵犯具有更为重要的意义。由于社会上歧视和偏见的存在,精神障碍患者的人格尊严有时得不到应有的尊重;同时,由于一些监护人没有履行好监护职责,往往导致患者的人身安全、财产安全受到侵犯。为了有效保护精神障碍患者的人身权益和财产权益,精神卫生法明确规定全社会应当尊重、理解、关爱精神障碍患者,任何组织或者个人不得歧视、侮辱、虐待精神障碍患者,不得非法限制精神障碍患者的人身自由;新闻报道和文学艺术作品等不得含有歧视、侮辱精神障碍患者的内容。同时,精神卫生法对侵害精神障碍患者人身权益、财产权益的违法行为规定了相应的责任。

二、精神障碍患者的教育、劳动、医疗以及从国家和社会获得物质帮助等方面的合法权益受法律保护

(一)教育权、劳动权

精神卫生法对患者这几项权利的保护,都规定了具体内容。在维护患者教育权、劳动权方面,本法规定县级以上地方人民政府及其有关部门应当采取有效措施,保证患有精神障碍的适龄儿童、少年接受义务教育,扶持有劳动能力的精神障碍患者从事力所能及的劳动,并为已经康复的人员提供就业服务。国家对安排精神障碍患者就业的用人单位依法给予税收优惠,并在生产、经营、技术、资金、物资、场地等方面给予扶持。

（二）医疗权

在维护患者医疗权方面,法律规定医疗机构应当配备适宜的设施、设备,保护就诊和住院治疗的精神障碍患者的人身安全,防止其受到伤害,并为住院患者创造尽可能接近正常生活的环境和条件。医疗机构接到送诊的疑似精神障碍患者,不得拒绝为其作出诊断;不得因就诊者是精神障碍患者,推诿或者拒绝为其治疗属于本医疗机构诊疗范围的其他疾病。医疗机构及其医务人员应当将患者在诊疗过程中享有的权利和治疗方案、方法、目的及可能产生的后果告知患者。监狱、强制隔离戒毒所等场所应当采取措施,保证患有精神障碍的服刑人员、强制隔离戒毒人员等获得治疗。

（三）获得物质帮助权

县级以上人民政府卫生行政部门应当组织医疗机构为严重精神障碍患者免费提供基本公共卫生服务。精神障碍患者的医疗费用按照国家有关社会保险的规定由基本医疗保险基金支付。医疗保险经办机构应当按照国家有关规定将精神障碍患者纳入城镇职工基本医疗保险、城镇居民基本医疗保险或者新型农村合作医疗的保障范围。县级人民政府应当按照国家有关规定对家庭经济困难的严重精神障碍患者参加基本医疗保险给予资助。人力资源和社会保障、卫生、民政、财政等部门应当加强协调,简化程序,实现属于基本医疗保险基金支付的医疗费用由医疗机构与医疗保险经办机构直接结算。精神障碍患者通过基本医疗保险支付医疗费用后仍有困难,或者不能通过基本医疗保险支付医疗费用的,民政部门应当优先给予医疗救助。对符合城乡最低生活保障条件的严重精神障碍患者,民政部门应当会同有关部门及时将其纳入最低生活保障。对属于农村五保供养对象的严重精神障碍患者,以及城市中无劳动能力、无生活来源且无法定赡养、抚养、扶养义务人,或者其法定赡养、抚养、扶养义务人无赡养、抚养、扶养能力的严重精神障碍患者,民政部门应当按照国家有关规定予以供养、救助。除此以外的严重精神障碍患者确有困难的,民政部门可以采取临时救助等措施,帮助其解决生活困难。

三、精神障碍患者的隐私权受法律保护

为了保护精神障碍患者的隐私,防止与患者病情有关的信息由于非法外泄而给患者的正常生活、工作、就医等造成不必要的干扰,精神卫生法明确规定有关单位和个人应当对精神障碍患者的姓名、肖像、住址、工作单位、病历资料以及其他可能推断出其身份的信息予以保密;但是,依法履行职责需要公开的除外。

四、精神障碍患者有通讯和会见探访者等权利

医疗机构及其医务人员应当尊重住院精神障碍患者的通讯和会见探访者等权利。除在急性发病期或者为了避免妨碍治疗可以暂时性限制外,不得限制患者的通讯和会见探访者等权利。

赋予住院的精神障碍患者像其他人一样享有完全的通讯、会见的自由权利尤为重要。一方面可以维护患者本人的利益,减少住院患者因住院治疗对其正常生活的影响;另一方面有利于规范医务人员的护理、治疗行为;同时也有利于外界对医务人员的护理治疗行为予以监督。

五、精神障碍患者有查阅、复制病历资料的权利

患者及其监护人可以查阅、复制病历资料;但是,患者查阅、复制病历资料可能对其治疗产生不利影响的除外。在诊疗活动中产生的病历资料,必须在公平、合理的限度内保障患者一方的查阅和复制权利。关于对患者该项权利的保障,我国的《侵权责任法》《医疗事故处理条例》等相关法律、法规也有明确规定。

六、精神障碍患者有申请救济的权利

精神卫生法规定,对有危害他人安全行为或者危险的严重患者实施住院治疗,患者或者其监护人对需要住院治疗的诊断结论有异议的,可以要求再次诊断;对再次诊断结论有异议的,可以自主委托依法取得执业资质的鉴定机构进行精神障碍医学鉴定。为保障患者的司法救济权利,还明确患者或者其监护人、近亲属认为有关单位和个人侵害患者合法权益的,可以依法提起诉讼。

第三节　心理健康促进和精神障碍预防

精神卫生工作重在预防,很多精神障碍的发病原因是清楚的,通过必要的预防措施,能使精神障碍不发生、少发生以及减轻危害。精神卫生法大力加强精神障碍预防工作,明确政府及有关部门、用人单位、学校等的责任,增强公众心理健康意识,减少精神障碍的发生。

一、各级政府以及相关部门的职责

各级人民政府和县级以上人民政府有关部门应当采取措施,加强心理健康促进和精神障碍预防工作,提高公众心理健康水平。

各级人民政府和县级以上人民政府有关部门制定的突发事件应急预案,应当包括心理援助的内容。发生突发事件,履行统一领导职责或者组织处置突发事件的人民政府应当根据突发事件的具体情况,按照应急预案的规定,组织开展心理援助工作。县级以上地方人民政府人力资源和社会保障、教育、卫生、司法行政、公安等部门应当在各自职责范围内分别对本法规定的单位履行精神障碍预防义务的情况进行督促和指导。

国务院卫生行政部门建立精神卫生监测网络,实行严重精神障碍发病报告制度,组织开展精神障碍发生状况、发展趋势等的监测和专题调查工作。精神卫生监测和严重精神障碍发病报告管理办法,由国务院卫生行政部门制定。国务院卫生行政部门应当会同有关部门、组织,建立精神卫生工作信息共享机制,实现信息互联互通、交流共享。

二、用人单位的义务

用人单位作为职工活动的主要场所,工作环境是影响职工心理健康的重要因素。用人单位应通过日常管理和教育工作,来促进职工心理健康和预防职工精神障碍,应当创造有益于职工身心健康的工作环境,关注职工的心理健康;对处于职业发展特定时期或者在特殊岗

位工作的职工,应当有针对性地开展心理健康教育。

三、学校的义务

目前,儿童和青少年心理行为问题已逐渐成为突出问题之一。在学校开展心理健康教育、普及精神卫生知识,是开展精神卫生预防工作的重要环节,不仅可以对广大学生有针对性地做好精神卫生预防工作,也可以通过学生对学生家庭乃至整个社会产生积极影响,加大社会对精神卫生的普及度和重视程度,从长远看切实做好这项工作有利于打牢精神卫生工作的社会基础。

法律规定,各级各类学校应当对学生进行精神卫生知识教育;配备或者聘请心理健康教育教师、辅导人员,并可以设立心理健康辅导室,对学生进行心理健康教育。学前教育机构应当对幼儿开展符合其特点的心理健康教育。发生自然灾害、意外伤害、公共安全事件等可能影响学生心理健康的事件,学校应当及时组织专业人员对学生进行心理援助。教师应当学习和了解相关的精神卫生知识,关注学生心理健康状况,正确引导、激励学生。地方各级人民政府教育行政部门和学校应当重视教师心理健康。学校和教师应当与学生父母或者其他监护人、近亲属沟通学生心理健康情况。

四、医务人员的义务

加强医疗环节的心理健康指导,是精神卫生预防工作的重要组成部分。实践中,医疗环节既是产生精神障碍的诱因之一,也是发现精神障碍苗头,尽早开展精神卫生预防工作的重要途径。医务人员开展疾病诊疗服务,应当按照诊断标准和治疗规范的要求,对就诊者进行心理健康指导;发现就诊者可能患有精神障碍的,应当建议其到符合本法规定的医疗机构就诊。

五、监狱等场所的义务

为了缓解被监管人员的心理压力,同时也为了维护正常的监所秩序,由羁押、管教机关对被监管人员开展精神卫生知识宣传,以及在必要时提供心理咨询的制度,是十分必要的。监狱、看守所、拘留所、强制隔离戒毒所等场所,应当对服刑人员,被依法拘留、逮捕、强制隔离戒毒的人员等,开展精神卫生知识宣传,关注其心理健康状况,必要时提供心理咨询和心理辅导。

六、基层群众性自治组织的义务

村民委员会、居民委员会应当协助所在地人民政府及其有关部门开展社区心理健康指导、精神卫生知识宣传教育活动,创建有益于居民身心健康的社区环境。乡镇卫生院或者社区卫生服务机构应当为村民委员会、居民委员会开展社区心理健康指导、精神卫生知识宣传教育活动提供技术指导。

七、家庭的义务

家庭和谐是预防精神障碍发生的基础。家庭成员之间应当相互关爱,创造良好、和睦的家庭环境,提高精神障碍预防意识;发现家庭成员可能患有精神障碍的,应当帮助其及时就诊,照顾其生活,做好看护管理。

八、其他社会组织及人员的义务

新闻媒体及其他社会组织应做好精神卫生的宣传工作。国家鼓励和支持新闻媒体、社会组织开展精神卫生的公益性宣传,普及精神卫生知识,引导公众关注心理健康,预防精神障碍的发生。

心理咨询对精神障碍的预防起着十分重要的作用。对于心理咨询人员,法律规定:心理咨询人员应当提高业务素质,遵守执业规范,为社会公众提供专业化的心理咨询服务;心理咨询人员不得从事心理治疗或者精神障碍的诊断、治疗;心理咨询人员发现接受咨询的人员可能患有精神障碍的,应当建议其到符合本法规定的医疗机构就诊;心理咨询人员应当尊重接受咨询人员的隐私,并为其保守秘密。

第四节　精神障碍的诊断和治疗

一、精神障碍诊疗活动的原则及开展条件

(一)精神障碍诊疗活动的原则

精神障碍的诊断、治疗,应当遵循维护患者合法权益、尊重患者人格尊严的原则,保障患者在现有条件下获得良好的精神卫生服务。

(二)开展精神障碍诊疗活动的条件

开展精神障碍诊断、治疗活动,应当具备下列条件,并依照医疗机构的管理规定办理有关手续:

1. 有与从事的精神障碍诊断、治疗相适应的精神科执业医师、护士;

2. 有满足开展精神障碍诊断、治疗需要的设施和设备;

3. 有完善的精神障碍诊断、治疗管理制度和质量监控制度。

从事精神障碍诊断、治疗的专科医疗机构还应当配备从事心理治疗的人员。

二、疑似精神障碍患者的送诊

送诊是进行精神障碍诊断、治疗的第一步,是极为关键的一个环节,既要保证需要到医疗机构进行精神障碍诊断的疑似精神障碍患者及时就诊,又要保证送诊程序不被滥用,防止侵害公民合法权益。为此,法律对送诊的主体、条件做了严格规定。

(一)一般情况下的送诊

除个人自行到医疗机构进行精神障碍诊断外,疑似精神障碍患者的近亲属可以将其送往医疗机构进行精神障碍诊断。对查找不到近亲属的流浪乞讨疑似精神障碍患者,由当地民政等有关部门按照职责分工,帮助送往医疗机构进行精神障碍诊断。

(二)紧急情况下的送诊

疑似精神障碍患者发生伤害自身、危害他人安全的行为,或者有伤害自身、危害他人安

全的危险的,其近亲属、所在单位、当地公安机关应当立即采取措施予以制止,并将其送往医疗机构进行精神障碍诊断。

三、精神障碍诊断和鉴定

(一)诊断的一般规定

精神障碍的诊断应当以精神健康状况为依据,由精神科执业医师作出。除法律另有规定外,不得违背本人意志进行确定其是否患有精神障碍的医学检查。发生伤害自身、危害他人安全的行为,或者有伤害自身、危害他人安全的危险的疑似精神障碍患者被送诊的,医疗机构应当将其留院,立即指派精神科执业医师进行诊断,并及时出具诊断结论。

(二)再次诊断的规定

1. 再次诊断的提出

精神障碍患者已经发生危害他人安全的行为,或者有危害他人安全的危险的,患者或者其监护人对需要住院治疗的诊断结论有异议,不同意对患者实施住院治疗的,可以要求再次诊断。要求再次诊断的,应当自收到诊断结论之日起三日内向原医疗机构或者其他具有合法资质的医疗机构提出。

2. 再次诊断的要求

承担再次诊断的医疗机构应当在接到再次诊断要求后指派二名初次诊断医师以外的精神科执业医师进行再次诊断,并及时出具再次诊断结论。承担再次诊断的执业医师应当到收治患者的医疗机构面见、询问患者,该医疗机构应当予以配合。

(三)精神障碍医学鉴定

1. 鉴定的申请和公示

对再次诊断结论有异议的,患者或者其监护人可以自主委托依法取得执业资质的鉴定机构进行精神障碍医学鉴定。

医疗机构应当公示经公告的鉴定机构名单和联系方式。

2. 鉴定机构

接受委托的鉴定机构应当指定本机构具有该鉴定事项执业资格的二名以上鉴定人共同进行鉴定,并及时出具鉴定报告。

3. 实施鉴定

鉴定人应当到收治精神障碍患者的医疗机构面见、询问患者,该医疗机构应当予以配合。鉴定机构、鉴定人应当遵守有关法律、法规、规章的规定,尊重科学,恪守职业道德,按照精神障碍鉴定的实施程序、技术方法和操作规范,依法独立进行鉴定,出具客观、公正的鉴定报告。鉴定人应当对鉴定过程进行实时记录并签名。记录的内容应当真实、客观、准确、完整,记录的文本或者声像载体应当妥善保存。

4. 回避制度

鉴定人本人或者其近亲属与鉴定事项有利害关系,可能影响其独立、客观、公正进行鉴定的,应当回避。

四、精神障碍患者住院规定

（一）住院治疗的原则

精神障碍的住院治疗与其他疾病的住院治疗一样，原则上都要根据患者的意愿进行，实行自愿原则。除法律另有规定的外，患者不同意住院治疗的，医疗机构不得对患者实施住院治疗。

（二）非自愿住院治疗的条件

本法在规定精神障碍的住院治疗实行自愿原则的同时，也对一些严重精神障碍患者规定了非自愿住院治疗制度，以保证需要住院治疗的患者得到及时的住院治疗，维护患者健康和他人安全。同时，为了保证公民的合法权益不因滥用非自愿住院治疗措施而受到侵害，法律严格设定了非自愿住院治疗的条件，即诊断结论、病情评估表明，就诊者为严重精神障碍患者并有下列情形之一的，应当对其实施住院治疗：

1. 已经发生伤害自身的行为，或者有伤害自身的危险的；

2. 已经发生危害他人安全的行为，或者有危害他人安全的危险的。

（三）有伤害自身行为或危险的患者的住院治疗的规定

精神障碍患者已经发生伤害自身的行为，或者有伤害自身的危险的，经其监护人同意，医疗机构应当对患者实施住院治疗；监护人不同意的，医疗机构不得对患者实施住院治疗。监护人应当对在家居住的患者做好看护管理。

（四）经过再次诊断或者鉴定后患者的住院治疗的规定

如果精神障碍患者经过再次诊断或者鉴定的，再次诊断结论或者鉴定报告表明，不能确定就诊者为严重精神障碍患者，或者患者不需要住院治疗的，医疗机构不得对其实施住院治疗。如果再次诊断结论或者鉴定报告表明，精神障碍患者已经发生危害他人安全的行为，或者有危害他人安全的危险的，其监护人应当同意对患者实施住院治疗。监护人阻碍实施住院治疗或者患者擅自脱离住院治疗的，可以由公安机关协助医疗机构采取措施对患者实施住院治疗。在相关机构出具再次诊断结论、鉴定报告前，收治精神障碍患者的医疗机构应当按照诊疗规范的要求对患者实施住院治疗。

（五）住院手续的办理

诊断结论表明需要住院治疗的精神障碍患者，本人没有能力办理住院手续的，由其监护人办理住院手续；患者属于查找不到监护人的流浪乞讨人员的，由送诊的有关部门办理住院手续。

精神障碍患者已经发生危害他人安全的行为，或者有危害他人安全的危险的，其监护人不办理住院手续的，由患者所在单位、村民委员会或者居民委员会办理住院手续，并由医疗机构在患者病历中予以记录。

五、精神障碍的治疗

（一）医疗机构及其医务人员的告知义务

医疗机构及其医务人员应当将精神障碍患者在诊断、治疗过程中享有的权利，告知患者或者其监护人；应当向精神障碍患者或者其监护人告知治疗方案和治疗方法、目的以及可能产生的后果；实施保护性医疗措施后要告知患者的监护人；医疗机构及其医务人员应当在病历资料中如实记录精神障碍患者的病情、治疗措施、用药情况、实施约束、隔离措施等内容，并如实告知患者或者其监护人。

医疗机构对精神障碍患者实施下列治疗措施，应当向患者或者其监护人告知医疗风险、替代医疗方案等情况，并取得患者的书面同意；无法取得患者意见的，应当取得其监护人的书面同意，并经本医疗机构伦理委员会批准：(1)导致人体器官丧失功能的外科手术；(2)与精神障碍治疗有关的实验性临床医疗。

（二）精神障碍治疗的具体规定

医疗机构及其医务人员应当遵循精神障碍诊断标准和治疗规范，制定治疗方案。精神障碍患者在医疗机构内发生或者将要发生伤害自身、危害他人安全、扰乱医疗秩序的行为，医疗机构及其医务人员在没有其他可替代措施的情况下，可以实施约束、隔离等保护性医疗措施。实施保护性医疗措施应当遵循诊断标准和治疗规范，禁止利用约束、隔离等保护性医疗措施惩罚精神障碍患者。

对精神障碍患者使用药物，应当以诊断和治疗为目的，使用安全、有效的药物，不得为诊断或者治疗以外的目的使用药物。医疗机构不得强迫精神障碍患者从事生产劳动。

对于已经发生伤害自身的行为或者有伤害自身的危险的，以及已经发生危害他人安全的行为或者有危害他人安全的危险的这两种情形下的精神障碍患者，禁止对其实施以治疗精神障碍为目的的外科手术。医疗机构对精神障碍患者实施导致人体器官丧失功能的外科手术，因情况紧急查找不到监护人的，应当取得本医疗机构负责人和伦理委员会批准。禁止对精神障碍患者实施与治疗其精神障碍无关的实验性临床医疗。

心理治疗活动应当在医疗机构内开展。专门从事心理治疗的人员不得从事精神障碍的诊断，不得为精神障碍患者开具处方或者提供外科治疗。心理治疗的技术规范由国务院卫生行政部门制定。

六、精神障碍患者出院规定

自愿住院治疗的精神障碍患者可以随时要求出院，医疗机构应当同意。对已经发生伤害自身的行为，或者有伤害自身的危险的精神障碍患者实施住院治疗的，监护人可以随时要求患者出院，医疗机构应当同意。医疗机构认为上述两种精神障碍患者不宜出院的，应当告知不宜出院的理由；患者或者其监护人仍要求出院的，执业医师应当在病历资料中详细记录告知的过程，同时提出出院后的医学建议，患者或者其监护人应当签字确认。

对已经发生危害他人安全的行为，或者有危害他人安全的危险的精神障碍患者实施住院治疗，医疗机构认为患者可以出院的，应当立即告知患者及其监护人。

医疗机构应当根据精神障碍患者病情，及时组织精神科执业医师对已经发生伤害自身的行为或者有伤害自身的危险的，以及已经发生危害他人安全的行为，或者有危害他人安全的危险的这两种实施住院治疗的患者进行检查评估。评估结果表明患者不需要继续住院治疗的，医疗机构应当立即通知患者及其监护人。

精神障碍患者出院，本人没有能力办理出院手续的，监护人应当为其办理出院手续。

七、未住院精神障碍患者的看护

精神障碍患者的监护人应当妥善看护未住院治疗的患者，按照医嘱督促其按时服药、接受随访或者治疗。村民委员会、居民委员会、患者所在单位等应当依患者或者其监护人的请求，对监护人看护患者提供必要的帮助。

八、卫生行政部门的职责

县级以上地方人民政府卫生行政部门应当定期就下列事项对本行政区域内从事精神障碍诊断、治疗的医疗机构进行检查：

1. 相关人员、设施、设备是否符合本法要求；
2. 诊疗行为是否符合本法以及诊断标准、治疗规范的规定；
3. 对精神障碍患者实施住院治疗的程序是否符合本法规定；
4. 是否依法维护精神障碍患者的合法权益。

县级以上地方人民政府卫生行政部门进行上述检查，应当听取精神障碍患者及其监护人的意见；发现存在违反本法行为的，应当立即制止或者责令改正，并依法作出处理。

第五节　精神障碍的康复

康复是精神障碍患者最终摆脱疾病、走向健康的重要环节。精神障碍的康复工作需要社会各界团体的共同努力。精神卫生法对各部门在康复工作方面承担的义务作出了详细的规定。

一、社区康复机构的义务

社区康复机构应当为需要康复的精神障碍患者提供场所和条件，对患者进行生活自理能力和社会适应能力等方面的康复训练。

二、医疗机构的义务

医疗机构应当为在家居住的严重精神障碍患者提供精神科基本药物维持治疗，并为社区康复机构提供有关精神障碍康复的技术指导和支持。

社区卫生服务机构、乡镇卫生院、村卫生室应当建立严重精神障碍患者的健康档案，对在家居住的严重精神障碍患者进行定期随访，指导患者服药和开展康复训练，并对患者的监护人进行精神卫生知识和看护知识的培训。县级人民政府卫生行政部门应当为社区卫生服务机构、乡镇卫生院、村卫生室开展上述工作给予指导和培训。

三、基层群众性自治组织的义务

村民委员会、居民委员会应当为生活困难的精神障碍患者家庭提供帮助，并向所在地乡镇人民政府或者街道办事处以及县级人民政府有关部门反映患者及其家庭的情况和要求，帮助其解决实际困难，为患者融入社会创造条件。

四、残疾人组织的义务

残疾人组织或者残疾人康复机构应当根据精神障碍患者康复的需要,组织患者参加康复活动。

五、用人单位的义务

用人单位应当根据精神障碍患者的实际情况,安排患者从事力所能及的工作,保障患者享有同等待遇,安排患者参加必要的职业技能培训,提高患者的就业能力,为患者创造适宜的工作环境,对患者在工作中取得的成绩予以鼓励。

六、监护人的义务

精神障碍患者的监护人应当协助患者进行生活自理能力和社会适应能力等方面的康复训练。精神障碍患者的监护人在看护患者过程中需要技术指导的,社区卫生服务机构或者乡镇卫生院、村卫生室、社区康复机构应当提供。

第六节 保障措施

一、政府及各单位的职责

（一）政府及各部门的职责

1. 国家和各级政府的职责

国家加强基层精神卫生服务体系建设,扶持贫困地区、边远地区的精神卫生工作,保障城市社区、农村基层精神卫生工作所需经费。

省、自治区、直辖市人民政府根据本行政区域的实际情况,统筹规划,整合资源,建设和完善精神卫生服务体系,加强精神障碍预防、治疗和康复服务能力建设。县级人民政府根据本行政区域的实际情况,统筹规划,建立精神障碍患者社区康复机构。县级以上地方人民政府应当采取措施,鼓励和支持社会力量举办从事精神障碍诊断、治疗的医疗机构和精神障碍患者康复机构。

各级人民政府应当根据精神卫生工作需要,加大财政投入力度,保障精神卫生工作所需经费,将精神卫生工作经费列入本级财政预算。

2. 相关部门的职责

县级以上人民政府卫生行政部门会同有关部门依据国民经济和社会发展规划的要求,制定精神卫生工作规划并组织实施。精神卫生监测和专题调查结果应当作为制定精神卫生工作规划的依据。县级以上人民政府卫生行政部门应当组织医务人员进行精神卫生知识培训,提高其识别精神障碍的能力。

县级以上人民政府教育行政部门对教师进行上岗前和在岗培训,应当有精神卫生的内容,并定期组织心理健康教育教师、辅导人员进行专业培训。

（二）学校的责任

医学院校应当加强精神医学的教学和研究，按照精神卫生工作的实际需要培养精神医学专门人才，为精神卫生工作提供人才保障。师范院校应当为学生开设精神卫生课程；医学院校应当为非精神医学专业的学生开设精神卫生课程。

（三）医疗机构的责任

综合性医疗机构应当按照国务院卫生行政部门的规定开设精神科门诊或者心理治疗门诊，提高精神障碍预防、诊断、治疗能力。医疗机构应当组织医务人员学习精神卫生知识和相关法律、法规、政策。从事精神障碍诊断、治疗、康复的机构应当定期组织医务人员、工作人员进行在岗培训，更新精神卫生知识。

（四）其他组织和个人的责任

做好精神障碍的预防、治疗和康复工作，不仅需要各级政府及其有关部门发挥主导作用和家庭承担应有的扶助义务，还需要积极发挥社会组织和个人的力量。这些组织和个人与群众密切联系，贴近基层生活，在服务特定人群方面有着得天独厚的优势，也负有相应职责，应当充分发挥好这些团体在精神卫生工作方面的作用。

二、精神卫生工作人员权利保障

精神卫生工作人员的人格尊严、人身安全不受侵犯，精神卫生工作人员依法履行职责受法律保护。全社会应当尊重精神卫生工作人员。县级以上人民政府及其有关部门、医疗机构、康复机构应当采取措施，加强对精神卫生工作人员的职业保护，提高精神卫生工作人员的待遇水平，并按照规定给予适当的津贴。精神卫生工作人员因工致伤、致残、死亡的，其工伤待遇以及抚恤按照国家有关规定执行。

第七节　法律责任

一、行政责任

（一）卫生部门的行政责任

县级以上人民政府卫生行政部门和其他有关部门未依照《精神卫生法》（以下简称"本法"）规定履行精神卫生工作职责，或者滥用职权、玩忽职守、徇私舞弊的，由本级人民政府或者上一级人民政府有关部门责令改正，通报批评，对直接负责的主管人员和其他直接责任人员依法给予警告、记过或者记大过的处分；造成严重后果的，给予降级、撤职或者开除的处分。

（二）医疗机构及医务人员的行政责任

不符合本法规定条件的医疗机构擅自从事精神障碍诊断、治疗的，由县级以上人民政府卫生行政部门责令停止相关诊疗活动，给予警告，并处五千元以上一万元以下罚款，有违法所得的，没收违法所得；对直接负责的主管人员和其他直接责任人员依法给予或者责令给予降低岗位等级或者撤职、开除的处分；对有关医务人员，吊销其执业证书。

医疗机构及其工作人员有下列行为之一的，由县级以上人民政府卫生行政部门责令改正,给予警告;情节严重的,对直接负责的主管人员和其他直接责任人员依法给予或者责令给予降低岗位等级或者撤职、开除的处分,并可以责令有关医务人员暂停一个月以上六个月以下执业活动:

1. 拒绝对送诊的疑似精神障碍患者作出诊断的;

2. 对已经发生伤害自身的行为或者有伤害自身的危险的,以及已经发生危害他人安全的行为或者有危害他人安全的危险的实施住院治疗的患者未及时进行检查评估或者未根据评估结果作出处理的。

医疗机构及其工作人员有下列行为之一的,由县级以上人民政府卫生行政部门责令改正,对直接负责的主管人员和其他直接责任人员依法给予或者责令给予降低岗位等级或者撤职的处分;对有关医务人员,暂停六个月以上一年以下执业活动;情节严重的,给予或者责令给予开除的处分,并吊销有关医务人员的执业证书:

1. 违反本法规定实施约束、隔离等保护性医疗措施的;

2. 违反本法规定,强迫精神障碍患者劳动的;

3. 违反本法规定,对精神障碍患者实施外科手术或者实验性临床医疗的;

4. 违反本法规定,侵害精神障碍患者的通讯和会见探访者等权利的;

5. 违反精神障碍诊断标准,将非精神障碍患者诊断为精神障碍患者的。

（三）心理咨询人员、心理治疗人员的行政责任

有下列情形之一的,由县级以上人民政府卫生行政部门、工商行政管理部门依据各自职责责令改正,给予警告,并处五千元以上一万元以下罚款,有违法所得的,没收违法所得;造成严重后果的,责令暂停六个月以上一年以下执业活动,直至吊销执业证书或者营业执照:

1. 心理咨询人员从事心理治疗或者精神障碍的诊断、治疗的;

2. 从事心理治疗的人员在医疗机构以外开展心理治疗活动的;

3. 专门从事心理治疗的人员从事精神障碍的诊断的;

4. 专门从事心理治疗的人员为精神障碍患者开具处方或者提供外科治疗的。

（四）其他单位及人员的行政责任

有关单位和个人违反本法规定,侵犯精神障碍患者隐私,给患者造成损害的,对单位直接负责的主管人员和其他直接责任人员,应当依法给予处分。

在精神障碍的诊断、治疗、鉴定过程中,寻衅滋事,阻挠有关工作人员依照本法的规定履行职责,扰乱医疗机构、鉴定机构工作秩序的,依法给予治安管理处罚。违反本法规定,有其他构成违反治安管理行为的,依法给予治安管理处罚。

二、民事责任

心理咨询人员、专门从事心理治疗的人员在心理咨询、心理治疗活动中造成他人人身、财产或者其他损害的,依法承担民事责任。

违反本法规定,有下列情形之一,给精神障碍患者或者其他公民造成人身、财产或者其他损害的,依法承担赔偿责任:

1. 将非精神障碍患者故意作为精神障碍患者送入医疗机构治疗的;

2. 精神障碍患者的监护人遗弃患者,或者有不履行监护职责的其他情形的;

3. 歧视、侮辱、虐待精神障碍患者,侵害患者的人格尊严、人身安全的;

4.非法限制精神障碍患者人身自由的；

5.其他侵害精神障碍患者合法权益的情形。

医疗机构出具的诊断结论表明精神障碍患者应当住院治疗而其监护人拒绝，致使患者造成他人人身、财产损害的，或者患者有其他造成他人人身、财产损害情形的，其监护人依法承担民事责任。

有关单位和个人违反本法规定，侵犯精神障碍患者隐私，给患者造成损害的，依法承担赔偿责任。

此外，本法规定，违反该法规定构成犯罪的，依法追究刑事责任。

【思考题】

1.精神卫生和精神障碍的含义是什么？

2.精神卫生法对精神障碍的诊断、治疗有哪些具体规定？

3.有关部门和人员在精神障碍预防、诊疗和康复中的义务有哪些？

第十一章 血液管理法律制度

【学习目的】

掌握无偿献血制度、采血要求、供血要求、医疗机构用血要求;熟悉临床用血申请、临床输血治疗知情同意书、临时采集血液的法律规定;了解临床用血医学文书管理以及法律责任的规定。

【案情导引】

案例1:李某得知2015年8月20日在上海市某区某街道党员活动中心有献血活动后,通知被告人张某,由张某联系被告人王某通过网络发布有偿献血信息,招募卖血者,欲分别从中抽头牟利。20日上午,李某、张某、王某共同组织多名卖血者至上述地点出卖血液。

问题:

根据我国血液管理法律制度,李某、张某、王某可以组织卖血吗?

案例2:某市卫计委接市中心血站反映,该市甲医院使用来源不明的血液制品,并仿冒市中心血站标签。市卫计委、公安局对该院进行联合调查,发现此血液由市民张某提供给甲医院,且未经任何检验,存在严重的血液安全隐患。

问题:

甲医院可以使用张某提供的血液吗? 为什么?

第一节 概 述

血液管理法律制度是调整保证临床用血、血液制品的质量和安全、维护人民身体健康的活动中产生的各种社会关系的法律规范的总和。

人体的血液由血浆和悬浮于其中的血细胞两部分组成,包括全血、成分血、特殊血液成分等。由于医学科技水平的限制,目前,人们还不能生产、制造血液以及完全替代血液的物品,临床用血还只能靠公民献血来解决。血液制品,特指各种人血浆蛋白制品,以人血浆为原料加工而成。

临床用血、血液制品的质量和安全直接关系到公民的生命和健康。输注血液和血液制品的使用每年挽救全球数百万人的生命,而且能帮助罹患危及生命病症的患者延长生命并提高其生活质量,同时还能支持复杂的医疗和手术程序。输注血液和血液制品的使用在孕产妇和儿童卫生保健方面以及在天灾人祸中也具有挽救生命的重要作用。现阶段,一方面临床用血、血液制品需求总量较大,满足使用的压力较大;另一方面,以乙肝、丙肝、梅毒、艾滋病等为主的经血液途径传播的疾病对人体健康存在着巨大的安全风险。因此,十分有必要对临床用血、血液制品严格依法管理。

我国血液管理法律制度日臻完善。1996 年国务院发布《血液制品管理条例》,对经血液传播的疾病进行防控,同时对血液制品进行管理。1997 年 12 月 29 日第 8 届全国人民代表大会常务委员会第二十九次会议审议通过,1998 年 10 月 1 日起施行的《中华人民共和国献血法》(以下简称《献血法》)标志着我国血液工作开始进入全面依法管理的新阶段。国务院卫生行政部门先后颁发了《血站基本标准》、《脐带血造血干细胞库管理办法》、《单采血浆站基本标准》、《脐带血造血干细胞库设置规划》、《献血者健康检查要求》、《全血及成分血质量要求》、《血站管理办法》、《血站质量管理规范》、《血站实验室质量管理规范》、《单采血浆站质量管理规范》、《单采血浆站管理办法》、《脐带血造血干细胞治疗技术管理规范(试行)》、《单采血浆站技术操作规程(2011 版)》、《医疗机构临床用血管理办法》、《血站设置规划指导原则》、《血站技术操作规程(2015 版)》等一系列规章、规范和技术标准,各地人大及政府也制定了血液管理方面的地方性法规、规章,这些法律构成了符合我国国情、保障我国血液事业健康发展的血液管理法律制度。

血液管理法律制度的建立和实施,将我国临床用血、血液制品的质量和安全工作纳入到法制化轨道。

第二节　无偿献血的法律规定

一、无偿献血的概念

《献血法》规定,国家实行无偿献血制度。无偿献血是指向血站自愿、无报酬地提供自身血液的行为。

"无偿"是指献血者不从献血活动中收取任何报酬。《献血法》规定,对献血者,发给国务院卫生行政部门制作的无偿献血证书,有关单位可以给予适当补贴。"适当补贴"不可理解为高额补贴和其他变相补贴,应界定为少量、必要的误餐、交通费等费用,也不是必须补贴。1991 年红十字与红新月会国际联合会在布达佩斯通过了第 34 号决议,指出了无偿献血的涵义:"出于自愿无偿提供自身的血液、血浆或其他血液成份而不收任何报酬的人称为无偿献血者。无论是现金或礼品都可视为金钱的替代,包括休假旅游等,而小型纪念品和茶点,支付交通费则是合理的。"

2016 年,世卫组织在世界献血者日指出,定期、自愿无偿献血者是安全血液供应的基础,因为他们与较低的艾滋病毒和肝炎等通过输血传播的感染相联系,筛查输血传播的感染极其重要,但是最安全的献血来自最安全的献血者。同时,只有通过自愿无偿献血者的定期献血,才能确保血液的足够供应。世卫组织鼓励所有国家在完全自愿无偿献血基础上提供血液服务。目前仅有 62 个国家的全国血液供应近 100％出自自愿无偿献血,34 个国家的血液供应有 75％以上依然依赖于家庭献血者,甚至是有偿献血者。世卫组织的目标是各国到 2020 年实现所有供血均来自自愿无偿献血者。

为了纪念 ABO 血型系统的诺贝尔奖获得者卡尔·兰德斯坦纳的生日,世界卫生组织、红十字会与红新月会国际联合会、国际献血组织联合会、国际输血协会将 2004 年 6 月 14 日定为第一个世界献血者日。

2015 年,中国共有近 1320 万人次参加无偿献血,采血总量达到 2220 余万单位,约合 4440 吨,基本保障临床用血需求;献血率 2015 年约为 10 人/千人口,达到世界卫生组织推荐的标准。

二、无偿献血的主体

《献血法》规定,国家提倡 18 周岁至 55 周岁的健康公民自愿献血。

世界范围内大部分国家和地区规定的的献血(全血)年龄区间为 17 岁至 65 岁,年龄低限大部分是 16 或 17 岁,一般都需要监护人签字同意,年龄高限大部分是 65 岁,如加拿大规定年龄低限为 17 周岁,首次献血者应小于 61 岁,61—70 岁者,如果在近 2 年中至少献过一次血的,可献血。

18 周岁至 55 周岁的健康公民是我国无偿献血的主体,这是根据我国公民的身体素质和满足用血的需要等因素确立的。18 周岁是我国法定的完全民事行为能力人的年龄界限,无偿献血是公民自愿的行为,需要具备完全民事行为能力的人来决定。献血法规定 18 周岁为无偿献血的最低年龄,与我国其他法律规定一致。献血法并未禁止年龄超过 55 周岁的公民无偿献血。根据《献血者健康检查要求》(GB 18467—2011)规定,既往无献血反应、符合健康检查要求的多次献血者主动要求再次献血的,年龄可延长至 60 周岁。

《献血法》规定,国家鼓励国家工作人员、现役军人和高等学校在校学生率先献血,为树立社会新风尚作表率。

三、无偿献血的管理体制

《献血法》规定,无偿献血工作要求政府及其部门履行管理职责。

地方各级人民政府领导本行政区域内的献血工作,统一规划并负责组织、协调有关部门共同做好献血工作。县级以上各级人民政府卫生行政部门监督管理献血工作。各级红十字会依法参与、推动献血工作。

四、无偿献血的组织和实施

《献血法》规定,无偿献血工作的推动需要全社会的共同努力。

各级人民政府采取措施广泛宣传献血的意义,普及献血的科学知识,开展预防和控制经血液途径传播的疾病的教育。新闻媒介应当开展献血的社会公益性宣传。

国家机关、军队、社会团体、企业事业组织、居民委员会、村民委员会,应当动员和组织本单位或者本居住区的适龄公民参加献血。现役军人献血的动员和组织办法,由中国人民解放军卫生主管部门制定。

无偿献血的血液必须用于临床,不得买卖。血站、医疗机构不得将无偿献血者的血液出售给单采血浆站或者血液制品生产单位。

公民临床用血时,只交付用于血液采集、储存、分离、检验等费用;具体收费标准由国务院卫生行政部门会同国务院价格主管部门制定。无偿献血者临床需要用血时,免交前款规定的费用;无偿献血者的配偶和直系亲属临床需要用血时,可以按照省、自治区、直辖市人民政府的规定免交或者减交前述规定的费用。

各级人民政府和红十字会对积极参加献血和在献血工作中做出显著成绩的单位和个人,给予奖励。

第三节　血站管理的法律规定

为了确保血液安全,规范血站执业行为,促进血站的建设与发展,原卫生部发布了《血站管理办法》,自 2006 年 3 月 1 日起施行(2016 年修改),国家卫生计生委于 2013 年 5 月 2 日发布了《血站设置规划指导原则》。

一、血站的概念和分类

血站是指不以营利为目的,采集、提供临床用血的公益性卫生机构。

血站分为一般血站和特殊血站。一般血站包括血液中心、中心血站和中心血库。特殊血站包括脐带血造血干细胞库和国家卫生计生委根据医学发展需要批准、设置的其他类型血库。

二、血站的设置

血液中心、中心血站和中心血库由地方人民政府设立。血站的建设和发展纳入当地国民经济和社会发展计划。

血站的设置应当符合血站设置规划。国家卫生计生委根据全国医疗资源配置、临床用血需求,制定全国血站设置规划指导原则,并负责全国血站建设规划的指导。省、自治区、直辖市人民政府卫生计生行政部门应当结合本行政区域人口、医疗资源、临床用血需求等实际情况和当地区域卫生发展规划,制定本行政区域血站设置规划,报同级人民政府批准,并报国家卫生计生委备案。

血液中心应当设置在直辖市、省会市、自治区首府市。每个省级行政区域只设一个血液中心,一般设在直辖市或省会城市。

中心血站应当设置在设区的市。设区的市级人民政府所在城市,可规划设置一所相应规模的中心血站。直辖市、省会市、自治区首府市已经设置血液中心的,不再设置中心血站;尚未设置血液中心的,可以在已经设置的中心血站基础上加强能力建设,履行血液中心的职责。

中心血库应当设置在中心血站服务覆盖不到的县级综合医院内。在血液中心或中心血站难以覆盖的县(市),可以根据实际需要由省级卫生计生行政部门批准设置一所中心血库。

中心血库可以设置在当地县级综合医院内。

同一行政区域内不得重复设置血液中心、中心血站。血站与单采血浆站不得在同一县级行政区域内设置。

血站因采供血需要，在规定的服务区域内设置分支机构，应当报所在省级卫生计生行政部门批准；设置固定采血点(室)或者流动采血车的，应当报省级卫生计生行政部门备案。为保证辖区内临床用血需要，血站可以设置储血点储存血液。储血点应当具备必要的储存条件，并由省级卫生计生行政部门批准。

三、血站的职责

血液中心的主要职责是：(1)按照省级人民政府卫生计生行政部门的要求，在规定范围内开展无偿献血者的招募、血液的采集与制备、临床用血供应以及医疗用血的业务指导等工作；(2)承担所在省、自治区、直辖市血站的质量控制与评价；(3)承担所在省、自治区、直辖市血站的业务培训与技术指导；(4)承担所在省、自治区、直辖市血液的集中化检测任务；(5)开展血液相关的科研工作；(6)承担卫生计生行政部门交办的任务。血液中心应当具有较高综合质量评价的技术能力。

中心血站的主要职责是：(1)按照省级人民政府卫生计生行政部门的要求，在规定范围内开展无偿献血者的招募、血液的采集与制备、临床用血供应以及医疗用血的业务指导等工作；(2)承担供血区域范围内血液储存的质量控制；(3)对所在行政区域内的中心血库进行质量控制；(4)承担卫生计生行政部门交办的任务。直辖市、省会市、自治区首府市已经设置血液中心的，不再设置中心血站；尚未设置血液中心的，可以在已经设置的中心血站基础上加强能力建设，履行血液中心的职责。

中心血库的主要职责是，按照省级人民政府卫生计生行政部门的要求，在规定范围内开展无偿献血者的招募、血液的采集与制备、临床用血供应以及医疗用血业务指导等工作。

四、血站的执业登记

《献血法》规定，设立血站向公民采集血液，必须经国务院卫生行政部门或者省、自治区、直辖市人民政府卫生行政部门批准。

血站执业登记的申请。血站开展采供血活动，应当向所在省、自治区、直辖市人民政府卫生计生行政部门申请办理执业登记，取得《血站执业许可证》。没有取得《血站执业许可证》的，不得开展采供血活动。《血站执业许可证》有效期为三年。

有下列情形之一的，不予执业登记：(1)《血站质量管理规范》技术审查不合格的；(2)《血站实验室质量管理规范》技术审查不合格的；(3)血液质量检测结果不合格的。执业登记机关对审核不合格、不予执业登记的，将结果和理由以书面形式通知申请人。

再次执业登记与注销登记。《血站执业许可证》有效期满前三个月，血站应当办理再次执业登记，并提交《血站再次执业登记申请书》及《血站执业许可证》。省级人民政府卫生计生行政部门应当根据血站业务开展和监督检查情况进行审核，审核合格的，予以继续执业。未通过审核的，责令其限期整改；经整改仍审核不合格的，注销其《血站执业许可证》。未办理再次执业登记手续或者被注销《血站执业许可证》的血站，不得继续执业。根据规划予以撤销的血站,应当在撤销后十五日内向执业登记机关申请办理注销执业登记。逾期不办理的,由执业登记机关依程序予以注销,并收回《血站执业许可证》及其副本和全套印章。

五、血站的执业

（一）血站执业的一般要求

《献血法》规定,血站应当为献血者提供各种安全、卫生、便利的条件。

血站必须按照执业登记的项目、内容、范围,开展采供血业务,严格遵守有关法律、行政法规、规章和技术规范,应当根据医疗机构临床用血需求,制定血液采集、制备、供应计划,保障临床用血安全、及时、有效。

（二）献血者健康检查与身份核对

《献血法》规定,血站对献血者必须免费进行必要的健康检查;身体不符合献血条件的,血站应当向其说明情况,不得采集血液。

血站采血前应当对献血者身份进行核对并进行登记。严禁采集冒名顶替者的血液。献血者应当按照要求出示真实的身份证明。任何单位和个人不得组织冒名顶替者献血。

（三）血液采集

1. 遵循自愿、知情同意的原则并为献血者保密。血站采集血液应当遵循自愿和知情同意的原则,对献血者履行规定的告知义务,并为献血者保密。

2. 采血量和采血间隔期。《献血法》规定,血站对献血者每次采集血液量一般为200ml,最多不得超过400ml,两次采集间隔期不少于6个月。严格禁止血站违反规定对献血者超量频繁采集血液。

《献血者健康检查要求》(GB 18467—2011)对献血量及献血间隔作了具体规定。献血量:全血献血者每次可献全血400ml,或者300ml,或者200ml。单采血小板献血者:每次可献1个至2个治疗单位,或者1个治疗单位及不超过200ml血浆。全年血小板和血浆采集总量不超过10L。上述献血量均不包括血液检测留样的血量和保养液或抗凝剂的量。献血间隔:全血献血间隔不少于6个月。单采血小板献血间隔:不少于2周,不大于24次/年。因特殊配型需要,由医生批准,最短间隔时间不少于1周。单采血小板后与全血献血间隔:不少于4周。全血献血后与单采血小板献血间隔:不少于3个月。

3. 血站不得采集血液制品生产用原料血浆。

（四）全面质量管理

《献血法》规定,血站采集血液必须严格遵守有关规程和制度,确保献血者的身体健康,根据国务院卫生行政部门规定的标准,保证血液质量。

1. 遵守国家技术规范和标准。血站开展采供血业务应当实行全面质量管理,严格遵守《中国输血技术操作规程》、《血站质量管理规范》和《血站实验室质量规范》等技术规范和标准。

2. 建立健全规章制度。血站应当建立人员岗位责任制度和采供血管理相关工作制度,并定期检查、考核各项规章制度和各级各类人员岗位责任制的执行和落实情况。血站应当建立对有易感染经血液传播疾病危险行为的献血者献血后的报告工作程序、献血屏蔽和淘汰制度。

3. 使用合格工作人员。采血必须由具有采血资格的医务人员进行。血站应当对血站工作人员进行岗位培训与考核。血站工作人员应当符合岗位执业资格的规定,并经岗位培训与考核合格后方可上岗。血站工作人员每人每年应当接受不少于 75 学时的岗位继续教育。省级人民政府卫生计生行政部门应当制定血站工作人员培训标准或指南,并对血站开展的岗位培训、考核工作进行指导和监督。

4. 依法使用采血器物。一次性采血器材用后必须销毁。血站使用的药品、体外诊断试剂、一次性卫生器材应当符合国家有关规定。

5. 血液检测。血站对采集的血液必须进行检测;未经检测或检测不合格的血液,不得向医疗机构提供。血站应当保证所采集的血液由具有血液检测实验室资格的实验室进行检测。对检测不合格或者报废的血液,血站应当严格按照有关规定处理。

6. 预防和控制感染性疾病的传播。血站应当加强消毒、隔离工作管理,预防和控制感染性疾病的传播。血站产生的医疗废物应当按《医疗废物管理条例》规定处理,做好记录与签字,避免交叉感染。血站及其执行职务的人员发现法定传染病疫情时,应当按照《传染病防治法》和国家卫生计生委的规定向有关部门报告。

7. 记录和标本保存。血站各业务岗位工作记录应当内容真实、项目完整、格式规范、字迹清楚、记录及时,有操作者签名。记录内容需要更改时,应当保持原记录内容清晰可辨,注明更改内容、原因和日期,并在更改处签名。献血、检测和供血的原始记录应当至少保存十年,法律、行政法规和卫生部另有规定的,依照有关规定执行。血液标本的保存期为全血或成分血使用后二年。

（五）血液供应

血液供应的一般要求。血站应当保证发出的血液质量符合国家有关标准,其品种、规格、数量、活性、血型无差错;未经检测或者检测不合格的血液,不得向医疗机构提供。

临床用血的包装、储存、运输,必须符合国家规定的卫生标准和要求。血液的包装、储存、运输应当符合《血站质量管理规范》的要求。血液包装袋上应当标明:(1)血站的名称及其许可证号;(2)献血编号或者条形码;(3)血型;(4)血液品种;(5)采血日期及时间或者制备日期及时间;(6)有效日期及时间;(7)储存条件。血站应当加强对其所设储血点的质量监督,确保储存条件,保证血液储存质量;按照临床需要进行血液储存和调换。

调配血液的规定。因临床、科研或者特殊需要,需要从外省、自治区、直辖市调配血液的,由省级人民政府卫生计生行政部门组织实施。出于人道主义、救死扶伤的目的,需要向中国境外医疗机构提供血液及特殊血液成分的,应当严格按照有关规定办理手续。

第四节　医疗机构临床用血管理

为加强医疗机构临床用血管理,推进临床科学合理用血,保护血液资源,保障临床用血安全和医疗质量,原卫生部发布了《医疗机构临床用血管理办法》,自 2012 年 8 月 1 日起施行。

一、临床用血的一般要求

《献血法》规定,医疗机构对临床用血必须进行核查,不得将不符合国家规定标准的血液用于临床。

为保障公民临床急救用血的需要,国家提倡并指导择期手术的患者自身储血,动员家庭、亲友、所在单位以及社会互助献血。为保证应急用血,医疗机构可以临时采集血液,但应当依照法律规定,确保采血用血安全。

医疗机构临床用血应当制定用血计划,遵循合理、科学的原则,不得浪费和滥用血液。医疗机构应当积极推行按血液成份针对医疗实际需要输血。国家鼓励临床用血新技术的研究和推广。

二、临床用血组织与职责

(一)临床用血组织

卫生部成立临床用血专家委员会,建立协调机制,做好临床用血管理工作,提高临床合理用血水平,保证输血治疗质量。

各省、自治区、直辖市人民政府卫生行政部门成立省级临床用血质量控制中心,负责辖区内医疗机构临床用血管理的指导、评价和培训等工作。

医疗机构应当加强组织管理,明确岗位职责,健全管理制度。医疗机构法定代表人为临床用血管理第一责任人。

二级以上医院和妇幼保健院应当设立临床用血管理委员会,负责本机构临床合理用血管理工作。主任委员由院长或者分管医疗的副院长担任,成员由医务部门、输血科、麻醉科、开展输血治疗的主要临床科室、护理部门、手术室等部门负责人组成。医务、输血部门共同负责临床合理用血日常管理工作。

其他医疗机构应当设立临床用血管理工作组,并指定专(兼)职人员负责日常管理工作。

(二)临床用血管理委员会、工作组的职责

临床用血管理委员会或者临床用血管理工作组应当履行以下职责:(1)认真贯彻临床用血管理相关法律、法规、规章、技术规范和标准,制订本机构临床用血管理的规章制度并监督实施;(2)评估确定临床用血的重点科室、关键环节和流程;(3)定期监测、分析和评估临床用血情况,开展临床用血质量评价工作,提高临床合理用血水平;(4)分析临床用血不良事件,提出处理和改进措施;(5)指导并推动开展自体输血等血液保护及输血新技术;(6)承担医疗机构交办的有关临床用血的其他任务。

(三)输血科、血库

医疗机构应当根据有关规定和临床用血需求设置输血科或者血库,并根据自身功能、任务、规模,配备与输血工作相适应的专业技术人员、设施、设备。不具备条件设置输血科或者血库的医疗机构,应当安排专(兼)职人员负责临床用血工作。

输血科及血库的主要职责是:(1)建立临床用血质量管理体系,推动临床合理用血;(2)负责制订临床用血储备计划,根据血站供血的预警信息和医院的血液库存情况协调临床用血;(3)负责血液预订、入库、储存、发放工作;(4)负责输血相关免疫血液学检测;(5)参与推动自体输血等血液保护及输血新技术;(6)参与特殊输血治疗病例的会诊,为临床合理用

血提供咨询;(7)参与临床用血不良事件的调查;(8)根据临床治疗需要,参与开展血液治疗相关技术;(9)承担医疗机构交办的有关临床用血的其他任务。

三、临床用血管理

医疗机构应当加强临床用血管理,建立并完善管理制度和工作规范,并保证落实。医疗机构应当使用卫生行政部门指定血站提供的血液。医疗机构科研用血由所在地省级卫生行政部门负责核准。医疗机构应当配合血站建立血液库存动态预警机制,保障临床用血需求和正常医疗秩序。

《医疗机构临床用血管理办法》对临床用血实施全过程的管理。

（一）科学制订临床用血计划

医疗机构应当科学制订临床用血计划,建立临床合理用血的评价制度,提高临床合理用血水平。

（二）血液的储运

医疗机构应当对血液预订、接收、入库、储存、出库及库存预警等进行管理,保证血液储存、运送符合国家有关标准和要求。

（三）血液的接收

医疗机构接收血站发送的血液后,应当对血袋标签进行核对。符合国家有关标准和要求的血液入库,做好登记;并按不同品种、血型和采血日期(或有效期),分别有序存放于专用储藏设施内。

血袋标签核对的主要内容是:(1)血站的名称;(2)献血编号或者条形码、血型;(3)血液品种;(4)采血日期及时间或者制备日期及时间;(5)有效期及时间;(6)储存条件。

禁止将血袋标签不合格的血液入库。

（四）血液发放与输血核对

医疗机构应当在血液发放和输血时进行核对,并指定医务人员负责血液的收领、发放工作。

（五）储血设施与环境

医疗机构的储血设施应当保证运行有效,全血、红细胞的储藏温度应当控制在 $2 \sim 6$℃,血小板的储藏温度应当控制在 $20 \sim 24$℃。储血保管人员应当做好血液储藏温度的 24 小时监测记录。储血环境应当符合卫生标准和要求。

（六）临床输血技术规范

医务人员应当认真执行临床输血技术规范,严格掌握临床输血适应证,根据患者病情和实验室检测指标,对输血指证进行综合评估,制订输血治疗方案。

（七）临床用血申请

医疗机构应当建立临床用血申请管理制度。

同一患者一天申请备血量少于 800ml 的,由具有中级以上专业技术职务任职资格的医师提出申请,上级医师核准签发后,方可备血。

同一患者一天申请备血量在 800ml 至 1600ml 的,由具有中级以上专业技术职务任职资格的医师提出申请,经上级医师审核,科室主任核准签发后,方可备血。

同一患者一天申请备血量达到或超过 1600ml 的,由具有中级以上专业技术职务任职资格的医师提出申请,科室主任核准签发后,报医务部门批准,方可备血。

前述关于申请备血量的规定不适用于急救用血。

（八）临床输血治疗知情同意书

在输血治疗前,医师应当向患者或者其近亲属说明输血目的、方式和风险,并签署临床输血治疗知情同意书。因抢救生命垂危的患者需要紧急输血,且不能取得患者或者其近亲属意见的,经医疗机构负责人或者授权的负责人批准后,可以立即实施输血治疗。

（九）科学用血

医疗机构应当积极推行节约用血的新型医疗技术。

三级医院、有条件的二级医院和妇幼保健院应当开展自体输血技术,建立并完善管理制度和技术规范,提高合理用血水平,保证医疗质量和安全。医疗机构应当动员符合条件的患者接受自体输血技术,提高输血治疗效果和安全性。

医疗机构应当积极推行成分输血,保证医疗质量和安全。

医疗机构应当加强无偿献血知识的宣传教育工作,规范开展互助献血工作。血站负责互助献血血液的采集、检测及用血者血液调配等工作。

（十）临床用血不良事件监测报告

医疗机构应当根据国家有关法律法规和规范建立临床用血不良事件监测报告制度。临床发现输血不良反应后,应当积极救治患者,及时向有关部门报告,并做好观察和记录。

（十一）临床用血医学文书管理

医疗机构应当建立临床用血医学文书管理制度,确保临床用血信息客观真实、完整、可追溯。医师应当将患者输血适应证的评估、输血过程和输血后疗效评价情况记入病历;临床输血治疗知情同意书、输血记录单等随病历保存。

（十二）培训与考核

医疗机构应当建立培训制度,加强对医务人员临床用血和无偿献血知识的培训,将临床用血相关知识培训纳入继续教育内容。新上岗医务人员应当接受岗前临床用血相关知识培训及考核。医疗机构应当建立科室和医师临床用血评价及公示制度。将临床用血情况纳入科室和医务人员工作考核指标体系。禁止将用血量和经济收入作为输血科或者血库工作的考核指标。

四、临时采集血液

医疗机构应当制订应急用血工作预案。为保证应急用血,医疗机构可以临时采集血液,但必须同时符合以下条件:(1)危及患者生命,急需输血;(2)所在地血站无法及时提供血液,且无法及时从其他医疗机构调剂血液,而其他医疗措施不能替代输血治疗;(3)具备开展交叉配血及乙型肝炎病毒表面抗原、丙型肝炎病毒抗体、艾滋病病毒抗体和梅毒螺旋体抗体的检测能力;(4)遵守采供血相关操作规程和技术标准。医疗机构应当在临时采集血液后10日内将情况报告县级以上人民政府卫生行政部门。

五、临床用血保障措施和应急预案

各省、自治区、直辖市人民政府卫生行政部门应当制订临床用血保障措施和应急预案,保证自然灾害、突发事件等大量伤员和特殊病例、稀缺血型等应急用血的供应和安全。因应急用血或者避免血液浪费,在保证血液安全的前提下,经省、自治区、直辖市人民政府卫生行政部门核准,医疗机构之间可以调剂血液。具体方案由省级卫生行政部门制订。

省、自治区、直辖市人民政府卫生行政部门应当加强边远地区医疗机构临床用血保障工作,科学规划和建设中心血库与储血点。

第五节　血液制品管理的法律规定

一、血液制品的概念

血液制品特指各种人血浆蛋白制品。由于血液制品是血液分离、加工、提炼的产物,直接用于人体,所以对质量的要求与血液相似。

为了加强血液制品管理,预防和控制经血液途径传播的疾病,保证血液制品的质量,国务院于 1996 年 12 月 30 日发布了《血液制品管理条例》,适用于在我国境内从事原料血浆的采集、供应以及血液制品的生产、经营活动。条例规定,国务院卫生行政部门对全国的原料血浆的采集、供应和血液制品的生产、经营活动实施监督管理。县级以上地方各级人民政府卫生行政部门负责本行政区域内的原料血浆的采集、供应和血液制品生产、经营单位的监督管理。

二、原料血浆的采集机构

我国血液制品原料,即原料血浆,由单采血浆站负责采集。单采血浆站专门从事血液制品原料血浆的采集活动,具有独立法人资格。以前单采血浆大多由县级人民政府卫生行政部门设置。2006 年 3 月 25 日卫生部等七部委联合发布《关于单采血浆站转制的工作方案》,提出为了落实《中国遏制与防治艾滋病行动计划》,控制经血传播艾滋病和其他疾病,理顺对单采血浆站的监督管理体制,卫生行政部门必须与单采血浆站实行管办分离,县级人民政府卫生行政部门与单采血浆站脱钩,不再设置单采血浆站,原由县级人民政府卫生行政部门设置的单采血浆站转制为血液制品生产企业。单采血浆站与血液制品生产企业建立"一对一"的供浆关系。

我国实行单采血浆站统一规划、设置的制度。申请设置单采血浆站,必须报经省、自治区、直辖市人民政府卫生行政部门审批,经审查在规划范围内并符合设置条件的,核发《单采血浆许可证》,并报国务院卫生行政部门备案。

设置单采血浆站,必须具备下列条件:(1)符合单采血浆站布局、数量、规模的规划;(2)具有与所采集原料血浆相适应的卫生专业技术人员;(3)具有与所采集原料血浆相适应的场所及卫生环境;(4)具有识别供血浆者的身份识别系统;(5)具有与所采集原料血浆相适应的单采血浆机械及其他设施;(6)具有对所采集原料血浆进行质量检验的技术人员以及必要的仪器设备。

在一个采血浆区域内,只能设置一个单采血浆站。严禁采血浆站采集非划定区域内的供血浆者和其他人员的血浆。

三、采集原料血浆的管理

单采血浆站必须对供血浆者进行健康检查,检查合格的,由县级人民政府卫生行政部门核发《供血浆证》。

采集血浆前,必须对供血浆者进行身份识别并核实其《供血浆证》,核实无误的,方可按照有关技术操作标准及程序采集血浆,并建立供血浆者健康检查及供血浆记录档案;对检查、化验不合格的,由单采血浆站收缴《供血浆证》,并由所在地县级人民政府卫生行政部门监督销毁。严禁采集无《供血浆证》者的血浆。

单采血浆站必须用单采血浆机械采集血浆,严禁手工操作采集血浆。采集的血浆必须按单人份冰冻保存,不得混浆。严禁单采血浆站采集血液或者将所采集的原料血浆用于临床。

单采血浆站采集血浆的包装、储存、运输,必须符合国家规定的卫生标准和要求。

单采血浆站只能向一个与其签订质量责任书的血液制品生产单位供应原料血浆,严禁向其他任何单位供应原料血浆。

四、血液制品生产单位管理

血液制品生产单位必须达到国务院卫生行政部门制定的《药品生产质量管理规范》规定的标准,经国务院卫生行政部门审查合格,并依法向工商行政管理部门申领营业执照后,方可从事血液制品的生产活动。

血液制品生产单位在原料血浆投料生产前,必须使用有产品批准文号并经国家药品生物制品检定机构逐批检定合格的体外诊断试剂,对每一人份血浆进行全面复检,并作检测记录。原料血浆经复检不合格的,不得投料生产,并必须在省级药品监督员监督下按照规定程序和方法予以销毁,并作记录。原料血浆经复检发现有经血液途径传播的疾病的,必须通知供应血浆的单采血浆站,并及时上报所在地省、自治区、直辖市人民政府卫生行政部门。

严禁血液制品生产单位出让、出租、出借以及与他人共用《药品生产企业许可证》和产品批准文号。血液制品生产单位不得向无《单采血浆许可证》的单采血浆站或者未与其签订质量责任书的单采血浆站及其他任何单位收集原料血浆。血液制品生产单位不得向其他任何单位供应原料血浆。

血液制品出厂前,必须经过质量检验;经检验不符合国家标准的,严禁出厂。

第六节　法律责任

一、非法采集血液的法律责任

《献血法》第18条规定,有下列行为之一的,由县级以上地方人民政府卫生行政部门予以取缔,没收违法所得,可以并处十万元以下的罚款;构成犯罪的,依法追究刑事责任:(1)非法采集血液的;(2)血站、医疗机构出售无偿献血的血液的;(3)非法组织他人出卖血液的。

《血站管理办法》第59条规定,有下列行为之一的,属于非法采集血液,由县级以上地方人民政府卫生计生行政部门按照《献血法》第十八条的有关规定予以处罚;构成犯罪的,依法追究刑事责任:(1)未经批准,擅自设置血站,开展采供血活动的;(2)已被注销的血站,仍开展采供血活动的;(3)已取得设置批准但尚未取得《血站执业许可证》即开展采供血活动,或者《血站执业许可证》有效期满未再次登记仍开展采供血活动的;(4)租用、借用、出租、出借、变造、伪造《血站执业许可证》开展采供血活动的。

《刑法》第333条(非法组织卖血罪、强迫卖血罪、故意伤害罪)规定,非法组织他人出卖血液的,处五年以下有期徒刑,并处罚金;以暴力、威胁方法强迫他人出卖血液的,处五年以上十年以下有期徒刑,并处罚金。有前款行为,对他人造成伤害的,依照第234条的规定定罪处罚。

《刑法》第334条第1款(非法采集、供应血液、制作、供应血液制品罪)规定,非法采集、供应血液或者制作、供应血液制品,不符合国家规定的标准,足以危害人体健康的,处五年以下有期徒刑或者拘役,并处罚金;对人体健康造成严重危害的,处五年以上十年以下有期徒刑,并处罚金;造成特别严重后果的,处十年以上有期徒刑或者无期徒刑,并处罚金或者没收财产。

二、违法采集血液的法律责任

《献血法》第19条规定,血站违反有关操作规程和制度采集血液,由县级以上地方人民政府卫生行政部门责令改正;给献血者健康造成损害的,应当依法赔偿,对直接负责的主管人员和其他直接责任人员,依法给予行政处分;构成犯罪的,依法追究刑事责任。

《血站管理办法》第61条规定,血站有下列行为之一的,由县级以上地方人民政府卫生计生行政部门予以警告、责令改正;逾期不改正,或者造成经血液传播疾病发生,或者其他严重后果的,对负有责任的主管人员和其他直接负责人员,依法给予行政处分;构成犯罪的,依法追究刑事责任:(1)超出执业登记的项目、内容、范围开展业务活动的;(2)工作人员未取得相关岗位执业资格或者未经执业注册而从事采供血工作的;(3)血液检测实验室未取得相应资格即进行检测的;(4)擅自采集原料血浆、买卖血液的;(5)采集血液前,未按照国家颁布的献血者健康检查要求对献血者进行健康检查、检测的;(6)采集冒名顶替者、健康检查不合格者血液以及超量、频繁采集血液的;(7)违反输血技术操作规程、有关质量规范和标准的;(8)采血前未向献血者、特殊血液成分捐赠者履行规定的告知义务的;(9)擅自涂改、毁损或者不按规定保存工作记录的;(10)使用的药品、体外诊断试剂、一次性卫生器材不符合国家有关规定的;(11)重复使用一次性卫生器材的;(12)对检测不合格或者报废的血液,未按有关规定处理的;(13)擅自与外省、自治区、直辖市调配血液的;(14)未经批准向境外医疗机构提供血液或者特殊血液成分的;(15)未按规定保存血液标本的;(16)脐带血造血干细胞库等特殊血站违反有关技术规范。血站造成经血液传播疾病发生或者其他严重后果的,卫生计生行政部门在行政处罚的同时,可以注销其《血站执业许可证》。

《医疗机构临床用血管理办法》第37条规定,医疗机构违反关于应急用血采血规定的,由县级以上人民政府卫生行政部门责令限期改正,给予警告;情节严重或者造成严重后果的,处3万元以下罚款,对负有责任的主管人员和其他直接责任人员依法给予处分。

《刑法》第334条第2款(采集、供应血液、制作、供应血液制品事故罪)规定,经国家主管部门批准采集、供应血液或者制作、供应血液制品的部门,不依照规定进行检测或者违背其他操作规定,造成危害他人身体健康后果的,对单位判处罚金,并对其直接负责的主管人员和其他直接责任人员,处五年以下有期徒刑或者拘役。

三、临床用血违法包装、储存和运输的法律责任

《献血法》第 20 条规定,临床用血的包装、储运、运输,不符合国家规定的卫生标准和要求的,由县级以上地方人民政府卫生行政部门责令改正,给予警告,可以并处一万元以下的罚款。

《血站管理办法》第 62 条规定,临床用血的包装、储存、运输,不符合国家规定的卫生标准和要求的,由县级以上地方人民政府卫生计生行政部门责令改正,给予警告。

四、提供、使用不符合国家规定标准的血液的法律责任

《献血法》第 21 条规定,血站违反规定,向医疗机构提供不符合国家规定标准的血液的,由县级以上人民政府卫生行政部门责令改正;情节严重,造成经血液途径传播的疾病传播或者有传播严重危险的,限期整顿,对直接负责的主管人员和其他直接责任人员,依法给予行政处分;构成犯罪的,依法追究刑事责任。

《献血法》第 22 条规定,医疗机构的医务人员违反规定,将不符合国家规定标准的血液用于患者的,由县级以上地方人民政府卫生行政部门责令改正;给患者健康造成损害的,应当依法赔偿,对直接负责的主管人员和其他直接责任人员,依法给予行政处分;构成犯罪的,依法追究刑事责任。

《血站管理办法》第 63 条规定,血站违反规定,向医疗机构提供不符合国家规定标准的血液的,由县级以上人民政府卫生计生行政部门责令改正;情节严重,造成经血液途径传播的疾病传播或者有传播严重危险的,限期整顿,对直接负责的主管人员和其他责任人员,依法给予行政处分;构成犯罪的,依法追究刑事责任。

《医疗机构临床用血管理办法》第 38 条规定,医疗机构及其医务人员违反规定,将不符合国家规定标准的血液用于患者的,由县级以上地方人民政府卫生行政部门责令改正;给患者健康造成损害的,应当依据国家有关法律法规进行处理,并对负有责任的主管人员和其他直接责任人员依法给予处分。

五、卫生行政部门的法律责任

《献血法》第 23 条规定,卫生行政部门及其工作人员在献血、用血的监督管理工作中,玩忽职守,造成严重后果,构成犯罪的,依法追究刑事责任;尚不构成犯罪的,依法给予行政处分。

另外,《血液制品管理条例》等法律对卫生行政部门及其工作人员的法律责任作出了具体规定。

【思考题】

1. 如何理解我国的采供血体制？

2. 医疗机构临时采集血液应当具备哪些条件？

3. 我国《刑法》规定了哪些与危害血液安全相关的犯罪？

第十二章　食品安全法律制度

【学习目的】

理解食品安全的概念;掌握现行食品安全监管制度的基本内容;熟悉食品安全事故处置的法律规定;明确食品安全相关法律责任。

【案情导引】

2014年7月20日,新闻报道有记者卧底调查上海福喜食品公司并发现其使用过期劣质肉。节目播出后,上海食药监连夜出击,但进入公司车间时一度被阻。初步调查表明,上海福喜食品有限公司涉嫌有组织实施违法生产经营食品行为,长期使用过期原料,公司在厂区之外还有一个神秘的仓库,专门把其他品牌的产品搬到仓库里,再换上福喜自己的包装。该次查实了5批次问题产品,共5108箱。上海市公安局也介入了调查,对22家下游食品流通和快餐连锁企业进行紧急约谈,封存福喜公司产品约100吨。截至23日,食药检局检查相关食品生产经营企业581户,对经营、使用福喜公司产品的企业的问题食品,均已采取下架、封存等控制措施。7月26日,福喜母公司OSI集团官网宣布从市场中回收上海福喜所生产的所有产品。事发后,市公安局依法对上海福喜食品有限公司负责人、质量经理等6名涉案人员予以刑事拘留。

问题:

1. 食品安全监管机构履行职责时有权采取哪些措施?
2. 食品安全违法行为要承担哪些法律责任?

第一节　食品安全风险监测和评估

食品,指各种供人食用或者饮用的成品和原料以及按照传统既是食品又是药品的物品,但是不包括以治疗为目的的物品,是人类生存和发展最重要的物质基础。食品安全,指食品无毒、无害,符合应当有的营养要求,对人体健康不造成任何急性、亚急性或者慢性危害。食品安全法是生产经营和食品安全监督管理活动中产生的各种社会关系的法律规范的总称。2009年2月28日第11届全国人民代表大会常务委员会第七次会议审议通过了《中华人民共和国食品安全法》(以下简称《食品安全法》),2015 年 4 月 24 日,第 12 届全国人民代表大会常务委员会第十四次会议又对《食品安全法》进行了修订,2015 年 10 月 1 日起施行。在中华人民共和国境内从事食品生产和加工,食品销售和餐饮服务;食品添加剂、用于食品的包装材料、容器、洗涤剂、消毒剂和用于食品生产经营的工具、设备的生产经营;食品生产经营者使用食品添加剂、食品相关产品;食品的贮存和运输;对食品、食品添加剂、食品相关产品的安全管理均应当遵守《食品安全法》。

一、食品安全风险监测

国家建立食品安全风险监测制度,对食源性疾病、食品污染以及食品中的有害因素进行监测。国务院卫生行政部门会同国务院食品药品监督管理、质量监督等部门,制定、实施国家食品安全风险监测计划。国务院有关部门获知有关食品安全风险信息后,应当立即核实并向国务院卫生行政部门通报。国务院卫生行政部门应当会同国务院有关部门分析研究信息,必要时调整国家食品安全风险监测计划。省级卫生行政部门会同同级有关部门,根据国家食品安全风险监测计划,结合本行政区域的具体情况,制定、调整本行政区域的食品安全风险监测方案,报国务院卫生行政部门备案并实施。

承担食品安全风险监测工作的技术机构应当根据食品安全风险监测计划和监测方案开展监测工作,保证监测数据真实、准确,并按照食品安全风险监测计划和监测方案的要求报送监测数据和分析结果。食品安全风险监测工作人员有权进入相关食用农产品种植养殖、食品生产经营场所采集样品、收集相关数据。各种为检测所需采集的样品均应按照市场价格支付费用。

食品安全风险监测结果表明可能存在食品安全隐患的,县级以上人民政府卫生行政部门应当及时将相关信息通报同级食品药品监督管理等部门,并报告本级人民政府和上级人民政府卫生行政部门。食品药品监督管理等部门应当组织开展进一步调查。

二、食品安全风险评估

国家建立食品安全风险评估制度,运用科学方法,根据食品安全风险监测信息、科学数据以及有关信息,对食品、食品添加剂、食品相关产品中生物性、化学性和物理性危害因素进行风险评估。国务院卫生行政部门负责组织食品安全风险评估工作,成立由医学、农业、食品、营养、生物、环境等方面的专家组成的食品安全风险评估专家委员会进行食品安全风险评估。食品安全风险评估结果由国务院卫生行政部门公布。对农药、肥料、兽药、饲料和饲料添加剂等的安全性评估,应当有食品安全风险评估专家委员会的专家参加。

国务院食品药品监督管理、质量监督、农业行政等部门在监督管理工作中发现需要进行食品安全风险评估的,应当向国务院卫生行政部门提出食品安全风险评估的建议,并提供风险的来源、相关检验数据和结论等信息和资料。国务院卫生行政部门应根据法定情形组织食品安全风险评估工作,并向国务院有关部门通报评估结果。

食品安全风险评估结果是制定、修订食品安全标准和实施食品安全监督管理的科学依据。经食品安全风险评估,得出食品、食品添加剂、食品相关产品不安全结论的,国务院食品药品监督管理、质量监督等部门应当依据各自职责立即向社会公告,告知消费者停止食用或者使用,并采取相应措施,确保该食品、食品添加剂、食品相关产品停止生产经营;需要制定、修订相关食品安全国家标准的,国务院卫生行政部门应当会同国务院食品药品监督管理部门立即制定、修订。国务院食品药品监督管理部门应当会同国务院有关部门,根据食品安全风险评估结果、食品安全监督管理信息,对食品安全状况进行综合分析。对经综合分析表明可能具有较高程度安全风险的食品,国务院食品药品监督管理部门应当及时提出食品安全风险警示,并向社会公布。

第二节 食品安全标准与食品生产经营

一、食品安全标准

食品安全标准由国务院卫生行政部门会同国务院食品药品监督管理部门制定、公布,国务院标准化行政部门提供国家标准编号,是强制执行的标准。食品中农药残留、兽药残留的限量规定及其检验方法与规程由国务院卫生行政部门、国务院农业行政部门会同国务院食品药品监督管理部门制定。屠宰畜、禽的检验规程由国务院农业行政部门会同国务院卫生行政部门制定。制定食品安全国家标准,应当依据食品安全风险评估结果并充分考虑食用农产品安全风险评估结果,参照相关的国际标准和国际食品安全风险评估结果,并将食品安全国家标准草案向社会公布,广泛听取食品生产经营者、消费者、有关部门等方面的意见。食品安全国家标准的科学性和实用性应当经国务院卫生行政部门组织的食品安全国家标准审评委员会审查通过,该审评委员会由医学、农业、食品、营养、生物、环境等方面的专家以及国务院有关部门、食品行业协会、消费者协会的代表组成。食品安全标准的内容由本法确定。

国家鼓励食品生产企业制定严于食品安全国家标准或者地方标准的企业标准,在本企业适用,并报省、自治区、直辖市人民政府卫生行政部门备案。没有食品安全国家标准的地方特色食品,可由省级卫生行政部门制定并公布食品安全地方标准,报国务院卫生行政部门备案。食品安全国家标准制定后,该地方标准即行废止。

对食品安全标准执行过程中的问题,县级以上人民政府卫生行政部门应当会同有关部门及时给予指导、解答。食品生产经营者、食品行业协会发现食品安全标准在执行中存在问题的,应当立即向卫生行政部门报告。

二、食品生产经营

(一)食品生产经营的规定

1. 食品生产经营应当符合食品安全标准,并符合下列要求:

(1)具有与生产经营的食品品种、数量相适应的食品原料处理和食品加工、包装、贮存等场所,保持该场所环境整洁,并与有毒、有害场所以及其他污染源保持规定的距离。

(2)具有与生产经营的食品品种、数量相适应的生产经营设备或者设施,有相应的消毒、更衣、盥洗、采光、照明、通风、防腐、防尘、防蝇、防鼠、防虫、洗涤以及处理废水、存放垃圾和废弃物的设备或者设施。

（3）有专职或者兼职的食品安全专业技术人员、食品安全管理人员和保证食品安全的规章制度。

（4）具有合理的设备布局和工艺流程，防止待加工食品与直接入口食品、原料与成品交叉污染，避免食品接触有毒物、不洁物。

（5）餐具、饮具和盛放直接入口食品的容器，使用前应当洗净、消毒，炊具、用具用后应当洗净，保持清洁。

（6）贮存、运输和装卸食品的容器、工具和设备应当安全、无害，保持清洁，防止食品污染，并符合保证食品安全所需的温度、湿度等特殊要求，不得将食品与有毒、有害物品一同贮存、运输。

（7）直接入口的食品应当使用无毒、清洁的包装材料、餐具、饮具和容器。

（8）食品生产经营人员应当保持个人卫生，生产经营食品时，应当将手洗净，穿戴清洁的工作衣、帽等；销售无包装的直接入口食品时，应当使用无毒、清洁的容器、售货工具和设备。

（9）用水应当符合国家规定的生活饮用水卫生标准。

（10）使用的洗涤剂、消毒剂应当对人体安全、无害。

（11）法律、法规规定的其他要求。

2. 禁止生产经营的食品、食品添加剂、食品相关产品有：

（1）用非食品原料生产的食品或者添加食品添加剂以外的化学物质和其他可能危害人体健康物质的食品，或者用回收食品作为原料生产的食品；

（2）致病性微生物，农药残留、兽药残留、生物毒素、重金属等污染物质以及其他危害人体健康的物质含量超过食品安全标准限量的食品、食品添加剂、食品相关产品；

（3）用超过保质期的食品原料、食品添加剂生产的食品、食品添加剂；

（4）超范围、超限量使用食品添加剂的食品；

（5）营养成分不符合食品安全标准的专供婴幼儿和其他特定人群的主辅食品；

（6）腐败变质、油脂酸败、霉变生虫、污秽不洁、混有异物、掺假掺杂或者感官性状异常的食品、食品添加剂；

（7）病死、毒死或者死因不明的禽、畜、兽、水产动物肉类及其制品；

（8）未按规定进行检疫或者检疫不合格的肉类，或者未经检验或者检验不合格的肉类制品；

（9）被包装材料、容器、运输工具等污染的食品、食品添加剂；

（10）标注虚假生产日期、保质期或者超过保质期的食品、食品添加剂；

（11）无标签的预包装食品、食品添加剂；

（12）国家为防病等特殊需要明令禁止生产经营的食品；

（13）其他不符合法律、法规或者食品安全标准的食品、食品添加剂、食品相关产品。

（二）食品生产经营许可

从事食品生产、销售、餐饮服务，应当依法取得许可。销售食用农产品，不需要取得许可。县级以上地方人民政府食品药品监督管理部门应当依照《中华人民共和国行政许可法》的规定，审核申请人提交的相关资料，必要时对申请人的生产经营场所进行现场核查；对符合规定条件的，准予许可；对不符合规定条件的，不予许可并书面说明理由。

食品生产加工小作坊和食品摊贩等从事食品生产经营活动,应当符合相应的食品安全要求,县级以上地方人民政府应当对其进行综合治理,加强服务和统一规划,改善其生产经营环境,鼓励和支持其改进生产经营条件,进入集中交易市场、店铺等固定场所经营,或者在指定的临时经营区域、时段经营。食品药品监督管理部门应当对其加强监督管理。

利用新的食品原料生产食品,或者生产食品添加剂新品种、食品相关产品新品种,应当向国务院卫生行政部门提交相关产品的安全性评估材料。国务院卫生行政部门应当自收到申请之日起六十日内组织审查;对符合食品安全要求的,准予许可并公布;对不符合食品安全要求的,不予许可并书面说明理由。生产经营的食品中不得添加药品,但是可以添加按照传统既是食品又是中药材的物质。该目录由国务院卫生行政部门会同国务院食品药品监督管理部门制定、公布。

国家对食品添加剂生产实行许可制度。食品添加剂指为改善食品品质和色、香、味以及为防腐、保鲜和加工工艺的需要而加入食品中的人工合成或者天然物质,包括营养强化剂,其应当在技术上确有必要且经过风险评估证明安全可靠,方可列入允许使用的范围。生产食品添加剂应当符合法律、法规和食品安全国家标准。食品生产经营者应当按照食品安全国家标准使用食品添加剂。

对直接接触食品的包装材料等具有较高风险的食品相关产品,按照国家有关工业产品生产许可证管理的规定实施生产许可。生产食品相关产品应当符合食品安全国家标准,质量监督部门应当加强对食品相关产品生产活动的监督管理。

国家建立食品安全全程追溯制度。国家鼓励食品生产经营者采用信息化手段采集、留存生产经营信息,建立食品安全追溯体系。食品生产经营者应当建立食品安全追溯体系,保证食品可追溯。国务院食品药品监督管理部门会同国务院农业行政等有关部门建立食品安全全程追溯协作机制。

（三）生产经营过程控制

食品生产企业应当就原料、生产关键环节、检验以及运输和交付等事项制定控制要求并实施,保证所生产的食品符合食品安全标准。企业应当建立健全本单位的食品安全管理制度,主要负责人要对本企业的食品安全工作全面负责。企业应配备食品安全管理人员,加强对其培训和考核;对职工进行食品安全知识的培训;加强食品检验工作。食品药品监督管理部门应当对企业食品安全管理人员随机进行监督抽查考核并公布考核情况。监督抽查考核不得收取费用。食品生产经营者应当建立并执行从业人员健康管理制度。患有国务院卫生行政部门规定的有碍食品安全疾病的人员,不得从事接触直接入口食品的工作。从事接触直接入口食品工作的食品生产经营人员应当每年进行健康检查,取得健康证明后方可上岗工作。

食品生产经营者应当建立食品安全自查、整改和报告制度。国家鼓励食品生产经营企业符合良好生产规范要求,实施危害分析与关键控制点体系认证,提高食品安全管理水平。对通过认证的食品生产经营企业,认证机构应当依法实施跟踪调查;对不再符合认证要求的企业,应当依法撤销认证,及时向县级以上人民政府食品药品监督管理部门通报,并向社会公布。认证机构实施跟踪调查不得收取费用。

食用农产品生产者应当按照食品安全标准和国家有关规定使用农药、肥料、兽药、饲料和饲料添加剂等农业投入品,严格执行农业投入品使用安全间隔期或者休药期的规定,不得使用国家明令禁止的农业投入品。禁止将剧毒、高毒农药用于蔬菜、瓜果、茶叶和中草药材等国家规定的农作物。食用农产品的生产企业和农民专业合作经济组织应当建立农业投入品使用记录制度。

食品生产企业对食品原料、食品添加剂、食品相关产品应当建立进货查验记录制度,如实记录食品原料、食品添加剂、食品相关产品的名称、规格、数量、生产日期或者生产批号、保质期、进货日期以及供货者名称、地址、联系方式等内容,并保存相关凭证。记录和凭证保存期限不得少于产品保质期满后六个月;没有明确保质期的,保存期限不得少于二年。食品生产者采购上述物品时,应当查验供货者的许可证和产品合格证明;不符合食品安全标准的不得采购或者使用。

食品生产企业和食品添加剂生产者应当建立食品和食品添加剂出厂检验记录制度,查验出厂产品的检验合格证和安全状况,如实记录食品和食品添加剂的名称、规格、数量、生产日期或者生产批号、保质期、检验合格证号、销售日期以及购货者名称、地址、联系方式等内容,并按上述期限保存相关记录和凭证。食品、食品添加剂、食品相关产品的生产者,应当按照食品安全标准对所生产的产品进行检验,检验合格后方可出厂或者销售。

食品经营企业、从事食品批发业务的经营企业、食品添加剂经营者均应当建立产品进货、销售查验记录制度,如实记录产品的名称、规格、数量、生产日期或者生产批号、保质期、进货日期以及供货者名称、地址、联系方式等内容,并按上述期限保存相关凭证。食品经营者采购食品,应当查验供货者的许可证和食品出厂检验合格证或者其他合格证明。实行统一配送经营方式的食品经营企业,可以由企业总部统一查验供货者的许可证和食品合格证明文件,进行食品进货查验记录。

餐饮服务提供者应当制定并实施原料控制要求,不得采购、使用不符合食品安全标准的食品原料。倡导餐饮服务提供者公开加工过程,公示食品原料及其来源等信息。应当定期维护食品加工、贮存、陈列等设施、设备;定期清洗、校验保温设施及冷藏、冷冻设施,不得使用未经清洗消毒的餐具、饮具;委托清洗消毒餐具、饮具的,应当委托符合规定条件的餐具、饮具集中消毒服务单位。

集中用餐单位和供餐单位应当严格遵守法律、法规和食品安全标准;供餐单位应当取得食品生产经营许可。主管部门应当加强对集中用餐单位的食品安全教育和日常管理,降低食品安全风险,及时消除食品安全隐患。

集中交易市场的开办者、柜台出租者和展销会举办者,应当依法审查入场食品经营者的许可证,明确其食品安全管理责任,定期对其经营环境和条件进行检查;网络食品交易第三方平台提供者应当对入网食品经营者进行实名登记,明确其食品安全管理责任;依法审查其许可证;发现有违法行为的,应当及时制止并立即报告所在地县级人民政府食品药品监督管理部门;发现严重违法行为的,应当立即停止提供线上和线下交易平台服务。为规范网络食品交易行为,保证网络食品安全,2016 年 7 月 13 日,国家食品药品监督管理总局颁发了《网络食品安全违法行为查处办法》,并于 2016 年 10 月 1 日起施行。

国家建立食品召回制度。食品生产经营者发现其生产经营的食品不符合食品安全标准或者有证据证明可能危害人体健康的,应当立即停止生产经营,召回已经上市销售的食品,通知相关生产经营者和消费者,并记录召回、停止经营和通知情况。

食品生产经营者应对召回的食品采取无害化处理、销毁等措施,并提前报告时间、地点。

食品药品监督管理部门认为必要的,可以实施现场监督,防止其再次流入市场。对因标签、标志或者说明书不符合食品安全标准而被召回的食品,食品生产者在采取补救措施且能保证食品安全的情况下可以继续销售;销售时应当向消费者明示补救措施。食品生产经营者应当将食品召回和处理情况向所在地县级人民政府食品药品监督管理部门报告;县级以上人民政府食品药品监督管理部门可以责令食品生产经营者召回或者停止经营。

食用农产品批发市场应当配备检验设备和检验人员或者委托符合本法规定的食品检验机构,对进入该批发市场销售的食用农产品进行抽样检验;发现不符合食品安全标准的,应当要求销售者立即停止销售,并向食品药品监督管理部门报告。食用农产品销售者应当建立食用农产品进货查验记录制度,如实记录食用农产品的名称、数量、进货日期以及供货者名称、地址、联系方式等内容,并保存相关凭证。记录和凭证保存期限不得少于六个月。

(四)标签、说明书和广告

预包装食品包装上应当有标签。标签应当标明食品名称、规格、净含量、生产日期;成分或者配料表;生产者的名称、地址、联系方式;保质期;产品标准代号;贮存条件;所使用的食品添加剂在国家标准中的通用名称;生产许可证编号;法律、法规或者食品安全标准规定应当标明的其他事项。专供婴幼儿和其他特定人群的主辅食品,其标签还应当标明主要营养成分及其含量。生产经营转基因食品应当按照规定显著标示。

食品经营者应当按照食品标签标示的警示标志、警示说明或者注意事项的要求销售食品。食品经营者销售散装食品,应当在散装食品的容器、外包装上标明食品的名称、生产日期或者生产批号、保质期以及生产经营者名称、地址、联系方式等内容。

食品添加剂也应当有标签、说明书和包装,不仅应当载明上述事项,还应包含食品添加剂的使用范围、用量、使用方法,并在标签上载明"食品添加剂"字样。

食品和食品添加剂的标签、说明书、食品广告,不得含有虚假内容,不得涉及疾病预防、治疗功能。生产经营者对其提供的标签、说明书、食品广告的内容负责。食品和食品添加剂的标签、说明书应当清楚、明显,生产日期、保质期等事项应当显著标注,容易辨识。食品和食品添加剂与其标签、说明书的内容不符的,不得上市销售。

县级以上人民政府食品药品监督管理部门和其他有关部门以及食品检验机构、食品行业协会不得以广告或者其他形式向消费者推荐食品。消费者组织不得以收取费用或者其他牟取利益的方式向消费者推荐食品。

(五)特殊食品

特殊食品包括保健食品、特殊医学用途配方食品和婴幼儿配方食品,国家对其实行严格监督管理。

保健食品声称保健功能,应当具有科学依据,不得对人体产生急性、亚急性或者慢性危害。列入保健食品原料目录的原料只能用于保健食品生产,不得用于其他食品生产。使用保健食品原料目录以外原料的保健食品和首次进口的保健食品应当经国务院食品药品监督管理部门注册。保健食品的标签、说明书和广告不得涉及疾病预防、治疗功能,内容应当真实,与注册或者备案的内容相一致,载明适宜人群、不适宜人群、功效成分或者标志性成分及其含量等,并声明"本品不能代替药物"。保健食品的功能和成分应当与标签、说明书相一致。其广告应当经生产企业所在地省、自治区、直辖市人民政府食品药品监督管理部门审查批准、公布,取得保健食品广告批准文件。

特殊医学用途配方食品应当经国务院食品药品监督管理部门注册。注册时,应当提交产品配方、生产工艺、标签、说明书以及表明产品安全性、营养充足性和特殊医学用途临床效果的材料。特殊医学用途配方食品广告适用《中华人民共和国广告法》和其他法律、行政法规关于药品广告管理的规定。

婴幼儿配方食品生产企业应当实施从原料进厂到成品出厂的全过程质量控制,出厂食品实施逐批检验。婴幼儿配方乳粉的产品配方应当经国务院食品药品监督管理部门注册。婴幼儿配方食品生产企业应当将食品原料、食品添加剂、产品配方及标签等事项向省、自治区、直辖市人民政府食品药品监督管理部门备案。不得以分装方式生产婴幼儿配方乳粉,同一企业不得用同一配方生产不同品牌的婴幼儿配方乳粉。

特殊食品的注册人或者备案人应当对其提交材料的真实性负责。省级以上人民政府食品药品监督管理部门应当及时公布注册或者备案的特殊食品目录,并对注册或者备案中获知的企业商业秘密予以保密。特殊食品生产企业应当按照注册或者备案的产品配方、生产工艺等技术要求组织生产。

生产特殊食品的企业,应当按照良好生产规范的要求建立与所生产食品相适应的生产质量管理体系,定期对该体系的运行情况进行自查,保证其有效运行,并向所在地县级人民政府食品药品监督管理部门提交自查报告。

第三节　食品检验与食品进出口

一、食品检验

食品检验实行食品检验机构与检验人负责制,由食品检验机构指定的检验人独立进行。食品检验机构按照国家有关认证认可的规定取得资质认定后,方可从事食品检验活动。食品检验报告应当加盖食品检验机构公章,并有检验人的签名或者盖章。食品检验机构和检验人对出具的食品检验报告负责。符合法律规定的食品检验机构出具的检验报告具有同等效力。

食品安全监督管理部门对食品不得实施免检。县级以上人民政府食品药品监督管理部门应当对食品进行定期或者不定期的抽样检验,并依据有关规定公布检验结果。进行抽样检验,应当购买抽取的样品,委托符合本法规定的食品检验机构进行检验,并支付相关费用;不得向食品生产经营者收取检验费和其他费用。对检验结论有异议的,可以依法进行复检。复检机构名录由国务院认证认可监督管理、食品药品监督管理、卫生行政、农业行政等部门共同公布。复检机构出具的复检结论为最终检验结论。复检机构由受理复检申请的食品药品监督管理部门在公布的复检机构名录中随机确定,复检机构与初检机构不得为同一机构。采用国家规定的快速检测方法对食用农产品进行抽查检测,被抽查人对检测结果有异议的,可以自收到检测结果之时起四小时内申请复检。复检不得采用快速检测方法。

二、食品进出口

进口的食品、食品添加剂、食品相关产品应当符合我国食品安全国家标准,应当按照国家出入境检验检疫部门的要求随附合格证明材料并经检验合格。进口尚无食品安全国家标准的食品,需向国务院卫生行政部门提交所执行的相关国家(地区)标准或者国际标准用于审查。境外出口商、境外生产企业应当保证向我国出口的食品、食品添加剂、食品相关产品符合我国有关法律、行政法规的规定和食品安全国家标准的要求,并对标签、说明书的内容负责。向我国境内出口食品的境外出口商或者代理商、进口食品的进口商应当向国家出入境检验检疫部门备案。向我国境内出口食品的境外食品生产企业应当经国家出入境检验检疫部门注册。国家出入境检验检疫部门可以对向我国境内出口食品的国家(地区)的食品安全管理体系和食品安全状况进行评估和审查,并根据评估和审查结果,确定相应检验检疫要求。进口商应当建立境外出口商、境外生产企业审核制度,审核不合格的,不得进口。发现进口食品不符合我国食品安全国家标准或者有证据证明可能危害人体健康的,进口商应当立即停止进口,并依法召回。进口商也应当建立食品、食品添加剂进口和销售记录,并依法定期限保存相关凭证。

县级以上人民政府食品药品监督管理部门对国内市场上销售的进口食品、食品添加剂实施监督管理。发现存在严重食品安全问题的,国务院食品药品监督管理部门应当及时向国家出入境检验检疫部门通报,后者应当及时采取相应措施。

进口的预包装食品、食品添加剂应当有中文标签;依法应当有说明书的,还应当有中文说明书。标签、说明书应当符合我国要求,并载明食品的原产地以及境内代理商的名称、地址、联系方式。不得进口没有中文标签、中文说明书或者不符合规定的预包装食品。

出口食品生产企业应当保证其出口食品符合进口国(地区)的标准或者合同要求。出口食品生产企业和出口食品原料种植、养殖场应当向国家出入境检验检疫部门备案。

国家出入境检验检疫部门应当收集、汇总食品检验检疫、风险预警信息、食品安全问题等各种进出口食品安全信息,并及时通报相关部门、机构和企业;并对进出口食品的进口商、出口商和出口食品生产企业实施信用管理,建立信用记录,依法向社会公布。对有不良记录的进口商、出口商和出口食品生产企业,应当加强对其进出口食品的检验检疫。

第四节　食品安全事故处置与食品安全监督

一、食品安全事故处置

食品安全事故是指食源性疾病、食品污染等源于食品,对人体健康有危害或者可能有危害的事故。所谓食源性疾病,指食品中致病因素进入人体引起的感染性、中毒性等疾病,包括食物中毒。

国务院组织制定国家食品安全事故应急预案。县级以上地方人民政府应当根据有关法律、法规的规定和上级人民政府的食品安全事故应急预案以及本行政区域的实际情况,制定本行政区域的食品安全事故应急预案,并报上一级人民政府备案。食品生产经营企业应当制定食品安全事故处置方案,定期检查安全防范措施的落实情况,及时消除事故隐患。

发生食品安全事故的单位应当立即采取措施,防止事故扩大。事故单位和接收病人进行治疗的单位应当及时向事故发生地县级人民政府食品药品监督管理、卫生行政部门报告。县级以上人民政府质量监督、农业行政等部门在日常监督管理中发现食品安全事故或者接到事故举报,应当立即向同级食品药品监督管理部门通报。

接到食品安全事故报告的县级人民政府食品药品监督管理部门应当按照应急预案的规定向本级人民政府和上级人民政府食品药品监督管理部门报告。县级人民政府和上级人民政府食品药品监督管理部门应当按照应急预案的规定上报。任何单位或者个人不得对食品安全事故隐瞒、谎报、缓报,不得隐匿、伪造、毁灭有关证据。

医疗机构发现其接收的病人属于食源性疾病病人或者疑似病人的,应当按照规定及时将相关信息向所在地县级人民政府卫生行政部门报告。县级人民政府卫生行政部门在调查处理中发现与食品安全相关的信息,应当及时通报同级食品药品监督管理部门。

县级以上人民政府食品药品监督管理部门接到食品安全事故的报告后,应当立即会同同级卫生行政、质量监督、农业行政等部门进行调查处理,并采取下列措施,防止或者减轻社会危害:(1)开展应急救援工作,组织救治因食品安全事故导致人身伤害的人员;(2)封存可能导致食品安全事故的食品及其原料,并立即进行检验;对确认属于被污染的食品及其原料,责令食品生产经营者依法召回或者停止经营;(3)封存被污染的食品相关产品,并责令进行清洗消毒;(4)做好信息发布工作,依法对食品安全事故及其处理情况进行发布,并对可能产生的危害加以解释、说明。

发生食品安全事故需要启动应急预案的,县级以上人民政府应当立即成立事故处置指挥机构,启动应急预案并依法处置。县级以上疾病预防控制机构应当对食品安全事故现场进行卫生处理,并对与事故有关的因素开展流行病学调查,有关部门应当予以协助。县级以上疾病预防控制机构应当向同级食品药品监督管理、卫生行政部门提交流行病学调查报告。

发生食品安全事故,设区的市级以上人民政府食品药品监督管理部门应当立即会同有关部门进行事故责任调查,督促有关部门履行职责,向本级人民政府和上一级人民政府食品药品监督管理部门提出事故责任调查处理报告。涉及两个以上省、自治区、直辖市的重大食品安全事故由国务院食品药品监督管理部门依照前款规定组织事故责任调查。

调查食品安全事故,应当坚持实事求是、尊重科学的原则,及时、准确查清事故性质和原因,认定事故单位和监督管理责任,提出整改措施。有关单位和个人应当配合食品安全事故调查部门,按照要求提供相关资料和样品,不得拒绝,更不得阻挠、干涉食品安全事故的调查处理。

二、食品安全监督管理

食品安全监督工作实施风险分级管理。县级以上地方人民政府组织制定本行政区域的食品安全年度监督管理计划,并公布实施。监督管理计划应重点监督管理专供婴幼儿和其他特定人群的主辅食品、保健食品、风险较高的食品生产经营者以及可能存在食品安全隐患的事项。对存在的食品安全隐患,国务院卫生行政部门应当及时会同国务院有关部门规定食品中有害物质的临时限量值和临时检验方法,并及时制定、修订食品安全标准。

县级以上人民政府食品药品监督管理、质量监督部门履行各自食品安全监督管理职责，有权进入生产经营场所实施现场检查；对生产经营的食品进行抽样检验；查阅、复制有关合同、票据、账簿以及其他有关资料；查封、扣押有证据证明不符合食品安全标准的食品，违法使用的食品原料、食品添加剂、食品相关产品，以及用于违法生产经营或者被污染的工具、设备；查封违法从事食品生产经营活动的场所。县级以上人民政府食品药品监督管理部门可以采用国家规定的快速检测方法对食品进行抽查检测并应当建立食品生产经营者食品安全信用档案，记录许可颁发、日常监督检查结果、违法行为查处等情况，依法向社会公布并实时更新；对有不良信用记录的食品生产经营者增加监督检查频次，对违法行为情节严重的食品生产经营者，可以通报相关部门。可以对存在食品安全隐患未及时采取措施消除的食品生产经营者的法定代表人或者主要负责人进行责任约谈。责任约谈情况和整改情况应当纳入食品生产经营者食品安全信用档案。

县级以上人民政府食品药品监督管理、质量监督等部门应当公布本部门的电子邮件地址或者电话，接受咨询、投诉、举报。本部门或有权处理的部门应当在法定期限内及时处理，不得推诿。对查证属实的举报，给予举报人奖励。有关部门应当对举报人的信息予以保密，保护举报人的合法权益。举报人举报所在企业的，该企业不得以解除、变更劳动合同或者其他方式对举报人进行打击报复。

应当加强对执法人员食品安全法律、法规、标准和专业知识与执法能力等的培训，并组织考核。不具备相应知识和能力的，不得从事食品安全执法工作。食品生产经营者、食品行业协会、消费者协会等发现食品安全执法人员在执法过程中有违反法律、法规规定的行为以及不规范执法行为的，可以向本级或者上级人民政府食品药品监督管理、质量监督等部门或者监察机关投诉、举报。接到投诉、举报的部门或者机关应当进行核实，并将经核实的情况向食品安全执法人员所在部门通报；涉嫌违法违纪的，按照本法和有关规定处理。

县级以上人民政府可以就存在的食品安全风险约谈本级食品药品监督管理等部门或者下一级地方人民政府主要负责人。被约谈方应当立即采取措施，对食品安全监督管理工作进行整改。责任约谈情况和整改情况应当纳入地方人民政府和有关部门食品安全监督管理工作评议、考核记录。

国家实行食品安全信息统一公布制度。由国务院食品药品监督管理部门统一公布国家食品安全总体情况、食品安全风险警示信息、重大食品安全事故及其调查处理信息和国务院确定需要统一公布的其他信息。如影响限于特定区域的，也可以由有关省级人民政府食品药品监督管理部门公布。任何单位和个人未经授权不得发布上述信息，不得编造、散布虚假食品安全信息。县级以上人民政府食品药品监督管理部门发现可能误导消费者和社会舆论的食品安全信息，应当立即组织核实、分析，并及时公布结果。

县级以上地方人民政府相关部门应当相互通报获知的食品安全信息，获知法律规定需要统一公布的信息，应当向上级主管部门报告，由上级主管部门立即报告国务院食品药品监督管理部门；必要时，可以直接向国务院食品药品监督管理部门报告。

县级以上人民政府食品药品监督管理、质量监督、农业行政部门依据各自职责公布食品安全日常监督管理信息，发现涉嫌食品安全犯罪的，应当按照有关规定及时将案件移送公安机关。对移送的案件，公安机关应当及时审查；认为有犯罪事实需要追究刑事责任的，应当立案侦查。有关部门应当依法追究行政责任，并及时协助公安机关提供检验结论、认定意见以及对涉案物品进行无害化处理。

第五节　法律责任

一、行政责任

《食品安全法》对于尚不构成犯罪的各种食品生产经营违法情形进行了详细规定,县级以上人民政府食品药品监督管理部门可没收违法所得和违法生产经营的食品、食品添加剂以及用于违法生产经营的工具、设备、原料等物品;可依照有关法律、法规的规定责令改正,给予警告、罚款、责令停产停业直至吊销许可证等处罚;情节严重的,可以由公安机关对其直接负责的主管人员和其他直接责任人员处以行政拘留。明知为违法行为提供生产经营场所或者其他条件的,没收违法所得,并处罚款。

食品生产经营者在一年内累计三次因违法受到责令停产停业、吊销许可证以外处罚的,由食品药品监督管理部门责令停产停业,直至吊销许可证。被吊销许可证的食品生产经营者及其法定代表人、直接负责的主管人员和其他直接责任人员自处罚决定作出之日起五年内不得申请食品生产经营许可,或者从事食品生产经营管理工作、担任食品生产经营企业食品安全管理人员。因食品安全犯罪被判处有期徒刑以上刑罚的,终身不得从事食品生产经营管理工作,也不得担任食品生产经营企业食品安全管理人员。食品生产经营者聘用人员违反前述规定的,由县级以上人民政府食品药品监督管理部门吊销许可证。

食品经营者履行了法律规定的进货查验等义务,有充分证据证明其不知道所采购的食品不符合食品安全标准,并能如实说明其进货来源的,可以免予处罚,但应当依法没收其不符合食品安全标准的食品。

承担食品安全风险监测、风险评估、检验检测工作的技术机构、技术人员提供虚假监测、评估信息和虚假检验报告的,依法对技术机构直接负责的主管人员和技术人员给予撤职、开除处分;有执业资格的,由授予其资格的主管部门吊销执业证书。出具虚假检验报告的,由授予其资质的主管部门或者机构撤销该食品检验机构的检验资质,没收所收取的检验费用,并处罚款。

受到开除处分的食品检验机构人员,自处分决定作出之日起十年内不得从事食品检验工作;因食品安全违法行为受到刑事处罚或者因出具虚假检验报告导致发生重大食品安全事故受到开除处分的食品检验机构人员,终身不得从事食品检验工作。食品检验机构聘用不得从事食品检验工作的人员的,由授予其资质的主管部门或者机构撤销其检验资质。

认证机构出具虚假认证结论,由认证认可监督管理部门没收所收取的认证费用,并处罚款;情节严重的,责令停业,直至撤销认证机构批准文件,并向社会公布;对直接负责的主管人员和负有直接责任的认证人员,撤销其执业资格。

在广告中对食品作虚假宣传,欺骗消费者,或者发布未取得批准文件、广告内容与批准文件不一致的保健食品广告的,依照《中华人民共和国广告法》的规定给予处罚。

食品药品监督管理等部门、食品检验机构、食品行业协会以广告或者其他形式向消费者推荐食品,消费者组织以收取费用或者其他牟取利益的方式向消费者推荐食品的,由有关主管部门没收违法所得,依法对直接负责的主管人员和其他直接责任人员给予记大过、降级或者撤职处分;情节严重的,给予开除处分。

编造、散布虚假食品安全信息的,由有关主管部门依法给予处罚,并对直接负责的主管人员和其他直接责任人员给予处分。构成违反治安管理行为的,由公安机关依法给予治安管理处罚。

县级以上地方人民政府在食品安全监督管理中有违法行为的,对直接负责的主管人员和其他直接责任人员给予记大过处分;情节较重的,给予降级或者撤职处分;情节严重的,给予开除处分;造成严重后果的,其主要负责人应当引咎辞职。

二、民事责任

违反《食品安全法》的规定,造成人身、财产或者其他损害的,依法承担赔偿责任。生产经营者财产不足以同时承担民事赔偿责任和缴纳罚款、罚金时,先承担民事赔偿责任。消费者在法定情形下可以要求 10 倍价款或者 3 倍损失的惩罚性赔偿金。但是,食品的标签、说明书存在不影响食品安全且不会对消费者造成误导的瑕疵的除外。

接到消费者赔偿要求的生产经营者,实行首付责任制,先行赔付,不得推诿;属于生产者责任的,经营者赔偿后有权向生产者追偿;属于经营者责任的,生产者赔偿后有权向经营者追偿。

对明知为违法行为提供生产经营场所或者其他条件、网络交易第三方平台提供者未能履行法定义务、食品检验机构出具虚假检验报告、认证机构出具虚假的论证结论、广告经营者、发布者设计、制作、发布虚假食品广告,社会团体或者其他组织、个人在虚假广告或者其他虚假宣传中向消费者推荐食品,使消费者合法权益受到损害的,应与相关生产经营者承担连带责任。

编造、散布虚假食品安全信息,使公民、法人或者其他组织的合法权益受到损害的,依法承担消除影响、恢复名誉、赔偿损失、赔礼道歉等民事责任。食品安全监督管理过程中,因执法者违法行为给生产经营者造成损失的,应当依法予以赔偿。

三、刑事责任

违反《食品安全法》的规定,构成犯罪的,依法追究刑事责任。《刑法》第 140 条、第 143 条、第 144 条、第 149 条、第 150 条进行了具体规定。

【思考题】
 1. 卫生行政部门在食品安全工作中履行哪些职责?
 2. 公民依法享有哪些食品安全相关的权利和义务?

第十三章 健康产品管理法律制度

【学习目的】

了解药品及医疗器械管理立法沿革,药品及医疗器械研发管理,药品与医疗器械生产经营管理,药品与医疗器械监督管理机构及其职责;熟悉药品及医疗器械使用管理,药品进出口管理,执业药师与药品管理,药品监督管理机构及其职责,药品检验机构及其职责;掌握特殊药品管理,药品标准与假药劣药界定,药品不良反应报告制度,医疗器械及其分类管理,医疗器械质量的事故报告和公告制度,药品及医疗器械管理相关法律责任。

【案情导引】

2006年7月27日,国家食品药品监督管理局接到报告,西宁市部分患者在使用上海华源股份有限公司安徽华源生物药业有限公司(以下简称"安徽华源公司")生产的克林霉素磷酸酯葡萄糖注射液(又称欣弗)后,出现了胸闷、心悸、心慌、寒战、肾区疼痛、腹痛、腹泻、恶心、呕吐、过敏性休克、肝肾功能损害等临床症状。随后,广西、浙江、黑龙江、山东等地的药监部门也分别报告,有病人在使用该注射液后出现相似临床症状。2006年8月3日,卫生部发出停用欣弗的紧急通知,国家食品药品监督管理局对欣弗不良事件展开调查。

经查,安徽华源公司违反规定生产克林霉素磷酸酯葡萄糖注射液,未按批准的工艺参数灭菌,该药品应当经过105摄氏度、30分钟的灭菌过程,但是安徽华源公司却擅自将灭菌时间缩短1分钟,同时增加灭菌柜装载量,影响了灭菌效果。中国药品生物制品检定所对相关样品的检验结果表明,无菌检查和热原检查项不符合规定。安徽华源公司及相关责任人受到了严厉的法律制裁。

问题:

欣弗事件给药品生产安全监管工作带来哪些启示?

第一节　药品管理法律制度

一、药品管理立法沿革

药品,是指用于预防、治疗、诊断人的疾病,有目的地调节人的生理功能并规定有适应症、用法和用量的物质,包括中药材、中药饮片、中成药、化学原料药及其制剂、抗生素、生化药品、放射性药品、血清疫苗、血液制品和诊断药品等。

我国药品管理立法是从 20 世纪 80 年代开始的。为了强化药品的监督管理,保证药品质量,增进药品疗效,保障公民用药安全,维护公民身体健康,1984 年 9 月 20 日,第 6 届全国人大常委会第七次会议通过了《中华人民共和国药品管理法》(以下简称《药品管理法》),并于 1985 年 7 月 1 日开始施行。这是建国以来我国第一部药品管理法律,它把党和国家有关药品监督的方针政策和原则用法律的形式确定下来,将药品质量与安全置于国家和广大人民群众的严格监督之下,为人民群众用药的合理有效提供了法律保障。为了保证药品管理法的贯彻实施,国务院批准发布和颁布了《中华人民共和国药品管理法实施条例》、《医疗用毒性药品管理办法》、《麻醉药品和精神药品管理条例》、《放射性药品管理办法》等行政法规;国务院卫生行政部门和药品监督管理部门先后制定了《新药审批办法》、《药品生产质量管理规范》、《医院制剂管理办法》、《进口药品管理办法》、《药品监督管理行政处罚规定(暂行)》、《生物制品管理办法》等20 多个配套规章;各省、自治区、直辖市人民政府也相应制定了一系列地方法规,形成了初具规模的药品管理法律体系,使药品监督管理初步实现了有法可依。

药品管理法颁布实施后,我国的社会经济生活发生了深刻变化,科学技术有了很大的发展,原有药品管理法规已不能完全适应形势需要和人民用药日益多样化的要求,必须进行修改。1999 年 4 月,国务院药品监督管理部门公布了新的《新药审批办法》、《新生物制品审批办法》、《新药保护和技术转让的规定》、《仿制药品审批办法》、《进口药品管理办法》等;1999 年 7 月,国务院药品监督管理部门又发布了《药品生产质量管理规范(1998 年修订)》、《戒毒药品管理办法》、《麻黄素管理办法》,还公布了《处方药与非处方药分类管理办法》、《药品流通监督管理办法(暂行)》等。2001 年 2 月 28 日,第 9 届全国人大常委会第二十次会议审议通过了经过修订的《药品管理法》,并自 2001 年 12 月 1 日起施行(2013 年 12 月 28 日、2015 年 4 月 24 日全国人民代表大会常务委员会对该法个别条款又进行过两次修正)。

二、药品质量与安全控制

(一)药品生产管理

1. 开办药品生产企业的条件

药品生产企业是指生产药品的专营企业或者兼营企业。开办药品生产企业应配备相应的执业药师,还必须具备以下条件:(1)具有与所生产药品相适应的药师或者助理工程师以上的技术人员及技术工人。如果中药饮片加工企业没有上述技术人员则应配备熟悉药性并经县级以上药品监督管理部门审查登记的药工人员。(2)具有与生产药品相适应的厂房、设施和卫生环境。(3)具有能对生产的药品进行质量检验的机构和人员以及必要的仪器设备。

开办药品生产企业,须经企业所在地省、自治区、直辖市人民政府药品监督管理部门批准并发给《药品生产许可证》。无《药品生产许可证》的,不得生产药品。《药品生产许可证》有效期为 5 年,到期重新审查发证。企业破产或者关闭,许可证由原发证部门撤销。

2. 生产药品的质量管理

药品生产企业必须按照国务院药品监督管理部门制定的《药品生产质量管理规范》(即GMP 标准)的要求,制定和执行保证药品质量的规章制度和卫生要求;药品生产企业生产的各种药品必须按照原核定的药品标准和工艺规程进行生产,如果改变药品生产工艺规程可能影响药品标准时,须报省级药品监督管理部门审核批准后方可进行;药品生产应当有完整的生产记录和检验记录,并予以保存,直至该批次药品的有效期满后 1 年,无有效期的,保存 3 年;生产药品所需的原料、辅料以及直接接触药品的容器和包装材料,应符合国家药典或药用要求。使用没有上述要求的物品,应当向当地药品监督管理部门备案;药品生产企业的药品出厂前必须经过本企业药品检验部门的质量检验,符合标准的应当在包装内附有合格标志或者化验报告,不符合标准的,一律不得出厂。

3. 药品包装管理

药品管理法规定,药品包装必须适合药品质量的要求,方便储存、运输和医疗使用。规定有效期的药品,必须在包装上注明有效期或失效期。发运中药材必须有包装。在每件包装上,必须注明药品的品名、产地、日期、调出单位,并附有质量合格标志。药品包装上的标签及所附的说明书上必须注明药品的品名、规格、生产企业、批准文号、产品批号、主要成分、适应症、用法、用量、禁忌、不良反应和注意事项。麻醉药品、精神药品、外用药品、放射性药品和毒性药品的标签必须印有规定的标志。分装药品必须附有说明书,在包装上注明品名、规格、生产企业和产品批号、分装单位和分装批号。规定有效期或失效期的药品,分装后必须注明有效期或失效期。

(二) 药品经营管理

1. 开办药品经营企业的条件

药品经营企业是指经营药品的专营企业或者兼营企业。开办药品经营企业应当配备相应的执业药师,还必须具备下列条件:(1)药品经营企业应当具有专职的药学技术人员,并符合下列条件:药品批发企业设置质量检验机构,由中药士、药剂士以上的技术人员负责;药品零售企业应当配备中药士、药剂士以上的技术人员,或者应当配备经县级以上药品监督管理部门审查登记的专职药工人员;新招聘和调入的从事药品调剂、收购、保管、销售的非药学技术人员,必须经过本企业的药学知识培训,未经培训的不得单独工作。(2)具有与所经营药品相适应的营业场所、设备、仓储设施和卫生环境。(3)具有与经营的药品相适应的质量管理机构或人员。(4)具有保证所经营药品的质量的规章制度。

开办药品批发企业,须经企业所在地省、自治区、直辖市人民政府药品监督管理部门批准并发给《药品经营许可证》;开办药品零售企业,须经企业所在地县级以上地方药品监督管理部门批准并发给《药品经营许可证》。无《药品经营许可证》的,不得经营药品。《药品经营许可证》有效期为 5 年,到期重新审查发证。企业破产或者关闭,许可证由原发证部门撤销。

2. 经营药品的质量管理

药品管理法规定药品经营企业必须按照《药品经营质量管理规范》(即 GSP 标准)经营

药品。收购药品,必须进行检查验收,其查验项目包括药品的品名、生产企业、生产批号、合格证、批准文号、注册商标、包装以及药品的外观质量等。对中药材也必须检查包装及其品名、产地、调出单位,并须附有质量合格标志,不合格的不得收验;收购、销售药品必须建立健全严格的质量检验和入库验收、在库保养、出库验发等制度,除中药的饮片加工、炮制和按处方代患者调配制剂外,不得自制成药出售;销售药品必须准确无误,并正确说明用法、用量和注意事项,调配处方必须经过核对,对处方所列药品不得更改或者代用。对有配伍禁忌或者超剂量的处方,应拒绝调配,必要时,经处方医生更正或者重新签字,方可调配。销售地道中药材必须标明产地。

（三）药品研发与仿制管理

1. 新药研发

新药是指我国未销售过的药品。已生产的药品改变剂型、改变给药途径、增加新的适应症或制成新的复方制剂,亦按新药管理。由于新药对于诊疗疾病起着重要作用,并且代表着医药工业科研水平,所以国家鼓励研究创制新药。新药审批办法规定:新药的申报与审批分为临床研究（包括临床试验和生物等效性试验）和生产上市两个阶段。初审由省级药品监督管理部门负责,复审由国务院药品监督管理部门负责。

新药完成临床试验后,经国务院药品监督管理部门批准,发给研制者新药证书。拥有新药证书的单位在保护期内可申请新药证书副本进行技术转让;两年内无特殊理由既不生产亦不转让者,国家将中止对该新药的保护。

生产新药,必须经国务院药品监督管理部门批准,并发给批准文号。新药试生产期满,生产单位应提前 3 个月提出转为正式生产申请。逾期未提出申请,或经审查不符合规定者,国务院药品监督管理部门取消其试生产批准文号。

2. 仿制药品生产

仿制药品是指仿制国家已批准正式生产、并收载于国家药品标准（包括《中国生物制品规程》）的品种。仿制药品审批办法规定:国家鼓励创新和技术进步,控制仿制药品的审批。仿制药品的质量不得低于被仿制药品,使用说明书等应与被仿制药品保持一致。试行标准的药品及受国家行政保护的品种不得仿制。对已有国家标准且不在新药保护期内的化学药品,凡工艺进行重大改变的,应按仿制药品申报。

凡申请生产仿制药品的企业由所在省级药品监督管理部门初审后,报经国务院药品监督管理部门核准,方可试制并按程序申报。申请仿制药品的企业在取得核准试制并完成有关部门技术工作后,向省级药品监督管理部门提出正式申请。省级药品监督管理部门完成审查工作后报国务院药品监督管理部门。经审核后,由国务院药品监督管理部门对同意仿制的药品编排统一的批准文号。

3. 新生物制品研发

生物制品是指应用普通的或以基因工程、细胞工程、蛋白质工程、发酵工程等生物技术获得的微生物、细胞及各种动物和人源的组织和液体等生物材料制备,用于人类疾病预防、治疗和诊断的药品。新生物制品系指我国未批准上市的生物制品;已批准上市的生物制品,当改换制备疫苗和生产技术产品的菌毒种、细胞株及其他重大生产工艺对制品的安全性、有效性可能有显著影响时按新生物制品审批。

新生物制品审批办法规定,新生物制品审批实行国家一级审批制度。新生物制品研制过程一般分为:实验研究、小量试制、中间试制、试生产几个阶段。申报新生物制品临床研究,由省级药品监督管理部门对申报材料进行形式审查,并对研制条件和原始资料进行现场核查,提出意见后,报送国务院药品监督管理部门审批。新生物制品临床试验结束报经国务院药品监督管理部门审查批准后发给新药证书。申报生产新生物制品的企业,报经国务院药品监督管理部门审查批准后发给批准文号方能生产。

4. 药品的审评

对药品进行审评,包括通过临床用药评定新药,对老药进行再评价,淘汰危害严重、疗效不确或不合理的组方,这是药品管理的重要内容。这对于保护人们用药安全、有效,提高医疗质量,及医药企业的发展,新品种开发,提高经济效益等,有着重要意义。药品管理法规定,国务院药品监督管理部门和省级药品监督管理部门可成立药品审评委员会,对新药进行审评,对已经生产的药品进行再评价。国务院药品监督管理部门对已批准生产的药品,应当组织调查,对疗效不确、不良反应大或者其他原因危害人体健康的药品,应当撤销其批准文号。已撤销批准文号的药品,不得继续生产、销售;已经生产的,由当地药品监督管理部门监督销毁。

(四)药品使用管理

1. 非处方药管理

非处方药,即不用医师诊断和开写处方,消费者依据自己所掌握的医药知识,并借助阅读药品标识物,对小伤小病自我诊断和选择应用的药品。在美国称之为"柜台上的药物",简称OTC。其特点是安全、有效、稳定、方便。

我国的药品过去一直处于自由买卖状态,除了特殊药品实行特殊管理外,其他药品几乎都可以在药店里买到,虽然方便但也给消费者的用药安全有效造成了较大威胁。为了对药品实行严格管理,防止消费者因自我使用不当导致药物滥用甚至危害健康,同时引导消费者科学、合理地使用非处方药达到自我保健的目的,国务院药品监督管理部门于1999年7月22日发布了《处方药与非处方药分类管理办法》,自2000年1月1日起施行;并按照"应用安全、疗效确切、质量稳定、使用方便"的原则,公布了《第一批国家非处方药目录》。

处方药与非处方药分类管理办法规定:处方药必须凭执业医师或执业助理医师处方才可调配、购买和使用;非处方药不需要凭处方即可自行购买和使用。医疗机构根据医疗需要可以决定和推荐使用非处方药。处方药只准在专业性医药报刊上进行广告宣传,非处方药经审批可以在大众传播媒介进行广告宣传。非处方药分为甲、乙两类。经营处方药、非处方药的批发企业和经营处方药、甲类非处方药的零售企业,必须具有《药品经营企业许可证》。经省级药品监督管理部门或其授权的药品监督管理部门批准的其他商业企业,可以零售乙类非处方药。对处方药与非处方药进行分类管理,是我国药品监督管理方面的重大改革之一,它有助于保护药品消费者的权利和义务,对加入世界贸易组织后我国药品管理模式尽快与国际接轨也有重大帮助。

2. 特殊药品管理

特殊药品是指国家实行特殊管理的药品,包括麻醉药品、精神药品、医疗用毒性药品、放射性药品。

上述特殊药品管理不善或使用不当,极易造成对人体健康、公众卫生和社会治安的危害。国务院及其相关部门根据药品管理法的规定,对上述特殊药品分别制定了管理办法,对这些药品的研制、生产、运输、销售和使用作了相应的规定。为更好地进行国际合作和加强国内管制，我国已加入了联合国《1961 年麻醉品单一公约》、《1971 年精神药物公约》和 1988 年《联合国禁止非法贩运麻醉药品和精神药物公约》。

3. 药品不良反应报告

药品管理法规定，国家实行药品不良反应报告制度。药品生产、经营企业和医疗机构必须经常考察本单位所生产、经营、使用的药品质量、疗效和反应。发现可能与用药有关的严重不良反应，必须及时向省级药品监督管理部门和卫生行政部门报告。对已确认发生不良反应的药品，国家或省级药品监督管理部门可以采取停止生产、销售、使用的紧急控制措施。

（五）药品进出口管理

进口药品是指原料药、制剂，包括制剂半成品和药用辅料等。国家对进口药品实行注册审批制度。进口药品必须是临床需要、安全有效、可控质量的品种。申请注册的进口药品必须获得生产国药品主管当局注册批准和上市许可；必须按照国务院药品监督管理部门规定的程序和要求在中国进行临床试验（包括生物等效性研究）。进口药品必须取得中国国务院药品监督管理部门核发的《进口药品注册证》，并经国务院药品监督管理部门授权的口岸药品检验所检验合格。进口药品必须符合药品管理法和中国其他法律的规定，必须接受国务院药品监督管理部门对其生产情况的监督检查。

出口药品必须保证质量。凡我国制造销售的药品，经省级药品监督管理部门审核批准后，根据国外药商需要出具有关证明办理相关出口手续。未经批准，不得组织药品出口。对国内供应不足的中药材、中成药按国务院药品监督管理部门批准的品种出口。限制或禁止的品种不得办理出口业务。出口麻醉药品、精神药品等特殊管理药品必须持有国务院药品监督管理部门发给的出口准许证

（六）药品标准与假药劣药界定

1. 药品标准

药品标准是国家对药品质量规格及检验方法所作的技术性规定，是药品生产、使用、检验和管理部门共同遵循的法定依据。我国曾经实行两级药品标准制度即国家标准和地方标准。国务院药品监督管理部门颁布的《中华人民共和国药典》和药品标准为国家药品标准，由国家药典委员会负责组织制定和修订；国家药品标准未收载的其他药品，省、自治区、直辖市可制定地方性标准。自 2001 年 1 月 1 日起，我国开始使用统一的国家药品标准。

2. 假药

假药是指药品所含成分名称与国家药品标准或省级地方药品标准规定不符合的，以非药品冒充药品或者以他种药品冒充此种药品的。有下列情形之一的按假药处理：(1)国务院药品监督管理部门规定禁止使用的；(2)依照《药品管理法》规定，必须批准而未经批准生产、进口，或者依照本法必须检验而未经检验即销售的；(3)变质的、被污染的；(4)必须取得批准文号而未取得批准文号的原料药生产的；(5)所标明的适应症或者功能主治超出规定范围的。

3. 劣药

劣药是指药品成份的含量不符合国家药品标准的。有下列情形之一的药品，按劣药论处：(1)未标明有效期或者更改有效期的；(2)不注明或者更改生产批号的；(3)超过有效期的；(4)直接接触药品的包装材料和容器未经批准的；(5)擅自添加着色剂、防腐剂、香料、矫

味剂及辅料的;(6)其他不符合药品标准规定的。

三、执业药师与药品管理

(一)执业药师的概念

执业药师是指经全国统一考试合格,取得《执业药师资格证书》并经过注册登记,在药品生产、经营、使用单位中执业的药学技术人员。凡从事药品生产、经营、使用的单位均应配备相应的执业药师,并以此作为开办药品生产、经营、使用单位的必备条件之一。国务院药品监督管理部门负责对需要由执业药师担任的岗位作出明确的规定并进行检查。人事部门和国务院药品监督管理部门共同负责全国执业药师资格制度的政策制定、组织协调、资格考试、登记注册和监督管理工作。

(二)执业药师考试

凡中华人民共和国公民和获准在我国境内就业的其他国籍的人员具备以下条件之一者,均可申请参加执业药师资格考试:(1)取得药学、中药学或相关专业中专学历,从事药学或中药学专业工作满7年;(2)取得药学、中药学或相关专业大专学历,从事药学或中药学专业工作满5年;(3)取得药学、中药学或相关专业大学本科学历,从事药学或中药学专业工作满3年;(4)取得药学、中药学或相关专业第二学士学位、研究生班毕业或取得硕士学位,从事药学或药学专业工作满1年;(5)取得药学、中药学或相关专业博士学位。

(三)执业药师的注册

执业药师资格实行注册制度。国务院药品监督管理部门为全国执业药师资格注册管理机构,各省、自治区、直辖市药品监督管理部门为注册机构。

取得《执业药师资格证书》者,要按照规定向所在省(区、市)药品监督管理部门申请注册。经过注册后,方可按照注册的执业类别、执业范围从事相应的执业活动。未经注册者,不得以执业药师身份执业。

申请注册者,必须同时具备下列条件:(1)取得《执业药师资格证书》;(2)遵纪守法,遵守药师职业道德;(3)身体健康,能坚持在执业药师岗位工作;(4)经所在单位考核同意。

经批准注册者,由各省、自治区、直辖市药品监督管理部门在《执业药师资格证书》中的注册情况栏中加盖专用印章,同时发给国务院药品监督部门统一印制的《中华人民共和国执业药师注册证》,并报国家药品管理监督局备案。执业药师只能在一个省、自治区、直辖市注册,变更执业地区、执业范围应及时办理变更注册手续。执业药师注册有效期为三年,有效期满前3个月,须到注册机构办理再次注册手续,再次注册者,除了符合相关规定外,还须有参加继续教育的证明。

执业药师有下列情形之一的,由所在单位向注册机构办理注销注册手续:(1)死亡或被宣告失踪的;(2)受刑事处罚的;(3)受取消执业资格处分的;(4)因健康原因不能或不宜从事执业药师业务的。

凡注销注册的,由所在省(区、市)的注册机构向国务院药品监督管理部门备案,并由国务院药品监督管理部门定期公告。

(四)执业药师的职责

执业药师必须遵守职业道德,对药品质量负责,保证人民用药安全有效,必须严格遵守执行药品管理法及国家有关药品研究、生产、经营、使用的各项法规及政策,对违反药品管理法及有关规定的行为或决定,有责任提出劝告、制止、拒绝并向上级报告。

执业药师在执业范围内负责对药品质量的监督和管理,参与制定、实施药品全面质量管理及对本单位违反规定的处理。执业药师负责处方的审核及监督调配,提供用药咨询与信息,指导合理用药,开展治疗药物的监测及药品疗效的评价等临床药学工作。

执业药师需要掌握最新医药知识,保持较高的专业水平,必须接受继续教育。

(五)执业药师相关法律责任

对未按规定配备执业药师的单位,应限期配备,逾期将追究单位负责人的责任。对已在需由执业药师担任的岗位工作,但尚未通过执业药师资格考试的人员,要限期达到要求。对经过培训仍不能通过资格考试者,必须调离岗位。

对涂改、伪造或以虚假和不正当手段获得执业药师资格证书或执业药师注册证书的人员,发证机构应收回证书,取消其执业药师资格,注销注册。并对直接责任者根据有关规定给予行政处分,直至送交有关部门追究法律责任。

对执业药师违反相关规定的,所在单位如实上报,由药品监督管理部门根据情况予以处分。注册机构对执业药师所受处分,应及时记录在案。

执业药师在执业期间违反药品管理法及其他法律构成犯罪的,由司法机关依法追究其刑事责任。

四、药品监管与法律责任

(一)药品监督管理机构及其职责

国务院药品监督管理部门主管全国药品监督管理工作。国务院有关部门在各自的职责范围内负责与药品有关的监督管理工作。省、自治区、直辖市人民政府药品监督管理部门负责本行政区域内的药品监督管理工作。省、自治区、直辖市人民政府有关部门在各自的职责范围内负责与药品有关的监督管理工作。

国务院药品监督管理部门应当配合国务院经济综合主管部门,执行国家制定的药品行业发展规划和产业政策。

(二)药品检验机构及其职责

药品监督管理部门设置或者确定的药品检验机构,承担依法实施药品审批和药品质量监督检查所需的药品检验工作。药品检验机构不得参与药品生产经营活动,不得以其名义推荐或者监制、监销药品。药品检验机构工作人员不得参与药品生产经营活动。

我国药检机构分为:中国药品生物制品检定所,省、自治区、直辖市药品检验所,地(市、州、盟)药品检验所,县(市、旗)药品检验所。中国药品生物制品检定所是全国药品生物制品检验的业务技术指导中心。各级药检所受同级药品监督管理部门的行政领导,在业务和技术上受上一级药检所的指导。

(三)药品违法行为法律责任

1. 行政责任

生产、销售假药的,没收假药和违法所得,处以罚款,并可以责令该单位停产、停业整顿。情节严重的,吊销"三证"。生产、销售劣药的,没收劣药和违法所得,可以并处罚款;情节严重的,责令该单位停产、停业整顿或者吊销"三证"。未取得"三证"生产药品、经营药品或者配制制剂的,责令该单位停产、停业或者停止配制制剂,没收全部药品和违法所得,可以并处罚款。违反药品管理法关于药品生产、经营管理的其他规定,处以警告或者罚款。没收的药品,由药品监督管理部门监督处理。

2. 民事责任

药品管理法规定,药品生产企业、经营企业、医疗机构违反法律规定,给药品使用者造成损害的,致害单位或者个人应当负损害赔偿责任。受害人可以请求县级以上药品监督管理部门处理;当事人不服的,可以向人民法院起诉。受害人也可以直接向人民法院起诉。

3. 刑事责任

《刑法》第 141 条规定,生产、销售假药,足以严重危害人体健康的,处 3 年以下有期徒刑或者拘役,并处或者单处销售金额 50% 以上 2 倍以下罚金;对人体健康造成严重危害的,处 3 年以上 10 年以下有期徒刑,并处销售金额 50% 以上 2 倍以下罚金;致人死亡或者对人体健康造成特别严重危害的,处 10 年以上有期徒刑、无期徒刑或者死刑,并处销售金额 50% 以上 2 倍以下罚金或者没收财产。

《刑法》第 355 条规定,依法从事生产、运输、管理、使用国家管制的麻醉药品、精神药品的人员,违反国家规定,向吸食、注射毒品的人提供国家规定管制的能够使人形成瘾癖的麻醉药品、精神药品的,处 3 年以下有期徒刑或者拘役,并处罚金;情节严重的,处 3 年以上 7 年以下有期徒刑,并处罚金。向走私、贩卖毒品的犯罪分子或者以牟利为目的,向吸食、注射毒品的人提供国家规定管制的能够使人形成瘾癖的麻醉药品、精神药品的,依照《刑法》第 347 条关于走私、贩卖、运输、制造毒品的规定予以刑事处罚。单位犯上述罪行的,对单位判处罚金,并对其直接负责的主管人员和其他直接责任人员,依照上述的规定处罚。

第二节　医疗器械管理法律制度

一、概述

医疗器械,是指直接或者间接用于人体的仪器、设备、器具、体外诊断试剂及校准物、材料以及其他类似或者相关的物品,包括所需要的计算机软件;其效用主要通过物理等方式获得,不是通过药理学、免疫学或者代谢的方式获得,或者虽然有这些方式参与但是只起辅助作用;其目的是:(1)疾病的诊断、预防、监护、治疗或者缓解;(2)损伤的诊断、监护、治疗、缓解或者功能补偿;(3)生理结构或者生理过程的检验、替代、调节或者支持;(4)生命的支持或者维持;(5)妊娠控制;(6)通过对来自人体的样本进行检查,为医疗或者诊断目的提供信息。国务院药品监督管理部门负责全国的医疗器械监督管理工作。县级以上地方人民政府药品监督管理部门负责本行政区域内的医疗器械监督管理工作。

我国的医疗器械产业发展迅速。自上世纪九十年代以来,国务院药品监督管理等有关职能部门先后发布了许多有关医疗器械管理的规范性文件。主要有:1996 年 9 月国家医药管理局发布的《医疗器械产品注册管理办法》;1995 年 3 月国家工商行政管理局发布的《医疗器械广告审查标准》;1997 年 12 月国家经济贸易委员会、国家医药管理局、财政部、中国人民银行、卫生部联合发布的《国家药品医疗器械储备管理暂行办法》;2000 年 1 月 4 日国务院以 276 号令发布了《医疗器械监督管理条例》,从 2000 年 4 月 1 日起实施,该《条例》对医疗器械产品管理作出了系统性规定。此后,2014 年 2 月 12 日国务院第 39 次常务会议对该《条例》进行了修订,修订后的《条例》于 2014 年 6 月 1 日起实施。2017 年 5 月 4 日,国务院又发布了《关于修改〈医疗器械监督管理条例〉的决定》,对该《条例》再一次修订。

二、医疗器械产品分类管理制度

(一)分类管理

国家对医疗器械按照风险程度实行分类管理。第一类是风险程度低,实行常规管理可以保证其安全、有效的医疗器械。第二类是具有中度风险,需要严格控制管理以保证其安全、有效的医疗器械。第三类是具有较高风险,需要采取特别措施严格控制管理以保证其安全、有效的医疗器械。第一类医疗器械实行产品备案管理,第二类、第三类医疗器械实行产品注册管理。国务院药品监督管理部门负责制定医疗器械的分类规则和分类目录,并根据医疗器械生产、经营、使用情况,及时对医疗器械的风险变化进行分析、评价,对分类目录进行调整。制定、调整分类目录,应当充分听取医疗器械生产经营企业以及使用单位、行业组织的意见,并参考国际医疗器械分类实践。医疗器械分类目录应当向社会公布。

1. 第一类医疗器械备案

第一类医疗器械产品备案,由备案人向所在地设区的市级人民政府食品药品监督管理部门提交备案资料。其中,产品检验报告可以是备案人的自检报告;临床评价资料不包括临床试验报告,可以是通过文献、同类产品临床使用获得的数据证明该医疗器械安全、有效的资料。向我国境内出口第一类医疗器械的境外生产企业,由其在我国境内设立的代表机构或者指定我国境内的企业法人作为代理人,向国务院食品药品监督管理部门提交备案资料和备案人所在国(地区)主管部门准许该医疗器械上市销售的证明文件。

2. 第二、三类医疗器械注册

申请第二类医疗器械产品注册,注册申请人应当向所在地省、自治区、直辖市人民政府食品药品监督管理部门提交注册申请资料。申请第三类医疗器械产品注册,注册申请人应当向国务院食品药品监督管理部门提交注册申请资料。向我国境内出口第二类、第三类医疗器械的境外生产企业,应当由其在我国境内设立的代表机构或者指定我国境内的企业法人作为代理人,向国务院食品药品监督管理部门提交注册申请资料和注册申请人所在国(地区)主管部门准许该医疗器械上市销售的证明文件。第二类、第三类医疗器械产品注册申请资料中的产品检验报告应当是医疗器械检验机构出具的检验报告;临床评价资料应当包括临床试验报告,但依照有关规定免于进行临床试验的医疗器械除外。

医疗器械注册证有效期为 5 年。有效期届满需要延续注册的,应当在有效期届满 6 个月前向原注册部门提出延续注册的申请。有下列情形之一的,不予延续注册:(1)注册人未在规定期限内提出延续注册申请的;(2)医疗器械强制性标准已经修订,申请延续注册的医疗器械不能达到新要求的;(3)对用于治疗罕见疾病以及应对突发公共卫生事件急需的医疗器械,未在规定期限内完成医疗器械注册证载明事项的。

3. 尚未列入分类目录医疗器械的处理

对新研制的尚未列入分类目录的医疗器械,申请人可以依照本条例有关第三类医疗器械产品注册的规定直接申请产品注册,也可以依据分类规则判断产品类别并向国务院食品药品监督管理部门申请类别确认后依照本条例的规定申请注册或者进行产品备案。

（二）医疗器械产品临床试验

第一类医疗器械产品备案，不需要进行临床试验。申请第二类、第三类医疗器械产品注册，应当进行临床试验。

有下列情形之一的，可以免于进行临床试验：（1）工作机理明确、设计定型，生产工艺成熟，已上市的同品种医疗器械临床应用多年且无严重不良事件记录，不改变常规用途的；（2）通过非临床评价能够证明该医疗器械安全、有效的；（3）通过对同品种医疗器械临床试验或者临床使用获得的数据进行分析评价，能够证明该医疗器械安全、有效的。免于进行临床试验的医疗器械目录由国务院食品药品监督管理部门制定、调整并公布。

第三类医疗器械进行临床试验对人体具有较高风险的，应当经国务院食品药品监督管理部门批准。临床试验对人体具有较高风险的第三类医疗器械目录由国务院食品药品监督管理部门制定、调整并公布。

三、医疗器械生产经营与使用管理

（一）生产管理

从事医疗器械生产活动，应当具备下列条件：（1）有与生产的医疗器械相适应的生产场地、环境条件、生产设备以及专业技术人员；（2）有对生产的医疗器械进行质量检验的机构或者专职检验人员以及检验设备；（3）有保证医疗器械质量的管理制度；（4）有与生产的医疗器械相适应的售后服务能力；（5）产品研制、生产工艺文件规定的要求。

从事第一类医疗器械生产的，由生产企业向所在地设区的市级人民政府食品药品监督管理部门备案。从事第二类、第三类医疗器械生产的，生产企业应当向所在地省、自治区、直辖市人民政府食品药品监督管理部门申请生产许可并提交相关证明资料以及所生产医疗器械的注册证。医疗器械生产许可证有效期为5年。有效期届满需要延续的，依照有关行政许可的法律规定办理延续手续。

医疗器械生产质量管理规范应当对医疗器械的设计开发、生产设备条件、原材料采购、生产过程控制、企业的机构设置和人员配备等影响医疗器械安全、有效的事项作出明确规定。医疗器械生产企业应当按照医疗器械生产质量管理规范的要求，建立健全与所生产医疗器械相适应的质量管理体系并保证其有效运行；严格按照经注册或者备案的产品技术要求组织生产，保证出厂的医疗器械符合强制性标准以及经注册或者备案的产品技术要求。医疗器械生产企业应当定期对质量管理体系的运行情况进行自查，并向所在地省、自治区、直辖市人民政府食品药品监督管理部门提交自查报告。

（二）医疗器械经营与使用

1. 医疗器械经营基本条件

从事医疗器械经营活动，应当有与经营规模和经营范围相适应的经营场所和贮存条件，以及与经营的医疗器械相适应的质量管理制度和质量管理机构或者人员。

从事第二类医疗器械经营的，由经营企业向所在地设区的市级人民政府食品药品监督管理部门备案并提交相关的证明资料。从事第三类医疗器械经营的，经营企业应当向所在地设区的市级人民政府食品药品监督管理部门申请经营许可并提交相关证明资料。医疗器械经营许可证有效期为5年。有效期届满需要延续的，依照有关行政许可的法律规定办理延续手续。

2. 医疗器械购进、运输与贮存管理

医疗器械经营企业、使用单位购进医疗器械,应当查验供货者的资质和医疗器械的合格证明文件,建立进货查验记录制度。从事第二类、第三类医疗器械批发业务以及第三类医疗器械零售业务的经营企业,还应当建立销售记录制度。进货查验记录和销售记录应当真实,并按照国务院食品药品监督管理部门规定的期限予以保存。

运输、贮存医疗器械,应当符合医疗器械说明书和标签标示的要求;对温度、湿度等环境条件有特殊要求的,应当采取相应措施,保证医疗器械的安全、有效。

3. 医疗器械的使用管理

医疗器械使用单位应当有与在用医疗器械品种、数量相适应的贮存场所和条件。医疗器械使用单位应当加强对工作人员的技术培训,按照产品说明书、技术操作规范等要求使用医疗器械。

医疗器械使用单位配置大型医用设备,应当符合国务院卫生计生主管部门制定的大型医用设备配置规划,与其功能定位、临床服务需求相适应,具有相应的技术条件、配套设施和具备相应资质、能力的专业技术人员,并经省级以上人民政府卫生计生主管部门批准,取得大型医用设备配置许可证。

医疗器械使用单位对重复使用的医疗器械,应当按照国务院卫生计生主管部门制定的消毒和管理的规定进行处理。一次性使用的医疗器械不得重复使用,对使用过的应当按照国家有关规定销毁并记录。

发现使用的医疗器械存在安全隐患的,医疗器械使用单位应当立即停止使用,并通知生产企业或者其他负责产品质量的机构进行检修;经检修仍不能达到使用安全标准的医疗器械,不得继续使用。

四、不良事件的处理与医疗器械召回

国家建立医疗器械不良事件监测制度,对医疗器械不良事件及时进行收集、分析、评价、控制。医疗器械生产经营企业、使用单位应当对所生产经营或者使用的医疗器械开展不良事件监测;发现医疗器械不良事件或者可疑不良事件,应当按照国务院食品药品监督管理部门的规定,向医疗器械不良事件监测技术机构报告。任何单位和个人发现医疗器械不良事件或者可疑不良事件,有权向食品药品监督管理部门或者医疗器械不良事件监测技术机构报告。

医疗器械生产经营企业、使用单位应当对医疗器械不良事件监测技术机构、食品药品监督管理部门开展的医疗器械不良事件调查予以配合。医疗器械生产企业发现其生产的医疗器械不符合强制性标准、经注册或者备案的产品技术要求或者存在其他缺陷的,应当立即停止生产,通知相关生产经营企业、使用单位和消费者停止经营和使用,召回已经上市销售的医疗器械,采取补救、销毁等措施,记录相关情况,发布相关信息,并将医疗器械召回和处理情况向食品药品监督管理部门和卫生计生主管部门报告。医疗器械经营企业发现其经营的医疗器械存在前款规定情形的,应当立即停止经营,通知相关生产经营企业、使用单位、消费者,并记录停止经营和通知情况。医疗器械生产企业认为属于依照前款规定需要召回的医疗器械,应当立即召回。医疗器械生产经营企业未依照本条规定实施召回或者停止经营的,

食品药品监督管理部门可以责令其召回或者停止经营。

五、法律责任

（一）生产企业法律责任

未取得医疗器械产品生产注册证书进行生产的,由县级以上人民政府药品监督管理部门责令停止生产,没收违法生产的产品和违法所得并处罚款。情节严重的,由省、自治区、直辖市人民政府药品监督管理部门吊销其《医疗器械生产企业许可证》;构成犯罪的,依法追究刑事责任。

未取得《医疗器械生产企业许可证》生产第二类、第三类医疗器械的,由县级以上人民政府药品监督管理部门责令停止生产,没收违法生产的产品和违法所得并处罚款。构成犯罪的,依法追究刑事责任。

生产不符合医疗器械国家标准或者行业标准的医疗器械的,由县级以上人民政府药品监督管理部门予以警告,责令停止生产,没收违法生产的产品和违法所得并处罚款。情节严重的,由原发证部门吊销产品生产注册证书;构成犯罪的,依法追究刑事责任。

（二）经营企业法律责任

未取得《医疗器械经营企业许可证》经营第二类、第三类医疗器械的,由县级以上人民政府药品监督管理部门责令停止经营,没收违法经营的产品和违法所得并处罚款。构成犯罪的,依法追究刑事责任。

经营无产品注册证书、无合格证明、过期、失效、淘汰的医疗器械的,或者从无《医疗器械生产企业许可证》、《医疗器械经营企业许可证》的企业购进医疗器械的,由县级以上人民政府药品监督管理部门责令停止经营,没收违法经营的产品和违法所得并处罚款。情节严重的,由原发证部门吊销《医疗器械经营企业许可证》。构成犯罪的,依法追究刑事责任。

（三）医疗机构法律责任

医疗机构使用无产品注册证书、无合格证明、过期、失效、淘汰的医疗器械的,或者从无《医疗器械生产企业许可证》、《医疗器械经营企业许可证》的企业购进医疗器械的,由县级以上人民政府药品监督管理部门责令改正,给予警告,没收违法使用的产品和违法所得并处罚款。对主管人员和其他直接责任人员依法给予纪律处分;构成犯罪的,依法追究刑事责任。

医疗机构重复使用一次性使用的医疗器械的,或者对应当销毁未进行销毁的,由县级以上人民政府药品监督管理部门责令改正、给予警告、罚款。对主管人员和其他直接责任人员依法给予纪律处分;构成犯罪的,依法追究刑事责任。

承担医疗器械临床试用或者临床验证的医疗机构提供虚假报告的,由省级以上人民政府药品监督管理部门责令改正、给予警告、罚款;情节严重的,撤销其临床试用或者临床验证资格,对主管人员和其他直接责任人员依法给予纪律处分;构成犯罪的,依法追究刑事责任。

（四）其他机构或人员的法律责任

医疗器械检测机构及其人员从事或者参与同检测有关的医疗器械的研制、生产、经营、技术咨询的,或者出具虚假检测报告的,由省级以上人民政府药品监督管理部门责令改正、给予警告、罚款。情节严重的,由国务院药品监督管理部门撤销该检测机构的检测资格,对主管人员和其他直接责任人员依法给予纪律处分;构成犯罪的,依法追究刑事责任。

医疗器械监督管理人员滥用职权、徇私舞弊、玩忽职守,构成犯罪的,依法追究刑事责任;尚不构成犯罪的,依法给予行政处分。

【思考题】

1.我国当前的药品质量监管工作是否存在需要改进和完善之处?

2.我国药品广告管理存在哪些不足之处? 你认为有哪些改善途径?

3.医疗器械生产注册的审批权限是如何划分的?

第十四章 传染病防治法律制度

【学习目的】

了解传染病与传染病防治立法概况,《传染病防治法》的适用范围;熟悉传染病防治监督管理,几种常见传染病防治的法律规定,国境卫生检疫相关法律规定;掌握法定传染病病种的分类与分类管理,传染病预防与控制的法律规定,违反《传染病防治法》的法律责任。

【案情导引】

2016 年 7 月中旬,全国 30 省份百余名艾滋病感染者称接到诈骗电话,诈骗者自称是政府部门工作人员,以给感染者发放补助为名,骗取手续费,艾滋病感染者的个人信息疑似被大面积泄露。

据中国网记者调查发现,来自福州、西安、成都、黄山、南通、内蒙古等多地的艾滋病感染者表示,骗子在电话中清楚地说出自己的姓名、病情等个人信息,并称可以帮助感染者申请上千元的医疗补助。一位陕西西安的感染者称,骗子给自己打电话时直呼其姓名,并问自己是不是在校学生,甚至连确诊时间都准确无误地说出来。来自成都的一位感染者说,骗子甚至知道自己最近哪一天去医院做的检测。更有甚者,将电话拨打到感染者的工作单位。一位感染者称,"公司 HR 接到了自称来自地坛医院的工作人员的电话,询问我是不是在这里工作。HR 回答'是',然后询问对方哪里? 对方说是地坛艾滋病信息中心的"。这通电话致使这位感染者不得不主动提出辞职。

问题:

保护传染病患者隐私权的意义何在?

第一节 传染病防治法律制度概述

一、传染病与传染病防治立法

传染病是由病源性细菌、病毒、立克次体和原虫等引起的一类疾病,它可以在人与人之间、动物与动物之间或人与动物之间相互传播。由于这类疾病具有传染性、流行性和反复性等特点,因而发病率高,对人体健康和生命的威胁大,对国家经济建设的影响也最大。

传染病防治法是调整在预防、控制和消除传染病的发生与流行,保障人体健康和公共卫生活动中形成的各种社会关系的法律规范的总和。1989年2月21日,第7届全国人大常委会第六次会议通过了《中华人民共和国传染病防治法》(以下简称《传染病防治法》),并于1989年9月1日起施行。1991年12月6日,经国务院批准,卫生部发布了《中华人民共和国传染病防治法实施办法》。2004年8月28日第10届全国人大常委会第十一次会议对《传染病防治法》进行了修订,修订后的《传染病防治法》于2004年12月1日起正式施行(2013年6月29日全国人民代表大会常务委员会对个别条款进行了修正)。除了专门的《传染病法治法》以外,《中华人民共和国国境卫生检疫法》、《突发公共卫生事件应急条例》、《艾滋病防治条例》、《性病防治管理办法》等法律、法规、规章也是传染病防治工作的法律渊源。

二、《传染病防治法》的适用范围

《传染病防治法》规定,在中华人民共和国领域内的一切单位和个人,必须接受疾病预防与控制机构、医疗机构有关传染病的调查、检验、采集样本、隔离治疗等预防、控制措施,如实提供有关情况。

一切单位包括我国的一切机关、团体、企事业单位,也包括我国领域内的外资企业和中外合资、合作企业等。一切个人即我国领域内的一切自然人,包括中国人、具有外国国籍的人和无国籍人。根据我国有关法律规定和国际惯例,外交人员没有传染病防治方面的豁免权,所有驻中国的外国使领馆人员也必须遵守传染病防治法的规定。

三、法定传染病病种的分类与分类管理

(一)法定传染病病种的分类

根据各种传染病的传播方式、传播速度以及对人体健康、社会危害程度等的不同分为甲、乙、丙3类。《传染病防治法》第三条第一款规定的传染病计37种。甲类传染病2种:鼠疫、霍乱。乙类传染病25种:传染性非典型肺炎、艾滋病、病毒性肝炎、脊髓灰质炎、人感染高致病性禽流感、麻疹、流行性出血热、狂犬病、流行性乙型脑炎、登革热、炭疽、细菌性和阿米巴性痢疾、肺结核、伤寒和副伤寒、流行性脑脊髓膜炎、百日咳、白喉、新生儿破伤风、猩红热、布鲁氏菌病、淋病、梅毒、钩端螺旋体病、血吸虫病、疟疾。丙类传染病10种:流行性感冒、流行性腮腺炎、风疹、急性出血性结膜炎、麻风病、流行性和地方性斑疹伤寒、黑热病、包虫病、丝虫病、除霍乱、细菌性和阿米巴性痢疾、伤寒和副伤寒以外的感染性腹泻病。此外,根据《传染病防治法》的规定,国务院卫生行政部门分别于2008年5月2日、2009年4月13日将手足口病、甲型H1N1流感列入丙类和乙类传染病进行管理。

《传染病防治法》还规定,根据传染病暴发、流行情况和危害程度,国务院卫生行政部门可以决定增加、减少或者调整乙类、丙类传染病病种并予以公布。

(二)传染病的分类管理

传染病实行分类管理,对甲类、乙类、丙类传染病采取不同的管理措施。但由于乙类、丙类传染病以及法定传染病以外的其他传染病危害程度也各不相同,且可能随着环境等的变化而变化,因此《传染病防治法》又做了一些特别规定。

《传染病防治法》规定,对乙类传染病中的传染性非典型肺炎、炭疽中肺炭疽和人感染高致病性禽流感,采取本法规定的甲类传染病的预防、控制措施。2009 年 4 月 13 日,国务院卫生行政部门又根据《传染病防治法》的相关规定,在报国务院批准后,决定对乙类传染病甲型 H1N1 流感采取甲类传染病的预防、控制措施。省、自治区、直辖市人民政府对本行政区域内常见、多发的其他地方性传染病,可以根据情况决定按照乙类或者丙类传染病管理并予以公布,报国务院卫生行政部门备案。

第二节 传染病预防与控制的法律规定

一、传染病的预防

传染病预防是传染病管理工作中一项极其重要的措施。做好传染病的预防工作,防患于未然,就能减少、控制和消灭传染病的发生和流行。对此,《传染病防治法》规定必须做好下列各项工作。

（一）开展预防传染病的健康教育

各级人民政府应当组织开展群众性卫生活动,进行预防传染病的健康教育,倡导文明健康的生活方式,提高公众对传染病的防治意识和应对能力。

（二）消除各种传染病传播媒介

传染病都是通过一定的传播媒介传播的,例如蚊、蝇、蚤、虱等虫媒通过叮咬吸血可传播疟疾、流行性乙型脑炎等传染病;鼠可传播鼠疫、流行性出血热等。因此,要发动群众开展爱国卫生运动,农牧、林业、卫生、城建、水利等部门要协调配合,共同做好灭鼠、消除各种病媒昆虫以及传播传染病或引起人畜共患传染病的禽畜等宿主动物的防治管理。

（三）加强管理和改善公共卫生状况

地方各级人民政府应当有计划地建设和改造公共卫生设施,改善用水卫生条件,对污水、污物、粪便进行无害化处理。

（四）做好计划免疫工作

计划免疫是根据疫情监测和人群免疫状况分析,按照规定的免疫程序,有计划地利用生物制品进行人群预防接种,以提高人群的免疫能力,达到控制、消灭相应传染病的目的。

国务院卫生行政部门和省、自治区、直辖市人民政府卫生行政部门,根据传染病预防、控制的需要,制定传染病预防接种规划并组织实施。医疗机构、疾病预防控制机构与儿童的监护人应当互相配合,保证儿童及时接受预防接种。

（五）加强对传染病患者的保护和管理

国家和社会应当关心、帮助传染病病人、病原携带者和疑似传染病病人,使其得到及时救治。任何单位和个人不得歧视传染病病人、病原携带者和疑似传染病病人。

传染病病人、病原携带者和疑似传染病病人,在治愈前或者在排除传染病嫌疑前,不得从事法律、行政法规和国务院卫生行政部门规定禁止从事的易使该传染病扩散的工作。

（六）建立传染病监测、预警制度以及菌种、毒种管理制度

国务院卫生行政部门制定国家传染病监测规划和方案。省、自治区、直辖市人民政府卫生行政部门根据国家传染病监测规划和方案，制定本行政区域的传染病监测计划和工作方案。各级疾病预防控制机构对传染病的发生、流行以及影响其发生、流行的因素，进行监测；对国外发生、国内尚未发生的传染病或者国内新发生的传染病，进行监测。

国务院卫生行政部门和省、自治区、直辖市人民政府根据传染病发生、流行趋势的预测，及时发出传染病预警，根据情况予以公布。县级以上地方人民政府应当制定传染病预防、控制预案，报上一级人民政府备案。地方人民政府和疾病预防控制机构接到国务院卫生行政部门或者省、自治区、直辖市人民政府发出的传染病预警后，应当按照传染病预防、控制预案，采取相应的预防、控制措施。

国家建立传染病菌种、毒种库。对传染病菌种、毒种和传染病检测样本的采集、保藏、携带、运输和使用实行分类管理，建立健全严格的管理制度。对可能导致甲类传染病传播的以及国务院卫生行政部门规定的菌种、毒种和传染病检测样本，确需采集、保藏、携带、运输和使用的，须经省级以上人民政府卫生行政部门批准。

（七）加强医源性感染和医院感染防治

医疗机构必须严格执行国务院卫生行政部门规定的管理制度、操作规范，防止传染病的医源性感染和医院感染。

医疗机构应当确定专门的部门或者人员，承担传染病疫情报告、本单位的传染病预防、控制以及责任区域内的传染病预防工作；承担医疗活动中与医院感染有关的危险因素监测、安全防护、消毒、隔离和医疗废物处置工作。

疾病预防控制机构应当指定专门人员负责对医疗机构内传染病预防工作进行指导、考核，开展流行病学调查。

疾病预防控制机构、医疗机构的实验室和从事病原微生物实验的单位，应当符合国家规定的条件和技术标准，建立严格的监督管理制度，对传染病病原体样本按照规定的措施实行严格监督管理，严防传染病病原体的实验室感染和病原微生物的扩散。

（八）加强血液及血液制品的管理

采供血机构、生物制品生产单位必须严格执行国家有关规定，保证血液、血液制品的质量。禁止非法采集血液或者组织他人出卖血液。

疾病预防控制机构、医疗机构使用血液和血液制品，必须遵守国家有关规定，防止因输入血液、使用血液制品引起经血液传播疾病的发生。

（九）对传染病病原污染物严格消毒处理

对被传染病病原体污染的污水、污物、场所和物品，有关单位和个人必须在疾病预防控制机构的指导下或者按照其提出的卫生要求，进行严格消毒处理；拒绝消毒处理的，由当地卫生行政部门或者疾病预防控制机构进行强制消毒处理。

（十）自然疫源地建设项目的卫生防疫管理

在国家确认的自然疫源地计划兴建水利、交通、旅游、能源等大型建设项目的，应当事先由省级以上疾病预防控制机构对施工环境进行卫生调查。建设单位应当根据疾病预防控制机构的意见，采取必要的传染病预防、控制措施。施工期间，建设单位应当设专人负责工地上的卫生防疫工作。工程竣工后，疾病预防控制机构应当对可能发生的传染病进行监测。

二、传染病疫情的报告、通报和公布

（一）疫情的报告

1. 疫情报告人及报告方式：（1）任何单位和个人发现传染病病人或者疑似传染病病人时，应当及时向附近的疾病预防控制机构或者医疗机构报告。（2）疾病预防控制机构、医疗机构和采供血机构及其执行职务的人员发现法定传染病疫情或者发现其他传染病暴发、流行以及突发原因不明的传染病时，应当遵循疫情报告属地管理原则，按照国务院规定的或者国务院卫生行政部门规定的内容、程序、方式和时限报告。（3）港口、机场、铁路疾病预防控制机构以及国境卫生检疫机关发现甲类传染病病人、病原携带者、疑似传染病病人时，应当按照国家有关规定立即向国境口岸所在地的疾病预防控制机构或者所在地县级以上地方人民政府卫生行政部门报告。（4）疾病预防控制机构接到甲类、乙类传染病疫情报告或者发现传染病暴发、流行时，应当立即报告当地卫生行政部门，由当地卫生行政部门立即报告当地人民政府，同时报告上级卫生行政部门和国务院卫生行政部门。

2. 疫情报告时限：《传染病防治法》对传染病疫情报告时限没有作具体规定，根据2003年5月9日国务院颁布、施行的《突发公共卫生事件应急条例》第19条、第20条的规定：（1）突发事件监测机构（如疾病预防与控制机构等）、医疗卫生机构和有关单位发现疫情后应当在2小时内向所在地的县级卫生行政主管部门报告；（2）接到报告的卫生行政主管部门应当在2小时内向本级人民政府报告，并同时向上一级政府卫生行政主管部门和国务院卫生行政主管部门报告；（3）县级人民政府应当在接到报告后2小时内向设区的市级人民政府或上一级人民政府报告；（4）设区的市级人民政府应当在接到报告后2小时内向省、自治区、直辖市人民政府报告；（5）省、自治区、直辖市人民政府应当在接到报告后1小时内向国务院卫生行政主管部门报告。

（二）疫情的通报

县级以上地方人民政府卫生行政部门应当及时向本行政区域内的疾病预防控制机构和医疗机构通报传染病疫情以及监测、预警的相关信息；国务院卫生行政部门应当及时向国务院其他有关部门和各省、自治区、直辖市人民政府卫生行政部门通报全国传染病疫情以及监测、预警的相关信息；毗邻的以及相关的地方人民政府卫生行政部门，应当及时互相通报本行政区域的传染病疫情以及监测、预警的相关信息；县级以上人民政府有关部门发现传染病疫情时，应当及时向同级人民政府卫生行政部门通报；中国人民解放军卫生主管部门发现传染病疫情时，应当向国务院卫生行政部门通报；动物防疫机构和疾病预防控制机构，应当及时互相通报动物间和人间发生的人畜共患传染病疫情以及相关信息。

（三）疫情的公布

定期信息公布。国务院卫生行政部门定期公布全国传染病疫情信息；省、自治区、直辖市人民政府卫生行政部门定期公布本行政区域的传染病疫情信息。

传染病暴发、流行时的信息公布。传染病暴发、流行时，国务院卫生行政部门负责向社会公布传染病疫情信息，并可以授权省、自治区、直辖市人民政府卫生行政部门向社会公布本行政区域的传染病疫情信息。

三、传染病疫情的控制

传染病疫情控制，是指当传染病发生或暴发、流行时，为了阻止传染病的扩散和蔓延而采取的措施。《传染病防治法》不仅针对不同种类的传染病规定了不同的控制措施,而且根据各个传染病预防机构的不同职责和功能赋予了他们相应的医学、行政措施权。

（一）医疗机构的控制措施权

医疗机构发现甲类传染病时,应当及时采取下列措施:(1)对病人、病原携带者,予以隔离治疗,隔离期限根据医学检查结果确定;(2)对疑似病人,确诊前在指定场所单独隔离治疗;(3)对医疗机构内的病人、病原携带者、疑似病人的密切接触者,在指定场所进行医学观察和采取其他必要的预防措施。拒绝隔离治疗或者隔离期未满擅自脱离隔离治疗的,可以由公安机关协助医疗机构采取强制隔离治疗措施。

医疗机构发现乙类或者丙类传染病病人,应当根据病情采取必要的治疗和控制传播措施。

（二）疾病预防控制机构的控制措施权

疾病预防控制机构发现传染病疫情或者接到传染病疫情报告时,应当及时采取下列措施:(1)对传染病疫情进行流行病学调查,根据调查情况提出划定疫点、疫区的建议,对被污染的场所进行卫生处理,对密切接触者,在指定场所进行医学观察和采取其他必要的预防措施,并向卫生行政部门提出疫情控制方案;(2)传染病暴发、流行时,对疫点、疫区进行卫生处理,向卫生行政部门提出疫情控制方案,并按照卫生行政部门的要求采取措施;(3)指导下级疾病预防控制机构实施传染病预防、控制措施,组织、指导有关单位对传染病疫情的处理。

（三）县级以上人民政府的控制措施权

1. 对已经发生甲类传染病病例的场所或者该场所内的特定区域的人员,所在地的县级以上地方人民政府可以实施隔离措施,并同时向上一级人民政府报告;接到报告的上级人民政府应当及时作出是否批准的决定。上级人民政府作出不予批准决定的,实施隔离措施的人民政府应当立即解除隔离措施。

2. 传染病暴发、流行时,县级以上地方人民政府应当立即组织力量,按照预防、控制预案进行防治,切断传染病的传播途径,必要时,报经上一级人民政府决定,可以采取下列紧急措施并予以公告:(1)限制或者停止集市、影剧院演出或者其他人群聚集的活动;(2)停工、停业、停课;(3)封闭或者封存被传染病病原体污染的公共饮用水源、食品以及相关物品;(4)控制或者扑杀染疫野生动物、家畜家禽;(5)封闭可能造成传染病扩散的场所。

3. 甲类、乙类传染病暴发、流行时,县级以上地方人民政府报经上一级人民政府决定,可以宣布本行政区域部分或者全部为疫区;国务院可以决定并宣布跨省、自治区、直辖市的疫区。县级以上地方人民政府可以在疫区内采取上述各种紧急措施,并可以对出入疫区的人员、物资和交通工具实施卫生检疫。

4. 省、自治区、直辖市人民政府可以决定对本行政区域内的甲类传染病疫区实施封锁;但是,封锁大、中城市的疫区或者封锁跨省、自治区、直辖市的疫区,以及封锁疫区导致中断干线交通或者封锁国境的,由国务院决定。

（四）有关机构的其他控制措施权

传染病暴发、流行时,根据传染病疫情控制的需要,国务院有权在全国范围或者跨省、自治区、直辖市范围内,县级以上地方人民政府有权在本行政区域内紧急调集人员或者调用储备物资,临时征用房屋、交通工具以及相关设施、设备。

患甲类传染病、炭疽死亡的,应当将尸体立即进行卫生处理,就近火化。患其他传染病死亡的,必要时,应当将尸体进行卫生处理后火化或者按照规定深埋。

为了查找传染病病因,医疗机构在必要时可以按照国务院卫生行政部门的规定,对传染病病人尸体或者疑似传染病病人尸体进行解剖查验,并应当告知死者家属。

发生传染病疫情时,疾病预防控制机构和省级以上人民政府卫生行政部门指派的其他与传染病有关的专业技术机构,可以进入传染病疫点、疫区进行调查、采集样本、技术分析和检验。

第三节　传染病防治监督与法律责任

一、传染病防治监督管理

（一）县级以上人民政府卫生行政部门的监督检查职责

《传染病防治法》规定,县级以上人民政府卫生行政部门对传染病防治工作履行下列监督检查职责:(1)对下级人民政府卫生行政部门履行本法规定的传染病防治职责进行监督检查;(2)对疾病预防控制机构、医疗机构的传染病防治工作进行监督检查;(3)对采供血机构的采供血活动进行监督检查;(4)对用于传染病防治的消毒产品及其生产单位进行监督检查,并对饮用水供水单位从事生产或者供应活动以及涉及饮用水卫生安全的产品进行监督检查;(5)对传染病菌种、毒种和传染病检测样本的采集、保藏、携带、运输、使用进行监督检查;(6)对公共场所和有关单位的卫生条件和传染病预防、控制措施进行监督检查。

（二）县级以上人民政府卫生行政部门监督检查时享有的程序性权力

为了保证县级以上卫生行政部门能够履行以上职责,《传染病防治法》还赋予其履行职责所必需的调查取证和采取控制措施的权力。(1)县级以上人民政府卫生行政部门在履行监督检查职责时,有权进入被检查单位和传染病疫情发生现场调查取证,查阅或者复制有关的资料和采集样本。被检查单位应当予以配合,不得拒绝、阻挠。(2)县级以上地方人民政府卫生行政部门在履行监督检查职责时,发现被传染病病原体污染的公共饮用水源、食品以及相关物品,如不及时采取控制措施可能导致传染病传播、流行的,可以采取封闭公共饮用水源、封存食品以及相关物品或者暂停销售的临时控制措施,并予以检验或者进行消毒。

二、违反《传染病防治法》的法律责任

（一）行政责任

1. 地方各级人民政府相关行政责任

地方各级人民政府未依照本法的规定履行报告职责,或者隐瞒、谎报、缓报传染病疫情,或者在传染病暴发、流行时,未及时组织救治、采取控制措施的,由上级政府责令改正,通报批评;造成传染病传播、流行或者其他严重后果的,对负有责任的主管人员,给予行政处分。

2. 县级以上人民政府卫生行政部门相关行政责任

县级以上人民政府卫生行政部门违反本法规定,有下列情形之一的,由本级人民政府、上级人民政府卫生行政部门责令改正,通报批评;造成传染病传播、流行或者其他严重后果

的,对负有责任的主管人员和其他直接责任人员,依法给予行政处分:(1)未依法履行传染病疫情通报、报告或者公布职责,或者隐瞒、谎报、缓报传染病疫情的;(2)发生或者可能发生传染病传播时未及时采取预防、控制措施的;(3)未依法履行监督检查职责,或者发现违法行为不及时查处的;(4)未及时调查、处理单位和个人对下级卫生行政部门不履行传染病防治职责的举报的;(5)违反本法的其他失职、渎职行为。

3. 县级以上人民政府其他部门相关行政责任

县级以上人民政府有关部门未依照本法的规定履行传染病防治和保障职责的,由本级人民政府或者上级人民政府有关部门责令改正,通报批评;造成传染病传播、流行或者其他严重后果的,对负有责任的主管人员和其他直接责任人员,依法给予行政处分。

4. 疾病预防控制机构相关行政责任

疾病预防控制机构违反本法规定,有下列情形之一的,由县级以上人民政府卫生行政部门责令限期改正,通报批评,给予警告;对负有责任的主管人员和其他直接责任人员,依法给予降级、撤职、开除的处分,并可以依法吊销有关责任人员的执业证书:(1)未依法履行传染病监测职责的;(2)未依法履行传染病疫情报告、通报职责,或者隐瞒、谎报、缓报传染病疫情的;(3)未主动收集传染病疫情信息,或者对传染病疫情信息和疫情报告未及时进行分析、调查、核实的;(4)发现传染病疫情时,未依据职责及时采取本法规定的措施的;(5)故意泄露传染病病人、病原携带者、疑似传染病病人、密切接触者涉及个人隐私的有关信息、资料的。

5. 医疗机构相关行政责任

医疗机构违反本法规定,有下列情形之一的,由县级以上人民政府卫生行政部门责令改正,通报批评,给予警告;造成传染病传播、流行或者其他严重后果的,对负有责任的主管人员和其他直接责任人员,依法给予降级、撤职、开除的处分,并可以依法吊销执业证书:(1)未按照规定承担本单位的传染病预防、控制工作、医院感染控制任务和责任区域内的传染病预防工作的;(2)未按照规定报告传染病疫情,或者隐瞒、谎报、缓报传染病疫情的;(3)发现传染病疫情时,未按照规定对传染病病人、疑似传染病病人提供医疗救护、现场救援、接诊、转诊的,或者拒绝接受转诊的;(4)未按照规定对本单位内被传染病病原体污染的场所、物品以及医疗废物实施消毒或者无害化处置的;(5)未按照规定对医疗器械进行消毒,或者对按照规定一次使用的医疗器具未予销毁,再次使用的;(6)在医疗救治过程中未按照规定保管医学记录资料的;(7)故意泄露传染病病人、病原携带者、疑似传染病病人、密切接触者涉及个人隐私的有关信息、资料的。

此外,根据《传染病防治法》第74条的规定,疾病预防控制机构、医疗机构及其他从事微生物实验的单位对传染病病原微生物不严格管理,造成实验室感染和病原微生物扩散或有其他情形的也必须承担相应的行政责任,包括暂扣或者吊销许可证、吊销执业证书等。

6. 采供血机构相关行政责任

采供血机构未按照规定报告传染病疫情,或者隐瞒、谎报、缓报传染病疫情,或者未执行国家有关规定,导致因输入血液引起经血液传播疾病发生的,由县级以上人民政府卫生行政部门责令改正,通报批评,给予警告;造成传染病传播、流行或者其他严重后果的,对负有责任的主管人员和其他直接责任人员,依法给予降级、撤职、开除的处分,并可以依法吊销采供血机构的执业许可证。

7. 国境卫生检疫机关、动物防疫机构相关行政责任国境卫生检疫机关、动物防疫机构未依法履行传染病疫情通报职责的,由有关部门在各自职责范围内责令改正,通报批评;造成传染病传播、流行或者其他严重后果的,对负有责任的主管人员和其他直接责任人员,依法给予降级、撤职、开除的处分。

8. 其他社会主体相关行政责任

(1) 铁路、交通、民用航空经营单位未依照本法的规定优先运送处理传染病疫情的人员以及防治传染病的药品和医疗器械的,由有关部门责令限期改正,给予警告;造成严重后果的,对负有责任的主管人员和其他直接责任人员,依法给予降级、撤职、开除的处分。

(2) 有关单位或个人有下列情形之一,导致或者可能导致传染病传播、流行的,由县级以上人民政府卫生行政部门责令限期改正,没收违法所得,可以并处 5 万元以下的罚款;已取得许可证的,原发证部门可以依法暂扣或者吊销许可证:①饮用水供水单位供应的饮用水不符合国家卫生标准和卫生规范的;②涉及饮用水卫生安全的产品不符合国家卫生标准和卫生规范的;③用于传染病防治的消毒产品不符合国家卫生标准和卫生规范的;④出售、运输疫区中被传染病病原体污染或者可能被传染病病原体污染的物品,未进行消毒处理的;⑤生物制品生产单位生产的血液制品不符合国家质量标准的。

(3) 未经检疫出售、运输与人畜共患传染病有关的野生动物、家畜家禽的,由县级以上地方人民政府畜牧兽医行政部门责令停止违法行为,并依法给予行政处罚。

(4) 在国家确认的自然疫源地兴建水利、交通、旅游、能源等大型建设项目,未经卫生调查进行施工的,或者未按照疾病预防控制机构的意见采取必要的传染病预防、控制措施的,由县级以上人民政府卫生行政部门责令限期改正,给予警告,处 5000 元以上 3 万元以下的罚款;逾期不改正的,处 3 万元以上 10 万元以下的罚款,并可以提请有关人民政府依据职责权限,责令停建、关闭。

(二) 刑事责任

违反传染病防治法律制度情节严重或者造成严重后果的,应当追究责任人的刑事责任。主要涉及的罪名有:妨害传染病防治罪(《刑法》第 330 条);传染病菌种、毒种扩散罪(《刑法》第 331 条);玩忽职守罪(《刑法》第 397 条)。

在司法实践中,根据犯罪的主、客观特征,触犯《传染病防治法》情节严重的行为还可能构成其他犯罪。如:以其他危险方法危害公共安全罪、逃避动植物检疫罪、医疗事故罪等。

单位犯罪的,对单位判处罚金,并对其直接负责的主管人员和其他直接责任人员,依照规定处罚。

第四节　几种常见传染病防治的法律规定

一、结核病防治

结核病是由结核杆菌引起的慢性感染性疾病。目前,仍然是威胁人类健康的主要疾病之一。1993 年 WHO 宣布"结核病全球紧急状况",并且呼吁"采取迅速行动与结核病危机作斗争"。结核病也是我国重点防治的疾病之一。新中国成立以来,我国结核病防治工作已取得了一定成绩。但是，目前全国疫情仍较严重，特别在广大农村患病率高，防治工作比较艰巨，传染源尚未能得到控制。

为预防、控制结核病的传染与流行，保障人体健康，1991年9月卫生部发布了《结核病防治管理办法》，对结核病防治机构、预防接种、调查与报告、治疗以及控制传染等作了规定。

（一）机构

国务院卫生行政部门设卫生部结核病控制中心与分中心；省、自治区、直辖市及所辖市（地）、县卫生行政部门设省、市（地）、县结核病防治机构，或指定医疗预防保健机构承担结核病防治机构的职责。上述机构应当加强结核病防治技术的研究，提高防治工作的质量。

（二）预防接种

国家实行有计划的卡介苗接种制度。各级卫生行政部门负责制定本地区卡介苗接种工作规划、目标，并组织实施。卡介苗接种必须按计划免疫程序进行。

（三）调查与报告

结核病防治机构和指定的医疗预防保健机构，应当按规定进行结核病疫情和传染源的调查，有关地区和单位应配合防治机构的调查工作，并采取有效措施控制疫情蔓延。医疗预防保健机构和个体开业医生对确诊的肺结核病人，必须按规定时间向当地防治机构报告。

（四）治疗

医疗预防保健机构对收治的肺结核病人应当按《全国结核病防治工作手册》和《肺结核病诊疗规程》实施诊断、治疗和管理。不能按工作手册和诊疗规程要求实施治疗的，必须将肺结核病人及时转至当地结核病防治机构或指定的医疗预防保健机构。

（五）控制传染

1. 结核病防治机构或指定的医疗预防保健机构对食品、药品、化妆品从业人员以及教育、托幼等单位的从业人员中患有传染性肺结核病的，应通知其单位和当地卫生监督管理机构。

2. 新参加工作、参军、入党的人员，食品、药品、教育、托幼等从业人员，接触粉尘和有害气体的厂矿企业职工，排菌期肺结核病人的家属及其密切接触者等，应按规定进行预防性结核病体检。

3. 按规定的卫生要求对结核菌污染的污水、带有结核病菌的排泄物和痰液进行消毒或卫生处理。

二、性病防治

性病是通过性行为传播的感染性疾病，其病原体除螺旋体、细菌外，还包括病毒、衣原体、支原体、真菌、原虫和昆虫等。1975年WHO决定以"性传播疾病（STD）"一词取代"性病（VD）"一词。我国明确规定，性病包括：艾滋病、淋病、梅毒、软下疳、性病性淋巴肉芽肿、非淋菌性尿道炎、尖锐湿疣和生殖器疱疹。

新中国成立后，政府通过封闭妓院，断绝了性病传染，使全国主要性病的流行基本得到控制。1964年中国向世界宣布"基本消灭"性病。随着中国对外开放和国际交往的日益频繁，加上人们对性病的无知和不重视，一些地区出现了卖淫嫖娼、性滥交、同性恋、非婚性行为和吸毒等现象，导致性病在我国死灰复燃。为预防、控制和消除性病的发生和蔓延，保护人体健康，卫生部于1986年9月发布了《性病监测工作试行方案》；1991年8月发布了《性病防治管理办法》,进一步明确国家对性病防治实行"预防为主、防治结合、综合治理"的方针,并要求各级卫生行政部门在各级政府领导下,积极开展性病防治工作。

（一）性病防治机构

县级以上卫生行政部门根据工作需要可设性病防治机构,并健全疫情报告监测网络。性病防治机构包括县级以上皮肤病性病防治院、所、站或卫生行政部门指定承担皮肤病性病防治机构职责的医疗预防保健机构。

（二）性病的预防

性病防治机构要利用多种形式宣传性病的危害、传播方式和防治知识,严格执行各项管理制度和技术操作规程,防止性病的医源性感染,推广使用一次性用品和注射器;各级医疗预防保健机构在发现孕妇患有性病时,应积极治疗,并建立新生儿1‰硝酸银点眼制度。

（三）性病的治疗

凡性病患者或疑似患有性病的,应及时到性病防治机构进行诊断治疗,并如实提供染病及有关情况,遵照医嘱进行定期检查、彻底治疗。性病防治机构要积极协助配合公安、司法部门对查禁的卖淫、嫖娼人员进行性病检查。性病防治机构和从事性病诊断治疗业务的个体医生对诊治的性病患者应当进行规范性治疗,采取保护性医疗措施,严格为患者保密。

（四）性病疫情报告

性病防治机构、各级医疗预防保健机构和个体医生发现规定的性病病人及疑似病人时,应按有关规定报告。从事性病防治、卫生防疫、传染病管理监督的人员,不得隐瞒、谎报或者授意他人隐瞒、谎报疫情。

三、艾滋病的监测管理

艾滋病(AIDS),是指人类免疫缺陷病毒(艾滋病病毒)引起的获得性免疫缺陷综合征。

自1981年在美国发现第一例艾滋病病例以来,这种致病的传染病以不可抵挡之势,在世界各地蔓延。目前,已经威胁到我国。1985年6月,我国发现第一例艾滋病患者。艾滋病在我国已从传入期、扩散期进入到快速增长期。我国发现艾滋病后,预防和控制艾滋病的工作得到了国家的关注:一是在全国各地建立了监测点,开展艾滋病的监测工作;二是成立国家预防和控制艾滋病专家委员会,制定《全国预防艾滋病规划》;三是开展健康教育宣传和科研工作;四是广泛开展国际合作,在WHO协助下,共同制定了中国预防和控制艾滋病中长期规划;五是将艾滋病管理工作逐步纳入法制轨道。1988年1月,经国务院批准,卫生部、外交部、公安部、国家教委、国家旅游局、民航总局、国家外国专家局联合发布了《艾滋病监测管理的若干规定》,为防治艾滋病的流行提供了必要的法律保障。2006年1月,国务院颁布了《艾滋病防治条例》,该条例自同年3月1日起施行。《艾滋病监测管理的若干规定》同时废止。

（一）艾滋病防治的宣传教育

地方各级人民政府和政府有关部门应当组织开展艾滋病防治以及关怀和不歧视艾滋病病毒感染者、艾滋病病人及其家属的宣传教育,提倡健康文明的生活方式,营造良好的艾滋病防治的社会环境。

（二）艾滋病的监测与检测

国务院卫生主管部门制定国家艾滋病监测规划和方案。省、自治区、直辖市人民政府卫生主管部门根据国家艾滋病监测规划和方案,制定本行政区域的艾滋病监测计划和工作方案,组织开展艾滋病监测和专题调查,掌握艾滋病疫情变化情况和流行趋势。疾病预防控制机构负责对艾滋病发生、流行以及影响其发生、流行的因素开展监测活动。出入境检验检疫机构负责对出入境人员进行艾滋病监测,并将监测结果及时向卫生主管部门报告。

县级以上地方人民政府卫生主管部门指定的医疗卫生机构,应当按照国务院卫生主管部门会同国务院其他有关部门制定的艾滋病自愿咨询和检测办法,为自愿接受艾滋病咨询、检测的人员免费提供咨询和初筛检测。国务院卫生主管部门会同国务院其他有关部门根据预防、控制艾滋病的需要,可以规定应当进行艾滋病检测的情形。

（三）艾滋病预防的行为干预措施

县级以上地方人民政府和政府有关部门应当依照条例规定,根据本行政区域艾滋病的流行情况,制定措施,鼓励和支持居民委员会、村民委员会以及其他有关组织和个人推广预防艾滋病的行为干预措施,帮助有易感染艾滋病病毒危险行为的人群改变行为。

有关组织和个人对有易感染艾滋病病毒危险行为的人群实施行为干预措施,应当符合艾滋病防治条例的规定以及国家艾滋病防治规划和艾滋病防治行动计划的要求。

（四）艾滋病病毒感染者和艾滋病病人的义务

艾滋病病毒感染者和艾滋病病人应当履行下列义务:(1)接受疾病预防控制机构或者出入境检验检疫机构的流行病学调查和指导;(2)将感染或者发病的事实及时告知与其有性关系者;(3)就医时,将感染或者发病的事实如实告知接诊医生;(4)采取必要的防护措施,防止感染他人。

艾滋病病毒感染者和艾滋病病人不得以任何方式故意传播艾滋病。

（五）艾滋病病毒感染者和艾滋病病人的医疗与救助

医疗机构应当为艾滋病病毒感染者和艾滋病病人提供艾滋病防治咨询、诊断和治疗服务。医疗机构不得因就诊的病人是艾滋病病毒感染者或者艾滋病病人,推诿或者拒绝对其其他疾病进行治疗。

县级以上人民政府应当采取下列艾滋病防治关怀、救助措施:(1)向农村艾滋病病人和城镇经济困难的艾滋病病人免费提供抗艾滋病病毒治疗药品;(2)对农村和城镇经济困难的艾滋病病毒感染者、艾滋病病人适当减免抗机会性感染治疗药品的费用;(3)向接受艾滋病咨询、检测的人员免费提供咨询和初筛检测;(4)向感染艾滋病病毒的孕产妇免费提供预防艾滋病母婴传播的治疗和咨询。

《艾滋病防治条例》还对地方各级人民政府和医疗卫生机构的违法行为,规定了详细的法律责任,包括行政责任和刑事责任。

第五节 国境卫生检疫法律制度

一、国境卫生检疫概述

国境卫生检疫是指由国境卫生检疫机关在我国国境口岸,对入境、出境的人员、交通工具、运输设备以及可能传播传染病的行李、货物、邮包等物品实施传染病检疫、监测和卫生监督的行政执法活动。为了维护国家的主权和尊严,控制国际间传染病的传播,保证我国对外开放的顺利进行,1986年12月2日,第6届全国人大常委会第十八次会议通过了《中华人民共和国国境卫生检疫法》(以下简称《国境卫生检疫法》),于1987年5月1日起施行。1989年3月,经国务院批准,卫生部发布了《中华人民共和国国境卫生检疫法实施细则》。由此,我国历史上有了第一部综合性的国境卫生检疫基本法,形成了比较完整的国境卫生检疫法律体系。

根据《国境卫生检疫法》的规定,国境卫生检疫的对象包括入(出)境的人员、交通工具、运输设备以及可能传播检疫传染病的行李、货物、邮包等物品。在我国国际通航的港口、机场以及陆地过境和国界江河口岸,设立有国境卫生检疫机关,依法实施传染病检疫监测和卫生监督。

二、卫生检疫的法律规定

(一)入、出境检疫的管理

1. 对入、出境的交通工具和人员的管理

入境的交通工具和人员,必须在最先到达的国境口岸的指定地点接受检疫。出境的交通工具和人员,必须在最后离开的国境口岸接受检疫。未经国境卫生检疫机关许可,任何人不得上下交通工具,不得装卸行李、货物、邮包等物品。国境卫生检疫机关依据检疫医师提供的检疫结果,对未染有检疫传染病和监测传染病或者已经实施卫生处理的交通工具,签发入境检疫证或出境检疫证。

2. 对集装箱、货物、废旧物的管理

入境、出境的集装箱、货物、废旧物等物品在到达口岸时,承运人、代理人或者货主,必须向卫生检疫机关申报并接受卫生检疫。对来自疫区的、被传染病污染的以及可能传播检疫传染病或者发现与人类健康有关的啮齿动物和病媒昆虫的集装箱、货物、废旧物等物品,卫生检疫机关应当在实施消毒、除鼠、除虫或其他必要的卫生处理后,发给卫生处理证明,海关凭卫生检疫机关签发的卫生处理证明放行。

3. 对特殊物品的管理

入境出境的微生物、人体组织、生物制品、血液及其制品等特殊物品的携带人、托运人或邮递人,必须向卫生检疫机关申报并接受卫生检疫。未经卫生检疫机关许可,不准入境、出境。海关凭卫生检疫机关签发的特殊物品审批单放行。

4. 对携带物品和托运物品的管理

入境出境的旅客、员工个人携带或者托运可能传播传染病的行李和物品,应当接受卫生检查。卫生检疫机关对来自疫区或被传染病污染的各种食品、饮料、水产品等应当实施卫生处理或销毁,并签发卫生处理证明,海关凭卫生检疫机关签发的卫生处理证明放行。

（二）检疫传染病人的管理

1. 隔离

正在患检疫传染病的人,或者经卫生检疫机关初步诊断,认为已经感染检疫传染病或者已经处于检疫传染病潜伏期的人,称为检疫传染病染疫人。对于检疫传染病染疫人必须立即将其隔离,收留在指定的处所,限制其活动并进行治疗,直到消除传染病传播的危险。

2. 就地诊验或留验

接触过检疫传染病的感染环境,并且可能传播检疫传染病的人,称为染疫嫌疑人。对于染疫嫌疑人应当将其就地诊验和留验。染疫嫌疑人在卫生检疫机关指定的期间,到就近的卫生检疫机关或其他医疗单位接受诊察和检验,或者由卫生检疫机关、其他医疗卫生单位去该人员的居留地,对其进行诊察和检验。在就地诊验或留验期间内,交通工具上的工作人员除因工作需要并经卫生检疫机关许可外,不准上岸。

卫生检疫机关对接受就地诊验的人员,应当发给就地诊验记录簿。受就地诊验的人员携带就地诊验记录簿,按指定的期间、地点,接受医学检查。如果诊验的结果没有染疫,就地诊验期满时,受就地诊验人员应将记录簿退还卫生检疫机关。如果发现患检疫传染病或监测传染病、疑似检疫传染病或疑似监测传染病,应当立即采取必要的卫生措施。

受留验人员在留验期间如果出现检疫传染病症状,卫生检疫机关应当立即对该人员实施隔离,对与其接触的其他受留验的人员,应当实施必要的卫生处理,并且从卫生处理完毕时算起,重新计算留验时间。

三、传染病的监测

（一）传染病监测的内容

传染病监测是指对特定环境和人群进行流行病学、血清学、病源学、临床症状以及其他有关影响因素的调查研究,预测有关传染病的发生、发展和流行,以便及时采取控制措施。

根据《国境卫生检疫法实施细则》的规定,传染病监测的内容有以下几个方面:(1)首发病例的个案调查;(2)暴发流行的流行病学调查;(3)传染源调查;(4)国境口岸内监测传染病的回顾性调查;(5)病原体的分离、鉴定,人群、有关动物血清学调查以及流行病学调查;(6)有关动物、病媒昆虫、食品、饮用水和环境因素的调查;(7)消毒、除鼠、除虫的效果观察与评价;(8)国境口岸以及国内外监测传染病疫情的收集、整理、分析和传递;(9)对监测对象开展健康检查和对监测传染病人、疑似病人、密切接触人员的管理。

（二）传染病监测的实施

传染病监测的实施包括以下几个方面:(1)禁止某些疫病患者入境。卫生检疫机关应当阻止所发现的患有艾滋病、性病、麻风病、精神病、开放性肺结核病的外国人入境。(2)填写健康申明卡,出示健康证明。受入境、出境检疫的人员,必须根据检疫医师的要求,如实填报健康申明卡,出示某种有效的传染病预防接种证书、健康证明或者其他有关证件。(3)发给就诊方便卡,进行健康检查。对来自检疫传染病和监测传染病疫区的人员,检疫医师可以根据流行病学和医学检查结果,发给就诊方便卡。卫生检疫机关、医疗卫生单位对持有就诊方便卡的人员请求医学检查时,应当视同急诊给予优先医学检查。如果发现其患检疫传染病或监测传染病,疑似检疫传染病或疑似监测传染病时,应当立即实施必要的卫生措施,并将情况报告当地卫生防疫机关和签发就诊方便卡的卫生检疫机关。

四、卫生监督与卫生处理

(一)卫生监督

1. 国境口岸的卫生监督

国境口岸是国际通航的港口、机场、车站、陆地边境和国境江河的关口。它是一个公共场所,要特别注意环境的整洁和空气的清新,必须具备污水、垃圾、粪便无害化的处理系统。对国境口岸的卫生要求是:(1)国境口岸和国境口岸内涉外的宾馆、生活服务单位以及候船、候车、候机厅(室)应当有健全的卫生制度和必要的卫生设施,并保持室内外环境整洁、通风良好;(2)国境口岸有关部门应当采取切实可行的措施,控制啮齿动物、病媒昆虫,使其数量降低到不足危害的程度;仓库、货场必须具有防鼠设施;(3)国境口岸的垃圾、废物、污水、粪便必须进行无害化处理,保持国境口岸环境整洁卫生。

2. 交通工具的卫生监督

交通工具不仅能因运送病人引起疾病传播,还可能携带病媒昆虫和鼠类,直接危害人类的健康。因此,对交通工具的卫生要求是:(1)交通工具上的宿舱、车厢必须保持清洁卫生,通风良好;(2)交通工具上必须备有足够的消毒、除鼠、除虫药物及器械,并备有防鼠装置;(3)交通工具上的货舱、行李舱、货车车厢在装货前或卸货后应当进行彻底清扫,有毒物品和食品不得混装,防止污染;(4)对不符合卫生要求的入境、出境交通工具,必须接受卫生检疫机关的督导立即进行改进。

3. 饮用水、食品及从业人员的卫生监督

对食品、饮用水及从业人员的卫生要求是:(1)国境口岸和交通工具上的食品、饮用水必须符合有关的卫生标准;(2)国境口岸内的涉外宾馆,以及向入境、出境的交通工具提供饮食服务的部门,营业前必须向卫生检疫机关申请卫生许可证;(3)国境口岸内涉外的宾馆和入境、出境交通工具上的食品、饮用水从业人员应当持有卫生检疫机关签发的健康证明书。

(二)卫生处理

1. 对交通工具的卫生处理

入境、出境的交通工具,有下列情形之一的,应当由卫生检疫机关实施消毒、除鼠、除虫或其他卫生处理:(1)来自检疫传染病疫区的;(2)被检疫传染病污染的;(3)发现有与人类健康有关的啮齿动物或者病媒昆虫,超过国家卫生标准的。

卫生检疫机关对已在到达本口岸前的其他口岸实施卫生处理的交通工具不再重复实施卫生处理。但是,如果在原实施卫生处理的口岸或者该交通工具上,发生流行病学上有重要意义的事件,需要进一步实施卫生处理的,或者在到达本口岸前的其他口岸实施的卫生处理没有实际效果的,仍需实施卫生处理。

2. 对废旧物品的卫生处理

卫生检疫机关对入境、出境的废旧物品和曾行驶于境外港口的废旧交通工具,根据污染程度,分别实施消毒、除鼠、除虫,对污染严重的,实施销毁。

3. 对尸体、骸骨的卫生处理

入境、出境的尸体、骸骨托运人或者代理人应当申请卫生检疫,并出示死亡证明或者其他有关证件,对不符合卫生要求的,必须接受卫生检疫机关实施的卫生处理。对因患检疫传染病而死亡的病人尸体,必须就近火化,不准移运。

4. 对其他物品的卫生处理

对染疫人、染疫嫌疑人的行李、使用过的物品、占用过的部位等要实施除鼠、除虫、消毒;对污染或者有污染嫌疑的饮用水、食品以及人的排泄物、垃圾、废水、废物等实施消毒;对来自霍乱疫区的水产品、水果、蔬菜、饮料以及装有这些制品的邮包,必要时可以实施卫生处理。

五、违反《国境卫生检疫法》的法律责任

(一)行政责任

《国境卫生检疫法》规定,对违反法律规定,有下列行为之一的单位和个人,国境卫生检疫机关可以根据情节轻重,给予警告或者罚款:(1)逃避检疫,向国境卫生检疫机关隐瞒真实情况的;(2)入境人员未经国境卫生检疫机关许可,擅自上下交通工具,或者装卸行李、货物、邮包等物品,不听劝阻的。

国境卫生检疫机关工作人员,未对入境、出境的交通工具和人员及时进行检疫,违法失职的,给予行政处分。

(二)刑事责任

《刑法》第 332 条规定,违反国境卫生检疫规定,引起检疫传染病传播或者有引起检疫传染病传播严重危险的,处 3 年以下有期徒刑或拘役,并处或单处罚金。单位犯罪的,对单位判处罚金,并对其直接负责的主管人员和其他直接责任人员,依照上述规定处罚。

国境卫生检疫机关工作人员违法失职,情节严重构成犯罪的,依法追究刑事责任。

【思考题】

1.《传染病防治法》关于传染病患者权益保护的规定有哪些? 保护传染病患者权益的意义何在?

2. 医疗卫生机构等有关单位发现突发公共卫生事件时,应当执行的报告程序是怎样的?

3. 他国的外交人员在出入我国国境时是否因享有外交豁免权而不适用《国境卫生检疫法》? 为什么?

第十五章 职业病防治法律制度

【学习目的】

掌握职业病的概念、职业病危害申报、职业病防治监督检查的法律规定；熟悉劳动者职业卫生保护、工作场所的基本要求和建设项目的管理；了解职业病立法背景、职业病诊断与职业病病人保障。

【案情导引】

2016 年 2 月，王某去医院检查身体，被确诊患有嗜酸细胞性胃肠炎。据患者所述，该病已反复发病 3 次，基本上每 2 年一次，医院检查尚未找出具体发病原因。因患者在一家从事抗生素原料及制剂生产的医药化工企业工作，长期接触粉尘及二氯甲烷、三氯甲烷、甲苯、甲醇、丙酮等有毒化学品，患者怀疑自身疾病与工作环境有关。

问题：

试帮助分析患者这种情况是否属于职业病？如何认定？职业病患者又应如何维权？

第一节 概 述

一、立法背景和宗旨

（一）立法背景

职业卫生立法是世界上工业革命时代的产物。20 世纪初，许多国家工业污染环境现象非常严重，直接影响工人的身体健康。针对那时许多国家以污染环境、职业危害为代价，片面追求经济增长的情况，1948 年联合国全体会议通过《全球人权宣言》，宣称所有人都要享受公正和良好工作条件的权利。1950 年，国际劳工组织、世界卫生组织在第 1 届职业卫生联合委员会上明确提出"职业卫生"的概念和内容。

目前全球约有 70 多个国家、地区和国际组织制定了有关职业卫生的法律法规。英国是世界上最早颁布职业健康安全法律法规的国家，早在 19 世纪 30 年代英国就颁布了工厂法相关法律法规，开始实行向企业派遣安全监督员制度。美国 1970 年颁布《职业安全与健康法》(The Occupational Safety and Health Act,OSH Act),是美国现有的职业健康与安全法体系的基础。在亚洲,日本政府制定了《劳动安全卫生法》《矿山安全法》等一系列法律法规。由于法律健全、措施得当、各方重视,日本的职业安全问题基本得到有效控制。

在我国,1992年全国人大代表提出制定职业病防治法的议案,呼吁加快职业病防治立法进程。2001年10月27日,《中华人民共和国职业病防治法》(以下简称《职业病防治法》)终于经第8届全国人民代表大会常务委员会第二十四次会议审议通过,2002年5月1日起正式实施。《职业病防治法》于2011年12月31日第11届全国人民代表大会常务委员会第二十四次会议进行第一次修正,2016年7月2日第12届全国人民代表大会常务委员会第二十一次会议第二次修正。

最新修正后的《职业病防治法》共七章八十八条,内容包括总则、前期预防、劳动过程中的防护与管理、职业病诊断与职业病病人保障、监督检查、法律责任、附则等。此外,还有一系列相关法律法规及文件,如《中华人民共和国工伤保险条例》《中华人民共和国劳动法》《中华人民共和国安全生产法》《职业病分类和目录》《职业病危害因素分类目录》《建设项目职业病危害分类管理办法》《职业健康检查管理办法》《职业病诊断与鉴定管理办法》《放射工作人员职业健康管理办法》《国家职业卫生标准管理办法》等,共同构建起我国职业病防治、劳动者权益保障法律体系。

（二）立法宗旨

为了预防、控制和消除职业病危害,防治职业病,保护劳动者健康及其相关权益,促进经济社会发展,根据宪法,制定职业病防治法。

1. 预防、控制和消除职业病危害,防治职业病

目前,我国职业病危害现状从总体上看是不容乐观的,随着对外开放和高科技产业的发展,越来越多的行业存在着较大的职业危害隐患。因此,预防、控制和消除职业病危害就成为《职业病防治法》首要任务。法律的制定既表明国家对预防、控制和消除职业病危害的高度重视,又为今后我国预防、控制和消除职业病危害提供有力保障。

2. 保护劳动者健康及相关权益

职业病防治法的颁布实施,对于维护广大劳动者的合法权益有着重要意义。我国是社会主义国家,劳动者不仅是社会财富的创造者,而且是国家的主人。保护广大劳动者在职业活动中的安全、健康及相关权益,是我国政府的一项基本国策。保护劳动者健康及其相关权益,不仅是《职业病防治法》的重要立法原则和目的,同时也是制定相关法律、法规的基本出发点。

3. 促进经济社会发展

职业病防治工作不仅关系着劳动者的生命与健康,还直接影响着经济社会发展。作为制约企业发展的重要因素之一,职业卫生工作极大地影响着企业经济的持续、健康发展。因此,不断提高职业卫生管理水平,积极与国际职业卫生管理模式接轨,对我国经济的发展具有重要的意义。

二、法定职业病的概念及其构成要件

职业病是指企业、事业单位和个体经济组织等用人单位的劳动者在职业活动中,因接触粉尘、放射性物质和其他有毒、有害物质等因素而引起的疾病。各国法律都有对于职业病预

防方面的规定,一般来说,凡是符合法律规定的疾病才能称为职业病。

法定职业病一般是指由国家确认并经法定程序公布的职业病,主要是列入我国《职业病分类和目录》当中的职业病种类。法定职业病应当具备以下四个条件:

1. 劳动者的疾病是在工作或其他职业活动中产生

这里的"劳动者"仅指"企业、事业单位和个体经济组织等用人单位的劳动者",具体包括我国各类性质企业(国有、集体、外资企业和个体经济组织)内的劳动者以及事业单位、社会团体中的劳动者。

2. 职业危害因素客观存在

职业危害因素按其来源可分为三类。一类是与生产过程有关联的职业危害因素,如铅、苯、一氧化碳等工业毒物;一类是与劳动过程有关联的职业危害因素,如作业时间过长、作业强度过大等;另一类是与生产环境一般状况有关联的职业危害因素,如露天作业的高气温、厂房狭小、照明不良等。

3. 职业病损害系职业危害因素直接引起

职业危害因素对接触者健康造成各种不良影响,并可能导致职业病,统称为职业性危害、职业损害,职业损害不一定都是职业病。根据职业危害因素的性质、疾病的发病机制、临床表现、影响程度,职业损害可分为职业性特征、工作有关疾病、非特异作用、职业病等四种情况。职业病是在从事生产劳动过程中,直接由职业危害因素引起的特定疾病。导致职业病的直接原因是职业危害因素,如果劳动者的健康损害和职业危害因素之间没有因果联系,即使劳动条件中存在着职业危害因素,也不能作为认定职业病的依据。

4. 职业病的法定性

只有列入国家相关法律法规或规范性法律文件中的才是职业病。我国《职业病防治法》确定法定职业病范围的基本原则:第一,国家对职业病采取预防为主、防治结合的方针,对职业病和职业损害采取分类管理、综合治理的原则。明确职业病的法定范围,是分类管理、综合治理的基础环节。有些职业病能够用法律调整,通过法律的强制性,促使有关部门履行职责、承担义务,从而改善劳动条件,降低职业病发病率,依法保护劳动者的健康权利;有些不便于法律调整,应当通过安全和健康教育、道德感化、行政管理手段加以解决。第二,适应国民经济和社会发展的水平。由于我国尚处于社会主义初级阶段,生产力发展水平不高,因此,法定职业病的范围必须符合中国的现实国情,而不能超越中国的现实国情。范围太宽泛,即使用法律手段进行保护,但实践中执行难,同样缺乏现实意义。第三,依靠科技进步,积极与世界接轨。职业病和职业损害是随着生产发展和时代变化而变化的,它与科学进步密切相关,涉及生理、心理、人类工效学、卫生化学、毒理、卫生工程和临床等学科,在立法中应注意因时制宜,与时俱进。正是基于这种考虑,《职业病防治法》并未直接列举职业病的名单,而是进行概括式的规定:"职业病的分类和目录由国务院卫生行政部门会同国务院劳动保障行政部门规定、调整和公布。"第四,便于操作。职业危害是在生产过程中产生的,由于产生职业危害的因素种类很多,导致职业病的范围较广,职业病的类别较多,不同类别的职业病对劳动者产生的危害差异较大,对各类职业病的防治也不同,不可能把所有职业病的防治都纳入法律的调整范围。

第二节 职业病的前期预防、防护和监督检查

一、职业病的前期预防

因职业病有可预防而难以治疗等特点,故要从源头控制,加强建设项目的预防性卫生审核管理是消除和控制职业危害的根本措施。对于职业病前期预防,法律主要规定的内容有:

（一）工作场所的职业卫生要求

职业病危害因素的强度或者浓度符合国家职业卫生标准;有与职业病危害防护相适应的设施;生产布局合理,符合有害与无害作业分开的原则;有配套的更衣间、洗浴间、孕妇休息间等卫生设施;设备、工具、用具等设施符合保护劳动者生理、心理健康的要求;法律、行政法规和国务院卫生行政部门、安全生产监督管理部门关于保护劳动者健康的其他要求。

（二）建立职业病危害项目申报制度

职业病危害项目,是指可能产生国家颁布的职业病目录当中所列职业病的危害项目。

《职业病防治法》规定:国家建立职业病危害项目申报制度。用人单位工作场所存在职业病目录所列职业病的危害因素的,应当及时、如实向所在地安全生产监督管理部门申报危害项目,接受监督。职业病危害因素分类目录由国务院卫生行政部门会同国务院安全生产监督管理部门制定、调整并公布。职业病危害项目申报的具体办法由国务院安全生产监督管理部门制定。

（三）职业病危害预评价

1. 职业病危害预评价报告

新建、扩建、改建建设项目和技术改造、技术引进项目（下称建设项目）可能产生职业病危害的,建设单位在可行性论证阶段应当进行职业病危害预评价。

医疗机构建设项目可能产生放射性职业病危害的,建设单位应当向卫生行政部门提交放射性职业病危害预评价报告。卫生行政部门应当自收到预评价报告之日起三十日内,作出审核决定并书面通知建设单位。未提交预评价报告或者预评价报告未经卫生行政部门审核同意的,不得开工建设。

为了保证预评价报告能发挥实际作用,职业病防治法规定,职业病危害预评价报告应当对建设项目可能产生的职业病危害因素及其对工作场所和劳动者健康的影响作出评价,确定危害类别和职业病防治措施。有关建设项目职业病危害分类目录和分类管理办法由国务院安全生产监督管理部门制定。有了统一的标准、统一的管理办法,安全生产监督管理部门便可充分发挥对职业病防治的监督管理职能作用。

2. 实行"三同时"制度

职业病防治法规定,建设项目的职业病防护设施应当与主体工程同时设计、同时施工、同时投入生产和使用;所需投入的费用应当纳入建设项目的工程预算。这里所指的职业病防护设施的建设、三个同时的步骤、费用的列支,都是法定的,带有强制性,防止只重视主体工程而忽视职业病防护设施的片面认识和做法,是实现对职业病预防为主方针的重要保证

措施。

3. 防护设施的设计和验收

建设项目的职业病防护设施设计应当符合国家职业卫生标准和卫生要求。其中,医疗机构放射性职业病危害严重的建设项目的防护设施设计,应当经卫生行政部门审查同意后,方可施工。

建设项目在竣工验收前,建设单位应当进行职业病危害控制效果评价。

医疗机构可能产生放射性职业病危害的建设项目竣工验收时,其放射性职业病防护设施经卫生行政部门验收合格后,方可投入使用;其他建设项目的职业病防护设施应当由建设单位负责依法组织验收,验收合格后,方可投入生产和使用。安全生产监督管理部门应当加强对建设单位组织的验收活动和验收结果的监督核查。

二、劳动过程的职业病防护和管理

劳动过程的防护与管理,是职业病防治中前期预防的延伸,在职业病防护中起着更为重要的作用。

(一)职业病防治管理措施

用人单位防治职业病的管理措施是指用人单位在建立现代企业制度,加强企业内部的职业卫生管理方面应当采取的管理手段和方法。其主要内容有:

设置或者指定职业卫生管理机构或者组织,配备专职或者兼职的职业卫生管理人员,负责本单位的职业病防治工作;结合本单位职业病危害的实际,制定职业病危害防治计划和实施方案;建立、健全职业卫生管理制度和操作规程;建立、健全工作场所职业病危害因素监测及评价制度和公告制度;建立、健全职业卫生档案和劳动者职业健康监护档案;建立、健全职业危害事故应急救援预案;建立、健全职业病防治责任制,实行发生职业病损害的责任追究制度,即对直接负责的主管人员和其他直接责任人员依法追究责任。

另外,用人单位应当保障职业病防治所需的资金投入,不得挤占、挪用,并对因资金投入不足导致的后果承担责任。

(二)工作环境和工作场所的防护

工作环境和工作场所是劳动者从事职业活动所在的环境,其中的危害因素和劳动者与其接触的状况是产生职业病的重要因素,必须采取防护措施消除或者减少劳动者的危害。职业病防治法规定:

用人单位在醒目位置设置公告栏,公布职业病防治的规章制度、操作规程、职业病危害事故应急救援措施和工作场所职业病危害因素检测结果;

对产生严重职业病危害的作业岗位,应当在其醒目位置,设置警示标识和中文警示说明,警示说明应当载明产生职业病危害的种类、后果、预防以及应急救治措施等内容;

对可能发生急性职业损伤的有毒、有害工作场所,用人单位应当设置报警装置,配置现场急救用品、冲洗设备、应急撤离通道和必要的泄险区;

对放射工作场所和放射性同位素的运输、贮存,用人单位必须配置防护设备和报警装置,保证接触放射线的工作人员佩戴个人剂量计;

用人单位应当定期对工作场所进行职业病危害因素检测、评价;检测、评价结果存入本单位的职业卫生档案,定期向所在地卫生行政部门报告并向劳动者公布。

（三）生产设备的防护

1. 用人单位应当优先采用有利于防治职业病和保护劳动者健康的新技术、新工艺、新设备、新材料，逐步替代职业病危害严重的技术、工艺、设备、材料。

2. 向用人单位提供可能产生职业病危害的设备的，应当提供中文说明书，并在设备的醒目位置设置警示标识和中文警示说明。警示说明应当载明设备性能、可能产生的职业病危害、安全操作和维护注意事项、职业病防护以及应急救治措施等内容。

3. 向用人单位提供可能产生职业病危害的化学品、放射性同位素和含有放射性物质的材料的，应当提供中文说明书。说明书应当载明产品特性、主要成分、存在的有害因素、可能产生的危害后果、安全使用注意事项、职业病防护以及应急救治措施等内容。产品包装应当有醒目的警示标识和中文警示说明。贮存上述材料的场所应当在规定的部位设置危险物品标识或者放射性警示标识。

国内首次使用或者首次进口与职业病危害有关的化学材料，使用单位或者进口单位按照国家规定经国务院有关部门批准后，应当向国务院卫生行政部门报送该化学材料的毒性鉴定以及经有关部门登记注册或者批准进口的文件等资料。

进口放射性同位素、射线装置和含有放射性物质的物品的，按照国家有关规定办理。

4. 任何单位和个人不得生产、经营、进口和使用国家明令禁止使用的可能产生职业病危害的设备或者材料。

5. 用人单位对采用的技术、工艺、设备、材料，应当知悉其产生的职业病危害，对有职业病危害的技术、工艺、设备、材料隐瞒其危害而采用的，对所造成的职业病危害后果承担责任。

（四）个人防护

在用人单位采用有效的职业病防护措施的同时，还应当重视劳动者个人的防护，对此，职业病防治法中做出多项规定，主要有：

用人单位必须采用有效的职业病防护设施，并为劳动者提供个人使用的职业病防护用品；用人单位为劳动者个人提供的职业病防护用品必须符合防治职业病的要求；不符合要求的，不得使用；对职业病防护设备、应急救援设施和个人使用的职业病防护用品，用人单位应当进行经常性的维护、检修，定期检测其性能和效果。

三、职业病的监督检查

（一）监督机关及监督人员

县级以上人民政府职业卫生监督管理部门依照职业病防治法律、法规、国家职业卫生标准和卫生要求，依据职责划分，对职业病防治工作进行监督检查。职业卫生监督执法人员应当依法经过资格认定。

（二）监督检查措施

安全生产监督管理部门履行监督检查职责时，有权采取下列措施：

进入被检查单位和职业病危害现场，了解情况，调查取证；查阅或者复制与违反职业病防治法律、法规的行为有关的资料和采集样品；责令违反职业病防治法律、法规的单位和个人停止违法行为。

（三）临时控制措施

发生职业病危害事故或者有证据证明危害状态可能导致职业病危害事故发生时，安全生产监督管理部门可以采取下列临时控制措施：

责令暂停导致职业病危害事故的作业；封存造成职业病危害事故或者可能导致职业病危害事故发生的材料和设备；组织控制职业病危害事故现场。在职业病危害事故或者危害状态得到有效控制后，卫生行政部门应当及时解除控制措施。

（四）注意事项

1. 职业卫生监督执法人员依法执行职务时，应当出示监督执法证件。

2. 职业卫生监督执法人员应当忠于职守，秉公执法，严格遵守执法规范；涉及用人单位的秘密的，应当为其保密。

3. 卫生行政部门、安全生产监督管理部门及其职业卫生监督执法人员履行职责时，不得有下列行为：

对不符合法定条件的，发给建设项目有关证明文件、资质证明文件或者予以批准；对已经取得有关证明文件的，不履行监督检查职责；发现用人单位存在职业病危害的，可能造成职业病危害事故，不及时依法采取控制措施；其他违反本法的行为。

第三节　劳动者的职业卫生保护权

一、知情权

1. 用人单位与劳动者订立劳动合同（含聘用合同）时，劳动者有获得工作过程中可能产生的职业病危害及其后果、职业病防护措施和待遇等内容的权利，用人单位应在劳动合同中写明，不得隐瞒或欺骗；

2. 劳动者在已订立劳动合同期间因工作岗位或者工作内容变更，从事与所订立劳动合同中未告知的存在职业病危害的作业时，用人单位应当依照前款规定，向劳动者履行如实告知的义务，并协商变更原劳动合同相关条款；

3. 用人单位违反上述两项规定的，劳动者有权拒绝从事存在职业病危害的作业，用人单位不得因此解除与劳动者所订立的劳动合同；

4. 对从事接触职业病危害作业的劳动者，有权要求用人单位组织上岗前、在岗期间和离岗时的职业健康检查，并如实获知检查结果；

5. 劳动者有权了解工作场所产生或者可能产生的职业病危害因素、危害后果和应当采取的职业病防护措施。

二、职业卫生培训权

劳动者有获得职业卫生培训、教育的权利。劳动者有获得上岗前职业卫生培训和在岗期间定期职业卫生培训的权利，用人单位应当普及职业卫生知识，督促劳动者遵守职业病防治的法律、法规、规章和操作规程，指导劳动者正确使用职业病防护设备和个人使用的职业病防护用品。

三、拒绝冒险权

劳动者有权拒绝在没有职业病防护措施下从事职业危害作业,有权拒绝违章指挥和强令的冒险作业。用人单位若与劳动者设立劳动合同时,没有将可能产生的职业病危害及其后果等告知劳动者,劳动者有权拒绝从事存在职业病危害的作业,用人单位不得因此解除或者终止与劳动者所订立的劳动合同。

四、职业健康权

1. 对从事接触职业病危害的作业的劳动者,用人单位应当按照国务院安全生产监督管理部门、卫生行政部门的规定组织上岗前、在岗期间和离岗位时的职业健康检查,并将检查结果书面告知劳动者。职业健康检查费用由用人单位承担。

2. 用人单位不得安排未经上岗前职业健康检查的劳动者从事接触职业病危害的作业;不得安排有职业禁忌的劳动者从事其所禁忌的作业;对在职业健康检查中发现有与从事的职业相关的健康损害的劳动者,应当调离原工作岗位,并妥善安置;对未进行离岗前职业健康检查的劳动者不得解除或者终止与其订立的劳动合同。职业健康检查应当由省级以上人民政府卫生行政部门批准的医疗卫生机构承担。

3. 劳动者有获得用人单位为其建立职业健康监护档案,并按照规定期限妥善保存的权利;职业健康监护档案应当包括劳动者的职业史、职业病危害接触史、职业健康检查结果和职业病诊疗等有关个人健康资料;劳动者离开用人单位时,有权索取本人职业健康监护档案复印件,用人单位应当如实、无偿提供,并在所提供的复印件上签章。

4. 当劳动者被疑患有职业病时,职业病防治法规定用人单位应及时安排对病人进行诊断,在病人诊断或者医学观察期间,不得解除或者终止与其订立的劳动合同;职业病病人依法享受国家规定的职业病待遇;用人单位应按照国家有关规定,安排病人进行治疗、康复和定期检查;对不适宜继续从事原工作的病人,应调离原岗位,并妥善安置;对从事接触职业病危害作业的劳动者,应给予适当岗位津贴;职业病病人的诊疗、康复费用,伤残以及丧失劳动能力职业病病人的社会保障,按照国家有关工伤社会保障的规定执行。

五、特殊保障权

未成年人、女职工、有职业禁忌的劳动者,在职业病防治法中享有特殊的职业卫生保护的权利。职业病防治法规定:

产生职业病危害的用人单位在工作场所应有配套的更衣间、洗浴间、孕妇休息间等卫生设施;国家对从事放射、高毒等作业实行特殊管理;用人单位不得安排未成年工从事接触职业病危害的作业,不得安排孕期、哺乳期的女职工从事对本人和胎儿、婴儿有危害的作业;不得安排有职业禁忌的劳动者从事其所禁忌的作业。

六、参与决策权

劳动者有权参与用人单位职业卫生工作的民主管理,并对职业病防治工作提出意见和建议。

七、检举、控告权

劳动者有权对违反职业病防治法律、法规以及危及生命健康的行为提出批评、检举和控告。用人单位若不得因劳动者依法行使检举、控告权而降低其工资、福利等待遇或者解除、终止与其订立劳动合同。

八、损害赔偿权

职业病病人除依法享有工伤保险外,依照有关民事法律,尚有获得赔偿的权利,有权向用人单位提出赔偿要求。

为有效预防和控制职业病,职业病防治法不仅赋予劳动者职业卫生保护的权利,也要求劳动者对防治职业病承担如下义务:

自觉学习和掌握职业卫生知识的义务;自律遵规的义务;遵守职业病防治法律、法规和操作规程,正确使用和维护职业病防护用品;报告职业病危害事故隐患的义务等。

第四节 职业病诊断与职业病病人待遇

一、职业病诊断

职业病诊断是由经省级卫生行政部门批准,取得职业病诊断相应资质的医疗卫生机构,组织3人以上职业病诊断医师,依据职业病防治法律法规、职业病诊断标准,对劳动者在职业活动中,因接触职业病危害因素而引起的疾病所进行的医学诊断活动。

职业病诊断不仅是一种医学诊断,也是一种归因诊断,非常重要的是在对劳动者有无疾病作出判定的基础上,还要确定职业接触与健康损害的因果关系。判定劳动者所患疾病与工作关系的条件包括:

所患疾病的医学表现与所接触职业危害因素的效应一致;工作场所存在该种危害因素;有足够的证据支持所患疾病是由于职业活动所引起。所以,无论从诊断的性质、诊断的技术方法、诊断结论的效力和诊断为职业病病人后可以享受的待遇等方面都有其特殊性,与一般疾病的诊断有很大的区别,是一项专业性、技术性、法律性都很强的工作。

(一)职业病诊断机构

基于职业病诊断的特殊性,职业病诊断机构既要由省级卫生行政部门批准,有利于保障职业病患者能够得到准确、高质量的诊断服务;同时省、自治区、直辖市人民政府卫生行政部门还应当向社会公布本行政区域内承担职业病诊断的医疗卫生机构的名单,方便职业病患者及时就医、提出诊断。

承担职业病诊断的医疗卫生机构应当具备下列条件:

持有《医疗机构执业许可证》;具有与开展职业病诊断相适应的医疗卫生技术人员;具有与开展职业病诊断相适应的仪器、设备;具有健全的职业病诊断质量管理制度。

劳动者可以选择在用人单位所在地、本人户籍所在地或者经常居住地依法承担职业病诊断的医疗卫生机构,进行职业病诊断。

（二）职业病诊断标准

为了统一标准,统一办法,职责明确,职业病诊断标准和职业病诊断、鉴定办法由国务院卫生行政部门制定;职业病伤残等级的鉴定办法由国务院劳动保障行政部门会同国务院卫生行政部门制定。

（三）职业病诊断

1.诊断标准

病人的职业史;职业病危害接触史和工作场所职业病危害因素情况;临床表现以及辅助检查结果等。

没有证据否定职业病危害因素与病人临床表现之间的必然联系的,应当诊断为职业病。

2.诊断程序

承担职业病诊断的医疗卫生机构在进行职业病诊断时,应当组织三名以上取得职业病诊断资格的执业医师集体诊断;职业病诊断证明书应当由参与诊断的医师共同签署,并经承担职业病诊断的医疗卫生机构审核盖章。

（四）职业病诊断争议的鉴定

1.当事人对职业病诊断有异议的,有申请鉴定的权利,可以向作出诊断的医疗卫生机构所在地地方人民政府卫生行政部门申请鉴定。

职业病诊断争议鉴定由设区的市级以上地方人民政府卫生行政部门根据当事人的申请,组织职业病诊断鉴定委员会进行鉴定;当事人对设区的市级职业病诊断鉴定委员会的鉴定结论不服的,可以向省、自治区、直辖市人民政府卫生行政部门申请再鉴定。

2.职业病诊断鉴定委员会由相关专业的专家组成。

省、自治区、直辖市人民政府卫生行政部门应当设立相关的专家库,需要对职业病争议作出诊断鉴定时,由当事人或者当事人委托有关卫生行政部门从专家库中以随机抽取的方式确定参加诊断鉴定委员会的专家。

职业病诊断鉴定委员会应当按照国务院卫生行政部门颁布的职业病诊断标准和职业病诊断、鉴定办法进行职业病诊断鉴定,向当事人出具职业病诊断鉴定书。职业病诊断、鉴定费用由用人单位承担。

职业病诊断鉴定委员会组成人员应当遵守职业道德,客观、公正地进行诊断鉴定,并承担相应的责任。职业病诊断鉴定委员会组成人员不得私下接触当事人,不得收受当事人的财物或者其他好处,与当事人有利害关系的,应当回避。

人民法院受理有关案件需要进行职业病鉴定时,应当从省、自治区、直辖市人民政府卫生行政部门依法设立的相关的专家库中选取参加鉴定的专家。

3.职业病诊断鉴定

用人单位应当如实提供职业病诊断、鉴定所需的劳动者职业史和职业病危害接触史、工作场所职业病危害因素检测结果等资料;安全生产监督管理部门应当监督检查和督促用人单位提供上述资料;劳动者和有关机构也应当提供与职业病诊断、鉴定有关的资料。职业病诊断、鉴定机构需要了解工作场所职业病危害因素情况时,可以对工作场所进行现场调查,也可以向安全生产监督管理部门提出,安全生产监督管理部门应当在10日内组织现场调查。用人单位不得拒绝、阻挠。

职业病诊断、鉴定过程中,用人单位不提供工作场所职业病危害因素检测结果等资料的,诊断、鉴定机构应当结合劳动者的临床表现、辅助检查结果和劳动者的职业史、职业病危害接触史,并参考劳动者的自述、安全生产监督管理部门提供的日常监督检查信息等,作出职业病诊断、鉴定结论。劳动者对用人单位提供的工作场所职业病危害因素检测结果等资料有异议,或者因劳动者的用人单位解散、破产,无用人单位提供上述资料的,诊断、鉴定机构应当提请安全生产监督管理部门进行调查,安全生产监督管理部门应当自接到申请之日起30日内对存在异议的资料或者工作场所职业病危害因素情况作出判定;有关部门应当配合。

（五）职业病病人和疑似职业病病人的报告制度

1. 用人单位和医疗卫生机构发现职业病病人或者疑似职业病病人时,应当及时向所在地卫生行政部门和安全生产监督管理部门报告。确诊为职业病的,用人单位还应当向所在地劳动保障行政部门报告。接到报告的部门应当依法作出处理。

2. 医疗卫生机构发现疑似职业病病人时,应当告之劳动者本人并及时通知用人单位,用人单位应当及时安排对其进行诊断,在诊断或者医学观察期间,不得解除或者终止与其订立的劳动合同。

3. 确诊为职业病的,用人单位还应当向劳动保障行政部门报告,上述两个部门接到报告后,应当依法作出处理。

二、职业病病人的待遇

罹患职业病的劳动者依法享受国家规定的职业病待遇。具体内容包括:

（一）一般规定

用人单位应当按照国家有关规定,安排职业病病人进行治疗、康复和定期检查;用人单位对不适宜继续从事原工作的职业病病人,应当调离原岗位,并妥善安置;职业病病人的诊疗、康复费用,伤残以及丧失劳动能力的职业病病人的社会保障,按照国家有关工伤保险的规定执行;职业病病人除依法享有工伤保险外,依照有关民事法律,尚有获得赔偿的权利的,有权向用人单位提出赔偿要求。

（二）特殊规定

1. 劳动者被诊断患有职业病,但用人单位没有依法参加工伤保险的,其医疗和生活保障由该用人单位承担;

2. 职业病病人变动工作单位,其依法享有的待遇不变;用人单位发生分立、合并、解散、破产等情形的,应当对从事接触职业病危害的作业的劳动者进行健康检查,并按照国家有关规定妥善安置职业病病人;

3. 用人单位已经不存在或者无法确认劳动关系的职业病病人,可以向地方人民政府民政部门申请医疗救助和生活等方面的救助。

地方各级人民政府应当根据本地区的实际情况,采取其他措施,使前款规定的职业病病人获得医疗救治。

（三）疑似职业病病人待遇

医疗卫生机构发现疑似职业病病人时,应当告知劳动者本人并及时通知用人单位。用人单位应当及时安排对疑似职业病病人进行诊断;在疑似职业病病人诊断或者医学观察期间,不得解除或者终止与其订立的劳动合同。疑似职业病病人在诊断、医学观察期间的费用,由用人单位承担。

<h1 style="text-align:center">第五节 违反职业病防治法的法律责任</h1>

一、建设单位

建设单位违反本法规定,有下列行为之一的,由安全生产监督管理部门和卫生行政部门依据职责分工给予警告,责令限期改正;逾期不改正的,处 10 万元以上 50 万元以下的罚款;情节严重的,责令停止产生职业病危害的作业,或者提请有关人民政府按照国务院规定的权限责令停建、关闭:

1. 未按照规定进行职业病危害预评价的;

2. 医疗机构可能产生放射性职业病危害的建设项目未按照规定提交放射性职业病危害预评价报告,或者放射性职业病危害预评价报告未经卫生行政部门审核同意,开工建设的;

3. 建设项目的职业病防护设施未按照规定与主体工程同时设计、同时施工、同时投入生产和使用的;

4. 建设项目的职业病防护设施设计不符合国家职业卫生标准和卫生要求,或者医疗机构放射性职业病危害严重的建设项目的防护设施设计未经卫生行政部门审查同意擅自施工的;

5. 未按照规定对职业病防护设施进行职业病危害控制效果评价的;

6. 建设项目竣工投入生产和使用前,职业病防护设施未按照规定验收合格的。

二、用人单位

1. 用人单位有下列行为之一的,由安全生产监督管理部门给予警告,责令限期改正;逾期不改正的,处 10 万元以下的罚款:

工作场所职业病危害因素检测、评价结果没有存档、上报、公布的;未采取本法第二十一条规定的职业病防治管理措施的;未按照规定公布有关职业病防治的规章制度、操作规程、职业病危害事故应急救援措施的;未按照规定组织劳动者进行职业卫生培训,或者未对劳动者个人职业病防护采取指导、督促措施的;国内首次使用或者首次进口与职业病危害有关的化学材料,未按照规定报送毒性鉴定资料以及经有关部门登记注册或者批准进口的文件的。

2. 用人单位有下列行为之一的,由安全生产监督管理部门责令限期改正,给予警告,可以并处 5 万元以上 10 万元以下的罚款:

未按照规定及时、如实向安全生产监督管理部门申报产生职业病危害的项目的;未实施由专人负责的职业病危害因素日常监测,或者监测系统不能正常监测的;订立或者变更劳动合同时,未告知劳动者职业病危害真实情况的;未按照规定组织职业健康检查、建立职业健康监护档案或者未将检查结果书面告知劳动者的;未依照本法规定在劳动者离开用人单位时提供职业健康监护档案复印件的。

3. 用人单位有下列行为之一的,由安全生产监督管理部门给予警告,责令限期改正,逾期不改正的,处5万元以上20万元以下的罚款;情节严重的,责令停止产生职业病危害的作业,或者提请有关人民政府按照国务院规定的权限责令关闭:

(1) 工作场所职业病危害因素的强度或者浓度超过国家职业卫生标准的;

(2) 未提供职业病防护设施和个人使用的职业病防护用品,或者提供的职业病防护设施和个人使用的职业病防护用品不符合国家职业卫生标准和卫生要求的;

(3) 对职业病防护设备、应急救援设施和个人使用的职业病防护用品未按照规定进行维护、检修、检测,或者不能保持正常运行、使用状态的;

(4) 未按照规定对工作场所职业病危害因素进行检测、评价的;

(5) 工作场所职业病危害因素经治理仍然达不到国家职业卫生标准和卫生要求时,未停止存在职业病危害因素的作业的;

(6) 未按照规定安排职业病病人、疑似职业病病人进行诊治的;

(7) 发生或者可能发生急性职业病危害事故时,未立即采取应急救援和控制措施或者未按照规定及时报告的;

(8) 未按照规定在产生严重职业病危害的作业岗位醒目位置设置警示标识和中文警示说明的;

(9) 拒绝职业卫生监督管理部门监督检查的;

(10) 隐瞒、伪造、篡改、毁损职业健康监护档案、工作场所职业病危害因素检测评价结果等相关资料,或者拒不提供职业病诊断、鉴定所需资料的;

(11) 未按照规定承担职业病诊断、鉴定费用和职业病病人的医疗、生活保障费用的。

4. 用人单位和医疗卫生机构未按照规定报告职业病、疑似职业病的,由有关主管部门依据职责分工责令限期改正,给予警告,可以并处1万元以下的罚款;弄虚作假的,并处2万元以上5万元以下的罚款;对直接负责的主管人员和其他直接责任人员,可以依法给予降级或者撤职的处分。

5. 有下列情形之一的,由安全生产监督管理部门责令限期治理,并处5万元以上30万元以下的罚款;情节严重的,责令停止产生职业病危害的作业,或者提请有关人民政府按照国务院规定的权限责令关闭:

隐瞒技术、工艺、设备、材料所产生的职业病危害而采用的;隐瞒本单位职业卫生真实情况的;可能发生急性职业损伤的有毒、有害工作场所、放射工作场所或者放射性同位素的运输、贮存不符合本法第二十三条规定的;使用国家明令禁止使用的可能产生职业病危害的设备或者材料的;将产生职业病危害的作业转移给没有职业病防护条件的单位和个人,或者没有职业病防护条件的单位和个人接受产生职业病危害的作业的;擅自拆除、停止使用职业病防护设备或者应急救援设施的;安排未经职业健康检查的劳动者、有职业禁忌的劳动者、未成年工或者孕期、哺乳期女职工从事接触职业病危害的作业或者禁忌作业的;违章指挥和强令劳动者进行没有职业病防护措施的作业的。

6. 生产、经营或者进口国家明令禁止使用的可能产生职业病危害的设备或者材料的,依照有关法律、行政法规的规定给予处罚。

7. 用人单位违反本法规定,已经对劳动者生命健康造成严重损害的,由安全生产监督管理部门责令停止产生职业病危害的作业,或者提请有关人民政府按照国务院规定的权限责令关闭,并处 10 万元以上 50 万元以下的罚款。

8. 用人单位违反本法规定,造成重大职业病危害事故或者其他严重后果,构成犯罪的,对直接负责的主管人员和其他直接责任人员,依法追究刑事责任。

三、职业卫生技术服务机构

1. 未取得职业卫生技术服务资质认可擅自从事职业卫生技术服务的,或者医疗卫生机构未经批准擅自从事职业健康检查、职业病诊断的,由安全生产监督管理部门和卫生行政部门依据职责分工责令立即停止违法行为,没收违法所得;违法所得 5 000 元以上的,并处违法所得 2 倍以上 10 倍以下的罚款;没有违法所得或者违法所得不足 5 000 元的,并处 5 000 元以上 50 000 元以下的罚款;情节严重的,对直接负责的主管人员和其他直接责任人员,依法给予降级、撤职或者开除的处分。

2. 从事职业卫生技术服务的机构和承担职业健康检查、职业病诊断的医疗卫生机构违反本法规定,有下列行为之一的,由安全生产监督管理部门和卫生行政部门依据职责分工责令立即停止违法行为,给予警告,没收违法所得;违法所得 5 000 元以上的,并处违法所得 2 倍以上 5 倍以下的罚款;没有违法所得或者违法所得不足 5 000 元的,并处 5 000 元以上 20 000元以下的罚款;情节严重的,由原认可或者批准机关取消其相应的资格;对直接负责的主管人员和其他直接责任人员,依法给予降级、撤职或者开除的处分;构成犯罪的,依法追究刑事责任:

超出资质认证或者批准范围从事职业卫生技术服务或者职业健康检查、职业病诊断的;不按照本法规定履行法定职责的;出具虚假证明文件的。

四、职业病诊断鉴定委员会

职业病诊断鉴定委员会组成人员收受职业病诊断争议当事人的财物或者其他好处的,给予警告,没收收受的财物,可以并处 3 000 元以上 50 000 元以下的罚款,取消其担任职业病诊断鉴定委员会组成人员的资格,并从省、自治区、直辖市人民政府卫生行政部门设立的专家库中予以除名。

五、县级以上地方人民政府、卫生行政部门、安全生产监督管理部门及职业卫生监督执法人员

1. 县级以上地方人民政府在职业病防治工作中未依照本法履行职责,本行政区域出现重大职业病危害事故、造成严重社会影响的,依法对直接负责的主管人员和其他直接责任人员给予记大过直至开除的处分。

2. 县级以上人民政府职业卫生监督管理部门不履行本法规定的职责,滥用职权、玩忽职守、徇私舞弊,依法对直接负责的主管人员和其他直接责任人员给予记大过或者降级的处分;造成职业病危害事故或者其他严重后果的,依法给予撤职或者开除的处分。

3. 卫生行政部门、安全生产监督管理部门不按照规定报告职业病和职业病危害事故的,由上一级行政部门责令改正,通报批评,给予警告;虚报、瞒报的,对单位负责人、直接负责的主管人员和其他直接责任人员依法给予降级、撤职或者开除的处分。

六、其他

向用人单位提供可能产生职业病危害的设备、材料,未按照规定提供中文说明书或者设置警示标识和中文警示说明的,由安全生产监督管理部门责令限期改正,给予警告,并处5万元以上20万元以下的罚款。

【思考题】
1. 如何看待职业病防治的重要性?
2. 劳动者在职业卫生方面的权利与义务有哪些?

第十六章　公共卫生监督法律制度

【学习目的】

掌握突发公共卫生事件预防与处理法律制度；熟悉公共场所卫生监督法律制度；了解学校卫生监督法律制度、生活饮用水卫生监督法律制度、放射卫生监督法律制度和医疗废物的有关法律制度。

【案情导引】

2013年11月20日某市卫生监督局在日常卫生监督检查中，发现某酒店自2013年11月18日开始经营，一直未取得卫生许可证，遂于同日向该酒店下达办证通知。2013年12月4日经检查发现仍未取得该年度卫生许可证，同时还存在从业人员无健康证、无空气质量监测报告的情形，遂提出监督意见，要求整改。该事实有当日的现场检查笔录、询问笔录、卫生监督意见书及2013年12月9日对负责人谌东升询问笔录加以固定。2014年4月18日，经再次现场检查发现上述监督意见仍未整改。

问题：

1.该案件有哪些违法行为？

2.该酒店应该承担哪些法律责任？

第一节　突发公共卫生事件预防与处理法律制度

一、概述

突发公共卫生事件，简称突发事件，是指突然发生，造成或者可能造成社会公众健康严重损害的重大传染病疫情、群体性不明原因疾病、重大食物和职业中毒以及其他严重影响公众健康的事件。2003年5月9日，国务院颁布了《突发公共卫生事件应急条例》，于2011年修订。

二、突发事件的预防与应急准备

(一)突发事件应急预案的制定

国务院卫生行政主管部门按照分类指导、快速反应的要求,制定全国突发事件应急预案,报请国务院批准。省、自治区、直辖市人民政府根据全国突发事件应急预案,结合本地实际情况,制定本行政区域的突发事件应急预案。

(二)突发事件应急体系的建立

国家建立统一的突发事件预防控制体系。

县级以上地方人民政府应当建立和完善突发事件监测与预警系统。地方各级人民政府应当依照法律、行政法规的规定,做好传染病预防和其他公共卫生工作,防范突发事件的发生。县级以上各级人民政府卫生行政主管部门,应当指定机构负责开展突发事件的日常监测,并确保监测与预警系统的正常运行。

(三)突发事件的监测与预警

监测与预警工作应当根据突发事件的类别,制定监测计划,科学分析、综合评价监测数据。对早期发现的潜在隐患以及可能发生的突发事件,应当依照条例规定的报告程序和时限及时报告。

三、突发事件的报告与信息发布

(一)突发事件的报告

国家建立突发事件应急报告制度。国务院卫生行政主管部门制定突发事件应急报告规范,建立重大、紧急疫情信息报告系统。

有下列情形之一的,突发事件监测机构、医疗卫生机构和有关单位应当在2小时内向所在地县级人民政府卫生行政主管部门报告:(1)发生或者可能发生传染病暴发、流行的;(2)发生或者发现不明原因的群体性疾病的;(3)发生传染病菌种、毒种丢失的;(4)发生或者可能发生重大食物和职业中毒事件的。接到报告的卫生行政主管部门应当在2小时内向本级人民政府报告,并同时向上级人民政府卫生行政主管部门和国务院卫生行政主管部门报告。县级人民政府应当在接到报告后2小时内向设区的市级人民政府或者上一级人民政府报告;设区的市级人民政府应当在接到报告后2小时内向省、自治区、直辖市人民政府报告。省、自治区、直辖市人民政府应当在接到报告1小时内,向国务院卫生行政主管部门报告。国务院卫生行政主管部门对可能造成重大社会影响的突发事件,应当立即向国务院报告。

接到报告的地方人民政府、卫生行政主管部门依照条例规定报告的同时,应当立即组织力量对报告事项调查核实、确证,采取必要的控制措施,并及时报告调查情况。

(二)突发事件的举报

国家建立突发事件举报制度,公布统一的突发事件报告、举报电话。

任何单位和个人有权向人民政府及其有关部门报告突发事件隐患,有权向上级人民政府及其有关部门举报地方人民政府及其有关部门不履行突发事件应急处理职责,或者不按照规定履行职责的情况。接到报告、举报的有关人民政府及其有关部门,应当立即组织对突发事件隐患、不履行或者不按照规定履行突发事件应急处理职责的情况进行调查处理。

（三）突发事件的信息发布

国家建立突发事件的信息发布制度。

国务院卫生行政主管部门负责向社会发布突发事件的信息。必要时，可以授权省、自治区、直辖市人民政府卫生行政主管部门向社会发布本行政区域内突发事件的信息。

四、突发事件应急预案的启动

突发事件发生后，卫生行政主管部门应当组织专家对突发事件进行综合评估，初步判断突发事件的类型，提出是否启动突发事件应急预案的建议。

在全国范围内或者跨省、自治区、直辖市范围内启动全国突发事件应急预案，由国务院卫生行政主管部门报国务院批准后实施。省、自治区、直辖市启动突发事件应急预案，由省、自治区、直辖市人民政府决定，并向国务院报告。

应急预案启动后，国务院有关部门、地方人民政府及其有关部门应当各司其责，各单位和个人应当服从突发事件应急指挥部的统一指挥。

五、法律责任

（一）行政部门的法律责任

国务院有关部门、县级以上地方人民政府及其卫生行政主管部门以及其他有关部门存在不履行法定职责、隐瞒、缓报、谎报突发事件或者不配合调查等情节的，对政府主要领导人及其卫生行政主管部门主要负责人，依法给予降级或者撤职的行政处分；造成传染病传播、流行或者对社会公众健康造成其他严重危害后果的，依法给予开除的行政处分；构成犯罪的，依法追究刑事责任。

县级以上各级人民政府有关部门拒不履行应急处理职责的，由同级人民政府或者上级人民政府有关部门责令改正、通报批评、给予警告。

（二）医疗机构的法律责任

医疗卫生机构未履行法定职责、拒绝接诊病人或者拒不服从突发事件应急处理指挥部调度的，由卫生行政主管部门责令改正、通报批评、给予警告；情节严重的，吊销《医疗机构执业许可证》；对主要负责人、负有责任的主管人员和其他直接责任人员依法给予降级或者撤职的纪律处分；造成传染病传播、流行或者对社会公众健康造成其他严重危害后果，构成犯罪的，依法追究刑事责任。

（三）其他单位和个人的法律责任

在突发事件应急处理工作中，有关单位和个人未依照规定履行报告职责，隐瞒、缓报或者谎报，阻碍突发事件应急处理工作人员执行职务，拒绝国务院卫生行政主管部门或者其他有关部门指定的专业技术机构进入突发事件现场，或者不配合调查、采样、技术分析和检验的，对有关责任人员依法给予行政处分或者纪律处分；触犯《中华人民共和国治安管理处罚法》的，由公安机关依法予以处罚；构成犯罪的，依法追究刑事责任。

第二节　公共场所卫生监督法律制度

一、公共场所及其立法

（一）公共场所的概念

公共场所是提供给公众进行工作、学习、经济、文化、社交、娱乐、体育、参观、医疗、卫生、休息、旅游和满足部分生活需求所使用的一切公用建筑物、场所及其设施的总称。《公共场所卫生管理条例》对公共场所的卫生质量作了明确的规定，其对公共场所的基本卫生质量的统一要求是：选址设计合理，卫生设施完备，室内空气质量优良，微小气候适宜，采光照明良好，环境整洁安静，饮用水质卫生，公用物品清洁，卫生制度健全，从业人员健康，个人卫生讲究。公共场所的卫生项目应符合国家卫生标准和要求，包括：1.空气、微小气候（湿度、温度、风速）；2.水质；3.采光、照明；4.噪音；5.顾客用具和卫生设施。

（二）公共场所的分类

目前主要有公共场所7类28所：

1. 宾馆、饭馆、旅店、招待所、车马店、咖啡馆、酒吧、茶座；

2. 公共浴室、理发店、美容店；

3. 影剧院、录像厅（室）、游艺厅（游艺室，以及电脑游戏机房等）、舞厅、音乐厅；

4. 体育场（馆）、游泳场（馆）、公园；

5. 展览馆、博物馆、美术馆、图书馆；

6. 商场（店）、书店；

7. 候诊室、候车（机、船）室、公共交通工具。

其他新出现的公共场所：KTV歌舞厅、洗浴中心、足浴场所、婚纱影楼、证券交易场所、网吧、洗衣店、人才市场等也列入公共场所监督管理范畴。

二、公共场所的卫生管理

（一）公共场所经营者的职责

1. 公共场所的法定代表人或者负责人是其经营场所卫生安全的第一责任人。

2. 公共场所经营部门应当建立卫生管理制度，配备专职或者兼职卫生管理人员，对本单位的从业人员进行卫生知识的培训和考核工作。对所属经营单位的卫生状况进行经常性检查，并保证提供必要的条件和设施。

3. 公共场所经营单位须取得《卫生许可证》或《食品经营许可证》后，方可向工商行政管理部门申请登记，办理《营业执照》，公共场所《卫生许可证》有效期限为四年，每两年复核一次。

4. 公共场所因不符合卫生标准和要求造成危害健康事故的，经营单位必须采取应急措施。同时报告当地卫生监督管理机构并协助调查处理。

（二）公共场所卫生管理的档案内容

各类公共场所经营单位必须依法建立档案，并作为卫生行政部门执法检查的重要依据。公共场所卫生管理的档案内容包括以下的九个方面：

1. 卫生管理部门、人员设置情况及卫生管理制度；

2. 空气、微小气候（湿度、温度、风速）、水质、采光、照明、噪声的检测情况；

3. 顾客用品用具的清洗、消毒、更换及检测情况；

4. 卫生设施的使用、维护、检查情况；

5. 集中空调通风系统的清洗、消毒情况；

6. 安排从业人员健康检查情况和培训考核情况；

7. 公共卫生用品进货索证管理情况；

8. 公共场所危害健康事故应急预案或者方案；

9. 省、自治区、直辖市卫生行政部门要求记录的其他情况。

以上公共场所卫生管理档案应当有专人管理，分类记录，并至少保存两年。

（三）公共场所卫生要求

1. 公共场所的选址、设计、装修应当符合国家相关标准和规范要求。公共场所室内装饰装修期间不得营业。进行局部装饰装修的，经营者应当采取有效措施，保证营业的非装饰装修区域室内空气质量合格。

2. 公共场所经营者应当保持公共场所空气流通，室内空气质量应当符合国家卫生标准和要求。公共场所采用集中空调通风系统的，应当符合公共场所集中空调通风系统相关卫生规范和规定的要求。集中空调通风系统，指为使房间或者封闭空间空气温度、湿度、洁净度和气流速度等参数达到设定的要求，而对空气进行集中处理、输送、分配的所有设备、管道及附件、仪器仪表的总和。

3. 公共场所经营者提供给顾客使用的生活饮用水应当符合国家生活饮用水卫生标准要求。游泳场（馆）和公共浴室水质应当符合国家卫生标准和要求。

4. 公共场所的采光照明、噪声应当符合国家卫生标准和要求。公共场所应当尽量采用自然光。自然采光不足的，公共场所经营者应当配置与其经营场所规模相适应的照明设施。公共场所经营者应当采取措施降低噪声。

5. 公共场所经营者提供给顾客使用的用品用具应当保证卫生安全，可以反复使用的用品用具应当一客一换，按照有关卫生标准和要求清洗、消毒、保洁。禁止重复使用一次性用品用具。

6. 公共场所经营者应当根据经营规模、项目设置清洗、消毒、保洁、盥洗等设施设备和公共卫生间。公共场所经营者应当建立卫生设施设备维护制度，定期检查卫生设施设备，确保其正常运行，不得擅自拆除、改造或者挪作他用。公共场所设置的卫生间，应当有单独通风排气设施，保持清洁无异味。

7. 公共场所经营者应当配备安全、有效的预防控制蚊、蝇、蟑螂、鼠和其他病媒生物的设施设备及废弃物存放专用设施设备，并保证相关设施设备的正常使用，及时清运废弃物。

8. 室内公共场所禁止吸烟。公共场所经营者应当设置醒目的禁止吸烟警语和标志。室外公共场所设置的吸烟区不得位于行人必经的通道上。公共场所不得设置自动售烟机。公共场所经营者应当开展吸烟危害健康的宣传，并配备专（兼）职人员对吸烟者进行劝阻。

9. 公共场所经营者应当按照卫生标准、规范的要求对公共场所的空气、微小气候、水质、采光、照明、噪声、顾客用品用具等进行卫生检测,检测每年不得少于一次;检测结果不符合卫生标准、规范要求的应当及时整改。公共场所经营者不具备检测能力的,可以委托检测。公共场所经营者应当在醒目位置如实公示检测结果。

（四）公共场所从业人员的相关要求

公共场所从业人员应当保持良好的个人卫生,工作时穿戴整洁符合卫生要求,凡患有痢疾、伤寒、甲型病毒性肝炎、戊型病毒性肝炎等消化道传染病的人员,以及患有活动性肺结核、化脓性或者渗出性皮肤病等疾病的人员,治愈前不得从事直接为顾客服务的工作。公共场所经营者应当组织从业人员每年进行健康检查,从业人员在取得有效健康合格证明后方可上岗。

在旅店、咖啡馆、酒吧、茶座、公共浴室、美容美发店、游泳场馆从事直接为顾客服务的从业人员每年进行一次健康检查,其他场所直接为顾客服务从业人员每两年进行一次健康检查,取得"健康合格证"后方可上岗工作。

（五）公共场所危害健康事故的报告与处置

1. 公共场所经营者应当制定公共场所危害健康事故应急预案或者方案,定期检查公共场所各项卫生制度、措施的落实情况,及时消除危害公众健康的隐患。公共场所发生危害健康事故的,经营者应当立即处置,防止危害扩大,并及时向县级人民政府卫生行政部门报告。

2. 任何单位或者个人对危害健康事故不得隐瞒、缓报、谎报或者授意他人隐瞒、缓报、谎报。发生死亡或同时发生 3 名以上(含 3 名)受害病人时,事故报告责任人要在发生事故 24 小时之内,电话报告当地卫生监督机构。国内民航、铁路、交通、厂(场)矿等所属经营单位,应同时报告本系统卫生监督机构,随即报告主管部门,必要时(如重大事故和可疑刑事案件等)必须同时报告公安部门。

3. 卫生监督机构在接到报告 24 小时内会同有关人员进行调查,并将调查结果及处理意见于 1 周内写成"公共场所危害健康事故现场调查报告书",报送同级卫生行政部门、上级卫生监督机构、事故单位的主管部门和事故单位,并建立相关档案。

4. 县级以上人民政府卫生行政部门对发生传染病和危害公众健康事故或者有证据证明可能导致传染病暴发、流行和危害公众健康的公共场所、设施或者物品,有权采取下列临时控制措施:责令其暂停营业;封存用品、用具和设施;组织控制现场。但是,当传染病和公众健康危害事故或者可能导致传染病暴发、流行和公众健康危害的隐患得到有效控制后,卫生行政部门应当及时解除控制措施。

三、公共场所的卫生监督

（一）公共场所卫生许可证

国家对公共场所实行卫生许可证管理。公共场所经营者应当按照规定向县级以上地方人民政府卫生行政部门申请卫生许可证。未取得卫生许可证的,不得营业。对于饭馆、咖啡馆、酒吧、茶座 4 类公共场所,由食品药品监管部门一家许可、统一监管。公共场所卫生监督的具体范围由省、自治区、直辖市人民政府卫生行政部门公布。

（二）公共场所卫生监督机构职责

1. 县级以上人民政府卫生行政部门应当组织对公共场所的健康危害因素进行监测、分析,为制定法律法规、卫生标准和实施监督管理提供科学依据。

2. 县级以上疾病预防控制机构应当承担卫生行政部门下达的公共场所健康危害因素监测任务。

3. 县级以上地方人民政府卫生行政部门应当对公共场所卫生监督实施量化分级管理,促进公共场所自身卫生管理,增强卫生监督信息透明度。

4. 县级以上地方人民政府卫生行政部门应当根据卫生监督量化评价的结果确定公共场所的卫生信誉度等级和日常监督频次。公共场所卫生信誉度等级应当在公共场所醒目位置公示。

5. 县级以上地方人民政府卫生行政部门对公共场所进行监督检查,应当依据有关卫生标准和要求,采取现场卫生监测、采样、查阅和复制文件、询问等方法,有关单位和个人不得拒绝或者隐瞒。

6. 县级以上人民政府卫生行政部门应当加强公共场所卫生监督抽检,并将抽检结果向社会公布。

7. 县级以上地方人民政府卫生行政部门对发生危害健康事故的公共场所,可以依法采取封闭场所、封存相关物品等临时控制措施。经检验,属于被污染的场所、物品,应当进行消毒或者销毁;对未被污染的场所、物品或者经消毒后可以使用的物品,应当解除控制措施。

8. 开展公共场所卫生检验、检测、评价等业务的技术服务机构,应当具有相应专业技术能力,按照有关卫生标准、规范的要求开展工作,不得出具虚假检验、检测、评价等报告。技术服务机构的专业技术能力由省、自治区、直辖市人民政府卫生行政部门组织考核。

四、法律责任

1. 对未依法取得公共场所卫生许可证擅自营业的,由县级以上地方人民政府卫生行政部门责令限期改正,给予警告,并处以五百元以上五千元以下罚款;有下列情形之一的,处以五千元以上三万元以下罚款:(1)擅自营业曾受过卫生行政部门处罚的;(2)擅自营业时间在三个月以上的;(3)以涂改、转让、倒卖、伪造的卫生许可证擅自营业的。对涂改、转让、倒卖有效卫生许可证的,由原发证的卫生行政部门予以注销。

2. 公共场所经营者有下列情形之一的,由县级以上地方人民政府卫生行政部门责令限期改正,给予警告,并可处以二千元以下罚款;逾期不改正,造成公共场所卫生质量不符合卫生标准和要求的,处以二千元以上二万元以下罚款;情节严重的,可以依法责令停业整顿,直至吊销卫生许可证:1.未按照规定对公共场所的空气、微小气候、水质、采光、照明、噪声、顾客用品用具等进行卫生检测的;2.未按照规定对顾客用品用具进行清洗、消毒、保洁,或者重复使用一次性用品用具的。

3. 公共场所经营者有下列情形之一的,由县级以上地方人民政府卫生行政部门责令限期改正;逾期不改的,给予警告,并处以一千元以上一万元以下罚款;对拒绝监督的,处以一万元以上三万元以下罚款;情节严重的,可以依法责令停业整顿,直至吊销卫生许可证:1.未按照规定建立卫生管理制度、设立卫生管理部门或者配备专(兼)职卫生管理人员,或者未建立卫生管理档案的;2.未按照规定组织从业人员进行相关卫生法律知识和公共场所卫生知识培训,或者安排未经相关卫生法律知识和公共场所卫生知识培训考核的从业人员上岗的;3.未按照规定设置与其经营规模、项目相适应的清洗、消毒、保洁、盥洗等设施设备和公共卫生间,或者擅自停止使用、拆除上述设施设备,或者挪作他用的;4.未按照规定配备预防控制鼠、蚊、蝇、蟑螂和其他病媒生物的设施设备以及废弃物存放专用设施设备,或者擅自停止使用、拆除预防控制鼠、蚊、蝇、蟑螂和其他病媒生物的设施设备以及废弃物存放专用设施设备的;5.未按照规定索取公共卫生用品检验合格证明和其他相关资料的;6.未按照规定对公共场所新建、改建、扩建项目办理预防性卫生审查手续的;7.公共场所集中空调通风系统未经卫生检测或者评价不合格而投入使用的;8.未按照规定公示公共场所卫生许可证、卫生检测结果和卫生信誉度等级的;9.未按照规定办理公共场所卫生许可证复核手续的。

4. 公共场所经营者安排未获得有效健康合格证明的从业人员从事直接为顾客服务工作的,由县级以上地方人民政府卫生行政部门责令限期改正,给予警告,并处以五百元以上五千元以下罚款;逾期不改正的,处以五千元以上一万五千元以下罚款。

5. 公共场所经营者对发生的危害健康事故未立即采取处置措施,导致危害扩大,或者隐瞒、缓报、谎报的,由县级以上地方人民政府卫生行政部门处以五千元以上三万元以下罚款;情节严重的,可以依法责令停业整顿,直至吊销卫生许可证。构成犯罪的,依法追究刑事责任。

6. 县级以上人民政府卫生行政部门及其工作人员玩忽职守、滥用职权、收取贿赂的,由有关部门对单位负责人、直接负责的主管人员和其他责任人员依法给予行政处分。构成犯罪的,依法追究刑事责任。

第三节 学校卫生监督法律制度

一、学校卫生概述

学校卫生,是根据儿童和青少年生长发育特点,研究和预防儿童、青少年学生在学习和生活环境中各种有害因素对健康的影响,制定相应的卫生措施,改造条件和环境,消除不利因素,以达到卫生防病,促进儿童、青少年的正常发育和健康成长。学校卫生服务的对象是学龄儿童和青少年,即从小学一年级到大学毕业的学生。这里所称的学校,是指普通中小学、农业中学、职业中学、中等专业学校、技工学校、普通高等学校。1990 年 6 月 4 日,为加强学校卫生工作,提高学生的健康水平,国家教委和卫生部联合颁发《学校卫生工作条例》,标志着我国学校卫生制度逐渐趋向规范化、法制化。

二、学校卫生的工作内容

(一)教学过程卫生

1. 教学、作息卫生

教学过程要严格遵守卫生保健原则,根据学生年龄,合理安排教学进度和作息时间,使学生学习能力保持在最佳状态。学生每日学习时间(包括自习),小学不超过 6 小时,中学不超过 8 小时,大学不超过 10 小时。学校或教师不得以任何理由和方式,增加授课时间和作业量,加重学生学习负担。

2. 劳动卫生

普通中小学校组织学生参加活动,不得让学生接触有毒有害物质或从事不安全工种的作业,不得让学生参加夜班劳动。普通高等学校、中等专业学校、技工学校、农业中学、职业中学组织学生参加生产劳动,接触有毒有害物质的,按照国家有关规定,提供保健待遇,定期对他们进行体格检查。学校组织学生参加劳动时,安排适合学生年龄、性别的劳动,并对学生进行安全教育以及提供必要的安全和卫生防护措施。

3. 体育卫生

主要指体育课、课外体育和假期活动卫生。运动项目和运动强度应适合学生的生理承受能力和体质健康状况,尤其要注意女学生的生理特点,防止发生伤害事故。为此,必须加强学校体育医务监督,如发动学生进行锻炼时的自我观察、定期及比赛前后体检、预防运动创伤以及提出运动场地与设施的卫生要求等。

（二）教学建筑和设施卫生

新建、改建、扩建校舍,其选址、设计应当符合国家卫生标准,并取得当地卫生行政部门许可,竣工验收应当有当地卫生行政部门参加。学校校址应选择在环境清洁、远离喧闹区、地面平坦、便于活动、地下水位低、便于排水的地方。校内要有足够的场地供绿化、体育活动和休息之用。学校教学建筑、环境噪声、室内微小气候、采光、照明等环境质量及黑板、课桌椅的设置应符合国家有关卫生标准。学校要按照有关规定为学生设置厕所和洗手设施;寄宿制学校应当为学生提供相应的洗漱、洗澡等卫生设施;为学生提供充足的符合卫生标准的饮用水。学校应当建立卫生制度,加强对学生个人卫生、环境卫生以及教室、宿舍卫生的管理。

（三）卫生保健和疾病预防

学校应当根据条件定期进行健康检查。每年对中、小学生做一次体检;暂时无条件的地区可在学生进入初小、高小及初中时进行一次,初中及高中毕业时再进行一次。认真做好大学新生入学体检复查工作。学校要建立学生健康管理制度,建立学生体质健康卡片,纳入学生档案。对体格检查中发现学生有器质性疾病的,要配合学生家长做好转诊治疗。对残疾、体弱学生要加强照顾和做好心理卫生工作。

积极做好近视、弱视、龋齿、寄生虫、营养不良、贫血、脊柱弯曲、神经衰弱等常见病和急慢性传染病的防治工作,同时做好地方病的预防和控制。

（四）营养与饮食卫生

学校应当认真贯彻执行食品安全法律、法规,加强饮食卫生管理,办好学生膳食,加强营养指导,做好食源性传染病和食物中毒防控工作;做好学校食堂食品安全量化分级管理;加强学校的食品安全培训工作。

（五）健康教育

健康教育应纳入教学计划。普通中小学必须开设健康教育课,普通高等学校、中等专业学校、技工学校、农业中学、职业中学要开设健康教育选修课或讲座;同时开展学生健康咨询活动。艾滋病健康教育应纳入教学计划,落实教学计划和时间。卫生行政部门要为教育行政部门和学校提供预防艾滋病健康教育的信息、资料、协助培训师资等。

三、学校卫生工作管理和监督法律规定

（一）学校卫生工作管理的规定

普通高等学校设校医院或卫生科,校医院应当设有保健科,负责师生的卫生保健工作。城市普通中小学、农村中心小学和普通中学设卫生室,按人数 600:1 的比例配备专职卫生技术人员。学生人数不足 600 人的学校,可以配备专职或兼职保健教师,开展学校卫生工作。

（二）学校卫生工作监督机构及其职责

县级以上卫生行政部门对学校卫生工作行使监督职权,其职责是:1.对新建、改建、扩建校舍的选址、设计实行预防性卫生监督;2.对学校内影响学生健康的学习、生活、劳动、环境、食品等方面的卫生和传染病防治工作实行经常性卫生监督;3.对学生使用的文具、娱乐器具、保健用品实行卫生监督。

（三）学校卫生监督员职责

行使学校卫生监督职权的机构可设立监督员,由省级以上卫生行政部门聘任,并颁发学校卫生监督员证书。学校卫生监督员有权查阅与卫生监督有关的资料,搜集与卫生监督有关的情况,被监督的单位或个人应当给予配合。卫生监督员对所掌握的资料、情况负有保密责任。

四、法律责任

1. 未经卫生行政部门许可新建、改建、扩建校舍的,由卫生行政部门对直接负责单位或个人给予警告、责令停止施工或限期改进。对学校教学建筑、环境噪声、室内微小气候、采光、照明等环境质量以及黑板、课桌椅的设置没有符合国家有关标准的;没有按照有关规定为学生设置厕所和洗手设施的;寄宿制学校没有为学生提供相应的洗漱、洗澡等卫生设施的;学校体育场地和器材不符合卫生和安全要求的,由卫生行政部门对直接责任单位或个人给予警告,并责令限期改进。情节严重的,可以会同工商行政部门没收其不符合国家有关卫生标准的物品,并处以罚款。

2. 对学校组织学生参加生产劳动,致使学生健康受到损害的,由卫生行政部门对直接责任单位或个人给予警告,责令限期改进。对学校提供学生使用的文具、娱乐器具、保健用品,不符合国家有关卫生标准的,处以非法所得两倍以下的罚款。

3. 拒绝或妨碍学校卫生监督员实施卫生监督的,由卫生行政部门对直接责任单位或个人给予警告。情节严重的可以建议教育行政部门给予行政处分或 200 元以下的罚款。

第四节　生活饮用水卫生监督法律制度

一、生活饮用水水质标准和卫生要求

（一）生活饮用水水质标准

生活饮用水要求水质在流行病学上安全；所含化学物质及放射性物质对人体健康无害；确保水的感官性状良好。2007年，由国家标准委和卫生部联合发布的《生活饮用水卫生标准》（GB 5749—2006）强制性国家标准和13项生活饮用水卫生检验国家标准正式实施。该标准具有以下三个特点：一是加强了对水质有机物、微生物和水质消毒等方面的要求。二是统一了城镇和农村饮用水卫生标准。三是实现饮用水标准与国际接轨。

（二）生活饮用水水质卫生要求

生活饮用水水质应符合下列基本要求，保证用户饮用安全。

1. 生活饮用水中不得含有病原微生物。

2. 生活饮用水中化学物质不得危害人体健康。

3. 生活饮用水中放射性物质不得危害人体健康。

4. 生活饮用水的感官性状良好。

5. 生活饮用水应经消毒处理。

6. 生活饮用水水质、集中式供水出厂水中消毒剂限值、出厂水和管网末梢水中消毒剂余量均应符合《生活饮用水卫生标准》相关卫生要求。

7. 农村小型集中式供水和分散式供水的水质因条件限制，《生活饮用水卫生标准》也做了相应的卫生要求。

8. 当发生影响水质的突发性公共事件时，经市级以上人民政府批准，感官性状和一般化学指标可适当放宽。

二、饮用水卫生的监测和监督

（一）卫生部门的工作任务

卫生部门在执行该标准时，有以下三方面任务：

1. 监督和检查《生活饮用水卫生标准》的执行情况。该标准适用城乡集中式给水、单位自备的生活饮用水和分散式给水。

2. 新建、扩建、改建集中式给水时，与供水单位的主管部门共同研究规划，确定水源选择、水源防护和工程设计方案，认真审查设计，做好竣工验收，经卫生行政部门批准后，方可投入使用。

3. 协助乡、镇政府研究解决分散式给水的水源选择、水质鉴定、卫生防护和经常管理。

（二）监测和监督的主要内容

1. 监督、检查水质标准和卫生要求的执行情况。

2. 协助选择水质良好、水量充沛、便于防护和经济技术上可行的水源。

3. 协助和审查水源防护情况。

三、法律责任

1. 集中式供水单位安排未取得健康证明或患有有碍生活饮用水卫生的疾病人员从事直接供管水工作的;在饮用水源保护区修建危害水源水质卫生的设施或进行有碍水源水质卫生的作业的;新建、改建、扩建的饮用水供水项目未经卫生行政部门审批而擅自供水的;供水单位未取得卫生许可而擅自供水的;供水单位供应的饮用水不符合国家规定的生活饮用水标准的;生产或者销售无卫生许可批准文件的涉水产品的;涉及饮用水卫生安全的产品不符合国家卫生标准和规范,可能导致传染病传播流行的,将依法承担行政责任,县级以上卫生行政机关可依法给予警告、限期改进、罚款、没收违法所得、吊销卫生许可证等行政处罚。

2. 因生活饮用水不符合国家标准等原因,造成他人人身损害,受害人依照民法有关规定要求赔偿的,供水单位或者涉及生活饮用水卫生安全产品生产经营单位,应依法承担民事赔偿责任。对供水单位供应的饮用水不符合国家卫生标准,引起甲类传染病传播或者有严重传播危险的,构成危害公共卫生罪,承担相应的刑事责任。

第五节 放射卫生监督法律制度

一、放射法规的概述

我国已经建立了比较完整的业务和管理体系,并初步形成了放射卫生法规和标准体系。《放射性同位素与射线装置安全和防护条例》自 2005 年 12 月 1 日起施行,并于 2014 年 7 月修订。在中华人民共和国境内生产、销售、使用放射性同位素和射线装置,以及转让、进出口放射性同位素的,应当遵守本条例。为了加强放射性同位素与射线装置的安全和防护管理,制定《放射性同位素与射线装置安全和防护管理办法》,自 2011 年 5 月 1 日起施行。

国家对放射源和射线装置实行分类管理。根据放射源、射线装置对人体健康和环境的潜在危害程度,从高到低将放射源分为Ⅰ类、Ⅱ类、Ⅲ类、Ⅳ类、Ⅴ类,具体分类办法由国务院环境保护主管部门制定;将射线装置分为Ⅰ类、Ⅱ类、Ⅲ类,具体分类办法由国务院卫生主管部门商国务院卫生主管部门制定。

二、放射卫生防护管理法律规定

(一)放射卫生防护管理部门

国务院环境保护主管部门对全国放射性同位素、射线装置的安全和防护工作实施统一监督管理。国务院公安、卫生等部门按照职责分工和本条例的规定,对有关放射性同位素、射线装置的安全和防护工作实施监督管理。县级以上地方人民政府环境保护主管部门和其他有关部门,按照职责分工和本条例的规定,对本行政区域内放射性同位素、射线装置的安全和防护工作实施监督管理。

（二）许可登记制度

国家对放射工作实行许可制度，生产、销售、使用放射性同位素和射线装置的单位，应当取得许可证，必须具备下列相应条件：

1. 有与所从事的生产、销售、使用活动规模相适应的，具备相应专业知识和防护知识及健康条件的专业技术人员；

2. 有符合国家环境保护标准、职业卫生标准和安全防护要求的场所、设施和设备；

3. 有专门的安全和防护管理机构或者专职、兼职安全和防护管理人员，并配备必要的防护用品和监测仪器；

4. 有健全的安全和防护管理规章制度、辐射事故应急措施；

5. 产生放射性废气、废液、固体废物的，具有确保放射性废气、废液、固体废物达标排放的处理能力或者可行的处理方案。

生产、销售、使用放射性同位素和射线装置的单位，应当事先向有审批权的环境保护主管部门提出许可申请，并提交符合上述规定条件的证明材料。使用放射性同位素和射线装置进行放射诊疗的医疗卫生机构，还应当获得放射源诊疗技术和医用辐射机构许可。环境保护主管部门应当自受理申请之日起20个工作日内完成审查，符合条件的，颁发许可证，并予以公告；不符合条件的，书面通知申请单位并说明理由。

（三）安全和防护

生产、销售、使用放射性同位素和射线装置的单位，应当对本单位的放射性同位素、射线装置的安全和防护工作负责，并依法对其造成的放射性危害承担责任。生产放射性同位素的单位的行业主管部门，应当加强对生产单位安全和防护工作的管理，并定期对其执行法律、法规和国家标准的情况进行监督检查。主要的管理内容包括：1.设置放射性危险标志；2.放射性物品的管理；3.放射性产品的管理；4.放射治疗的管理；5.放射工作人员的健康管理。

（四）放射事故管理

1. 事故分级与报告

根据辐射事故的性质、严重程度、可控性和影响范围等因素，从重到轻将辐射事故分为特别重大辐射事故、重大辐射事故、较大辐射事故和一般辐射事故四个等级。

发生辐射事故时，生产、销售、使用放射性同位素和射线装置的单位应当立即启动本单位的应急方案，采取应急措施，并立即向当地环境保护主管部门、公安部门、卫生主管部门报告。环境保护主管部门、公安部门、卫生主管部门接到辐射事故报告后，应当立即派人赶赴现场，进行现场调查，采取有效措施，控制并消除事故影响，同时将辐射事故信息报告本级人民政府和上级人民政府环境保护主管部门、公安部门、卫生主管部门。县级以上地方人民政府及其有关部门接到辐射事故报告后，应当按照事故分级报告的规定及时将辐射事故信息报告上级人民政府及其有关部门。发生特别重大辐射事故和重大辐射事故后，事故发生地省、自治区、直辖市人民政府和国务院有关部门应当在4小时内报告国务院；特殊情况下，事故发生地人民政府及其有关部门可以直接向国务院报告，并同时报告上级人民政府及其有关部门。

2. 事故应急处理

在发生辐射事故或者有证据证明辐射事故可能发生时，县级以上人民政府环境保护主管部门有权采取下列临时控制措施：(1)责令停止导致或者可能导致辐射事故的作业；(2)组织控制事故现场。

辐射事故发生后，有关县级以上人民政府应当按照辐射事故的等级，启动并组织实施相应的应急预案。县级以上人民政府环境保护主管部门、公安部门、卫生主管部门，按照职责分工做好相应的辐射事故应急工作：(1)环境保护主管部门负责辐射事故的应急响应、调查处理和定性定级工作，协助公安部门监控追缴丢失、被盗的放射源；(2)公安部门负责丢失、被盗放射源的立案侦查和追缴；(3)卫生主管部门负责辐射事故的医疗应急。

环境保护主管部门、公安部门、卫生主管部门应当及时相互通报辐射事故应急响应、调查处理、定性定级、立案侦查和医疗应急情况。国务院指定的部门根据环境保护主管部门确定的辐射事故的性质和级别，负责有关国际信息通报工作。

3. 医疗救治

发生辐射事故的单位应当立即将可能受到辐射伤害的人员送至当地卫生主管部门指定的医院或者有条件救治辐射损伤病人的医院，进行检查和治疗，或者请求医院立即派人赶赴事故现场，采取救治措施。

三、放射卫生防护监督法律规定

（一）放射卫生防护监督机构及其职责

国务院环境保护主管部门对全国放射性同位素、射线装置的安全和防护工作实施统一监督管理。国务院公安、卫生等部门按照职责分工和本条例的规定，对有关放射性同位素、射线装置的安全和防护工作实施监督管理。县级以上地方人民政府环境保护主管部门和其他有关部门，按照职责分工和本条例的规定，对本行政区域内放射性同位素、射线装置的安全和防护工作实施监督管理。

（二）放射卫生防护监督员及其职责

县级以上人民政府环境保护主管部门应当配备辐射防护安全监督员。辐射防护安全监督员由从事辐射防护工作，具有辐射防护安全知识并经省级以上人民政府环境保护主管部门认可的专业人员担任。辐射防护安全监督员应当定期接受专业知识培训和考核。

四、法律责任

对违反放射卫生法规的单位和个人，由县级以上人民政府环境保护主管部门，视其情节轻重给予警告、责令限期改正，构成犯罪的，依法追究刑事责任。因违反放射卫生法规，给他人造成损害的放射工作单位或个人依法承担民事责任。

环境保护主管部门和其他有关部门在执法活动中或查处放射事故中有违法行为的，对直接负责的主管人员和其他直接责任人员，依法给予行政处分；构成犯罪的，依法追究刑事责任。

第六节 医疗废物管理法律制度

一、概述

医疗废物,是指医疗卫生机构在医疗、预防、保健以及其他相关活动中产生的具有直接或者间接感染性、毒性以及其他危害性的废物。为了加强医疗废物的安全管理,防止疾病传播,保护环境和保障人体健康,国务院于 2003 年 6 月 16 日发布施行了《医疗废物管理条例》,于 2011 年 1 月 8 日修订,主要内容包括医疗废物管理的一般规定、医疗卫生机构医疗废物的管理、医疗废物的集中处置、监督管理、法律责任等内容。这部法规体现了四个基本原则:全程管理的原则,集中处置的原则,强化监督管理的原则,分工负责的原则。

二、医疗废物管理的一般规定

(一)医疗废物分类

1. 感染性废物。携带病原微生物具有引发感染性疾病传播危险的医疗废物。
2. 病理性废物。诊疗过程中产生的人体废弃物和医学实验动物尸体等。
3. 损伤性废物。能够刺伤或者割伤人体的废弃的医用锐器。
4. 药物性废物。过期、淘汰、变质或者被污染的废弃的药品。
5. 化学性废物。具有毒性、腐蚀性、易燃易爆性的废弃的化学物品。

(二)医疗废物管理的一般规定

1. 建立、健全医疗废物管理责任制,其法定代表人为第一责任人,切实履行职责,防止因医疗废物导致传染病传播和环境污染事故。

2. 制定与医疗废物安全处置有关的规章制度和在发生意外事故时的应急方案;设置监控部门或者专(兼)职人员,负责检查、督促、落实本单位医疗废物的管理工作,防止违反本条例的行为发生。

3. 对本单位从事医疗废物收集、运送、贮存、处置等工作的人员和管理人员,进行相关法律和专业技术、安全防护以及紧急处理等知识的培训。

4. 采取有效的职业卫生防护措施,为从事医疗废物收集、运送、贮存、处置等工作的人员和管理人员,配备必要的防护用品,定期进行健康检查;必要时,对有关人员进行免疫接种,防止其受到健康损害。

5. 应当依照《中华人民共和国固体废物污染环境防治法》的规定,执行危险废物转移联单管理制度。

6. 医疗卫生机构和医疗废物集中处置单位,应当对医疗废物进行登记,登记内容应当包括医疗废物的来源、种类、重量或者数量、交接时间、处置方法、最终去向以及经办人签名等项目。登记资料至少保存 3 年。

7. 采取有效措施,防止医疗废物流失、泄漏、扩散。发生医疗废物流失、泄漏、扩散时,医疗卫生机构和医疗废物集中处置单位应当采取减少危害的紧急处理措施,对致病人员提供医疗救护和现场救援;同时向所在地的县级人民政府卫生行政主管部门、环境保护行政主管部门报告,并向可能受到危害的单位和居民通报。

8. 禁止任何单位和个人转让、买卖医疗废物;禁止在运送过程中丢弃医疗废物;禁止在非贮存地点倾倒、堆放医疗废物或者将医疗废物混入其他废物和生活垃圾;禁止邮寄医疗废物;禁止通过铁路、航空运输医疗废物;有陆路通道的,禁止通过水路运输医疗废物;没有陆路通道必须经水路运输医疗废物的,应当经设区的市级以上人民政府环境保护行政主管部门批准,并采取严格的环境保护措施后,方可通过水路运输;禁止将医疗废物与旅客在同一运输工具上载运;禁止在饮用水源保护区的水体上运输医疗废物。

三、行政监督管理

卫生行政主管部门、环境保护行政主管部门履行监督检查职责时,可以对有关单位进行实地检查,了解情况,现场监测,调查取证,查阅或者复制医疗废物管理的有关资料,采集样品;责令违反本条例规定的单位和个人停止违法行为;查封或者暂扣涉嫌违反本条例规定的场所、设备、运输工具和物品;对违反本条例规定的行为进行查处。医疗卫生机构和医疗废物集中处置单位,对有关部门的检查、监测、调查取证,应当予以配合,不得拒绝和阻碍,不得提供虚假材料。县级以上地方人民政府卫生行政主管部门、环境保护行政主管部门,应当依照本条例的规定,按照职责分工,对医疗卫生机构和医疗废物集中处置单位进行监督检查。

四、法律责任

1. 县级以上地方人民政府未依照本条例的规定,组织建设医疗废物集中处置设施或者组织制定医疗废物过渡性处置方案的,由上级人民政府通报批评,责令限期建成医疗废物集中处置设施或者组织制定医疗废物过渡性处置方案;并可以对政府主要领导人、负有责任的主管人员,依法给予行政处分。

2. 县级以上各级人民政府卫生行政主管部门、环境保护行政主管部门或者其他有关部门,未按照本条例的规定履行监督检查职责,发现医疗卫生机构和医疗废物集中处置单位的违法行为不及时处理,发生或者可能发生传染病传播或者环境污染事故时未及时采取减少危害措施,以及有其他玩忽职守、失职、渎职行为的,由本级人民政府或者上级人民政府有关部门责令改正,通报批评;造成传染病传播或者环境污染事故的,对主要负责人、负有责任的主管人员和其他直接责任人员依法给予降级、撤职、开除的行政处分;构成犯罪的,依法追究刑事责任。

3. 县级以上人民政府环境保护行政主管部门,违反本条例的规定发给医疗废物集中处置单位经营许可证的,由本级人民政府或者上级人民政府环境保护行政主管部门通报批评,责令收回违法发给的证书;并可以对主要负责人、负有责任的主管人员和其他直接责任人员依法给予行政处分。

4. 医疗卫生机构、医疗废物集中处置单位违反本条例规定的,由县级以上地方人民政府卫生行政主管部门或者环境保护行政主管部门按照各自的职责责令限期改正,给予警告,并按具体情况处以相应数额的罚款。导致传染病传播或者发生环境污染事故,给他人造成损害的,依法承担民事赔偿责任;触犯《中华人民共和国治安管理处罚条例》,构成违反治安管理行为的,由公安机关依法予以处罚;构成犯罪的,依法追究刑事责任。造成传染病传播或者环境污染事故的,由原发证部门暂扣或者吊销执业许可证件或者经营许可证件;构成犯罪的,依法追究刑事责任。

5. 未取得经营许可证从事医疗废物的收集、运送、贮存、处置等活动的,由县级以上地方人民政府环境保护行政主管部门责令立即停止违法行为,没收违法所得,可以并处违法所得一倍以下的罚款。转让、买卖医疗废物,邮寄或者通过铁路、航空运输医疗废物,或者违反本条例规定通过水路运输医疗废物的,由县级以上地方人民政府环境保护行政主管部门责令转让、买卖双方、邮寄人、托运人立即停止违法行为,给予警告,没收违法所得,并处以相应数额的罚款。

【思考题】

1. 学校卫生工作的主要任务和内容是什么?

2. 放射卫生防护监督有哪些法律规定?

第十七章 红十字会法律制度

【学习目的】

了解国际红十字运动的起源与发展；熟悉国际红十字与红新月运动的基本原则；理解红十字会法的概念；明确中国红十字会的性质和组织；掌握中国红十字会的职责和权利；掌握红十字会标志的使用以及违反红十字法应承担的法律责任。

【案情导引】

张某，男，2011年1月任汉中市红十字会办公室副主任；2013年2月至案发前任汉中市红十字会办公室主任、汉中市卫生局医政与医疗服务监管科副科长。黎某某，男，2008年6月为汉中市红十字会副会长、秘书长人选，主持汉中市红十字会日常工作。

2012年春节前，中国银行汉中分行工作人员罗某的朋友谢某想注册成立汉中市天正电力工程有限责任公司，需要注册资金600万元，请罗某帮忙筹措资金，罗某答应帮忙。2012年3月的一天，罗某到黎某某办公室请黎某某帮忙，黎某某在罗某保证资金安全的情况下，同意借给300万元并授意张某给罗某办理300万元的转款手续用于注册验资，当天因张某有事未办理。后罗某、谢某找到张某，表示事后感谢张某。2012年3月20日，张某从汉中市红十字会专户给陕西省汉中天正电力有限责任公司转款300万元。谢某将这300万元的资金转入汉中市天正电力工程有限责任公司验资账户用于注册验资。验资结束后，于2012年4月1日将300万元转还到汉中市红十字会专户。事后，罗某为了表示感谢，从谢某给其的40000元现金中取出10000元在黎某某办公室送给了黎某某，黎某某予以收受，从中取出5000元在张某办公室送给了张某，张某予以收受。

问题：

1. 张某和黎某某的行为构成何种犯罪，为什么？

2. 张某和黎某某是否属于共同犯罪，为什么？

第一节 概 述

一、国际红十字运动的起源与发展

国际红十字运动起源于 19 世纪中叶欧洲的战争救护,瑞士人亨利·杜南开创了以人道、博爱、和平、进步为宗旨的红十字事业。亨利·杜南原是瑞士日内瓦的一位商人。1859 年 6 月 24 日,奥地利陆军与法国—撒丁联军激战于意大利北部村庄索尔弗利诺,因缺乏医疗救护,士兵伤亡惨重,约有 4 万多名受伤或垂死之人被遗弃在战场。杜南路过此地,为此惨象所震惊,立即停驻在邻近的卡斯蒂廖村,组织村民进行力所能及的救护,并安排当地一所教堂作为临时救护所,与法军军医总监取得联系,释放数名奥军军医俘虏,负责治疗工作,并劝导双方医护人员不带成见医治所有的伤病员。

这次经历深深触动了杜南的良知和思维。他回到日内瓦后立即撰写了《索尔弗利诺回忆录》一书,把在索尔弗利诺见到的一切场景,以直观感人的方式叙述出来。此书出版后在欧洲引起强烈反响。杜南在书中提出两项重要建议:一是在各国设立全国性的志愿伤病救护组织,平时开展救护技能训练,战时支援军队医疗工作;二是签订一份国际公约给予军事医务人员和医疗机构及各国志愿的伤兵救护组织以中立的地位。杜南的这个设想,首先得到日内瓦的 4 位知名公民:日内瓦公共福利会会长莫瓦尼埃(Moynier)、杜福尔将军(Dufour)、阿皮亚(Appia)医生和莫诺瓦(Maunoir)医生的赞赏和支持,于 1863 年初与杜南一起成立"伤兵救护国际委员会"(即所谓"五人委员会")。

1863 年 10 月,由瑞士发起在日内瓦召开了由欧洲 16 个国家代表参加的首次外交会议,并一致通过《红十字决议》,决定在各国建立救护团体。为表示对瑞士的敬意,会议将标志定为"白底红十字"。1864 年,在日内瓦召开了一次国际会议,共同签署了《关于改善战地陆军伤者境遇之日内瓦公约》,且被各国相继承认,使红十字工作成为一个国际性的运动开始运作起来,从此,国际红十字会作为从事人道主义工作的组织得到了国际法的保障。1875 年,伤兵救护国际委员会更名为红十字国际委员会,但由于宗教和历史的原因,一些国家(如伊斯兰国家)不愿接受十字的符号,1876 年奥斯曼帝国采用了"红新月"标志,波斯帝国采用古老的狮子和太阳图案,1929 年国际红十字会承认了这两个符号。1949 年 8 月签订的日内瓦四项公约,即《改善战地武装部队伤者病者境遇之日内瓦公约》《改善海上武装部队伤者病者及遇难船员境遇之日内瓦公约》《关于战俘待遇之日内瓦公约》《关于战时保护平民之日内瓦公约》及其附加议定书《关于保护国际性武装冲突受难者的附加议定书》《关于保护非国际性武装冲突受难者的附加议定书》,进一步确认了红十字运动的原则和精神,成为红十字运动的国际性准则。1986 年在日内瓦召开的第 25 届红十字国际会议上通过了《国际红十字会和红新月运动章程》,将国际红十字运动改称为国际红十字和红新月运动。1991 年红十字会联合会改名为红十字会与红新月会国际联合会。现在,国际红十字会(International Red Cross,IRC)是世界上三大国际组织之一,由红十字国际委员会、红十字会与红新月会国际联合会、各国红十字会和红新月会组成,有成员国 170 多个。

为了表彰红十字运动的创始人亨利·杜南的功绩,红十字会与红新月会国际联合会于1948年决定将他的生日——5月8日命名为世界红十字日。

二、国际红十字与红新月运动的基本原则

红十字与红新月国际大会声明:各国红十字会和红新月会、红十字国际委员会、红十字会与红新月会国际联合会在一起构成了一个世界性的人道主义运动,其任务是防止并减轻无论发生在何处的人类疾苦;保护人的生命和健康;保障人类尊严,尤其是在发生武装冲突和其他紧张情况的时候;为预防疾病、增进健康和社会福利而工作;鼓励志愿服务,鼓励本运动的成员随时做好准备提供帮助,鼓励对那些需要本运动保护和帮助的人持有普遍的同情感。1965年,第20届红十字国际大会通过了国际红十字运动的七项基本原则。

人道(humanity):国际红十字与红新月运动的宗旨是保护人的生命健康,保障人类的尊严;促进人与人之间的相互了解、友谊和合作,促进持久和平。其本意是不加歧视地救护战地伤员,不管是国际冲突还是国内冲突。努力防止并减轻人们的疾苦,不论这种疾苦发生在什么地方。

公正(impartiality):本运动不因国籍、种族、宗教信仰、政治见解而有所歧视,仅根据需要,努力减轻人们的痛苦,优先救济困难最紧迫的人。

中立(neutrality):为了继续得到所有人的信任,本运动在冲突双方之间不采取立场,任何时候也不参与涉及政治、种族、宗教或意识形态的争论。

独立(independence):本运动是独立的。虽然各国红十字会或红新月会是本国政府人道工作的助手并受本国法律的制约,但必须始终保持独立,以便任何时候都按本运动的原则行事。

志愿服务(voluntary service):本运动是志愿救济运动,绝不期望以任何形式得到好处。

统一(unity):任何一个国家只能拥有一个红十字会或红新月会。它必须向所有人开放。必须在全国范围内开展人道工作。

普遍(universality):国际红十字与红新月运动是世界性的。在这个运动中,所有的红十字会或红新月会都享有同等的地位,负有同样的责任和义务,并相互支援。

三、中国红十字会

中国红十字会是国际红十字运动的重要成员,是中华人民共和国统一的红十字组织,是从事人道主义工作的社会救助团体,以弘扬"人道、博爱、奉献"的红十字精神,保护人的生命和健康,促进人类和平进步事业为宗旨。

(一)中国红十字会的诞生和发展

中国红十字会诞生于1904年,当时称为上海万国红十字会,1907年改成大清红十字会,1912年改称中国红十字会,并得到红十字国际委员会的承认。1919年红十字会国际协会成立后,中国红十字会于当年7月8日正式加入该协会。1933年改称为中华民国红十字会。新中国成立后于1950年改成中国红十字会。1952年7月,第18届国际红十字大会承认中国红字会是中国唯一合法的全国性红十字会,中国红十字会因而成为新中国在国际组织中第一个恢复合法席位的团体。

(二)中国红十字会立法

为了更好地开展红十字会运动,促进和平进步事业,发扬人道主义精神,保障中国红十字会依法履行职责,1993 年 10 月 31 日第 8 届全国人大常委会第 4 次会议通过了《中华人民共和国红十字会法》。1996 年 1 月 29 日国务院、中央军事委员会发布了《中华人民共和国红十字标志使用方法》。1994 年 4 月 25 日中国红十字会第六次全国会员代表大会依照红十字会法制定了《中国红十字会章程》,中国红十字会还根据《红十字会法》和《红十字与红新月灾害救济原则与条例》制定了《中国红十字会灾害救济原则与条例》,发布了《中国红十字会募捐和接受捐赠工作条例》。2017 年 2 月 24 日第 12 届全国人民代表大会常务委员会第 26 次会议对《中华人民共和国红十字会法》作了修订,并于 2017 年 5 月 8 日起正式施行。中国红十字会法及其他相关法规的颁布实施,使我国红十字会事业走上法制轨道,也促进了世界和平进步事业的发展。

四、红十字会法的概念

红十字会法是调整保护人的生命和健康,发扬人道主义精神,促进和平进步事业,保障红十字会依法履行职责活动中产生的各种社会关系的法律规范的总称。

第二节　中国红十字会的性质和组织

一、红十字会的性质

红十字会法规定,中国红十字会是中华人民共和国统一的红十字组织,是从事人道主义工作的社会救助团体。它的宗旨是为了保护人的生命和健康,发扬人道主义精神,促进和平进步事业,保障红十字会依法履行职责。

中国红十字会遵守宪法和法律,遵循国际红十字和红新月运动确立的七项基本原则,依照中国参加的《日内瓦公约》及其附加议定书和中国红十字会章程,独立自主地开展工作;在中央和地方各级人民政府的支持、资助和监督下,协助人民政府开展与其职责有关的活动。中国红十字会根据独立、平等、互相尊重的原则,发展同各国红十字会和红新月会的友好合作关系。

二、红十字会的组织

中华人民共和国公民不分民族、职业、种族、性别、宗教信仰、教育程度,承认中国红十字会章程并缴纳会费的,可以自愿参加红十字会。企业、事业单位及有关团体通过申请可以成为红十字会的团体会员。国家鼓励自然人、法人以及其他组织参与红十字志愿服务。国家支持在学校开展红十字青少年工作。

全国建立中国红十字会总会,具有社会团体法人资格,中国红十字会总会对外代表中国红十字会。县级以上按行政区域建立地方各级红十字会,根据实际工作需要配备专职工作人员。全国性的行业根据需要可以建立行业红十字会。地方各级红十字会、行业红十字会依法取得社会团体法人资格。上级红十字会指导下级红十字会工作。

各级红十字会设立理事会、监事会。理事会、监事会由会员代表大会选举产生,向会员代表大会负责并报告工作,接受其监督。理事会民主选举产生会长和副会长。理事会执行会员代表大会的决议。执行委员会是理事会的常设执行机构,其人员组成由理事会决定,向理事会负责并报告工作。监事会民主推选产生监事长和副监事长。理事会、执行委员会工作受监事会监督。中国红十字会总会可以设名誉会长和名誉副会长。名誉会长和名誉副会长由中国红十字会总会理事会聘请。

第三节　中国红十字会的职责和权利

一、红十字会的职责

（一）开展救援、救灾的相关工作,建立红十字应急救援体系。在战争、武装冲突和自然灾害、事故灾难、公共卫生事件等突发事件中,对伤病人员和其他受害者提供紧急救援和人道救助。

（二）开展应急救护培训,普及应急救护、防灾避险和卫生健康知识,组织志愿者参与现场救护。

（三）参与、推动无偿献血、遗体和人体器官捐献工作,参与开展造血干细胞捐献的相关工作。

（四）组织开展红十字志愿服务、红十字青少年工作。

（五）参加国际人道主义救援工作。

（六）宣传国际红十字和红新月运动的基本原则和日内瓦公约及其附加议定书。

（七）依照国际红十字和红新月运动的基本原则,完成人民政府委托事宜。

（八）依照日内瓦公约及其附加议定书的有关规定开展工作。

（九）协助人民政府开展与其职责相关的其他人道主义服务活动。

二、红十字会的权利

（一）优先通行权。在战争、武装冲突和自然灾害、事故灾难、公共卫生事件等突发事件中,执行救援、救助任务并标有红十字标志的人员、物资和交通工具有优先通行的权利。

（二）法律保障权。任何组织和个人不得拒绝、阻碍红十字会工作人员依法履行职责。

（三）税收优惠权。红十字会依法接受自然人、法人以及其他组织捐赠的款物,应当向捐赠人开具由财政部门统一监(印)制的公益事业捐赠票据。捐赠人依法享受税收优惠。

三、红十字会的财产来源和使用监管

（一）红十字会经费的主要来源

红十字会会员缴纳的会费;境内外组织和个人捐赠的款物;动产和不动产的收入;人民政府的拨款以及其他合法收入。

（二）国家对红十字会兴办的与其宗旨相符合的公益事业给予扶持。红十字会为开展救助工作,可以进行募捐活动,接受用于救助和公益事业的捐赠物资。红十字会应当按照募捐方案、捐赠人意愿或者捐赠协议处分其接受的捐赠款物。捐赠人有权查询、复制其捐赠财产管理使用的有关资料,红十字会应当及时主动向捐赠人反馈有关情况。

（三）红十字会财产的使用监管

红十字会应当建立财务管理、内部控制、审计公开和监督检查制度。红十字会的财产使用应当与其宗旨相一致。红十字会对接受的境外捐赠款物,应当建立专项审查监督制度。红十字会应当及时聘请依法设立的独立第三方机构,对捐赠款物的收入和使用情况进行审计,将审计结果向红十字会理事会和监事会报告,并向社会公布。红十字会应当建立健全信息公开制度,规范信息发布,在统一的信息平台及时向社会公布捐赠款物的收入和使用情况,接受社会监督。红十字会财产的收入和使用情况依法接受人民政府审计等部门的监督。红十字会接受社会捐赠及其使用情况,依法接受人民政府民政部门的监督。任何组织和个人不得私分、挪用、截留或者侵占红十字会的财产。

第四节　红十字会标志的使用

红十字会标志是国际人道主义保护标志,是武装力量医疗机构的特定标志,是红十字会的专用标志。它的存在和正确使用,对于执行人道主义保护任务起着至关重要的作用。红十字会标志是白底红十字,是为了对红十字发祥地瑞士表示敬意,掉转瑞士国旗的颜色而成。中国红十字使用白底红十字标志。红十字标志具有保护和标明作用,禁止任何组织和个人随意使用。

一、红十字会标志的保护性使用

红十字会的保护性使用,是指在武装冲突中,冲突各方对依照规定佩带红十字标志的人员和标有红十字标志的处所及其物品、医务运输工具,必须予以保护和尊重。

（一）使用红十字标志的注意事项

红十字作为保护性标志使用时,不得在标志上添加任何内容。用在旗帜上,红十字不得触及旗帜边缘;用在臂章上,红十字应当置于臂章的中间部位;用在建筑物上,红十字应当置于建筑物顶部的明显部位。红十字作为保护性标志使用时,应当在尽可能远的地方或者不同的方向得以辨认;在夜间或者能见度低时,应当以灯光照明或者用发光物装饰。

（二）有权使用红十字标志的人员

在武装冲突中,下列人员可以使用保护性红十字标志:

1. 武装力量医疗机构的医务人员和工作人员;

2. 红十字会的工作人员和医务人员;

3. 经国务院或者中央军事委员会批准的国际红十字会组织和外国红十字会组织的工作人员和医务人员;

4. 军用的和民用的医务运输工具上的医务人员和工作人员;

5. 经国务院或者中央军事委员会批准的国内外的志愿救助团体人员和民用医疗机构的医务人员。

6. 使用保护性红十字标志的人员,必须随身携带由国务院或者中央军事委员会授权的部门签发的身份证明。

（三）有权使用红十字标志的组织和机构

在武装冲突中,下列机构或者组织及其处所、物品、医务运输工具可以使用保护性红十字标志:

1. 武装力量的医疗机构;

2. 参加救助活动的红十字会;

3. 经国务院或者中央军事委员会批准的国内外的志愿救助团体和医疗机构;

4. 经国务院或者中央军事委员会批准的国际组织。

此外,在上述保护性红十字标志的使用机构或者组织中,武装力量医疗机构的人员、处所及其物品、医务运输工具,和平时期也可以使用保护性红十字标志作为标记。

二、红十字标志的标明性使用

红十字标志的标明性使用,是指对与红十字活动有关的人或者物的标示。红十字作为标明性标志使用时,在红十字下方必须伴以红十字会的名称或者名称缩写,并不得将红十字置于建筑物顶部。

红十字会的工作人员、会员和其他有关人员履行职责时,应当佩戴标有红十字的小尺寸臂章;不履行职责时,可以佩戴标有红十字的小尺寸胸针或者胸章。

（一）有权使用标明性红十字标志的人员

1. 红十字会工作人员;

2. 红十字会员;

3. 红十字青少年会员。

（二）有权使用标明性红十字标志的场所

1. 红十字会使用的建筑物;

2. 红十字会所属的医疗机构;

3. 红十字会开展符合其宗旨的活动场所。

（三）有权使用标明性红十字标志的物品、运输工具

1. 红十字会的徽章、奖章、证章;

2. 红十字会的印刷品、宣传品;

3. 红十字会的救灾、救护物资及运输工具。

在上述规定的范围以外需要使用标明性红十字标志的,由红十字总会批准。

三、红十字标志的禁止使用

红十字会法规定,红十字标志不得用于下列情形:(1)商标或者商业性广告;(2)非红十字会或者非武装力量的医疗机构;(3)药店、兽医站;(4)商品的包装;(5)公司的标志;(6)工程设计、产品设计;(7)红十字标志使用办法规定可以使用红十字标志以外的其他情形。

第五节 法律责任

一、红十字会及其工作人员的法律责任

红十字会法规定,红十字会及其工作人员有下列情形之一的,由同级人民政府审计、民政等部门责令改正;情节严重的,对直接负责的主管人员和其他直接责任人员依法给予处分;造成损害的,依法承担民事责任;构成犯罪的,依法追究刑事责任:

（一）违背募捐方案、捐赠人意愿或者捐赠协议,擅自处分其接受的捐赠款物的;

（二）私分、挪用、截留或者侵占财产的;

（三）未依法向捐赠人反馈情况或者开具捐赠票据的;

（四）未依法对捐赠款物的收入和使用情况进行审计的;

（五）未依法公开信息的;

（六）法律、法规规定的其他情形。

二、自然人、法人或者其他组织的法律责任

红十字会法规定,自然人、法人或者其他组织有下列情形之一,造成损害的,依法承担民事责任;构成违反治安管理行为的,依法给予治安管理处罚;构成犯罪的,依法追究刑事责任:

（一）冒用、滥用、篡改红十字标志和名称的;

（二）利用红十字标志和名称牟利的;

（三）制造、发布、传播虚假信息,损害红十字会名誉的;

（四）盗窃、损毁或者以其他方式侵害红十字会财产的;

（五）阻碍红十字会工作人员依法履行救援、救助、救护职责的;

（六）法律、法规规定的其他情形。

三、各级人民政府有关部门及其工作人员的法律责任

红十字会法规定,各级人民政府有关部门及其工作人员在实施监督管理中滥用职权、玩忽职守、徇私舞弊的,对直接负责的主管人员和其他直接责任人员依法给予处分;构成犯罪的,依法追究刑事责任。

【思考题】

1. 红十字运动的基本原则是什么?

2. 违反中国红十字会法的法律责任有哪些?

第十八章　中医药法律制度

【学习目的】

理解中医药在我国卫生事业中的地位和中医药发展的方针政策；了解中医药服务体系建设、中医药从业人员管理、药用资源管理、中药饮片及中药加工生产管理和配制中药制剂管理的主要举措；熟悉放宽中医药服务准入方面的规定。

【案情导引】

2006 年 7 月 18 日，王某因吃葡萄引起腹泻，到嘉兴市中医院内科就诊，医师张某开具处方：熟附片 30g(先煎)、枳实 15g、红花 10g、干良姜各 15g、厚朴 12g、丹参 20g、茯苓 20g、桃仁 15g、郁金 20g、木香 15g、白芍 20g、甘草 6g 二剂。王某持方到该院中药房取药时，药师朱某未将熟附片分开包装并标明"先煎"，也没有告诉王某熟附片必须先煎，将各药全部包在一起交给王某。王某当日煎服后出现心跳加速、视力骤退等异常反应，便到该院急诊科急诊，经急诊科初诊后以"视力模糊"收入五官科病房。住院期间，王某找医师张某询问为何出现异常反应，张某问王某有一味药有没有先煎，王某说发药的人没有讲。王某住院 6 天出院，自感视力仍未恢复，发生住院费用 3700 元。王某与嘉兴市中医院交涉，提出其在该院就诊取药时发药人员没有将熟附片另包并嘱其作"先煎"处理，导致了附子中毒，已发生的医药费和以后出现的后遗症医院必须负责。院方认为，熟附片先煎药典中并无规定，且该院其他中医师开的处方中亦有熟附片不注明先煎，患者服用后没有发生问题，因此，责任不在院方。王某与院方协商不成，向嘉兴市卫生局投诉，在卫生局的协调下，嘉兴市中医院同意退还王某的住院费用，承担今后眼睛治疗的其他费用。

问题：

院方是否违反了中药调配方面的规范？中药传统制剂——汤剂的煎煮有哪些要求？

第一节 概 述

一、中医药概念

中医药,是包括汉族和少数民族医药在内的我国各民族医药的统称,是反映中华民族对生命、健康和疾病的认识,具有独特理论和技术方法的医药学体系。

中医药具有灿烂而悠久的历史,是举世公认的中国灿烂传统文化的重要组成部分,它是中国各民族人民几千年来同疾病作斗争的智慧结晶,为中华民族的繁衍昌盛做出了巨大贡献,且对人类健康和世界文明也产生了积极影响。

中医药也称为中国传统医药,《中华人民共和国宪法》第 21 条:"国家发展医药卫生事业,发展现代医药和我国传统医药"。曾有观点认为,中国传统医药包括中医药和少数民族的医药,中医药主要是指汉族人民数千年社会积累形成和发展起来的医药体系。而中医药法中中医药概念,则涵括了汉族和少数民族医药,是中华民族传统医药的统称。

二、中医药法立法进程

新中国成立以来,党和政府重视中医药,制定了一系列方针政策,中医药事业发展取得了显著成就。中医药发展面临的主要问题是:中医药特色优势逐渐淡化,服务领域趋于萎缩;老中医药专家很多学术思想和经验得不到传承,一些特色诊疗技术、方法濒临失传,中医药理论和技术方法创新不足,中医中药发展不协调,野生中药资源破坏严重,中医药发展基础条件差,人才匮乏,不能满足人民群众对中医药服务的需求,同时,中医药法制建设明显滞后。国务院分别在 1987 年、1992 年颁布了《野生药材资源保护管理条例》《中药品种保护条例》两部中药方面的行政法规,而长期以来,我国作为中医药大国却没有一部综合性的、全局性的中医药法律,据世界卫生组织统计,目前已有 54 个国家制定了传统医学法案,92 个国家颁布了草药相关法律法规。因此,为保障和促进中医药的发展,十分需要制定一部中医药法律。

上世纪 80 年代后,中医药立法一直受到广泛关注。1983 年董建华、程莘农等全国人大代表和全国政协委员提出中医药立法议案以来,每年都有人大代表、政协委员附议中医药立法。中国卫生法学会等社会组织曾经自行起草了《中医药法》草案,上报国务院法制办。国务院法制办研究认为,制定《中医药法》难度很大,某些认识难统一,一些技术问题难解决。为了缓解中医药无法可依的局面,2003 年国务院颁布了《中医药条例》。2008 年 10 月,《中医药法》列入十一届全国人大常委会立法规划;2013 年底,《中医药法》继续列入十二届全国人大常委会立法规划一类项目,随后,国务院法制办公室牵头组织了《中医药法》起草工作。2014 年 7 月 24 日,国务院法制办公室公布《中医药法》(征求意见稿),向社会公开征求意见;2015 年 12 月 9 日,国务院常务会议通过《中医药法(草案)》,决定将草案提交全国人大常委会审议;当月,十二届人大常委会十八次会议初次审议《中医药法(草案)》,在人大网公布,继续向社会公开征求意见;2016 年 8 月 29 日,十二届人大常委会第二十二次会议第二次审议《中医药法(草案)》;2016年12月25日,十二届人大常委会第二十五次会议通过《中医药法》,自2017年7月1日起施行。

三、中医药地位和发展中医药的方针政策

中医药事业是我国医药卫生事业的重要组成部分。

在西方医药学传入中国以前的漫长历史长河中,古代中国唯一依赖的医疗保障资源就是中医药,并且至今仍是人们解除病痛的一个重要选择。中医药独具特色和优势,不仅在我国卫生事业中发挥着不可缺少、不可替代的重要作用,在当今世界传统医学领域也独树一帜。2014年10月30日,人力资源和社会保障部、国家卫生计生委、国家中医药管理局共同举行第2届国医大师表彰大会,国务院副总理刘延东在与国医大师代表座谈时指出:中医药是我国独特的卫生资源、潜力巨大的经济资源、具有原创优势的科技资源、优秀的文化资源和重要的生态资源。

国家大力发展中医药事业,实行中西医并重的方针,建立符合中医药特点的管理制度,充分发挥中医药在我国医药卫生事业中的作用。国家鼓励中医西医相互学习,相互补充,协调发展,发挥各自优势,促进中西医结合。在2016年8月19日召开的全国卫生与健康大会上,习近平提出新时期我国卫生与健康工作新方针:"以基层为重点,以改革创新为动力,预防为主,中西医并重,将健康融入所有政策,人民共建共享。"坚持中西医并重,必须平等对待中西医,在政策、投入、管理体制、人才培养等方面保证中医药与现代医药的相对均衡。中西医结合是在我国既有中医又有西医的历史条件下产生的,是我国卫生事业的一大特点。随着经济发展、社会进步和生活水平的不断提高,人们的健康观念和生活方式发生转变,人类疾病谱的改变和老龄化社会的到来,使得现有的疾病防治模式和手段已不能适应日益增长的社会需求。实行中西医结合,东西方医学优势互补、相互融合,有利于积极利用现代科学技术,充分发挥中医、西医两种医学特长,更好地保障民众健康。

发展中医药事业应当遵循中医药发展规律,坚持继承和创新相结合,保持和发挥中医药特色和优势,运用现代科学技术,促进中医药理论和实践的发展。继承是中医药发展的基础,创新是中医药发展的动力。在系统继承中医药学术思想和宝贵经验,保持中医药优势特色的基础上,加强自主创新,挖掘中医药的科学内涵,丰富和完善其理论和技术体系,使中医药特色和优势长盛不衰。现代化是中医药发展的必由之路,通过与现代科学技术结合,与现代学术思想结合,与现代科学文化结合,并借鉴国际上认可的标准和规范,让中医药更符合现代社会的需要和现代人的标准。

国家加强中医药服务体系建设,合理规划和配置中医药服务资源,为公民获得中医药服务提供保障。国家支持社会力量投资中医药事业,采取措施支持组织、个人捐赠、资助中医药事业。

目前我国的中医药城乡、区域发展不平衡,农村、社区基层中医药缺乏,现有中医药资源多数集中在公立中医医疗机构,这种发展模式制约了中医药事业的发展。按照深化医疗卫生体制改革的精神,中医药事业发展需要依靠政府主导与发挥市场机制相结合,在坚持公立医院主导地位的同时,充分调动社会力量举办中医药,形成多元化举办中医药格局。

国家支持中医药对外合作,促进中医药的国际传播和应用。

随着经济全球化带来的多元文化相互交流的不断扩展、医学模式的转变、人类疾病谱的

变化和医疗费用不断上涨,许多发展中国家和发达国家都在重新关注传统医药的作用和价值,世界卫生组织也提出,为了实现"人人享有卫生保健"的目标,应当推广使用传统医药,从而给以中医药为代表的传统医药带来了广阔的发展前景,尤其是中医药在防治艾滋病和"非典"方面的功效,中国药学家屠呦呦凭借治疗疟疾的药物"青蒿素"的研发获得诺贝尔奖等传奇发生后,中医药在世界范围的传播与影响日益扩大,中医药医疗、教育、科研和产品必然走向国际。

四、中医药管理体制

国务院中医药主管部门负责全国的中医药管理工作。国务院其他有关部门在各自职责范围内负责与中医药管理有关的工作。县级以上地方人民政府中医药主管部门负责本行政区域的中医药管理工作。县级以上地方人民政府其他有关部门在各自职责范围内负责与中医药管理有关的工作。

目前,国务院设置的中医药管理局(1988年由中医管理局改为中医药管理局)负责全国的中医药管理工作,各省、自治区、直辖市人民政府也相应设有中医药管理局,市、县(市、区)两级多数地方没有专门设置中医药管理机构。

第二节 中医药服务管理

一、中医药服务体系建设

县级以上人民政府应当加强中医药服务体系建设,合理规划和配置中医药服务资源,将中医医疗机构建设纳入医疗机构设置规划,举办规模适宜的中医医疗机构,扶持有中医药特色和优势的医疗机构发展。政府举办的综合医院、妇幼保健机构和有条件的专科医院、社区卫生服务中心、乡镇卫生院,应当设置中医药科室。县级以上人民政府应当采取措施,增强社区卫生服务站和村卫生室提供中医药服务的能力。

举办中医医疗机构,除了遵循《医疗机构管理条例》外,还要按照《中医医疗机构管理办法》的规定办理审批手续,取得《医疗机构执业许可证》方可从事执业活动。但是,举办中医诊所的,将诊所的名称、地址、诊疗范围、人员配备情况等报所在地县级人民政府中医药主管部门备案后即可开展执业活动。

社区卫生服务中心、乡镇卫生院、社区卫生服务站以及有条件的村卫生室应当合理配备中医药专业技术人员,并运用和推广适宜的中医药技术方法。

为了改变基层医疗机构中医药服务能力比较薄弱的境况,国家中医药管理局、卫生部、人力资源和社会保障部、食品药品监督管理局、解放军总后勤部卫生部于2012年起启动了"实施基层中医药服务能力提升工程",目标是到2015年底,95%以上的社区卫生服务中心、90%以上的乡镇卫生院、70%以上的社区卫生服务站、65%以上的村卫生室能够提供中医药服务(提供中医药服务,在社区卫生服务中心和乡镇卫生院,是指配备中医类别医师,配置中医诊疗设备,运用中药饮片等6种以上中医药技术方法,开展常见病多发病基本医疗和预防保健服务;在社区卫生服务站、村卫生室,是指配备中医类别医师或能够按照规定提供中医药服务的临床类别医师、乡村医生,配置中医诊疗设备,运用中药饮片或中医非药物疗法,开展常见病多发病基本医疗和预防保健服务);每个县(市、区)基层医疗卫生机构中医药服务量达到总服务量一定比例,并在"十二五"期间有明显上升。国家中医药管理局还启动了《中医临床适宜技术推广计划项目》,自2000年起,对中医临床诊疗技术进行系统的整理与科学严谨的技术规范研究,分批共筛选出30项临床安全、有效、规范的诊疗技术,加以推广。

中医医疗广告应当经医疗机构所在地省、自治区、直辖市人民政府中医药主管部门审查批准。未经审查批准,不得发布中医医疗广告。发布的中医医疗广告内容应当与经审查批准的内容一致。

县级以上人民政府中医药主管部门应当加强对中医药服务的监督检查,并将下列事项作为监督检查的重点:(1)中医医疗机构、中医医师是否超出规定的范围开展医疗活动;(2)开展中医药服务是否符合国务院中医药主管部门制定的中医药服务基本要求;(3)中医医疗广告发布行为是否符合本法的规定。根据《医疗机构管理条例》,县级以上人民政府中医药主管部门行使对中医药机构监督管理的职权,《中医药法》着重明确了对中医药机构服务的监督检查的重点。

二、中医药从业人员的管理

从事中医医疗活动的人员应当依照《中华人民共和国执业医师法》的规定取得中医医师资格并进行执业注册。中医医师资格考试的内容应当体现中医药特点。但是,以师承方式学习中医或者经多年实践医术确有专长的人员,由至少两名中医医师推荐,经省、自治区、直辖市人民政府中医药主管部门组织实践技能和效果考核合格后,可取得中医医师资格。通过考核取得中医医师资格的人员在考核、注册的执业范围内,以个人开业的方式或者在医疗机构内从事中医医疗活动。

具有中医专业中专以上学历的人员从事中医医疗活动的基本途径是依照《中华人民共和国执业医师法》的规定参加中医医师资格考试取得资格并进行执业注册。

我国实际上还有一条不同于中医药院校培养中医师的途径——中医传承。中医传承的传统模式是师承,即师徒相授。师徒相授即师承教育,是千百年来中医药人才培养的重要途径,也是传承中医药学术思想、经验和技术专长的有效方式,为中医药学的继承与发展,曾作出不可磨灭的贡献。此外,民间还存在一部分既没有接受过系统的中医药学历教育,也没有通过正式的师承方式学习中医药学,但能够提供中医药服务并得到所在地民众认可,经多年实践医术确有专长的人员。

考虑到中医师承和确有专长人员有相当一部分因不具备中医专业学历,不能参加中医医师资格考试,《中医药法》调整为经至少两名中医医师推荐并考核合格,可取得中医医师资格。

三、中医药技术的运用和推广

县级以上人民政府发展中医药预防、保健服务,并按照国家有关规定将其纳入基本公共卫生服务项目统筹实施。

中医药服务在预防、保健领域同样大有可为。国家发布的基本公共卫生服务项目计12

类,45 项。其中第十类中医药健康管理 2 项:(1)老年人中医体质辨识(辖区内 65 岁及以上常住居民);(2)儿童中医调养(0~36 个月儿童)。此外,还确定耳穴埋豆预防控制高血压和糖尿病作为新的试点项目。

县级以上人民政府应当发挥中医药在突发公共卫生事件应急工作中的作用,加强中医药应急物资、设备、设施、技术与人才资源储备。医疗卫生机构应当在疾病预防与控制中积极运用中医药理论和技术方法。

我国公共卫生不安全因素增加,近年来,先后发生 SARS、人感染高致病性禽流感、手足口病、甲型 H1N1 流感等新疫情以及其他频发的突发公共卫生事件,对人民群众生活和经济社会发展造成严重不良影响。在抗击甲型 H1N1 流感的战役中,一些中药如清开灵、双黄连等以及莲花清瘟胶囊等复方中成药均取得了很好的疗效,显示出中医药在防治病毒感染性疾病方面的独特优势。中医医院进入当地紧急救援网络,建立中医药应急救治专业队伍,开展中医方面的紧急病症的学术研究,可以大大提高应对突发公共卫生事件中的能力和效果。

国务院中医药主管部门应当根据中医药技术方法的安全风险拟订分类考核办法,报国务院卫生行政部门审核、发布。

第三节　中药保护发展

中药是指在中医理论指导下,运用独特的传统方法进行加工炮制并用于疾病的预防、诊断和治疗,有明确适应症和用法、用量的植物、动物和矿物质及其天然加工品等。

中医中药是中医药体系不可分割的两个部分,具有自然形成的"药为医用、医因药存"的内在联系,中药发展是中医药事业发展的必要组成部分。中药是在中医药基本理论指导下用于防病治病的物质,其特色与作用有别于西药,决定了中药的管理有其自身的特殊性。《中医药法》在与《药品管理法》等相关法律法规衔接的基础上,着重在药用野生动植物资源保护、扶持道地药材生产、发展医疗机构中药制剂、促进中药产业发展等方面作出了规定。

一、药用资源的管理

国家鼓励发展中药材规范化种植养殖,严格管理农药、肥料等农业投入品的使用,禁止在中药材种植过程中使用剧毒、高毒农药,支持中药材良种繁育,提高中药材质量。

国家建立道地中药材评价体系,支持道地中药材品种选育,扶持道地中药材生产基地建设,加强道地中药材生产基地生态环境保护,鼓励采取地理标志产品保护等措施保护道地中药材。

国务院药品监督管理部门应当组织并加强对中药材质量的监测,定期向社会公布监测结果。国务院有关部门应当协助做好中药材质量监测有关工作。

国家保护药用野生动植物资源,对药用野生动植物资源实行动态监测和定期普查,建立药用野生动植物资源种质基因库,鼓励发展人工种植养殖,支持依法开展珍贵、濒危药用野生植物的保护、繁育及其相关研究。

我国的中药资源丰富,品种繁多,中药资源普查证明中药资源品种达12807种,其中药用植物11146种,药用动物1581种,药用矿物80种。由于种种原因,药用野生动植物资源总量日趋减少,需要发展人工种植养殖。建国以来,特别是改革开放以来,我国的中药材生产技术有了长足的发展,许多品种如天麻、黄连、西洋参、金银花、猪苓等栽培技术大面积推广和应用,取得了良好的经济和社会效益。目前,全国中药材生产基地600多个,中药材家种品种达300多种,种植面积500万亩以上,年产量5亿多公斤。

中药材讲究道地,所谓道地药材是指在一特定自然条件、生态环境的地域内所产的药材,因生产较为集中,栽培技术、采收加工也都有一定的讲究,以致较同种药材在其他地区所产者品质佳、疗效好。为了保护包括道地药材在内的地理优势产品,我国从1999年起实施地理标志产品保护制度,即针对产自特定地域,所具有的质量、声誉或其他特性本质上取决于该产地的自然因素和人文因素,经审核批准以地理名称进行命名的产品,并进行地域专利保护。实施地理标志产品保护制度以来,我国已对1170个产品实施了地理标志保护。其中,中药材有铁力平贝母、西峡山茱萸、嵩县柴胡、巴东独活、利川黄连、霍山石斛、金寨天麻、亳州白芍、新会陈皮、桂林罗汉果、涪城麦冬、旺苍杜仲、江油附子、中江丹参、南江金银花、西和半夏、礼县大黄、民勤甘草、商洛丹参、宁夏枸杞等60多种。

我国《药品管理法》规定:"国家保护野生药材资源,鼓励培育中药材"。为保护和合理利用野生药材资源,适应人民医疗保健事业的需要,1987年10月30日,国务院发布了《野生药材资源保护管理条例》,条例中规定了国家对野生药材资源实行保护、采猎相结合的原则,并创造条件开展人工种养。条例将国家重点保护的野生药材物种分为三级。1993年5月29日,国务院发出《关于禁止犀牛角和虎骨贸易的通知》,申明禁止犀牛角和虎骨的一切贸易活动,由此,中药行业取消了犀牛角和虎骨药用标准,不再用犀牛角和虎骨制药。

二、中药饮片和中药加工生产的管理

国家保护中药饮片传统炮制技术和工艺,支持应用传统工艺炮制中药饮片,鼓励运用现代科学技术开展中药饮片炮制技术研究。

对市场上没有供应的中药饮片,医疗机构可以根据本医疗机构医师处方的需要,在本医疗机构内炮制、使用。医疗机构应当遵守中药饮片炮制的有关规定,对其炮制的中药饮片的质量负责,保证药品安全。医疗机构炮制中药饮片,应当向所在地设区的市级人民政府药品监督管理部门备案。

根据临床用药需要,医疗机构可以凭本医疗机构医师的处方对中药饮片进行再加工。

国家制定中药材种植养殖、采集、贮存和初加工的技术规范、标准,加强对中药材生产流通全过程的质量监督管理,保障中药材质量安全。

采集、贮存中药材以及对中药材进行初加工,应当符合国家有关技术规范、标准和管理规定。

国家鼓励发展中药材现代流通体系,提高中药材包装、仓储等技术水平,建立中药材流通追溯体系。药品生产企业购进中药材应当建立进货查验记录制度。中药材经营者应当建立进货查验和购销记录制度,并标明中药材产地。

在村医疗机构执业中医医师、具备中药材知识和识别能力的乡村医生,按照国家有关规定可以自种、自采地产中药材并在其执业活动中使用。

国家鼓励和支持中药新药的研制和生产。国家保护传统中药加工技术和工艺,支持传统剂型中成药的生产,鼓励运用现代科学技术研究开发传统中成药。

生产符合国家规定条件的来源于古代经典名方的中药复方制剂,在申请药品批准文号时,可以仅提供非临床安全性研究资料。

中药饮片,俗称中草药,是根据调配或制剂的需要,对产地加工的净药材进一步切制、炮炙而成的成品,可直接应用于临床。千百年来,中药材在历代医家的医疗实践中,积累了丰富的加工经验,形成了独特的制剂技术,诸如修治、水制、火制、水火共制等传统炮制技术和工艺。2006 年 5 月 20 日,中药传统制剂方法经国务院批准列入第一批国家级非物质文化遗产名录,经国家文化部确定,中国中医科学院的颜正华和中国中药协会的张伯礼为该文化遗产项目代表性传承人,并被列入第一批国家级非物质文化遗产项目 226 名代表性传承人名单。

中药是防病治病的特殊商品,必须加强生产经营管理。国家药品监督管理局于 2002 年4 月发布《中药材生产质量管理规范》(GAP),实行中药材生产质量管理规范(GAP)认证,旨在推动药材规范化种植与加工,建立保证药材质量的非强制性行业标准,10 多年来,共有 70余家企业、95 个基地、60 多个中药材品种通过中药材 GAP 认证,对保障中药材的生产质量起到了积极作用。2016 年 2 月,国务院进一步深化行政审批制度改革,发布《关于取消 13项国务院部门行政许可事项的决定》,规定取消中药材生产质量管理规范(GAP)认证。取消中药材 GAP 认证后,将由中药生产企业(包括饮片、中成药生产企业)对产品生产全过程的质量保证负责,确保供应临床、医药市场的所有药品质量信息可溯源,同时,国家相关管理部门将会进一步加强监管。

中药材的种植、采集和饲养过程,即中药材的生产过程。一方面,中药材属于药品,原则上中药材的生产也应当依照《药品管理法》规定进行监督管理,但中药材的生产,即中药材的种植、采集和饲养活动,又明显不同于一般药品的生产活动。一般药品的生产活动属于工业化生产,质量可控性强;而中药材的生产一般属于农业生产活动,质量可控性与工业化生产相比,影响因素更多,更为困难。因此《药品管理法》对一般药品生产活动监督管理的规定,难以完全适用于中药材的种植、采集和饲养及初加工,国家有必要另行制定针对性的管理规定。

中药材现代流通体系建设是现代社会中医药事业持续健康发展的必要措施,国家商务部门提出的中药材现代物流体系建设的目标是:到 2020 年,建设一批集仓储运输、质量检验、追溯管理等多功能于一体的中药材物流基地,力争流通环节中药材规范化集中仓储率达到 70%,初步形成中药材现代物流体系与流通网络。在中药材物流基地建立统一的出入库及在库管理制度,运用信息系统实施专业化、社会化的仓储管理,按照相关标准进行中药材在库养护,按照《药典》要求对中药材进行质量检验,并按照相关标准赋予统一的流通追溯编码。质量检验委托具备专业质检资质的第三方质检机构承担。

自种、自采地产中药材并在其执业活动中使用,曾经是民间中医的传统习惯,现行法律授予乡村医生、中医医师这一特权,前提是要具备中药材知识和识别能力,当然也必须对使用造成的不良后果负责。

国家对研制和生产中药新药、使用传统中药加工技术和工艺、生产传统剂型中成药采取多种保护措施。《中药品种保护条例》规定,国家对质量稳定、疗效确切的中药品种实行分级保护制度。可以申请一级保护中药品种的条件是：对特定疾病有特殊疗效的；相当于国家一级保护野生药材物种的人工制成品；用于预防和治疗特殊疾病的。可以申请二级保护的中药品种的条件是：符合一级保护中药品种的条件或者已经解除一级保护的品种；对特定疾病有显著疗效的；从天然药物中提取的有效物质及特殊制剂。批准保护的中药品种，由国务院卫生行政部门发给《中药保护品种证书》，在保护期内限于由获得中药保护品种证书的企业生产。

三、配制中药制剂的管理

国家鼓励医疗机构根据本医疗机构临床用药需要配制和使用中药制剂，支持应用传统工艺配制中药制剂，支持以中药制剂为基础研制中药新药。

医疗机构配制中药制剂，应当依照《药品管理法》的规定取得医疗机构制剂许可证，或者委托取得药品生产许可证的药品生产企业、取得医疗机构制剂许可证的其他医疗机构配制中药制剂。医疗机构对其配制的中药制剂的质量负责；委托配制中药制剂的，委托方和受托方对所配制的中药制剂的质量分别承担相应责任。委托配制中药制剂，应当向委托方所在地省、自治区、直辖市人民政府药品监督管理部门备案。医疗机构应当加强对备案的中药制剂品种的不良反应监测，并按照国家有关规定进行报告。药品监督管理部门应当加强对备案的中药制剂品种配制、使用的监督检查。

医疗机构配制的中药制剂品种，应当依法取得制剂批准文号。但是，仅应用传统工艺配制的中药制剂品种，向医疗机构所在地省、自治区、直辖市人民政府药品监督管理部门备案即可配制，不需要取得制剂批准文号。

为了推广、普及中药的应用，满足临床需要，现行法律鼓励医疗机构在规定的前提下自行炮制中药饮片和对中药饮片进行再加工。鼓励医疗机构配制和使用中药制剂。

《药品管理法》对医疗机构配制制剂，实行严格的准入控制，除了要取得医疗机构制剂许可证外，还应取得制剂批准文号。《中医药法》规定仅应用传统工艺配制的中药制剂品种，无需取得制剂批准文号，只要备案即可，同时要求医疗机构应当加强对备案的中药制剂品种的不良反应监测，并按照国家有关规定进行报告。药品监督管理部门应当加强对备案的中药制剂品种配制、使用的监督检查。

第四节　中医药人才培养与科学研究

现阶段我国的中医药人才培养主要依靠现行中医药学校教育体系，中医药学校教育至为重要的是遵循中医药人才成长规律，突出中医药特色，避免现代医学教育的统一模式。此外，师承教育亦是中医药人才培养，中医药学术传承的重要途径。学校教育与师承教育并存，相互补充，不断完善，以培养优秀的中医药人才。中医药发展必须坚持继承与创新并重。继承是中医药发展的基础，创新是中医药发展的动力。要在系统继承中医药的学术思想和宝贵经验，保持中医药优势特色的基础上，切实加强自主创新，挖掘中医药的科学内涵，丰富和完善其理论和技术体系，进而厘清中医药整体发展新思路，探索新方法，开展新实践，争取新突破。

一、中医药教育

中医药教育应当遵循中医药人才成长规律，以中医药内容为主，体现中医药文化特色，注重中医药经典理论和中医药临床实践、现代教育方式和传统教育方式相结合。

国家完善中医药学校教育体系，支持专门实施中医药教育的高等学校、职业学校和其他教育机构的发展。

中医药学校教育的培养目标、修业年限、教学形式、教学内容、教学评价、学历教育及学术水平评价标准等，应当体现中医药学科特色，符合中医药学科发展规律。

国家发展中医药师承教育，支持有丰富临床经验和技术专长的中医医师、中药专业技术人员在执业、业务活动中带徒授业，传授中医药理论和技术方法，培养中医药专业技术人员。

县级以上地方人民政府中医药主管部门应当组织开展中医药继续教育，加强对医务人员，特别是城乡基层医务人员中医药基本知识和技能的培训。

中医药专业技术人员应当按照规定参加继续教育，所在机构应当为其接受继续教育创造条件。

现阶段我国的中医药人才培养偏重于大众化的素质教育，强调综合素质，易忽视中医药经典和宝贵的临床经验的学习，同时由于受西医药教育模式的影响，在中医药教育中融入了较多的西医药理论与技术。因此，必须不断完善中医药教育，使其符合中医药人才成长规律，体现中医药文化特色。

师承教育是历史证明行之有效的培养中医药人才的重要途径。国家建立中医药学术传承制度，省级以上人民政府建立中医药学术传承项目名录，省级以上人民政府中医药管理部门负责认定传承人，并对传承人的权利和义务作出规定；国家建立中医药师承教育制度，鼓励具备条件的中医执业医师作为师承教育的指导老师，带徒授业，培养中医专业技术人员。

二、中医药科学研究

国家鼓励科研机构、高等学校、医疗机构和药品生产企业等，运用现代科学技术和传统中医药研究方法，开展中医药科学研究，加强中西医结合研究，促进中医药理论和技术方法的继承和创新。

国家采取措施支持对中医药古籍文献、著名中医药专家的学术思想和诊疗经验以及民间中医药技术方法的整理、研究和利用。

国家鼓励组织和个人捐献有科学研究和临床应用价值的中医药文献、秘方、验方、诊疗方法和技术。

国家建立和完善符合中医药特点的科学技术创新体系、评价体系和管理体制，推动中医药科学技术进步与创新。

国家采取措施，加强对中医药基础理论和辨证论治方法，常见病、多发病、慢性病和重大疑难疾病、重大传染病的中医药防治，以及其他对中医药理论和实践发展有重大促进作用的项目的科学研究。

中医药科学研究主要是从中医药学的理论和实践出发，探索生命和疾病过程的规律，提高中医药防治疾病的疗效。一方面要对传统的中医药学理论和实践进行系统的整理，另一方面要在探索中获得创新和突破。

中医药科学研究在总体上可分为医学研究和药学研究两大门类；根据研究性质又可分为临床研究（应用研究）、基础理论研究和开发研究三类。具体内容有：①各科临床研究。包括对内、外、骨伤、妇产、儿、眼、耳鼻喉、口腔、皮肤、肿瘤、肛肠等科的各种病证辨证论治规律的研究。②著名中医师临床经验的整理研究及对民间疗法的继承、发掘和整理研究。③基础理论的继承和发展研究。包括对脏腑、经络、气血、营卫、津液、四诊八纲、五运六气等的研究。④治则和治法的原理及应用研究。⑤临床辨证施护的研究。⑥药物基础理论及应用的整理与提高研究。如中药药性理论、中药炮制、中药实验药理学及中药资源、栽培、鉴定的研究等。⑦方剂学的基础理论及应用研究。如方剂配伍原理、剂型改革及制剂工艺的研究，药品质量控制检测原理研究等。⑧中西医结合防治疾病的临床应用和基础理论研究。⑨中国医学史研究。⑩历代医学流派学术理论研究。

新中国成立以来，中医药科学研究取得很大成就。针刺镇痛机理、骨折治疗、急腹症治疗等成果处于国际领先地位；基础理论研究有关肾虚、脾虚的研究，活血化瘀、扶正培本、通里攻下、清热解毒等治则的研究，舌诊和脉诊的研究等方面，均有显著进展。在经络研究方面，肯定了经络感传现象的存在，总结出感传规律，针刺镇痛得到了有力的科学论证。在中药研究方面，从中药青蒿中提取的青蒿素，是抗疟药物史上继喹啉类药物后的一项重大突破，对抗喹啉型疟疾、脑型疟疾的治疗达国际先进水平，挽救了全球数百万人的生命。按国际标准研制出的抗疟新药青蒿素和双氢青蒿素具有高效、速效、低毒、与氯喹无交叉抗药性以及使用方便的特点，其临床研究达到世界卫生组织对抗疟新药的临床研究技术要求。2015年10月，发现青蒿素的中国药学家屠呦呦因此获得诺贝尔生理学或医学奖，成为第一个获得诺贝尔自然科学奖的中国人。

第五节　中医药传承与文化传播

一、中医药传承

国家建立中医药传统知识保护数据库、保护名录和保护制度。中医药传统知识持有人对其持有的中医药传统知识享有传承使用的权利，对他人获取、利用其持有的中医药传统知识享有知情同意和利益分享等权利。国家对经依法认定属于国家秘密的传统中药处方组成和生产工艺实行特殊保护。

对具有重要学术价值的中医药理论和技术方法，省级以上人民政府中医药主管部门应当组织遴选本行政区域内的中医药学术传承项目和传承人，并为传承活动提供必要的条件。传承人应当开展传承活动，培养后继人才，收集整理并妥善保存相关的学术资料。属于非物质文化遗产代表性项目的，依照《中华人民共和国非物质文化遗产法》的有关规定开展传承活动。

国家发展中医养生保健服务，支持社会力量举办规范的中医养生保健机构。

传承中医药的宝贵知识和经验是中医药发展创新的源泉和基础。做好中医药传承工作的主要任务是:对中医药理论进行系统整理和现代诠释,研究挖掘中医药科学文献和古典医籍,构建中医药知识库;收集整理名老中医的学术思想、临床经验和用药方法并进行系统研究,建立高效的传承方法和个性化诊疗体系;对传统制药技术和老药工经验进行深入研究,使之成为规范化的工艺技术;对民族、民间医药传统知识和技术逐步开展系统的继承、整理和挖掘研究。中医药创新的主要任务是:充分运用中国所具有的中医、西医和中西医结合三支力量共同发展的历史积累和独特经验,以及现代系统科学与复杂科学等理论和方法,对中医药学蕴含的生命科学问题开展广泛深入的研究和探索,在丰富和发展中医药理论和方法体系的同时,争取在与中医药科学内涵相关的若干问题上取得突破;加强中药作用的物质基础和作用机理的研究,运用现代科学方法和技术诠释中医药理论,并指导创新药物的开发;探索建立系统和综合的医学方法学体系,对个体生命的健康、亚健康和疾病发生、发展、演变、转归过程进行认知和干预,促进中西医药学的优势互补及相互融合,为创建具有中国特色的新医药学奠定基础。

中医药传统知识是一个庞大而复杂的知识体系,有丰富的内容和形式多样的存续、表达方式以及与之相关的资源等。保护对象中比较核心和重要,并具有相当商业价值的主要是:

(1)中医药理论知识,如药物理论、方剂理论、疾病与诊疗理论等;

(2)中药资源,如数量众多的中药材物种资源和基因资源;

(3)中药材加工炮制技术,如中药材的栽培、养殖;

(4)中医方剂,如处方和制剂,包括古籍中已记载的9万余首医方;

(5)中医诊疗技术,如望、闻、问、切四诊法、针灸、火罐、推拿、按摩、气功、理疗、火疗、脐疗、耳疗、刺血疗法、熏蒸等;

(6)中医养生保健,如推拿、导引、刮痧、食疗、药浴、太极、五禽戏等;

(7)中医药特有的标记、符号,如扁鹊、华佗、张仲景等名医的名称,人参、当归、何首乌等中药的名称,十全大补汤、六神丸等方剂名,同仁堂、雷允上等传统药铺,经络图、铜人等图谱。

对中药知识产权的保护有专利保护、商标保护、行政保护、商业秘密保护和新药保护等措施。在国际上获得普遍认可的、法律效力最高的是专利保护。但实践中对中药传统知识采用专利保护的现行法律尚有局限性,目前主要采取的是行政性非物质文化遗产保护,即将一部分有代表性的中药传统知识列入国家或省级非物质文化遗产代表性项目,依照《中华人民共和国非物质文化遗产法》的有关规定开展传承活动。

二、中医药文化传播

县级以上人民政府应当加强中医药文化宣传,普及中医药知识,鼓励组织、个人创作中医药文化和科普作品。

开展中医药文化宣传和知识普及活动,应当遵守国家有关规定。任何组织、个人不得对中医药作虚假、夸大宣传,不得冒用中医药名义牟取不正当利益。

广播、电视、报刊、互联网等媒体开展中医药养生知识宣传,应当聘请中医药专业技术人员进行。

第六节　中医药发展保障措施

发展中医药是各级政府义不容辞的责任。政府需要在经费投入、政策扶持、组织协调等方面为中医药发展提供保障。

一、政府的支持和保障

县级以上人民政府应当为中医药事业发展提供政策支持和条件保障,将中医药事业发展经费纳入财政预算。

县级以上人民政府及其有关部门制定基本医疗保险支付政策、药物政策等医药卫生政策,应当有中医药主管部门参加,注重发挥中医药的优势,支持提供和利用中医药服务。

县级以上地方人民政府有关部门应当按照国家规定,将符合条件的中医医疗机构纳入基本医疗保险定点医疗机构范围,将符合条件的中医诊疗项目、中药饮片、中成药和医疗机构中药制剂纳入基本医疗保险基金支付范围。

开展法律、行政法规规定的与中医药有关的评审、评估、鉴定活动,应当成立中医药评审、评估、鉴定的专门组织,或者有中医药专家参加。

国家采取措施,加大对少数民族医药传承创新、应用发展和人才培养的扶持力度,加强少数民族医疗机构和医师队伍建设,促进和规范少数民族医药事业发展。

二、中医药标准体系建设

国家加强中医药标准体系建设,根据中医药特点对需要统一的技术要求制定标准并及时修改。中医药国家标准、行业标准由国务院有关部门依据职责制定或者修改,并在其网站上公布,供公众免费查阅。

国家推动建立中医药国际标准体系。

目前,我国的中医药标准分为国家标准和行业及行业组织标准两个层次,中医药标准体系框架已基本形成,中医药标准体系表草案已经完成。中医药各方面技术标准的制定,将为中医药走向规范化、现代化打下坚实基础。

促进中医药的国际传播和应用,除了使中医药独特的医疗保健康复模式及其价值被国际社会所理解和接受外,至为重要的是要建立符合中医药特点的标准规范并争取成为传统医药的国际标准,进而努力使中医药服务与产品符合国际标准,奠定中医药的合法地位,才能使中医药知识与文化得到有效的传播。国际标准化组织(ISO)2016年4月发布了由中国专家主导制定的5项中医药国际标准:《一次性使用无菌针灸针》、《中医药——人参种子种苗——第一部分:亚洲人参》、《中医药学语言系统语义网络框架》、《中医药文献元数据》、《中药编码系统——第一部分:中药编码规则》。这些标准是推动中医药实现国际化、现代化、标准化、规范化和信息化实质性的关键措施。

第七节 法律责任

一、政府有关部门的法律责任

县级以上人民政府中医药主管部门及其他有关部门未履行本法规定的职责的，由本级人民政府或者上级人民政府有关部门责令改正；情节严重的，对负有责任的主管人员和其他直接责任人员，依法给予处分。

二、中医医疗机构、中医药从业人员的法律责任

中医诊所超出备案的诊疗范围开展医疗活动的，由所在地县级人民政府中医药主管部门责令改正，没收违法所得，并处一万元以上三万元以下罚款；情节严重的，责令停止执业。中医诊所被责令停止执业的，其直接负责的主管人员自处罚决定作出之日起五年内不得在医疗机构内从事管理工作。医疗机构聘用上述不得从事管理工作的人员从事管理工作的，由原发证部门吊销执业许可证或者由原备案部门责令停止执业。

经考核取得医师资格的中医医师超出注册的执业范围从事医疗活动的，由县级以上人民政府中医药主管部门责令暂停六个月以上一年以下执业活动，并处一万元以上三万元以下罚款；情节严重的，吊销执业证书。

举办中医诊所、炮制中药饮片、委托配制中药饮片应当备案而未备案，或者备案时提供虚假材料的，由中医药主管部门和药品监督管理部门按照各自职责分工责令改正，没收违法所得，并处三万元以下罚款，向社会公告相关信息。

发布的中医医疗广告内容与经审查批准的内容不相符的，由原审查部门撤销该广告的审查批准文件，一年内不受理该医疗机构的广告审查申请。

【思考题】

1. 中医药法在放宽中医药服务准入方面的规定有哪些？
2. 为什么在现代医学日益发达的情况下，还要继承弘扬中医药？

第十九章　现代医学与法律

【学习目的】

　　掌握人体器官移植的概念、禁止人体器官买卖、人体器官捐献的原则；熟悉人类辅助生殖技术、基因工程、脑死亡、安乐死的概念；了解相关各国立法。

【案情导引】

　　江苏的李某与丈夫王某商量好利用他人的精子进行人工授精并使女方受孕后，王某得知自己患癌，随后王某表示不要小孩，但李某坚持要生下孩子。为此，王某去世前几天留下遗嘱，将房子全部赠给自己的父母。王某去世后，李某生下了孩子。李某携子向法院状告公婆，请求法院判决遗嘱内容无效，并主张相关继承权利。

　　问题：

　　如何理解人工授精所生子女的法律地位？

第一节　人类辅助生殖技术与法律

一、人类辅助生殖技术概述

　　人类辅助生殖技术（Assisted Reproductive Technology，ART），又称人工生殖技术，一般指运用医学技术和方法对配子、合子、胚胎进行人工操作，以达到受孕目的的技术，分为人工授精和体外受精—胚胎移植技术及其各种衍生技术。

　　人类辅助生殖技术的出现为不孕不育家庭带来了福音。但是，"科学技术是一柄双刃剑"，人类在改变自然生殖过程、造福人类的同时，也使传统社会赖以维系运转的身份、家庭、血缘等社会基础面临前所未有的挑战，可能也会打开"潘多拉魔盒"。

　　（一）人工授精

　　人工授精（Artificial Insemination，AI），是指用人工方式将精液注入女性体内以取代性交途径使其妊娠的一种方法。根据精液来源不同，人工授精可以分为丈夫精液人工授精、供精人工授精和混合人工授精三种。另外，还可根据精液贮存时间的长短，将人工授精分为鲜精人工授精和冻精人工授精。

丈夫精液人工授精(AIH),又称夫精人工授精、同质人工授精、同源人工授精或配偶间人工授精,是指用丈夫的精液注入配偶的体内进行人工授精的技术。

供精人工授精(AID),又称异质人工授精、异源人工授精或非配偶间人工授精,是指用丈夫以外的其他供精者提供的精液注入女性体内进行人工授精的技术。

混合人工授精,是指将丈夫的精液与供精者的精液混合后注入女性体内进行人工授精的技术。

人类人工授精的记录,可以追溯到18世纪,至今已有200余年的历史。1770年,英国伦敦的约翰·亨特(John Hunter)将一位尿道下裂且不能正常性交的患者的精液移注到其妻子的阴道内,成功地使其妻子怀孕并产下了一个正常的婴儿,从而完成有文字记载的人类第一例人工授精手术。1884年,美国费城的医生威廉·潘科斯特(William Pancoast)用一位捐赠者的精子使一位无精子症男子的夫人受孕,这是人类历史上文字记载的最早成功进行的供精人工授精记录。1953年,美国阿肯色大学医学中心的谢尔曼(Sherman)和布奇(Bunge)博士宣布超低温长期冷冻精液获得成功,并为3名妇女成功进行人工授精,由此推动了冷冻精子库的建立,使AID技术得以广泛应用。

(二)体外受精—胚胎移植技术

体外受精—胚胎移植技术(In Vitro Fertilization and Embryo Transfer,IVF—ET)及其各种衍生技术,是指从女性体内取出卵子,在器皿内培养后,加入经技术处理的精子,待卵子受精后,继续培养,到形成早期胚胎时,再转移到子宫内着床,发育成胎儿直至分娩的技术。由于这个过程的最早阶段在试管内进行,人们将通过这种技术而诞生的婴儿称之为"试管婴儿"。

1978年7月25日,英国学者斯蒂普特(Steptoe)和爱德华兹(Edwards)合作开创体外受精—胚胎移植技术,世界上第一个试管婴儿路易丝·布朗在英国的奥尔德海姆诞生。1988年3月我国大陆首例试管婴儿在北京医科大学附属第三医院诞生。体外受精—胚胎移植技术为不孕夫妇带来了福音,每年出生的试管婴儿数量呈几何级数增长。

(三)代孕

代孕(Surrogacy),是指女性接受他人委托,通过人工辅助生殖技术代他人妊娠并生育子女的行为。接受委托代他人生育的女性又称代孕母亲、代理母亲(Surrogate Mother,SM)。代孕主要有两种形式:一种是完全代孕,即代孕母亲用自己的卵子人工受精后妊娠,分娩后将孩子交给委托人抚养;另一种是部分代孕,即代孕母亲利用他人的受精卵植入自己的子宫妊娠,分娩后将孩子交给委托人抚养。

二、人类辅助生殖技术的法律问题

为避免或减少科学技术对社会的损害,《中华人民共和国科学技术进步法》(自2008年7月1日起施行)作出"国家禁止危害国家安全、损害社会公共利益、危害人体健康、违反伦理道德的科学技术研究开发活动"的规定。人类辅助生殖技术在屡屡创造生命奇迹的同时,也给人们带来了诸多困惑和争议,它考问着人类的智慧与选择。

(一)夫精人工授精的法律问题

根据法律事实发生的时间的不同,夫精人工授精的法律问题可以划分为两类,一是

AIH 子女出生后的法律地位问题；二是夫精人工授精过程中的法律问题。

关于 AIH 子女的法律地位问题。一般认为，应当给予 AIH 子女正常的法律地位，理由是夫精人工授精使用的是丈夫的精子，AIH 子女的出生对以血缘为纽带组成的社会细胞——家庭的稳定性没有造成根本性的冲击，没有割断或打乱父母子女之间的血缘伦理关系，因此，没有理由否定 AIH 婴儿的法律地位。

关于夫精人工授精过程中的法律问题。虽然夫精人工授精所引起的伦理与法律问题与供精人工授精和混合人工授精相比较为缓和，但也引起了传统社会中前所未遇的一系列伦理与法律问题，这类问题主要是由于授精过程所引发，主要包括：冷冻精子的保存年限过长必然会引起的子女与父母的巨大年龄差距，这是否会影响子女的健康成长？冷冻精子的使用权是否应由夫妻共同行使？丈夫死亡以后，妻子是否有权动用丈夫的冷冻精子？被限制人身自由的罪犯是否可以通过人工授精的方式行使生育权？冷冻受精卵是人还是物？等等。

（二）供精人工授精的法律问题

根据法律事实发生的时间的不同，供精人工授精的法律问题也可以划分为两类，一是 AID 子女出生后的法律地位问题；二是供精人工授精过程中的法律问题。

关于 AID 子女的法律地位问题。与 AIH 子女不同，由于使用丈夫以外的其他供精者提供的精液注入女性体内，AID 子女与生母之夫没有自然血缘关系，供精者不是"丈夫"，而是"第三者"，这就对以血缘为纽带组成的社会细胞——家庭的稳定性造成了前所未有的冲击，因此必须确定 AID 子女与"丈夫"和"第三者"之间的法律关系内容。就目前世界上的立法来看，大多数国家和地区明确规定受精妇女和知情同意的"丈夫"为 AID 子女的法定父母，即在知情同意的前提下，"丈夫"承担"父亲"的法律义务。例如，1972 年，美国《统一亲子法》规定："在供精人工授精情形下，丈夫须书面承诺，经夫妻双方签字，法律将丈夫和胎儿的自然父亲同样对待，供精人不视为胎儿的自然父亲。"在我国，AID 子女的法律地位已为法律实践所确认，1991 年 7 月 8 日，最高人民法院在答复河北省高级人民法院的《关于夫妻离婚后人工授精所生子女的法律地位如何确定的复函》中指出，在夫妻关系存续期间，双方一致同意进行人工授精，所生子女应视为夫妻双方的婚生子女，父母子女之间权利义务关系适用《婚姻法》的有关规定。

关于供精人工授精过程中的法律问题。这类问题同样是由于授精过程所引发，主要包括：对供精者是否应进行资格审查？供精者是否享有匿名权？精子是否可以买卖？如何管理供精者的精子？"名人精子库"、"博士精子库"、"明星精子库"应如何对待？等等。

（三）体外受精—胚胎移植技术的法律问题

与 AIH 和 AID 相比，IVF 引发的法律问题更为复杂，这是由于这种技术的实施更多地代替了人的自然生殖过程。在实施过程中，卵子受精过程在妇女体外完成，因此，必然会产生与此相关的有关供卵和胚胎的法律问题。

关于 IVF 子女的法律地位问题。由于 IVF 的技术特点，IVF 子女的产生可能会有四种情形：妻卵与夫精相结合；妻卵与供精相结合；供卵与夫精相结合；供卵与供精相结合。前两种情形分别与 AIH 和 AID 相类似，所引发的父母子女之间的伦理关系在本质上并无区别，可以分别采用相应的方式加以确认。对于供卵与夫精相结合，这类 IVF 子女会有"两个"母亲：遗传学意义上的母亲和生育母亲，一般认为，生育母亲是其合法母亲，而不是供卵者。例如,英国1990年通过的《人类受精和胚胎法案》规定,一个由植入体内的胚胎或卵子而孕育孩子的妇女应被视为该孩子的母亲,而非其他妇女。对于供卵与供精相结合的情形,依然可采生育母亲是IVF子女的合法母亲的原则,再结合AID子女的解决原则,即可得到处理。一般认为,供卵者与供精者仅仅是孩子的遗传学意义上的父母,而十月怀胎孕育孩子的过程,使生育母亲和子女之间的关系更加贴近传统的血缘伦理关系,这与传统法律中的"抚养关系",有着相似之处。

（四）代孕的法律问题

代孕技术自出现之日就引起了医学界、法学界、伦理学界等社会各界的广泛争议,支持和反对代孕技术的双方之间的争论远未平息。

反对代孕技术的理由主要是,首先,代孕技术引起社会伦理新的混乱,孩子可能会面临同时有三个"母亲"（遗传学意义上的母亲、生育母亲、抚养母亲）的尴尬局面,另外,亲属之间的代孕也会产生新的伦理问题,如据媒体报道,英国莱斯特市一对年轻夫妇因为患上不孕症,妻子的母亲当"代孕妈妈",生下一对双胞胎孩子,"代孕妈妈"就成了孩子的外婆;其次,代孕技术损害了妇女的人格尊严,将妇女沦为生育工具;第三,代孕技术难以避免商业化,如果允许收取报酬,则将妇女甚至婴儿商品化,显然为现代文明所反对,如果禁止收取报酬,难以制定出具有可操作性的行为规范;第四,不孕夫妇完全可以通过收养而实现自己拥有孩子的梦想。

支持代孕技术的理由主要是,首先,代孕技术有助于公民生育权的实现。如果女性公民先天或后天具有子宫或卵巢缺陷,将无法拥有带有自己全部或部分血缘的孩子,无法实现其生育权,代孕技术则可以帮助这种有缺陷的公民实现其生育权;其次,代孕技术是医学的巨大进步,可以通过完善立法等行为规范来避免代孕技术产生的弊端,而不是因噎废食。

我国卫生部发布的《人类辅助生殖技术管理办法》明文禁止实施任何形式的代孕技术。

三、我国人类辅助生殖技术的立法现状

为了防止人类辅助生殖技术的滥用,原卫生部于2001年颁布了《人类辅助生殖技术管理办法》和《人类精子库管理办法》两个规章,2003年实施了新的《人类辅助生殖技术与人类精子库评审、审核和审批管理程序》、《人类辅助生殖技术规范》、《人类精子库基本标准和技术规范》、《人类辅助生殖技术和人类精子库伦理原则》。2015年,国家卫生计生委颁发了《关于印发人类辅助生殖技术配置规划指导原则(2015版)的通知》、《关于加强人类辅助生殖技术与人类精子库管理的指导意见》、《关于规范人类辅助生殖技术与人类精子库审批的补充规定》。

四、人类辅助生殖技术管理办法

为保证人类辅助生殖技术安全、有效和健康发展,规范人类辅助生殖技术的应用和管理,保障人民健康,原卫生部颁布了《人类辅助生殖技术管理办法》,自2001年8月1日起施行。

（一）适用范围、基本原则及监管体制

适用范围是,适用于开展人类辅助生殖技术的各类医疗机构。

基本原则包括以医疗为目的的原则、非商业利用的原则以及禁止代孕的原则。人类辅助生殖技术的应用应当在医疗机构中进行,以医疗为目的,并符合国家计划生育政策、伦理原则和有关法律规定。禁止以任何形式买卖配子、合子、胚胎。医疗机构和医务人员不得实施任何形式的代孕技术。

卫生部主管全国人类辅助生殖技术应用的监督管理工作。县级以上地方人民政府卫生行政部门负责本行政区域内人类辅助生殖技术的日常监督管理。

(二) 人类辅助生殖技术的审批

申请人条件。申请开展人类辅助生殖技术的医疗机构应当符合下列条件:具有与开展技术相适应的卫生专业技术人员和其他专业技术人员;具有与开展技术相适应的技术和设备;设有医学伦理委员会;符合卫生部制定的《人类辅助生殖技术规范》的要求。

申请文件。申请开展人类辅助生殖技术的医疗机构应当向所在地省、自治区、直辖市人民政府卫生行政部门提交下列文件:可行性报告;医疗机构基本情况(包括床位数、科室设置情况、人员情况、设备和技术条件情况等);拟开展的人类辅助生殖技术的业务项目和技术条件、设备条件、技术人员配备情况;开展人类辅助生殖技术的规章制度;省级以上卫生行政部门规定提交的其他材料。

申请程序。申请开展丈夫精液人工授精技术的医疗机构,由省、自治区、直辖市人民政府卫生行政部门审查批准;省、自治区、直辖市人民政府卫生行政部门收到前条规定的材料后,可以组织有关专家进行论证,并在收到专家论证报告后 30 个工作日内进行审核,审核同意的,发给批准证书;审核不同意的,书面通知申请单位。对申请开展供精人工授精和体外受精—胚胎移植技术及其衍生技术的医疗机构,由省、自治区、直辖市人民政府卫生行政部门提出初审意见,卫生部审批;卫生部收到省、自治区、直辖市人民政府卫生行政部门的初审意见和材料后,聘请有关专家进行论证,并在收到专家论证报告后 45 个工作日内进行审核,审核同意的,发给批准证书;审核不同意的,书面通知申请单位。

变更登记。批准开展人类辅助生殖技术的医疗机构应当按照《医疗机构管理条例》的有关规定,持省、自治区、直辖市人民政府卫生行政部门或者卫生部的批准证书到核发其医疗机构执业许可证的卫生行政部门办理变更登记手续。

校验。人类辅助生殖技术批准证书每 2 年校验一次,校验由原审批机关办理。校验合格的,可以继续开展人类辅助生殖技术;校验不合格的,收回其批准证书。

(三) 人类辅助生殖技术的实施

实施机构和技术规范要求。人类辅助生殖技术必须在经过批准并进行登记的医疗机构中实施,未经卫生行政部门批准,任何单位和个人不得实施人类辅助生殖技术;实施人类辅助生殖技术应当符合《人类辅助生殖技术规范》的规定。

知情同意原则。实施人类辅助生殖技术应当遵循知情同意原则,并签署知情同意书。涉及伦理问题的,应当提交医学伦理委员会讨论。

精子使用制度。实施供精人工授精和体外受精—胚胎移植技术及其各种衍生技术的医疗机构应当与卫生部批准的人类精子库签订供精协议;严禁私自采精;医疗机构在实施人类辅助生殖技术时应当索取精子检验合格证明。

保密和档案管理规范。实施人类辅助生殖技术的医疗机构应当为当事人保密,不得泄漏有关信息;不得进行性别选择,法律法规另有规定的除外;应当建立健全技术档案管理制度,供精人工授精医疗行为方面的医疗技术档案和法律文书应当永久保存。

培训和质量管理。实施人类辅助生殖技术的医疗机构应当对实施人类辅助生殖技术的人员进行医学业务和伦理学知识的培训;卫生部指定卫生技术评估机构对开展人类辅助生殖技术的医疗机构进行技术质量监测和定期评估,技术评估的主要内容为人类辅助生殖技术的安全性、有效性、经济性和社会影响,监测结果和技术评估报告报医疗机构所在地的省、自治区、直辖市人民政府卫生行政部门和卫生部备案。

第二节　人类基因工程与法律

一、基因工程概述

(一) 基因与人类基因组计划

基因(Gene),也称为遗传因子,是具有遗传效应的 DNA 或 RNA 片段,是控制生物性状的基本遗传单位。它是含特定遗传信息的核苷酸序列,对生物遗传信息的传递、表达、形状控制起着决定性的作用。

1953 年 4 月 25 日,英国《自然》杂志刊登了美国分子生物学家沃森(Watson)和英国分子生物学家克里克(Crick)合作研究的成果——DNA 双螺旋结构的分子模型,开创了分子遗传学发展的新时代,这一成就后来被誉为 20 世纪生物学方面最伟大的发现。

人类基因组计划(Human genome project,HGP)。人类基因组计划旨在对构成人类基因组的 30 多亿个碱基精确测序,从整体上破译人类遗传信息,使得人类第一次在分子水平上全面地认识自我。1990 年 10 月 1 日,历经 5 年辩论之后,美国国会批准美国的"人类基因组计划"正式启动。随后,中、日、德、法、英等国也纷纷加入,于 2003 年 4 月 13 日首次公布了人类的完整基因组信息。人类基因组计划耗资 30 亿美元,与曼哈顿原子弹计划、阿波罗登月计划一起被称为二十世纪三大科学工程。它同时将贯穿于整个 21 世纪,被认为是 21 世纪最伟大的科学工程。

2016 年 6 月,伯克(Jef D.Boeke)、丘奇(George Church)等 25 人在《科学》杂志上公布了"人类基因组编写计划(HGP-write)",探讨人工合成人类基因组的可能性。一石激起千层浪,消息传出就引发各界广泛争议,很多科学家对该做法可能会引发的伦理问题表示了担忧。

人类基因组计划大大增进了人类对基因的认识,同时也加速了基因技术在医学领域的应用。

(二) 基因工程

基因工程(Genetic Engineering),又称基因拼接技术和 DNA 重组技术,包括利用载体系统的重组体 DNA 技术,以及利用物理或者化学方法把异源 DNA 直接导入有机体的技术。基因工程的对象可以是一切生物体,包括微生物、植物、动物、人类。由于采用工程方法,能使基因技术得到广泛应用,在造福人类的同时,潜在的危害也因此而增大。

基因工程是 20 世纪下半叶蓬勃兴起和发展的现代生物技术的最前沿领域。60 年代末至 70 年代初,阿尔伯(Arber)和史密斯(Smith)发现细胞中有两种"工具酶",能对 DNA 进行"剪切"和"连接",内森斯(Nathans)则使用工具酶首次实现了 DNA 切割和组合,三位科学家因此而获得 1978 年诺贝尔生理学或医学奖,为基因工程的产生拉开了序幕。

（三）基因工程的各国立法

为了保障基因工程技术在发展的同时,最大限度地消除它的负面影响,世界各国纷纷制定相应的规则予以规范。

1976 年 6 月 23 日,针对重组 DNA 研究工作的潜在危险性,美国国家卫生研究院(NIH)制订并公布了世界上第一个实验室基因工程应用法规——《重组 DNA 分子实验室准则》,2009 年,《反基因歧视法》生效。德、英、日、奥等国也先后制定了关于基因技术安全方面的法律。欧盟于 1997 年通过了《人权和生物医学公约》。国际人类基因组组织(HUGO)伦理委员会也发表了一系列声明。1992 联合国环境与发展大会通过了《生物多样性公约》。

1997 年 11 月 11 日,联合国教科文组织大会通过了《世界人类基因组与人权宣言》,规定了基因研究应遵循的原则,《宣言》提出一系列基本原则:(1)每个人都有权使其尊严和权利受到尊重;(2)事先、自愿和明确同意;(3)任何人都不应因其遗传特征而受到歧视;(4)必须以尊重人的人权、基本自由和尊严为前提;(5)不允许进行任何有损于人类尊严的科研活动,例如运用克隆技术复制人;(6)不用于非和平目的。这些基本原则对保护人权、防止和抑制基因技术的滥用都具有重大的指导意义,也成为世界各国立法的基础。

2005 年,联合国通过的《联合国关于人的克隆宣言》,要求各国考虑禁止违背人类尊严的各种形式的克隆人。

二、人类基因工程的法律问题

基因工程中,人类基因工程引起的法律问题更为引人注目,包括基因工程药物、基因诊断、基因治疗、人类遗传资源、克隆人等。

（一）基因诊断的法律问题

基因诊断又称 DNA 诊断、基因探针技术,指用基因检测的方法对人们的精神和体质状态作出判断。人类的许多疾病都与自身的基因有关,目前,已发现的遗传病有 6500 多种,其中由单基因缺陷引起的就有约 3000 多种。因此,基因诊断技术的出现,对于人类预防、诊断疾病具有重大意义。

基因诊断在给人们带来福祉的同时,也引发了社会对它的法律争论。比如,个人对基因是否具有隐私权?谁对患者的基因信息享有知情权?在基因诊断中,医生是否应当对患者的基因信息负有保密的义务?医生能否对在诊断中获取的基因信息加以利用?对某些患有遗传缺陷的人的基因信息,是否可以出于公共利益的目的而予以公开?等等。

上述问题的核心问题是基因诊断中的患者隐私权问题。一般认为,在基因诊断中,患者对其基因享有隐私权。1997 年,联合国教科文组织在第 29 次会议上一致通过了《人类基因组与人权问题的世界宣言》,该《宣言》规定:"为研究或其他任何目的而与个人有关的或存储处理的基因数据均应依法保密。遗传学资料依法律要求应被保守秘密。"虽然每个人的基因都不同,但作为"人",其基因必然会与家庭成员、宗族、民族、种族具有共同性,因此,个人的基因隐私权必然会受到这些共同性的限制。

基因的检测和诊断还会引起基因歧视问题。人与人的基因存在着一定差异,这种差异可以表现为不同的生理、行为、智力特征,随着基因技术的发展,可以从一根头发、一片皮屑中方便地了解到一个人全部的基因特征,因此,如果不予保护,将在教育、就医、保险、婚姻、家庭等方面不可避免地带来基因歧视问题。而前述《宣言》中,明确宣称"任何人不应因其基因特征受到歧视,否则将会侵害或具有侵犯人权、基本自由及人类尊严的作用"。

个人的平等权利是现代社会正常运转的基石,现代文明不允许类似二战中的"种族灭绝"的历史悲剧重演。

（二）基因治疗的法律问题

基因治疗,是指通过基因的添加和表达来治疗或预防疾病,这些基因片段能够重新构成或纠正那些缺失的或异常的基因功能,或者能够干预致病过程。

基因治疗的出现,对人类健康有重要意义。首先,基因治疗为治疗疾病提供了新途径;其次,基因治疗使遗传病等的治疗面临重大转机;再者,基因治疗使得给药更加高效,许多疾病是局部组织器官结构和功能障碍,不需全身用药,基因治疗技术可以利用基因枪传送药物到人体内的特定部位,局部用药可以达到相同的疗效。基因治疗被称为人类医疗史上的第四次革命,而通过基因治疗将使人类的许多不治之症得以克服。

基因治疗面临较多的法律问题。基因治疗自问世以来,有关的法律争论从未停止。为此,人类基因组计划在开始时就包含一个子计划,即人类基因组计划的 ELSI（Ethcal,legal and social Implications）研究,专门用来研究它所带来的伦理、法律和社会问题,其经费占人类基因组计划总计划经费的 5%,这也是人类基因组计划与曼哈顿原子弹计划和阿波罗登月计划等 20 世纪人类史上的其他特大科学工程一个很大的不同之处。基因治疗面临的法律问题主要包括:什么是正常基因? 什么是残疾或缺陷? 残疾和缺陷由谁来决定? 需要治疗或预防它们吗? 是否应当允许基因增强———不涉及疾病治疗或预防的基因治疗,如改变身高特征之类? 如果基因增强成为常事,会对基因库的多样性造成什么样的影响? 现阶段,谁将利用昂贵的基因技术? 谁来支付使用这些技术的费用? 等等。

（三）克隆与克隆人的法律问题

1. 克隆与克隆人

"克隆"（Clone）一词起源于希腊文"Klone",一般指用无性生殖产生个体有机体或细胞的遗传拷贝,涉及一系列技术,包括胚胎分裂、将体细胞核转移到去核卵以及用细胞培养建立来源于一个体细胞的细胞系。人的克隆（Humancloning）是生物体克隆的一种。

1997 年 2 月 23 日,英国苏格兰罗斯林研究所的科学家伊恩·威尔穆特宣布,他们的研究小组利用一只绵羊的乳腺上皮细胞成功地"克隆"出世界上第一只体细胞克隆动物—克隆羊"多莉"（Dolly）。"多莉"的诞生,突破了利用胚胎细胞进行核移植的传统方式,科学家预测,从技术层面说,"克隆人"的诞生是可以实现的。

人的克隆,按照克隆的目的可分为基础性研究、治疗性克隆和生殖性克隆。基础性研究是指利用克隆技术探讨种种科学问题。治疗性克隆,指出于医疗目的的克隆,如使用克隆技术产生出特定细胞和组织用于治疗。生殖性克隆,是指出于生殖目的的克隆,如使用克隆技术在实验室制造人类胚胎,然后将胚胎置入人类子宫发育成胎儿和婴儿的过程。一般认为,后二者的界限在于胚胎的存活时间是否超过 14 天,超过 14 天,即被认为属于生殖性克隆,我国于 2003 年颁布的《人胚胎干细胞研究伦理指导原则》中明确指出,进行人胚胎干细胞研究,囊胚的体外培养期限自受精或核移植开始不得超过 14 天。从理论上讲,"克隆人"的诞生是可以实现的,但基于尊重人类尊严的伦理学考虑,目前世界各国政府严禁生殖性克隆。

2. 克隆技术的法律问题

克隆技术引发的法律问题主要是"克隆人"的法律问题。微生物克隆、生物技术克隆以及人以外的动物克隆主要引发的是环境、食品、物种等问题,不直接涉及改变人自身的问题。而克隆羊"多莉"的诞生,在世界范围引起激烈争论,是因为人们从这一事件中,已经预见到"克隆人"距离人类社会已经不远了,人们必须作出选择:是否愿意和"克隆人"一起分享现在的世界。

人们面临的法律问题主要包括:"克隆人"的法律地位问题,"克隆人"是人么?"克隆人"和"人"的界限是什么?如何处理"克隆人"与被克隆人的关系,如,克隆人与被克隆人的关系是母子关系或父子关系,还是兄弟姐妹关系?如何处理"克隆人"与其他社会成员的关系,如,"克隆人"的抚养、婚姻、继承等问题如何解决?谁有资格决定进行克隆人的行为?等等。

关于克隆人的争论,主要存在着全面禁止和部分禁止两种观点。

3. 禁止生殖性克隆人

由于生殖性克隆人涉及伦理、法律、技术等复杂问题,目前国际社会普遍反对生殖性克隆人。

反对生殖性克隆人的主要理由是:(1)克隆人的出现是对人类尊严、个性的破坏。人不是工具,不能复制来复制去,同时,相同的遗传特征,将使得人丧失个性,这是人们所难以忍受的。(2)克隆人的出现会动摇、改变人类社会的存续基础。人类社会一直以来以有性生殖作为繁衍后代的唯一方式,这种繁衍方式是家庭、宗族、社会得以构建和运行的基石,一旦克隆人出现,人类繁殖后代的过程不再需要两性共同参与,则所有这一切都可能因之改变。(3)克隆人技术还不成熟。就目前的技术水平而言,盲目克隆人会使人类面临许多现实或可能的危险,如丧失遗传多样性的危险、技术被滥用的危险、克隆人早衰的危险等。著名的"多莉羊"是克隆277个绵羊胚胎后唯一的"硕果",2003年2月14日,培育出"多莉"的苏格兰罗斯林研究所发表新闻公报说,由于发现"多莉"患有进行性肺病,研究人员对它实施了"安乐死",再次引发人们对克隆技术所引发的遗传缺陷、早衰的争论。如果等技术成熟了再来规范禁止克隆人,可能将为此付出巨大的代价,为防范或控制这些风险,必须防患于未然。(4)克隆人会引发诸多法律、伦理难题。如,"克隆人"是人么?如何处理"克隆人"与人的关系?我们能"销毁"实际上是作为主体的"克隆人"吗?等。

目前,对人类进行生殖性克隆在英、德、美、加、日等30多个国家被宣布为非法。1998年,欧洲19个国家在法国巴黎签署了一项有关严格禁止克隆人的协议。1997年11月11日,联合国教科文组织大会通过了《世界人类基因组与人权宣言》,指出:"违背人的尊严的一些做法,如用克隆技术繁殖人的做法,是不能允许的。"

2005年3月8日,第59届联合国大会批准了联大法律委员会通过的《联合国关于人的克隆的宣言》,该《宣言》提出:"会员国应当考虑禁止违背人类尊严和对人的生命的保护的一切形式的人的克隆。"中国、英国等赞成治疗性克隆的国家投了反对票。中国投反对票并不意味着支持克隆人,而是反对禁止治疗性克隆研究。

三、我国人类基因工程的立法

我国关于人类基因工程的立法也在逐步推进。1993年,国家科委颁布了《基因工程安全管理办法》,1998 年,科学技术部、卫生部颁布了《人类遗传资源管理暂行办法》,以及《人的体细胞治疗及基因治疗临床研究质控要点》(1993)、《人胚胎干细胞研究伦理指导原则》(2003)、《关于加强临床使用基因测序相关产品和技术管理的通知》(2014)等规范性文件。2009 年,国务院办公厅颁发了《促进生物产业加快发展的若干政策》。《专利法》、《环境保护法》等法律中也有涉及生物技术的相关法律规定。总的来说,我国的基因工程相关立法还有待进一步完善。

第三节　器官移植的法律问题

一、器官移植概述

(一)器官移植

器官移植(Organ Transplantation),是用健康的器官代替人的病损器官的医学技术。器官移植是移植术的一种,区别于细胞移植、组织移植。

根据供体与受体关系的不同,器官移植可以分为自体移植、异体移植与异种移植。自体移植是指供体与受体为同一人的器官移植。异体移植是指供体与受体为不同人的器官移植。异种移植,又称跨种移植,是指不同种属的个体之间的移植,临床异种移植指将动物的器官移植给人类。根据器官来源不同,可分为活体器官移植、遗体器官移植、人造器官移植和克隆器官移植。

(二)器官移植的发展概况

器官移植是人类自古以来的梦想,中外都曾有关于器官移植的传说。我国《列子·汤问》曾记载过战国时期的"神医"扁鹊为鲁公扈和赵齐婴换心的故事,"遂饮二人毒酒,迷死三日,剖胸探心,易而置之"。公元前 12 世纪,古印度神话故事中曾描述,湿婆神曾一怒之下将其子的头砍掉,尔后将一头犯禁的大象的头安在他身上,让其获得新生,成为"象头神"伽内沙。埃及著名的斯芬克斯狮身人面像,也反映了人类对器官移植的渴望。

器官移植的实现,离不开医学技术的发展。直到 20 世纪,器官移植才成为现实。一般说来,器官移植必须解决几个关键问题:(1)血液循环的重建;(2)移植器官活力的保持;(3)器官的排斥反应的克服。1902 年,法国医生卡雷尔发明了血管缝合技术,美国的贝尔泽和科林斯分别于 1967 年和 1969 年创造出实用的降温灌洗技术,具有临床实效的系列免疫抑制剂的发现。1978 年,新一代免疫抑制剂环孢素问世,使移植的器官长期存活率大大提高。1954 年,美国波士顿的医生默里成功地做了世界上第一例同卵双胞胎之间的肾移植手术,接受手术者活了 8 年,成为移植医学史上首例获得长期有功能存活的病例,从而开启了人类器官移植的先河。2013 年,世界卫生组织称,全球一年实施近 12 万个器官移植手术。

人类在器官移植领域取得了巨大的成就,但同时面临另一个难题,即供体器官缺乏的问题。当前,全球自愿捐献器官的供体与等待接受器官移植的受体的比例是 1∶10,每年都有几万甚至十几万的病人在等待器官移植的过程中痛苦地死去。我国每年有 100 万尿毒症患者,其中,有 50 万患者等待肾移植,但却只有 5000 患者可以得到移植,即 1%。器官缺乏成为器官移植所面临的全球性共同问题。

截至 2015 年底,我国累计实现公民逝世后器官捐献 5916 例,捐献大器官 16317 个。我国每百万人口年捐献率(PMP)较 2010 年大幅度增长,年捐献数量位居亚洲第一位、世界第三位。2015 年实施器官移植手术突破 1 万例,位居世界第二位,其中 74％的移植器官来源于公民逝世后捐献,26％来源于亲属间活体捐献。

（三）器官移植的各国立法

为了防范器官买卖等危害行为的发生,使器官移植技术造福人类,世界各国普遍重视人体器官移植立法,将器官移植的发展纳入法制的轨道。

大多数开展器官移植的国家,已基本完成了器官移植的立法工作。

各国的器官移植立法模式基本上分为两种:一是统一立法模式;二是单行立法模式。大多数国家采用统一立法模式,即制定统一的器官移植法法典,如美国于 1968 通过了《统一组织捐献法》,又于 1984 年颁布了《全美器官移植法》,加拿大、英国、法国、西班牙、新加坡、瑞典和挪威等国也采用这种模式。日本早期采用单行立法模式,后于 1997 年颁布了《器官移植法》(2009 年修订),废止了 1979 年《角膜和肾脏移植法》,实现了器官捐献和移植的统一立法。

世界卫生组织于 1991 年制定了《人体器官移植指导原则草案》,并于 2012 年修改为《人体细胞、组织和器官移植指导原则》,内容分为序言和十一项指导原则,规定了自愿捐献、医师回避、禁止器官买卖、保护非完全民事行为能力人、公正和平等分配等原则。

二、器官移植的法律问题

器官移植不仅面临供体器官缺乏的难题,同时,作为现代医学新技术,也面临着诸多法律、伦理等问题。如何确定器官的法律属性? 可否允许异种器官移植? 如何确定遗体器官捐献的主体? 供体死亡采用何种标准? 如何分配可获得的器官? 器官移植是否可以商业化? 如何保障器官移植中的公民的隐私权? 以及器官移植中的预防犯罪问题等等。

大多数开展器官移植的国家,在 20 世纪 80 年代以前就已基本完成了器官移植的立法工作。相对于其他现代医学技术而言,立法较为成熟。自愿捐献、禁止器官买卖、保护非完全民事行为能力人等原则得到普遍承认。

三、我国器官移植立法概况

近年来,我国器官移植技术快速发展,已初步建立了器官移植法律体系。

我国港、澳、台地区的器官移植立法起步较早。1987 年,台湾地区率先通过了《人体器官移植条例》(2003 年修订),1988 年又颁布了《人体器官移植条例实施细则》等,构成了较为完整的器官移植立法体系。香港地区于 1995 年颁布了《人体器官移植条例》,并于 1999 年进行了修订。澳门地区于 1996 年颁布了《规范人体器官及组织之捐赠、摘取及移植》。

我国内地也逐渐加快了器官移植立法的进程。2000 年,上海市颁布的《上海市遗体捐献条例》是我国大陆地区关于遗体捐献的第一部地方法规。2003 年,深圳市通过了《深圳经济特区人体器官捐献移植条例》,这是我国第一部全面规定人体器官移植和遗体捐献的地方法规。2006 年,卫生部通过了《人体器官移植技术临床应用管理暂行规定》,是关于器官移植的第一次全国性的立法。同年,卫生部发布了《关于印发肝脏、肾脏、心脏、肺脏移植技术管理规范的通知》。2007 年,国务院通过了《人体器官移植条例》,这是我国关于器官移植的第一部行政法规。近年来,又陆续颁布了《关于规范活体器官移植的若干规定》(2009 年)、《人体捐献器官获取与分配管理规定(试行)》(2013 年)、《人体器官移植医师培训与认定管理办法(试行)》和《人体器官移植医师培训基地基本要求》(2016 年)等系列规范性文件。

四、人体器官移植条例

为了规范人体器官移植,保证医疗质量,保障人体健康,维护公民的合法权益,国务院通过了《人体器官移植条例》(自 2007 年 5 月 1 日起施行,以下简称《条例》)。

(一)《条例》的适用范围、管理体制

关于适用范围。在中华人民共和国境内从事人体器官移植,适用该条例;从事人体细胞和角膜、骨髓等人体组织移植,不适用本条例;人体器官移植,是指摘取人体器官捐献人具有特定功能的心脏、肺脏、肝脏、肾脏或者胰腺等器官的全部或者部分,将其植入接受人身体以代替其病损器官的过程。

关于管理体制。根据《条例》,卫生部负责全国人体器官移植的监督管理工作,县级以上地方人民政府卫生主管部门负责本行政区域人体器官移植的监督管理工作。各级红十字会依法参与人体器官捐献的宣传等工作。

(二)禁止人体器官买卖

任何组织或者个人不得以任何形式买卖人体器官,不得从事与买卖人体器官有关的活动。

为了防止买卖、变相买卖人体器官行为的发生,《条例》作出了两方面的具体规定:

一方面,对收取人体器官移植手术费用的范围作出明确规定:从事人体器官移植的医疗机构实施人体器官移植手术,除向接受人收取下列费用外,不得收取或者变相收取所移植人体器官的费用:(1)摘取和植入人体器官的手术费;(2)保存和运送人体器官的费用;(3)摘取、植入人体器官所发生的药费、检验费、医用耗材费。费用的收取标准,依照有关法律、行政法规的规定确定并予以公布。

另一方面,对活体器官接受人的范围予以严格限制:活体器官的接受人限于活体器官捐献人的配偶、直系血亲或者三代以内旁系血亲,或者有证据证明与活体器官捐献人存在因帮扶等形成亲情关系的人员。

另外,《条例》还规定,人体器官移植技术临床应用与伦理委员会审查摘取人体器官审查申请时,应审查有无买卖或者变相买卖人体器官的情形。

2011 年 5 月 1 日,《中华人民共和国刑法修正案(八)》施行,规定了组织出卖人体器官罪:组织他人出卖人体器官的,处五年以下有期徒刑,并处罚金;情节严重的,处五年以上有期徒刑,并处罚金或者没收财产。未经本人同意摘取其器官,或者摘取不满十八周岁的人的器官,或者强迫、欺骗他人捐献器官的,依照故意杀人罪、故意伤害罪的规定定罪处罚。违背本人生前意愿摘取其尸体器官,或者本人生前未表示同意,违反国家规定,违背其近亲属意愿摘取其尸体器官的,依照盗窃、侮辱、毁坏尸体、尸骨、骨灰罪的规定定罪处罚。

(三)人体器官的捐献

人体器官捐献应当遵循自愿、无偿的原则。

自愿捐献原则是器官移植法律的基本原则,为保障公民捐献人体器官的合法权益,《条例》对此作了五个方面的规定：

1. 自由同意。公民享有捐献或者不捐献其人体器官的权利,任何组织或者个人不得强迫、欺骗或者利诱他人捐献人体器官。

2. 完全民事行为能力和书面形式。捐献人体器官的公民应当具有完全民事行为能力;公民捐献其人体器官应当有书面形式的捐献意愿,对已经表示捐献其人体器官的意愿,有权予以撤销。

3. 遗体捐献。公民生前表示不同意捐献其人体器官的,任何组织或者个人不得捐献、摘取该公民的人体器官,公民生前未表示不同意捐献其人体器官的,该公民死亡后,其配偶、成年子女、父母可以以书面形式共同表示同意捐献该公民人体器官的意愿。

4. 保护未成年人。任何组织或者个人不得摘取未满 18 周岁公民的活体器官用于移植。

5. 活体器官的接受人与捐献人之间须存在法定关系。活体器官的接受人限于活体器官捐献人的配偶、直系血亲或者三代以内旁系血亲,或者有证据证明与活体器官捐献人存在因帮扶等形成亲情关系的人员。

（四）开展人体器官移植医疗机构的资格

人体器官移植事关人的生命安全,并涉及有限器官资源的分配,为了确保医疗机构提供的人体器官移植医疗服务安全、有效,《条例》规定了开展人体器官移植医疗机构的准入和退出制度。

1. 符合法定条件。医疗机构从事人体器官移植,应当具备下列条件:(1)有与从事人体器官移植相适应的执业医师和其他医务人员;(2)有满足人体器官移植所需要的设备、设施;(3)有由医学、法学、伦理学等方面专家组成的人体器官移植技术临床应用与伦理委员会,该委员会中从事人体器官移植的医学专家不超过委员人数的 1/4;(4)有完善的人体器官移植质量监控等管理制度。

2. 申请诊疗科目登记。医疗机构从事人体器官移植,应当依照《医疗机构管理条例》的规定,向所在地省级政府卫生主管部门申请办理人体器官移植诊疗科目登记;省级政府卫生主管部门进行人体器官移植诊疗科目登记时,应当考虑本行政区域人体器官移植的医疗需求和合法的人体器官来源情况,并及时公布已经办理人体器官移植诊疗科目登记的医疗机构名单。

3. 诊疗科目登记的注销。已经办理人体器官移植诊疗科目登记的医疗机构不再具备法定条件的,应当停止从事人体器官移植,并向原登记部门报告;原登记部门应当自收到报告之日起 2 日内注销该医疗机构的人体器官移植诊疗科目登记,并予以公布。

4. 医疗机构的报告与评估。从事人体器官移植的医疗机构应当定期将实施人体器官移植的情况向所在地省、自治区、直辖市人民政府卫生主管部门报告。具体办法由国务院卫生主管部门制订。省级以上人民政府卫生主管部门应当定期组织专家根据人体器官移植手术成功率、植入的人体器官和术后患者的长期存活率,对医疗机构的人体器官移植临床应用能力进行评估,并及时公布评估结果;对评估不合格的,由原登记部门撤销人体器官移植诊疗科目登记。

（五）人体器官的移植

医疗机构及其医务人员从事人体器官移植,应当遵守伦理原则和人体器官移植技术管理规范。

1. 医学检查和风险评估。实施人体器官移植手术的医疗机构及其医务人员应当对人体器官捐献人进行医学检查，对接受人因人体器官移植感染疾病的风险进行评估，并采取措施，降低风险。

2. 提出摘取人体器官审查申请。在摘取活体器官前或者尸体器官捐献人死亡前，负责人体器官移植的执业医师应当向所在医疗机构的人体器官移植技术临床应用与伦理委员会提出摘取人体器官审查申请；人体器官移植技术临床应用与伦理委员会不同意摘取人体器官的，医疗机构不得作出摘取人体器官的决定，医务人员不得摘取人体器官。

3. 审查同意。人体器官移植技术临床应用与伦理委员会收到摘取人体器官审查申请后，应当对下列事项进行审查，并出具同意或者不同意的书面意见：(1)人体器官捐献人的捐献意愿是否真实；(2)有无买卖或者变相买卖人体器官的情形；(3)人体器官的配型和接受人的适应症是否符合伦理原则和人体器官移植技术管理规范。经 2/3 以上委员同意，人体器官移植技术临床应用与伦理委员会方可出具同意摘取人体器官的书面意见。

4. 摘取活体器官。从事人体器官移植的医疗机构及其医务人员摘取活体器官前，应当履行下列义务：(1)向活体器官捐献人说明器官摘取手术的风险、术后注意事项、可能发生的并发症及其预防措施等，并与活体器官捐献人签署知情同意书；(2)查验活体器官捐献人同意捐献其器官的书面意愿、活体器官捐献人与接受人存在本条例法定关系的证明材料；(3)确认除摘取器官产生的直接后果外不会损害活体器官捐献人其他正常的生理功能。从事人体器官移植的医疗机构应当保存活体器官捐献人的医学资料，并进行随访。

5. 摘取尸体器官。摘取尸体器官，应当在依法判定尸体器官捐献人死亡后进行；从事人体器官移植的医务人员不得参与捐献人的死亡判定。从事人体器官移植的医疗机构及其医务人员应当尊重死者的尊严；对摘取器官完毕的尸体，应当进行符合伦理原则的医学处理，除用于移植的器官以外，应当恢复尸体原貌。

6. 器官的分配。申请人体器官移植手术患者的排序，应当符合医疗需要，遵循公平、公正和公开的原则。

另外，《条例》还规定，从事人体器官移植的医务人员应当对人体器官捐献人、接受人和申请人体器官移植手术的患者的个人资料保密。

第四节　脑死亡与法律

一、脑死亡概述

脑死亡是包括脑干在内的全脑功能不可逆转的丧失，即死亡。脑死亡如同心跳和呼吸停止一样，是人的生命现象的终止，是个体死亡的一种类型。

脑死亡的概念最早见于 1968 年美国哈佛大学医学院死亡定义审查特别委员会的一份报告，该报告第一次正式把脑死亡作为判断死亡的又一标准。因为脑功能一旦停止，则不可逆转，现代医学技术不能使其恢复。医学上传统判断人死亡的呼吸死(肺死亡)和心脏死标准,由于医学的发展、人工心肺技术和人体器官移植技术的发展而受到了冲击:呼吸和心跳停止并不一定意味着人已死亡;反之,借助人工抢救设施维持心肺功能的人并不等于活着。同时,人工心肺机对严重脑损伤病人的有效应用,使得即使病人大脑的功能已经全部丧失,也可以维持其心肺功能,从而出现了"有脉搏的尸体"的现象。因此,西方医学界认为有必要重新审查死亡的定义和标准,并提出了脑死亡的概念与诊断标准。

二、脑死亡的法律问题

脑死亡的法律问题主要是脑死亡的诊断标准问题。

死亡的概念自问世以来,就在医学、法学、伦理学领域以及社会各界引起广泛的讨论,人们对脑死亡的概念和判断标准方面的意见各不相同,先后出现了"脑波停止说"、"大脑死说"、"脑干死说"、"全脑死说"、"高级脑死亡说"等理论,其中,各国立法主要采纳两种判断标准:全脑死亡标准和脑干死亡标准。

全脑死亡标准。1968年,在第22届世界医学大会上,美国哈佛医学院脑死亡定义审查特别委员会指出,脑死亡是指包括脑干在内的全部脑功能的不可逆丧失,并提出四项具体标准:不可逆转的深度昏迷;自主呼吸消失;脑干反射消失;脑电波平直。凡符合上述四条标准,并在24小时或72小时内观察及反复测试,结果无变化,即可宣布死亡,但要排除低体温(<32.2℃)或刚服用过巴比妥类药物等中枢神经抑制剂的病例。同年,世界卫生组织建立的国际医学科学组织委员会发布新的死亡标准,其内容与哈佛标准基本相同。1978年,美国统一州法全国委员会通过《统一脑死亡法》,将脑死亡定义为:全脑功能包括脑干功能的不可逆终止,以法律的形式确认了全脑死亡判定标准。目前,大多数国家的立法适用全脑死亡标准,如日本、西班牙、瑞典、格鲁吉亚、澳大利亚、新加坡等采用全脑死亡标准。

脑干死亡标准。1976年,英国皇家医学会制定了脑死亡标准,提出脑干死亡为脑死亡,判断脑死亡的主要标准包括:深昏迷;自主呼吸极微弱或停止,需呼吸机维持;所有脑干反射消失。1979年,英国皇家医学会进一步明确提出,病人一旦发生了脑死亡便可宣告其已死亡。1995年,英国皇家医学会又提出脑干死亡标准。主张脑干死亡标准的理论认为:脑干是中枢神经至关重要的部位,它是意识的"开关",又是心跳、呼吸中枢。一旦脑干损害,一切脑干反射和呼吸功能就会完全丧失,并且由于上升性网状激动系统的损害将导致大脑皮层意识和认知功能的丧失,必将导致患者全脑功能的丧失而死亡。因而,如果一个人"脑干死亡",实际上就可以宣布其"脑死亡"。1998年,英国卫生部又制定了《脑干死亡诊断之准则:包含确定和管理潜在的器官与组织捐赠者的方针》,正式以立法的形式对脑干死亡的概念进行了确认。

目前,除英国以外,还有部分国家立法采用脑干死亡标准,如德国、比利时等国以及我国的台湾地区等。

三、国外脑死亡立法

目前,脑死亡标准作为一种死亡标准,目前已被90多个国家所承认。国外有关脑死亡法律地位的规定,大致有三种情况:

国家制定有关脑死亡的法律,承认脑死亡是宣布死亡的依据。例如芬兰、美国等10多个国家。此外,尚有阿根廷、澳大利亚、法国等十余国立法承认脑死亡是宣布死亡的根据。

国家虽然没有制定正式的法律条文承认脑死亡,但在临床上已承认脑死亡状态并以之作为宣布死亡的依据。如比利时、德国等 10 多个国家。

脑死亡的概念为医学界所接受,但由于缺乏法律对脑死亡的承认,医生不敢依据脑死亡来宣布一个人的死亡。各国有关脑死亡的法律,一般都将死亡定义为全脑死亡,即大脑、中脑、小脑和脑干的不可逆的死亡(坏死)。

四、我国脑死亡立法

我国内地尚无关于脑死亡的立法,有待立法和完善。

台湾和澳门地区制定了脑死亡法。1987 年,台湾地区制定了《人体器官移植条例》,同年 9 月,通过了《脑死亡判定步骤》,规定脑死亡是认定死亡事实标准之一,但同时,该法规定了严格的脑死亡判定程序,并采用了二元死亡判定标准,即脑死亡判定标准与传统心肺死亡认定标准并存。2016 年,澳门特区卫生局公布了《证实脑死亡的标准及规则》。

我国大陆地区尚未出台脑死亡法,但相关的讨论和研究上世纪 80 年代已经开始。1986 年 6 月,在南京召开了"肺脑复苏座谈会",与会的学者倡议并草拟了我国第一个《脑死亡诊断标准》(草案)。1999 年,在武汉召开的"全国器官移植法律沟通专家研讨会"上,学者又提出了《脑死亡标准及实施办法》(草案)。2004 年,在中华医学会第七次全国神经病学术会议上,又通过了《脑死亡判定标准(成人)》和《脑死亡判定技术规范》。

2011 年,卫生部办公厅发布了《关于启动心脏死亡捐献器官移植试点工作的通知》,根据该通知,我国现阶段公民逝世后心脏死亡器官捐献分为三大类:一类是国际标准化脑死亡器官捐献(DBD);二类是国际标准化心死亡器官捐献(DCD),三类是中国过渡时期脑一心双死亡标准器官捐献。但同时规定,判定脑死亡并用于器官移植有三个条件:(1)经过严格医学检查后,各项指标符合脑死亡国际现行标准和国内最新脑死亡标准,由通过卫生部委托机构培训认证的脑死亡专家明确判定为脑死亡;(2)家属完全理解并选择按脑死亡标准停止治疗、捐献器官;(3)同时获得案例所在医院和相关领导部门的同意和支持。

第五节 安乐死与法律

一、安乐死概述

安乐死一词源出希腊文 Euthanasia,是由"美好"和"死亡"两个字所组成。其原意是指舒适或无痛苦地死亡、安然去世。

安乐死的渊源可以追溯到史前时代。在史前时代,一些游牧部落迁徙时常常把病人、老人留下来任其自生自灭。在受佛教影响的国家,曾出现佛教徒以"圆寂"、"坐化"等方式结束生命的做法。

现代意义上的安乐死,兴起于西方社会。17 世纪,英国的哲学家弗朗西斯·培根就曾主张人们有权控制自己的生命过程,可以通过"无痛致死术"结束痛苦的生命。19 世纪 20～30 年代,西方兴起了安乐死运动,主张安乐死的人士认为,选择理性、有尊严的死亡方式是人的权利和自由,并成立了"安乐死协会"、"争取死亡的权利"等安乐死运动组织。当时的安乐死运动在西方社会造成了较为广泛的影响,安乐死在社会上引起了广泛的讨论和关注。但在二战期间,德国纳粹推行"安乐死计划",打着安乐死的名义实施种族灭绝政策,屠杀所谓的劣等人、慢性病人和精神病患者及犹太人,使安乐死声名狼藉,时至今日,人们仍对安乐死心有余悸。安乐死运动也因此而暂时平息。

20 世纪 60 年代以来,随着医学技术的发展和人们对生活质量的重视,安乐死又重新回到人们的视野。对于康复无望的濒死病人来说,难以承受的病痛折磨,无疑会降低生活的质量,人们进一步思考,是否可以结束"低质量"的生命、选择尊严的死亡方式。

安乐死尚未形成一个能为大众所普遍接受的确切定义。对安乐死最常见的分类是根据安乐死实施中的"作为"和"不作为",将其分为主动安乐死和被动安乐死。

主动安乐死(Positive Euthanasia),也称积极安乐死,是指医务人员或其他人在无法挽救病人生命的情况下采取措施主动结束病人的生命或加速病人死亡的过程。结合病人的意愿和执行者的不同,主动安乐死又可分为:自愿—自己执行的主动安乐死、自愿—他人执行的主动安乐死、非自愿—他人执行的主动安乐死三类。

被动安乐死(Negative Euthanasia),也称消极安乐死,是指终止维持病人生命的一切治疗措施,任其自然死亡。被动安乐死在国内外不少医院实际上已不鲜见。

二、安乐死的法律问题

安乐死是现代医学发展所面临的一个无法避免的问题,它涉及社会学、伦理学、心理学、法学等方面的问题,而分歧最大的是关于主动安乐死。

赞同安乐死的人认为,人的生理层次的生命价值不是绝对的。人有权利选择有尊严的死亡,以科学和理性的态度对待死亡。当病人感到生不如死时,死亡比生存对他更人道。同时也可以减轻家庭财力和精神上的负担,节省有限的医药资源,对社会有利;但是如在没有法律可依的前提下主动采用安乐死停止一个人的生命,就会导致法律上的责任。有关人员也许可以不必承担道义责任,但却要受到法律制裁。至于被动安乐死并不需要法律作出规定使其合法化,何时停止治疗或抢救是医生职责内的事。

反对安乐死的人认为,每个人都有维持生存的权利,安乐死不仅与医生的职责相冲突,而且还可能成为病人子女、配偶等亲属为了减轻自己的负担或为了瓜分遗产等其他原因变相杀人的借口。如果安乐死得到法律认可,就会给其滥用大开方便之门。或许立法刚开始时,执法可能较为严格,但一旦安乐死成为社会现象之后,标准就有可能降低,走向滑坡,甚至草菅人命。

三、国外安乐死立法

在有安乐死相关立法的国家大多是对被动安乐死的认可,而对于主动安乐死,则在法律上受到限制和禁止。

1976 年,首届安乐死国际会议在日本东京召开,美、日、荷、英、澳等国的代表共同签署了《东京宣言》,宣言称选择死亡方式是人的权利,标志着关于安乐死的讨论在世界范围内进一步展开。2001 年 4 月 1 日,荷兰国会参议院以 46 票赞成、28 票反对、1 票弃权的压倒多数票表决通过了新的安乐死法案,使荷兰成为世界上第一个正式在法律上将安乐死合法化的国家。比利时、瑞士也通过了安乐死立法。2009年2月10日,韩国首尔高等法院作出裁决,允许对一位77岁的女植物人实施安乐死,为韩国首例准许安乐死的案例。安乐死合法化在世界范围内呈现出进一步发展的趋势。而关于安乐死的争论,还远未结束。

四、我国安乐死立法

安乐死在我国引起医学界、法学界、伦理学界、社会学界和公众的关注和讨论,始于20世纪80年代中期发生在陕西省汉中市一家医院的安乐死事件。此后有关安乐死在悄悄进行及安乐死案件的报道也见之于报端。

在司法实践中,对于被动的消极安乐死,无论是病人或其家属主动要求中止治疗,还是医院或医生动员病人出院或撤除病人的生命维持装置,一般都不需承担责任。但是在尚未立法的情况下,主动安乐死的非法性是不容否定的。同时,病人家属要求司法机关批准施行安乐死或办理安乐死公证的事也有发生。1989年安徽省司法厅向司法部提交《公证机关能否办理"安乐死"公证证明的请示》,司法部在复函中明确表示,我国对安乐死尚无法律规定,所以公证机关不宜办理无法律依据的安乐死方面的公证事项。

2000年,我国台湾地区通过了《安宁缓和医治条例》(数次修订),规定"末期病人得立意愿书选择安宁缓和医疗或作维生医疗抉择",该法案没有被称为"安乐死法",但实际上即允许"末期病人"可以选择"尊严的死亡"。

目前,我国大陆地区还没有进行安乐死立法,但安乐死引起了社会各界的广泛关注和讨论。1986年,陕西汉中的医师蒲连升应患者亲属要求,对患者夏素文注射冬眠灵实施安乐死,后被检察院以涉嫌"故意杀人罪"批准逮捕,经过了历时6年的漫长诉讼,于1992年被宣判无罪,被称之为"中国安乐死第一案",该案在社会上引起了关于安乐死的大讨论。此后,我国还进行了数次关于安乐死的讨论,并且近年来一些人大代表多次提出关于安乐死的议案,但立法部门始终保持谨慎的立法态度,没有制定安乐死法律。

【思考题】

1. 是否应该禁止生殖性克隆人?
2. 如何理解人体器官捐献的原则?
3. 我国器官捐献采用何种死亡判断标准?

第二十章　国际卫生法

【学习目的】

理解国际卫生法的概念、特征及渊源；熟悉联合国、世界卫生组织、世界贸易组织以及国际劳工组织作为国际卫生法的主要主体在促进国际卫生以及国际卫生法方面作出的贡献。

【案情导引】

德国拜耳公司(Bayer)在印度持有化学药物复合索拉非尼(Sorafenib Tosylate)的专利，该药物的商品名称为"多吉美"(Nexavar)，可以被用来治疗肝癌与肾癌。这项专利技术由拜耳公司与美国加州一家名为"Onyx Pharmaceuticals"的生物科技公司共同研制，可以延长肝、肾癌症晚期患者的寿命约3个月。在印度医药市场中，由于药品价格昂贵，很快便出现了一家名为"拿特科公司"(Natco Pharma)的印度公司生产的廉价仿制药品。尽管从德国拜耳公司"多吉美"在印度的贸易额来看，其在印度的销量目前还是微不足道的，但这一做法影响了拜耳公司潜在的贸易利润。于是，拜耳公司决定对拿特科公司发起专利侵权诉讼。2012年3月12日，印度专利管理局(Office of the Controller General of Patents)颁布了印度历史上首个强制许可给拿特科公司，允许其使用拜耳公司持有的化学药物复合索拉非尼专利技术，生产仿制"多吉美"的廉价药品，旋即，拜耳公司就此强制许可令，向位于陈奈市(Chennai)的印度知识产权上诉委员会(Intellectual Property Appellate Board，简称IPAB)提起上诉。与此同时，拜耳公司在印度改变了其价格策略，"多吉美"在印度市场上1个月剂量的价格，从拜耳公司官方原议定的280000卢比(约5098美元)降至仿制药的8800卢比(约160美元)。

问题：

如何平衡掌握药品专利的发达国家与专利占有量低的发展中国家之间的利益关系。

第一节　国际卫生法概述

公共卫生是人类一直关注的问题。实际上，人类从童年时代走到现代社会的整个过程都和对公共卫生的关注相伴而行。从1796年詹纳发现可以预防天花的牛痘接种方法到

1885 年巴斯德发现狂犬病疫苗再到 1928 年青霉素应用于治疗,直至今天,在磺胺药物和青霉素成功地应用于临床之后,合成各种化学药物、寻找能产生高效的具有广谱杀菌作用的抗生素成为药物研究的重要内容,并取得了丰硕的成果,过去的许多不治之症变成了可治之症。人类不仅在医疗技术上突飞猛进,而且还在国内和国际的制度上进行充分建构,力求在全国乃至全球的范围内维护公共健康。但是,随着地球人口的快速膨胀,人类自身已经成为病毒和细菌增长、演变和蔓延的巨大培养钵。人类的许多活动都在不断产生有利于病毒、细菌和害虫生存的环境。而社会交往的复杂化使流行病毒的入侵比军事入侵更难防范。20世纪 80 年代以后,艾滋病病毒、埃博拉病毒、西尼罗病毒、疯牛病、炭疽热病菌、SARS 和禽流感病毒的出现,再一次拉响了人类同瘟疫斗争的警报。

全球是一个整体,人类生活在共同的生态环境中,全球卫生状况的好坏,关系到各国人民的根本利益。健康问题已成为全人类面临的共同问题,没有一个国家能够单独解决这个问题。随着全球经济一体化,随着各国之间相互依存关系的加强,有必要加强国际间的交流与合作。因此,为了使全世界人民获得可能的最高水平的健康,有必要对保护人体健康活动中产生的国际关系进行调整,确定一些各国在改善生活、劳动卫生环境,保护人体健康活动中需要共同遵循的基本原则、规则和制度,这就导致了国际卫生法的产生。国际卫生法坚持全人类达到尽可能高水平健康的原则、人体健康保护的原则、公平分配卫生资源的原则,其目的就在于保护人类健康,保障全球经济和社会的持续发展。

一、国际卫生法的概念

国际卫生法(International Health Law)是指调整国际卫生法主体之间,主要是国家(包括国际组织以及类似国家的政治实体)之间的,在保护人体健康活动中所产生的各种权利义务关系的有法律拘束力的原则、规则和制度的总称。

早在 1851 年,在巴黎举行的第一次国际卫生会议上,产生了第一个区域性的《国际卫生公约》,其目的是为了协调国际贸易及减轻战争带来的疾病而达成的国际检疫协议。1905年,美洲 24 个国家签订了泛美卫生法规。第二次世界大战后,特别是 1948 年世界卫生组织成立后,为实现其“使全世界人民获得可能的最高水平的健康”,提出了一系列的国际公约、协定,使国际卫生法得到了迅速发展。

目前,国际卫生法的内容已涉及公共卫生与疾病控制、临床医疗、职业卫生、人口和生殖健康、特殊人群健康保护、精神卫生、卫生资源、药物管理、食品卫生、传统医学等诸多方面。国际卫生立法为各国卫生立法提供了借鉴和依据,对保护人类健康和幸福,促进各国经济的持续稳定发展,发挥了十分重要的作用。我国已成为 WHO 和 WTO 的正式成员,必须遵守有关国际卫生法的规定,同时要根据国际卫生法的原则,维护我国人民的合法权益。

二、国际卫生法的特征

国际卫生法与一般的法,有共同性,也有其特殊性,表现在它与国内法相比较有一系列特征。

1. 国际卫生法的主体主要是国家,此外,还有政府间的国际组织,特别是世界性的国际组织和民族解放运动组织。个人不能被认为是国际卫生法的主体。

2. 国际卫生法的制定主要是通过国家之间的协议来实现的,国际社会没有专门的立法机关,即使世界卫生组织也是倡导和提出建议。

3. 国际卫生法的调整对象是国际卫生法主体之间的权利义务关系。

4. 对于国际卫生法的实施,没有居于国家之上的强制机关,联合国国际法院也没有强制管辖权,而是依靠国际卫生法主体的承诺和遵守,并善意履行。

5. 在国际卫生法与国内卫生法的关系方面,国际卫生法对国家用什么方式方法在国内予以实施没有特别的要求,各国如何在其内部法律秩序的框架内适用国际法规则不完全一致。我国采取的是除我国声明保留的条款外,国际卫生法优于国内卫生法的原则。其他国家也有采取国内卫生法优先或两者地位相当的原则。

三、国际卫生法的渊源

国际卫生法的渊源是指国际卫生法规范的表现形式或形成的过程、程序。国际卫生法的渊源主要是各类国际卫生条约、协定和有关国际卫生法的宣言与决议。

（一）国际卫生条约或协定

国际卫生条约是国家之间、国家与国际组织之间或国际组织之间缔结的为确定它们之间维护人体健康的权利义务关系而达成的协议,其名称各异,如条约、协定、公约、议定书。按缔结主体的个数不同,可分为双边条约和多边条约。如《1961年麻醉品单一公约》、《国际卫生条例》、《联合国禁止非法贩运麻醉药品和精神药物公约》等,表明参加条约的国家都直接受其约束。

（二）国际组织和国际会议的有关决议

国际组织、特别是联合国,在其职权范围内作出的涉及国际卫生关系方面的决定或决议,包括采取"宣言"形式的决议,构成国际卫生法渊源的重要补助资料。有时一些有明确主题的国际会议也会通过有关决议,一般是建议性质,没有法律拘束力,不构成法律规范。如《儿童生存、保护和发展世界宣言》、《阿拉木图宣言》、《国际人口与发展大会行动纲领》等。这些决议虽然是原则性的规定,有待具体化,但仍是不可忽视的国际卫生法渊源。

第二节 联合国与国际卫生法

一、联合国

联合国(The United Nations,TUN)是当今世界上最普遍、最重要、最权威的一般政治性国际组织,其会员国目前是185个。1945年4月25日,"联合国家关于国际组织的会议"在旧金山召开,6月25日,与会代表一致通过《联合国宪章》,10月24日,经中法苏美英五国和其他过半数签署国交存批准书,《宪章》开始生效,联合国正式宣告成立。联合国的宗旨是"维持国际和平与安全"、"发展各国间友好关系"、"促进国际合作,以解决国际间属于经济、社会、文化及人类福利性质之国际问题,并促进对人权的尊重"、"构成协调各国行为的中心"。它在维护世界和平与安全、缓解国际冲突、反对种族歧视和压迫、推进世界非殖民化进程以及在协调解决世界共同面临的全球性问题上开展了大量有益而又颇有成效的工作,为推动全球经济和社会的发展进行了不懈的努力。

二、联合国与国际卫生法

联合国通过和制定了一系列尊重人权、改善人类环境、工作和生活环境的宣言、决议,如《儿童生存、保护和发展世界宣言》、《国际人口与发展行动纲领》、《1961 年麻醉药品单一公约》、《1971 年精神药物公约》、《禁止非法贩运麻醉品和精神药物公约》、《世界人类组基因与人权宣言》等,为保护人类健康作出了重大贡献。

（一）《儿童生存、保护和发展世界宣言》

《宣言》指出,世界上的儿童是纯洁、脆弱、需要依靠的。他们还充满好奇,充满生气,充满希望。儿童时代应该是欢乐、和平、游戏、学习和生长的时代。但是现在世界上还有无数的儿童面临危险、战争和暴力、种族歧视、种族隔离、贫穷饥饿、无家可归、营养不良和疾病,这是对政治领袖们的挑战。各国政府应当运用一切手段来保护儿童的生命,减轻他们的苦难,促进他们的发展潜力,并使他们认识到自己的需要、权利和机会。

《宣言》倡议通过国家行动和国际合作,达到以下目标:①改善儿童健康状况和营养;②给予残疾儿童和处境非常困难的儿童更多的关心、照顾和支持;③普遍加强妇女的作用,确保她们的平等权利,将有利于全世界的儿童;④为所有儿童提供基本教育和识字;⑤必须用一切可能的方法来促进母亲的安全;⑥家庭是儿童成长和幸福的基本群体和自然环境,应予以所有必要的保护;⑦使儿童在一个安全的、保护性的环境中能够发现自己的特性,认识到自己的价值;⑧参与他们社会的文化生活;⑨保证或恢复所有国家的持久和持续的经济增长和发展,并继续迫切注意及早、广泛和持久地解决发展中负债国所面临的外债问题。

《宣言》要求各国政府对保护儿童权利和改善生活的十点方案做出承诺:①努力推动尽早批准和执行《儿童权利公约》;②增进儿童健康、提高产前保健,并降低所有国家、所有民族的婴儿和儿童死亡率;③采取消除饥饿、营养不良和饥荒的措施,使儿童获得最大程度的成长和发展;④加强妇女的作用和地位,促进负责任的生育数量、生育间隔、母乳喂养和母亲安全计划;⑤尊重家庭在抚养儿童方面的作用,并支持父母、其他保育人员和社区对儿童,从早期童年至青春期的养育和照料;⑥减少文盲,并为所有儿童,无论其背景和性别,提供教育机会;⑦努力改善千百万生活在特殊困难环境中的儿童的命运;⑧保护儿童免遭战争之灾祸;⑨在所有层次保护环境,从而使所有儿童享有一个更为安全健康的未来;⑩向贫穷发起全球性进攻,促进儿童的福利。

中国是提出通过公约的决议草案的共同提案国之一。1990 年 12 月 29 日,中国正式签署了该公约。翌年,中国全国人民代表大会批准该公约,公约于 1992 年 4 月 1 日正式对中国生效。公约是国际社会为保护儿童权利制定的一项普遍适用的标准,中国政府承担并认真履行公约规定的各项义务。

（二）《国际人口与发展大会行动纲领》

《行动纲领》包括序言、原则,人口与持续经济增长和可持续发展之间的关系,男女平等、公平和赋予妇女权力,家庭及其作用、权利、组成和结构,人口的增长及其结构,生殖权利和生殖健康,保健、发病率和死亡率,人口分布、城市化和国内迁徙,人口、发展和教育,技术、研究与发展,国家行动、国际合作,与非政府组织的伙伴关系以及会议的后续安排等十六个部分。

《行动纲领》在第二章"原则"中,第 8 项原则以其最长的篇幅全面阐述了健康特别是生殖健康及计划生育方面的人权,尤其是生殖健康这个新概念的出现,说明了国际社会对生殖健康问题的重视,也说明实现生殖健康在人口与发展中的重要地位,标志着生殖健康已经跨出医学范畴,而成为全球的共同承诺

在《行动纲领》第七章对生殖健康作了如下定义:"生殖健康是指生殖系统及其功能和过程所涉及一切事宜上(身体、精神和社会等方面)的健康状态,而不仅指没有疾病或不虚弱。因此,生殖健康表示人们能够有满意而且安全的性生活,有生育能力,可以自由决定是否和何时生育及生育多少。最后所述的这一条意指男女均有权获知并能实际获取他们所选定的安全、有效、负担得起的和可接受的计划生育方法,有权获得适当的保健服务,使妇女能够安全地怀孕和生育,向夫妇提供生育健康婴儿的最佳机会"。

《行动纲领》要求"所有国家应尽早(不迟于 2015 年)通过初级保健制度,为年龄适合的所有人提供生殖保健"。生殖保健服务范围包括:计划生育咨询、教育和服务;围产期保健教育和服务、母乳喂养、母婴保健;不孕症的防治;流产的预防和流产后的康复与流产并发症的防治;生殖系统感染的检查;乳腺及生殖系统肿瘤、性传播疾病和 HIV/艾滋病的初步检查;性及性生活的咨询与教育等。

我国政府赞同生殖健康概念,对实现生殖保健要求作出承诺,并致力于生殖健康研究与发展。为此,国家计生委提出了 20 世纪末和到 21 世纪中叶我国人口与计划生育工作的奋斗目标,对育龄夫妇享有生殖保健服务提出了分阶段目标,即到 2000 年育龄夫妇享有初级生殖保健服务,2010 年享有基本生殖保健服务,2021 年普遍享受优质生殖保健服务。

(三)《修正 1961 年麻醉品单一公约》

该公约限定了麻醉品的范围,并分别列入四个表格,规定给予不同级别的管制;规定了缔约国的一般义务;规定联合国经济及社会理事会麻醉品委员会及国际麻醉品管制局执行公约分别被授予的职权和职能;规定了对各类麻醉品如鸦片、古柯与古柯叶、大麻等在生产、种植、制造、国际贸易、分配、持有、使用中的限制、管制、监察和检查的措施;规定了对违反公约规定应给予的处罚;规定了防止滥用麻醉品的措施。

(四)《联合国 1971 年精神药物公约》

该公约限定了精神药物的范围;明确了精神药物的管制措施;规定了各缔约国应向联合国的药品管制机构报送本公约在其领土实施的情况资料;规定各缔约国为防止滥用精神药物及取缔非法产销应制订严格的措施;规定了对违反公约的罚则。

(五)《联合国禁止非法贩运麻醉药品和精神药物公约》(简称"88 国际禁毒公约")

该公约规定了有关毒品犯罪及制裁措施;规定在一定具体情况下,各缔约国应采取可能必要的措施对毒品犯罪确定本国的管辖权;就没收毒品犯罪非法收益和财产、对毒品犯罪的引渡、缔约国间相互法律协助、移交诉讼、支援过境国、控制下交付以及国际合作等问题作出了具体规定;缔约国应向联合国经济及社会理事会麻醉药品委员会提供关于在其境内执行公约的情况等。

第三节　世界卫生组织与国际卫生法

一、世界卫生组织

世界卫生组织(World Health Organization,WHO),是与联合国建立协商关系的独立的政府间国际组织,是对卫生这一特定领域负有责任的专门性组织。1946 年 6 月,64 个国家的代表在纽约举行国际卫生会议,签署《世界卫生组织法》。1948 年 4 月 7 日,该法经 26 个国家批准后生效,世界卫生组织宣告成立,同年 9 月成为联合国专门机构。世界卫生组织充当国际卫生工作的指导和协调机构;协助各国政府加强卫生业务;提供适当的技术援助和必要的救济,促进消灭流行病;提议国际公约、协定和规章的签订;提供卫生领域的情报、咨询和协助;发展建立食品、药物等的国际标准。

二、世界卫生组织与国际卫生法

WHO 为了实现其"使全世界人民获得可能的最高水平的健康"的宗旨,在卫生立法方面做了以下工作:

1. 把提出国际卫生公约、规则和协定,制定食品、生物制品、药品的国际标准以及制定诊断方法的国际规范和标准,作为自己的任务之一。在防止传染病在国际间传播方面,制定《国际卫生条例》,已成为世界各国在开展国际卫生检疫,防止传染病在国际间传播,保障人体健康方面共同遵守的法规和制定本国有关卫生法规的重要依据;在药品质量控制方面,倡导药品生产质量管理规范(GMP),编辑和出版国际药典,建立药品的国际质量标准,主持药品的统一国际命名。

2. 世界卫生大会相继通过了规定人体试验原则的《赫尔辛基宣言》(1964 年),关于死亡确定问题的《悉尼宣言》(1968 年),明确对被拘留人员和囚犯给予非人道待遇和惩罚时医生行为准则的《东京宣言》(1975 年)等。

3. 世界卫生组织和联合国系统的有关组织以及其他国际组织合作,共同努力,制定相关国际卫生法规和准则。1978 年与联合国儿童基金会(NUICEF)提出《阿拉木图宣言》,呼请各国政府制定国家政策、战略和行动,开展和持久开展作为国家综合卫生体制组成部分的且与其他部门协调的初级卫生保健,以实现人人享有卫生保健的权利。和国际放射防护委员会(ICRP)合作制定了放射防护基本安全标准。和联合国粮农组织(FAO)合作建立了国际食品法典委员会(CAC),制定并公布食品卫生标准,对农药残留量、食品添加剂开展毒理学研究和评价,规定最高容许量标准。和国际医学科学组织理事会(CIOMS)合作制定了《流行病学研究中伦理审查的国际准则》(1991 年)、《涉及人的生物医学研究的国际伦理准则》(2002 年)。

4. 编辑出版《国际卫生立法汇编》(International Digest of Health Legislation)季刊,加强对卫生立法的研究和探讨,并主持召开了一系列国际卫生立法会议,积极推动国家之间卫生立法的交流合作,如 2002 年 3 月在中国举办的第 32 届食品添加剂和污染法典大会等。

（一）《国际卫生条例》

1951 第 4 届世界卫生大会通过了《国际公共卫生条例》，将鼠疫、天花、黄热病、斑疹伤寒、回归热、霍乱六种疾病规定为检疫传染病。第 22 届世界卫生大会于 1969 年 7 月 25 日通过的《国际卫生条例》，是对原国际公共卫生条例的修改与充实后的版本，自 1971 年 1 月 1 日生效。1973 年和 1981 年世界卫生大会两次修改《国际卫生条例》，其中 1973 年修改了关于霍乱的条款，1981 年删除了天花的条款，通过了《国际卫生条例》补充条例，规定检疫传染病为鼠疫、黄热病、霍乱，监测传染性为流行性感冒、疟疾、脊髓灰质炎、斑疹伤寒、回归热。2005 年 5 月 23 日，第 58 届世界卫生大会通过了新修订的《国际卫生条例》（以下简称"新条例"），并于 2007 年正式生效。根据世界卫生组织和国际社会近 30 年来在公共卫生领域取得的新经验及教训，新条例增加了全球应对突发传染病跨境蔓延的新机制和协调措施，强调对非典、禽流感、艾滋病等当今全球流行的传染病进行检疫与控制，纳入了尊重人权、尊重各国主权、遵守《联合国宪章》以及普遍适用等四项原则。新条例的通过是在发现和应对公共卫生突发事件方面加强国际合作的一个重要步骤，这将成为世界公共卫生史上的一个里程碑。

新条例在内容和格式上作了重大调整，纳入了许多新的观点和内容，突破了传统的传染病管理模式，以适应当前国际疾病防控、交通和贸易发展的新形势。与现行条例相比，新条例在结构和内容上变化很大，将原来的 94 条、4 个附录、5 个附件修改为现在的 66 条、9 个附件。其中有多个主要变化，如基本概念、宗旨和原则的变化，设置了负责当局，对信息和公共卫生应对措施做出了明确规定，增加了 WHO 建议方面的内容，规定了对成员国机场和港口的要求和主管当局的作用，成立了突发事件委员会和审查委员会，确定了监测、应对的核心要求，提供了评估和通报可能构成突发公共卫生事件情况的决策文件，扩大了医学媒介生物监测范围，扩大了疫苗接种和预防措施的范围，充实了"航海健康申报单"等内容。

新条例侧重于保护人类健康行动、全球卫生管理和应对普遍关注的突发公共卫生事件，并为之提供了新的国际法律依据。新条例改变了传统的卫生管理模式，由小卫生扩大到大卫生观念；由仅管理三个检疫传染病到管理生物、化学和核放射危害等引起的更广泛的卫生问题，对促进世界卫生组织和各成员国疾病防控能力的提高，更有效地控制疾病爆发流行，将会发挥更大的作用。同时，也为世界卫生组织和各成员国疾病控制明确了新的任务和职责。新条例有以下突出特点：一是突破传统疾病的概念，适用范围扩大，具有很强的灵活性。二是强调流行病预警和应对战略。三是显现了 WHO 干预国际公共卫生问题的作用。四是对国际关注的公共卫生危害或突发事件，新条例主要将通过提出长期建议和临时建议进行干预。五是对检查、监督对象的公共卫生状况与基本能力的要求进一步提高。六是体现了对人权的尊重。七是突出了合作与援助机制。

因此，新条例的颁布实施将给我国的卫生检疫监管工作带来更大的压力和挑战，同时也带来了新的课题和发展契机。我们必须加快卫生检疫工作职能的调整，改变传统卫生检疫模式，建立口岸突发公共卫生事件监测与应对机制，提高口岸卫生控制的核心能力，以适应当前国际疾病防控、交通和贸易发展的新形势，积极探索出一条适合我国国境卫生检疫监管工作的新模式。

（二）《阿拉木图宣言》

初级卫生保健（Primary Health Care 简称 PHC）是世界卫生组织提出的一项全球性战

略目标,它得到了联合国和世界多数国家政府的认同和承诺,是世界人民健康迈向二十一世纪的必要保障,为人类的健康事业作出了重要贡献。

早在 1977 年 5 月,第 30 届世界卫生大会通过了 WHO 提出的决议,确定了各国政府和世界卫生组织在未来几十年的主要社会目标:到 2000 年世界全体人民都应达到具有能使他们的社会和经济生活富有成效的那种健康水平,即通常所说的"2000 年人人享有卫生保健"。这就是世界卫生组织在总结世界各国几十年卫生服务提供方式、效果和经验的基础上,经过认真的调查分析,针对世界各国面临的卫生问题而提出的一项全球性战略目标。1978 年 9 月,世界卫生组织和联合国儿童基金会联合在前苏联的阿拉木图主持召开国际初级卫生保健大会,通过了著名的《阿拉木图宣言》,明确了初级卫生保健是实现"2000 年人人享有卫生保健"全球战略目标的基本途径和根本策略。1979 年的联合国大会和 1980 年的联合国特别会议,分别表示了对《阿拉木图宣言》的赞同,使初级卫生保健活动得到了联合国的承诺。我国政府分别于 1983 年、1986 年、1988 年明确表示了对"2000 年人人享有卫生保健"战略目标的承诺。

《阿拉木图宣言》对初级卫生保健作了如下定义,即初级卫生保健是一种基本的卫生保健。其含义包括:①是由社区通过个人和家庭的积极参与,依靠科学的又受社会欢迎的方法和技术,费用也是社区或国家在各个发展时期依靠自力更生和自觉精神能够负担得起的,普遍能够享受的卫生保健;②是国家卫生系统的中心职能和主要要素;③是国家卫生系统和社区经济发展的组成部分;④是个人、家庭和社区同国家系统保持接触,使卫生保健深入居民生活与劳动的第一环节。

《阿拉木图宣言》还指出:健康是一项基本的人权。就国家而言,实施初级卫生保健是政府的职责。就人民群众而言,人人都有权享受初级卫生保健服务,人人都有义务参与初级卫生保健工作并为之作贡献。就卫生工作而言,实施初级卫生保健是为全体居民提供最基本的卫生保健服务,以保障全体居民享有健康的权利。根据《阿拉木图宣言》,初级卫生保健可分为四个方面的工作目标和八项急需开展的工作内容。

1. 四个方面的工作目标。(1)促进健康:包括健康教育、保护环境、合理营养、饮用安全卫生水,改善卫生设施,开展体育锻炼,促进心理卫生、养成良好生活方式等。(2)预防保健:在研究社会人群健康和疾病的客观规律及它们和人群所处的内外环境、人类社会活动的相互关系的基础上,采取积极有效的措施,预防各种疾病的发生、发展和流行。(3)合理治疗:及时发现疾病,及时提供医疗服务和有效药品,以避免疾病的发展与恶化,促使早日好转痊愈,防止带菌(虫)和向慢性发展。(4)社区康复:对丧失了正常功能或功能上有缺陷的残疾者,通过医学的、教育的、职业的和社会的措施,尽量恢复其功能,使他们重新获得生活、学习和参加社会活动的能力。

2. 八项具体工作内容。(1)对当前主要卫生问题及其预防和控制方法的健康教育。(2)改善食品供应和合理营养。(3)供应足够的安全卫生水和基本环境卫生设施。(4)妇幼保健和计划生育。(5)主要传染病的预防接种。(6)预防和控制地方病。(7)常见病和外伤的合理治疗。(8)提供基本药物。

1981 年第 34 届世界卫生大会上,除上述八项具体工作内容外,又增加了"使用一切可能的方法,通过影响生活方式、控制自然和社会心理环境来预防和控制非传染疾病和促进精神卫生"一项内容。我国卫生部在此基础上在 20 世纪 90 年代初已分别制定了城市和农村初级卫生保健的评价指标体系。

第四节　世界贸易组织与国际卫生法

一、世界贸易组织

世界贸易组织(World Trade Organization,WTO),其前身为 1947 年成立的关税与贸易总协定(GATT)。1995 年 1 月 1 日,世界贸易组织取代关贸总协定并正式开始运作。其宗旨是:提高生活水平,保证充分就业,大幅度和稳定地增加实际收入和有效需求,扩大货物和服务的生产与贸易,按照可持续发展的目的,最优运用世界资源,保护和维护环境,并以不同经济发展水平下各自需要的方式,加强采取各种相应的措施;积极努力,确保发展中国家,尤其是最不发达国家在国际贸易增长中获得与其经济发展需要相称的份额。目标是:建立一个完整的、更具有活力的和永久性的多边贸易体制,以巩固原来的关税贸易总协定为贸易自由化所作的努力和乌拉圭回合多边贸易谈判的所有成果。为实现这些目标,各成员应通过互惠互利的安排,切实降低关税和其他贸易壁垒,在国际贸易关系中消除歧视性待遇。中国是关税总协定原始缔约方,也是谈判、组织活动的签约者。但是,在新中国成立后,在当时特定的历史背景和政治环境下,中国与关税总协定的关系长期中断。随着改革开放政策的实行,我国和世界各国经济往来的加强,1986 年 7 月,中国政府正式提出恢复关贸总协定席位的申请。2001 年 12 月 11 日,中国正式成为世界贸易组织成员国。

二、世界贸易组织与国际卫生法

世界贸易组织的协议是由大大小小的多边贸易协议所构成的一套贸易规则,目前由 20 多个主要协议组成。在 WTO 协议中,与健康卫生领域最为相关的协议包括:《与贸易有关的关贸总协定》(GATT)、《服务贸易总协定》(GATS)、《与贸易有关的知识产权协定》(TRIPS)、《实施卫生与植物卫生措施协议》(SPS)、《技术性贸易壁垒协议》(TBT)、《TRIPS协议与公共健康宣言》等。

(一)《实施卫生与植物卫生措施协议》(SPS 协议)

SPS 协定是世界贸易组织(WOT)诸多协议之一,中文译名"实施卫生与植物卫生措施协定",英文缩写简称 SPS,内容涉及动植物、动植物产品和食品的进出口规则。

《SPS 协议》共有 14 个条款和 3 个附件,主要内容包括:制定协议的目的;成员方的权利和义务;卫生和植物卫生保护水平的确定、协调和风险评估;透明度;控制、检验和批准程序;技术援助;特殊差别待遇、协商和纠纷处理等。

成员方的权利和义务:世贸组织成员实施 SPS 措施时要遵守非歧视原则,即不能在情形相同或相似的成员,包括本国与其他 WTO 成员之间造成任意或不合理的歧视,尤其是在有关控制、检验和批准程序方面,要给予外国产品国民待遇。凡符合协议相关规定的措施应以科学原理为依据,没有充分科学依据的 SPS 措施就不再实施或停止实施。

1. 标准确定。各成员应根据现行的国际标准制定本国的 SPS 措施。国际标准通常以其他相关国际组织,特别是食品法典委员会(CAC)、世界动物卫生组织(OIE)和《国际植物保护公约》(IPPC)秘书处来制定相应的食品安全、动物卫生和植物卫生方面的标准为准。如果出口成员对出口产品所采取的SPS措施,客观上达到了进口成员适当的SPS保护水平,那么,进口成员就应当接受这种SPS措施。

2. 风险评估。协议规定各成员在制定SPS措施时应以有害生物风险分析为基础,同时考虑有关国际组织制定的有害生物风险分析技术。在做有害生物风险分析时要考虑:可获得的科学依据;有关加工工序和生产方法;有关检验、抽样和检测方法;检疫性病虫害的流行;病虫害非疫区的存在;有关生态和环境条件;检疫或其他检疫处理方法;以及有害生物的传入途径、定居、传播、控制和根除有关有害生物的经济成本等。

3. 法规的透明度。各成员应确保及时公布所有有关SPS措施的法律和法规。除紧急情况外,各成员应允许在SPS措施法规的公布和生效之间留出一段合理的时间间隔,以便让出口成员,尤其是发展中国家成员的生产商有足够的时间调整其产品和生产方法,以适应进口成员的要求。各成员应建立咨询机构,负责回答有关成员提出的问题及提供有关检疫文件和通知有关情况。

4. 技术援助。各成员同意以双边的形式或适当的国际组织向发展中国家提供技术援助,包括:加工技术、科研和基础设施领域、建立国家机构、咨询、信贷、捐赠、设备和培训等。当发展中国家的出口成员为满足进口成员的SPS要求而需要大量投资时,后者应提供技术援助。各成员应鼓励和便利发展中国家成员积极参与有关国际组织。

5. 发展中国家享有的特殊和差别待遇。在制定和实施SPS措施时,各成员应考虑发展中国家的特殊需要,如果分阶段采用新的SPS措施时,应给予发展中国家成员有利害关系的出口产品更长的时间去符合进口成员的SPS措施要求,从而维持其出口机会。对SPS协议的执行,发展中国家可延迟两年,不发达国家可延迟五年。

6. SPS对等同对待的要求。成员各方所采取的措施不应对条件相同或相似的成员之间构成不公正的对待。出口成员的检疫措施达到进口国相当的检疫保护水平,进口方应等同地接受这些检疫措施(即使这些措施不同于自己的措施)。对进口产品实施检查程序的待遇,不应低于相似的国内产品。

7. 协商和纠纷处理。为监督WTO成员执行《SPS协议》的各项规定,并为其提供一个经常性的磋商场所或论坛,推动实现各成员采取协调一致的SPS措施这一目标,WTO设立了SPS措施委员会。WTO成员间有关SPS问题的争端,应通过WTO的争端解决机制解决,如涉及科学或技术问题,则可咨询技术专家或有关的国际组织。

(二)《TRIPS协议与公共健康宣言》

该宣言的目标在于对TRIPS协议所关注的关于药品使用的可能性暗示作出回应,其内容主要包括:

1. 承认公共健康问题严重影响许多发展中国家和最不发达国家,特别是影响那些遭受艾滋病、结核病、疟疾和其他传染病的国家。

2. 强调需要将WTO协议下的TRIPS协议作为国家的和国际社会的广泛举措中的一部分来解决这些问题。

3. 承认知识产权保护对于发展新药的重要性,同时也承认对有关知识产权对价格所产生影响的关注。

4. 同意 TRIPS 协议不论现在还是将来都不能妨碍成员国为维护公共健康而采取措施。因此,在重申承担 TRIPS 协议所规定义务的同时,确认该协议可以也应当以一种有助于成员国维护公共健康的权利,特别是促进所有的人获得药品的权利的方式进行解释和实施。在这一方面,重申 WTO 成员有权充分运用 TRIPS 协议中为此而给予灵活性的条款。

5. 根据上述第 4 款,在维持 TRIPS 协议所规定的义务的同时,承认上述灵活措施包括:

(1) 在应用国际法的习惯解释规则过程中,TRIPS 协议的每一条均应当根据协议所表达的目标和意图,特别是协议规定的目的和原则来进行理解。

(2) 各成员国有权批准强制许可,并且可以自由决定批准强制许可的理由。

(3) 各成员国有权决定构成国家紧急状况或其他紧急情况的条件,可以理解公共健康危机,包括艾滋病、结核病、疟疾以及其他传染病,构成了上述国家紧急状况或其他紧急情况。

(4) 在 TRIPS 协议有关最惠国待遇和国民待遇原则规定的前提下,TRIPS 协议中有关知识产权权利用尽的规定应当使各成员国能够自由地、不受干扰地建立其权利用尽体系。承认其制药企业没有制造能力或制造能力不足的 WTO 成员国按照 TRIPS 协议的规定有效利用强制许可时有可能会遇到困难。

(5) 重申依照 TRIPS 协议第 66 条第 2 款的规定,发达国家成员有义务鼓励其企业和公共机构,促进向最不发达成员国转让技术。关于药品,同意在 2016 年 1 月 1 日之前不强迫最不发达成员国实施或适用 TRIPS 协议第二部分第 5 节和第 7 节的规定,同时不排除最不发达成员国寻求延长 TRIPS 协议第 66 条第 1 款规定的过渡期,责成 TRIPS 理事会采取必要措施,使之与 TRIPS 协议的第 66 条第 1 款相容。

第五节 国际劳工组织与国际卫生法

一、国际劳工组织

该组织 1919 年根据《凡尔赛和约》作为国际联盟系统内的一个自主机构成立,1946 年 12 月同联合国签订协定,成为联合国的一个专门机构。国际劳工组织(International Labour Organization,ILO)的宗旨是:通过采取国际行动,改善劳动条件和生活水平;促进经济和社会的稳定;促进社会正义而为建立持久和平作出贡献。1984 年 6 月,中国恢复参加国际劳工组织的活动。

二、国际劳工组织与国际卫生法

国际劳工组织的主要活动是:①国际劳工立法,制定国际劳工公约和建议书供成员国批准实施,如《1981 年职业安全和卫生公约》、《1985 年职业卫生设施建议书》等;②通过技术合作方案派遣该组织专家,在职业培训、管理方法、人力规划、就业政策、职业安全和保健、社会保障制度、合作社和小型手工业等领域,协助成员国。

国际卫生立法还得到了国际性非政府组织的大力支持。其中影响较大的是世界医学会（WMA），它所制定的一系列世界性的医学原则为国际卫生立法奠定了良好的基础。例如，1948 年通过的《医学伦理学国际法》，即著名的医学伦理学《日内瓦宣言》；关于医学流产问题的《奥斯陆宣言》(1970 年)，关于人人享有卫生保健的《2000 年人人享有卫生保健的决定》(1977 年)、《病人权利宣言》(1981 年)、《医师专业之独立与自由宣言》(1986 年)、《献血与输血的道德规范》、《烟草控制框架公约》等。此外，还有国际护士会议通过的《护士伦理学国际法》(1953 年)，第 6 届世界精神病大会通过的对待精神病人准则的《夏威夷宣言》(1977 年)等。

【思考题】
1. 公共健康与国际贸易的关系如何？
2. 我国医事法与国际卫生法有何联系？

附录一

主要医事法律、法规、规章

中华人民共和国执业医师法

(1998年6月26日中华人民共和国主席令第5号发布,自1999年5月1日起施行)

第一章　总　　则

第一条　为了加强医师队伍的建设,提高医师的职业道德和业务素质,保障医师的合法权益,保护人民健康,制定本法。

第二条　依法取得执业医师资格或者执业助理医师资格,经注册在医疗、预防、保健机构中执业的专业医务人员,适用本法。

本法所称医师,包括执业医师和执业助理医师。

第三条　医师应当具备良好的职业道德和医疗执业水平,发扬人道主义精神,履行防病治病、救死扶伤、保护人民健康的神圣职责。

全社会应当尊重医师。医师依法履行职责,受法律保护。

第四条　国务院卫生行政部门主管全国的医师工作。

县级以上地方人民政府卫生行政部门负责管理本行政区域内的医师工作。

第五条　国家对在医疗、预防、保健工作中作出贡献的医师,给予奖励。

第六条　医师的医学专业技术职称和医学专业技术职务的评定、聘任,按照国家有关规定办理。

第七条　医师可以依法组织和参加医师协会。

第二章　考试和注册

第八条　国家实行医师资格考试制度。医师资格考试分为执业医师资格考试和执业助理医师资格考试。

医师资格考试的办法,由国务院卫生行政部门制定。医师资格考试由省级以上人民政府卫生行政部门组织实施。

第九条　具有下列条件之一的,可以参加执业医师资格考试:

(一)具有高等学校医学专业本科以上学历,在执业医师指导下,在医疗、预防、保健机构中试用期满一年的;

(二)取得执业助理医师执业证书后,具有高等学校医学专科学历,在医疗、预防、保健机构中工作满二年的;具有中等专业学校医学专业学历,在医疗、预防、保健机构中工作满五年的。

第十条　具有高等学校医学专科学历或者中等专业学校医学专业学历,在执业医师指导下,在医疗、预防、保健机构中试用期满一年的,可以参加执业助理医师资格考试。

第十一条　以师承方式学习传统医学满三年或者经多年实践医术确有专长的,经县级以上人民政府卫生行政部门确定的传统医学专业组织或者医疗、预防、保健机构考核合格并推荐,可以参加执业医师资格或者执业助理医师资格考试。考试的内容和办法由国务院卫生行政部门另行制定。

第十二条　医师资格考试成绩合格,取得执业医师资格或者执业助理医师资格。

第十三条　国家实行医师执业注册制度。

取得医师资格的,可以向所在地县级以上人民政府卫生行政部门申请注册。

除有本法第十五条规定的情形外,受理申请的卫生行政部门应当自收到申请之日起三十日内准予注册,并发给由国务院卫生行政部门统一印制的医师执业证书。

医疗、预防、保健机构可以为本机构中的医师集体办理注册手续。

第十四条　医师经注册后,可以在医疗、预防、保健机构中按照注册的执业地点、执业类别、执业范围执业,从事相应的医疗、预防、保健业务。

未经医师注册取得执业证书,不得从事医师执业活动。

第十五条　有下列情形之一的,不予注册:

(一)不具有完全民事行为能力的;

(二)因受刑事处罚,自刑罚执行完毕之日起至申请注册之日止不满二年的;

(三)受吊销医师执业证书行政处罚,自处罚决定之日起至申请注册之日止不满二年的;

(四)有国务院卫生行政部门规定不宜从事医疗、预防、保健业务的其他情形的。

受理申请的卫生行政部门对不符合条件不予注册的,应当自收到申请之日起三十日内书面通知申请人,并说明理由。申请人有异议的,可以自收到通知之日起十五日内,依法申请复议或者向人民法院提起诉讼。

第十六条　医师注册后有下列情形之一的,其所在的医疗、预防、保健机构应当在三十日内报告准予注册的卫生行政部门,卫生行政部门应当注销注册,收回医师执业证书:

(一)死亡或者被宣告失踪的;

(二)受刑事处罚的;

(三)受吊销医师执业证书行政处罚的;

(四)依照本法第三十一条规定暂停执业活动期满,再次考核仍不合格的;

(五)中止医师执业活动满二年的;

(六)有国务院卫生行政部门规定不宜从事医疗、预防、保健业务的其他情形的。

被注销注册的当事人有异议的,可以自收到注销注册通知之日起十五日内,依法申请复议或者向人民法院提起诉讼。

第十七条　医师变更执业地点、执业类别、执业范围等注册事项的,应当到准予注册的卫生行政部门依照本法第十三条的规定办理变更注册手续。

第十八条　中止医师执业活动二年以上以及有本法第十五条规定情形消失的,申请重新执业,应当由本法第三十一条规定的机构考核合格,并依照本法第十三条的规定重新注册。

第十九条　申请个体行医的执业医师,须经注册后在医疗、预防、保健机构中执业满五年,并按照国家有关规定办理审批手续；未经批准，不得行医。

县级以上地方人民政府卫生行政部门对个体行医的医师,应当按照国务院卫生行政部门的规定,经常监督检查,凡发现有本法第十六条规定的情形的,应当及时注销注册,收回医师执业证书。

第二十条　县级以上地方人民政府卫生行政部门应当将准予注册和注销注册的人员名单予以公告,并由省级人民政府卫生行政部门汇总,报国务院卫生行政部门备案。

第三章　执业规则

第二十一条　医师在执业活动中享有下列权利：

（一）在注册的执业范围内,进行医学诊查、疾病调查、医学处置、出具相应的医学证明文件,选择合理的医疗、预防、保健方案；

（二）按照国务院卫生行政部门规定的标准,获得与本人执业活动相当的医疗设备基本条件；

（三）从事医学研究、学术交流,参加专业学术团体；

（四）参加专业培训,接受继续医学教育；

（五）在执业活动中,人格尊严、人身安全不受侵犯；

（六）获取工资报酬和津贴,享受国家规定的福利待遇；

（七）对所在机构的医疗、预防、保健工作和卫生行政部门的工作提出意见和建议,依法参与所在机构的民主管理。

第二十二条　医师在执业活动中履行下列义务：

（一）遵守法律、法规,遵守技术操作规范；

（二）树立敬业精神,遵守职业道德,履行医师职责,尽职尽责为患者服务；

（三）关心、爱护、尊重患者,保护患者的隐私；

（四）努力钻研业务,更新知识,提高专业技术水平；

（五）宣传卫生保健知识,对患者进行健康教育。

第二十三条　医师实施医疗、预防、保健措施,签署有关医学证明文件,必须亲自诊查、调查,并按照规定及时填写医学文书,不得隐匿、伪造或者销毁医学文书及有关资料。

医师不得出具与自己执业范围无关或者与执业类别不相符的医学证明文件。

第二十四条　对急危患者,医师应当采取紧急措施及时进行诊治；不得拒绝急救处置。

第二十五条　医师应当使用经国家有关部门批准使用的药品、消毒药剂和医疗器械。

除正当治疗外,不得使用麻醉药品、医疗用毒性药品、精神药品和放射性药品。

第二十六条　医师应当如实向患者或者其家属介绍病情,但应注意避免对患者产生不利后果。

医师进行实验性临床医疗,应当经医院批准并征得患者本人或者其家属同意。

第二十七条　医师不得利用职务之便,索取、非法收受患者财物或者牟取其他不正当利益。

第二十八条　遇有自然灾害、传染病流行、突发重大伤亡事故及其他严重威胁人民生命健康的紧急情况时,医师应当服从县级以上人民政府卫生行政部门的调遣。

第二十九条　医师发生医疗事故或者发现传染病疫情时,应当依照有关规定及时向所在机构或者卫生行政部门报告。

医师发现患者涉嫌伤害事件或者非正常死亡时,应当按照有关规定向有关部门报告。

第三十条　执业助理医师应当在执业医师的指导下,在医疗、预防、保健机构中按照其执业类别执业。

在乡、民族乡、镇的医疗、预防、保健机构中工作的执业助理医师,可以根据医疗诊治的情况和需要,独立从事一般的执业活动。

第四章　考核和培训

第三十一条　受县级以上人民政府卫生行政部门委托的机构或者组织应当按照医师执业标准,对医师的业务水平、工作成绩和职业道德状况进行定期考核。

对医师的考核结果,考核机构应当报告准予注册的卫生行政部门备案。

对考核不合格的医师,县级以上人民政府卫生行政部门可以责令其暂停执业活动三个月至六个月,并接受培训和继续医学教育。暂停执业活动期满,再次进行考核,对考核合格的,允许其继续执业;对考核不合格的,由县级以上人民政府卫生行政部门注销注册,收回医师执业证书。

第三十二条 县级以上人民政府卫生行政部门负责指导、检查和监督医师考核工作。

第三十三条 医师有下列情形之一的,县级以上人民政府卫生行政部门应当给予表彰或者奖励:

(一)在执业活动中,医德高尚,事迹突出的;

(二)对医学专业技术有重大突破,作出显著贡献的;

(三)遇有自然灾害、传染病流行、突发重大伤亡事故及其他严重威胁人民生命健康的紧急情况时,救死扶伤、抢救诊疗表现突出的;

(四)长期在边远贫困地区、少数民族地区条件艰苦的基层单位努力工作的;

(五)国务院卫生行政部门规定应当予以表彰或者奖励的其他情形的。

第三十四条 县级以上人民政府卫生行政部门应当制定医师培训计划,对医师进行多种形式的培训,为医师接受继续医学教育提供条件。

县级以上人民政府卫生行政部门应当采取措施,对在农村和少数民族地区从事医疗、预防、保健业务的医务人员实施培训。

第三十五条 医疗、预防、保健机构应当依照规定和计划保证本机构医师的培训和继续医学教育。

县级以上人民政府卫生行政部门委托的承担医师考核任务的医疗卫生机构,应当为医师的培训和接受继续医学教育提供和创造条件。

第五章　法律责任

第三十六条 以不正当手段取得医师执业证书的,由发给证书的卫生行政部门予以吊销;对负有直接责任的主管人员和其他直接责任人员,依法给予行政处分。

第三十七条 医师在执业活动中,违反本法规定,有下列行为之一的,由县级以上人民政府卫生行政部门给予警告或者责令暂停六个月以上一年以下执业活动;情节严重的,吊销其医师执业证书;构成犯罪的,依法追究刑事责任:

(一)违反卫生行政规章制度或者技术操作规范,造成严重后果的;

(二)由于不负责任延误急危病重患者的抢救和诊治,造成严重后果的;

(三)造成医疗责任事故的;

(四)未经亲自诊查、调查,签署诊断、治疗、流行病学等证明文件或者有关出生、死亡等证明文件的;

(五)隐匿、伪造或者擅自销毁医学文书及有关资料的;

(六)使用未经批准使用的药品、消毒药剂和医疗器械的;

(七)不按照规定使用麻醉药品、医疗用毒性药品、精神药品和放射性药品的;

(八)未经患者或者其家属同意,对患者进行实验性临床医疗的;

(九)泄露患者隐私,造成严重后果的;

(十)利用职务之便,索取、非法收受患者财物或者牟取其他不正当利益的;

(十一)发生自然灾害、传染病流行、突发重大伤亡事故以及其他严重威胁人民生命健康的紧急情况时,不服从卫生行政部门调遣的;

(十二)发生医疗事故或者发现传染病疫情,患者涉嫌伤害事件或者非正常死亡,不按照规定报告的。

第三十八条 医师在医疗、预防、保健工作中造成事故的,依照法律或者国家有关规定处理。

第三十九条 未经批准擅自开办医疗机构行医或者非医师行医的,由县级以上人民政府卫生行政部门予以取缔,没收其违法所得及其药品、器械,并处十万元以下的罚款;对医师吊销其执业证书;给患者造成损害的,依法承担赔偿责任;构成犯罪的,依法追究刑事责任。

第四十条 阻碍医师依法执业,侮辱、诽谤、威胁、殴打医师或者侵犯医师人身自由、干扰医师正常工作、生活的,依照治安管理处罚条例的规定处罚;构成犯罪的,依法追究刑事责任。

第四十一条 医疗、预防、保健机构未依照本法第十六条的规定履行报告职责,导致严重后果的,由县级以上人民政府卫生行政部门给予警告;并对该机构的行政负责人依法给予行政处分。

第四十二条 卫生行政部门工作人员或者医疗、预防、保健机构工作人员违反本法有关规定,弄虚作假、玩忽职守、滥用职权、徇私舞弊,尚不构成犯罪的,依法给予行政处分;构成犯罪的,依法追究刑事责任。

第六章 附 则

第四十三条 本法颁布之日前按照国家有关规定取得医学专业技术职称和医学专业技术职务的人员,由所在机构报请县级以上人民政府卫生行政部门认定,取得相应的医师资格。其中在医疗、预防、保健机构中从事医疗、预防、保健业务的医务人员,依照本法规定的条件,由所在机构集体核报县级以上人民政府卫生行政部门,予以注册并发给医师执业证书。具体办法由国务院卫生行政部门会同国务院人事行政部门制定。

第四十四条 计划生育技术服务机构中的医师,适用本法。

第四十五条 在乡村医疗卫生机构中向村民提供预防、保健和一般医疗服务的乡村医生,符合本法有关规定的,可以依法取得执业医师资格或者执业助理医师资格;不具备本法规定的执业医师资格或者执业助理医师资格的乡村医生,由国务院另行制定管理办法。

第四十六条 军队医师执行本法的实施办法,由国务院、中央军事委员会依据本法的原则制定。

第四十七条 境外人员在中国境内申请医师考试、注册、执业或者从事临床示教、临床研究等活动的,按照国家有关规定办理。

第四十八条 本法自 1999 年 5 月 1 日起施行。

中华人民共和国母婴保健法

(1994 年 10 月 27 日,中华人民共和国国家主席令第 33 号公布,自 1995 年 6 月 1 日起施行)

第一章 总 则

第一条 为了保障母亲和婴儿健康,提高出生人口素质,根据宪法,制定本法。

第二条 国家发展母婴保健事业,提供必要条件和物质帮助,使母亲和婴儿获得医疗保健服务。

国家对边远贫困地区的母婴保健事业给予扶持。

第三条 各级人民政府领导母婴保健工作。

母婴保健事业应当纳入国民经济和社会发展计划。

第四条 国务院卫生行政部门主管全国母婴保健工作,根据不同地区情况提出分级分类指导原则,并对全国母婴保健工作实施监督管理。

国务院其他有关部门在各自职责范围内,配合卫生行政部门做好母婴保健工作。

第五条 国家鼓励、支持母婴保健领域的教育和科学研究,推广先进、实用的母婴保健技术,普及母婴保健科学知识。

第六条 对在母婴保健工作中做出显著成绩和在母婴保健科学研究中取得显著成果的组织和个人,应当给予奖励。

第二章　婚前保健

第七条　医疗保健机构应当为公民提供婚前保健服务。

婚前保健服务包括下列内容：

（一）婚前卫生指导：关于性卫生知识、生育知识和遗传病知识的教育；

（二）婚前卫生咨询：对有关婚配、生育保健等问题提供医学意见；

（三）婚前医学检查：对准备结婚的男女双方可能患影响结婚和生育的疾病进行医学检查。

第八条　婚前医学检查包括对下列疾病的检查：

（一）严重遗传性疾病；

（二）指定传染病；

（三）有关精神病。

经婚前医学检查，医疗保健机构应当出具婚前医学检查证明。

第九条　经婚前医学检查，对患指定传染病在传染期内或者有关精神病在发病期内的，医师应当提出医学意见；准备结婚的男女双方应当暂缓结婚。

第十条　经婚前医学检查，对诊断患医学上认为不宜生育的严重遗传性疾病的，医师应当向男女双方说明情况，提出医学意见；经男女双方同意，采取长效避孕措施或者施行结扎手术后不生育的，可以结婚。但《中华人民共和国婚姻法》规定禁止结婚的除外。

第十一条　接受婚前医学检查的人员对检查结果持有异议的，可以申请医学技术鉴定，取得医学鉴定证明。

第十二条　男女双方在结婚登记时，应当持有婚前医学检查证明或者医学鉴定证明。

第十三条　省、自治区、直辖市人民政府根据本地区的实际情况，制定婚前医学检查制度实施办法。

省、自治区、直辖市人民政府对婚前医学检查应当规定合理的收费标准，对边远贫困地区或者交费确有困难的人员应当给予减免。

第三章　孕产期保健

第十四条　医疗保健机构应当为育龄妇女和孕产妇提供孕产期保健服务。

孕产期保健服务包括下列内容：

（一）母婴保健指导：对孕育健康后代以及严重遗传性疾病和碘缺乏病等地方病的发病原因、治疗和预防方法提供医学意见；

（二）孕妇、产妇保健：为孕妇、产妇提供卫生、营养、心理等方面的咨询和指导以及产前定期检查等医疗保健服务；

（三）胎儿保健：为胎儿生长发育进行监护，提供咨询和医学指导；

（四）新生儿保健：为新生儿生长发育、哺乳和护理提供医疗保健服务。

第十五条　对患严重疾病或者接触致畸物质，妊娠可能危及孕妇生命安全或者可能严重影响孕妇健康和胎儿正常发育的，医疗保健机构应当予以医学指导。

第十六条　医师发现或者怀疑患严重遗传性疾病的育龄夫妻，应当提出医学意见。育龄夫妻应当根据医师的医学意见采取相应的措施。

第十七条　经产前检查，医师发现或者怀疑胎儿异常的，应当对孕妇进行产前诊断。

第十八条　经产前诊断，有下列情形之一的，医师应当向夫妻双方说明情况，并提出终止妊娠的医学意见：

（一）胎儿患严重遗传性疾病的；

（二）胎儿有严重缺陷的；

（三）因患严重疾病,继续妊娠可能危及孕妇生命安全或者严重危害孕妇健康的。

第十九条 依照本法规定施行终止妊娠或者结扎手术,应当经本人同意,并签署意见。本人无行为能力的,应当经其监护人同意,并签署意见。

依照本法规定施行终止妊娠或者结扎手术的,接受免费服务。

第二十条 生育过严重缺陷患儿的妇女再次妊娠前,夫妻双方应当到县级以上医疗保健机构接受医学检查。

第二十一条 医师和助产人员应当严格遵守有关操作规程,提高助产技术和服务质量,预防和减少产伤。

第二十二条 不能住院分娩的孕妇应当由经过培训合格的接生人员实行消毒接生。

第二十三条 医疗保健机构和从事家庭接生的人员按照国务院卫生行政部门的规定,出具统一制发的新生儿出生医学证明;有产妇和婴儿死亡以及新生儿出生缺陷情况的,应当向卫生行政部门报告。

第二十四条 医疗保健机构为产妇提供科学育儿、合理营养和母乳喂养的指导。

医疗保健机构对婴儿进行体格检查和预防接种,逐步开展新生儿疾病筛查、婴儿多发病和常见病防治等医疗保健服务。

第四章 技术鉴定

第二十五条 县级以上地方人民政府可以设立医学技术鉴定组织,负责对婚前医学检查、遗传病诊断和产前诊断结果有异议的进行医学技术鉴定。

第二十六条 从事医学技术鉴定的人员,必须具有临床经验和医学遗传学知识,并具有主治医师以上的专业技术职务。

医学技术鉴定组织的组成人员,由卫生行政部门提名,同级人民政府聘任。

第二十七条 医学技术鉴定实行回避制度。凡与当事人有利害关系,可能影响公正鉴定的人员,应当回避。

第五章 行政管理

第二十八条 各级人民政府应当采取措施,加强母婴保健工作,提高医疗保健服务水平,积极防治由环境因素所致严重危害母亲和婴儿健康的地方性高发性疾病,促进母婴保健事业的发展。

第二十九条 县级以上地方人民政府卫生行政部门管理本行政区域内的母婴保健工作。

第三十条 省、自治区、直辖市人民政府卫生行政部门指定的医疗保健机构负责本行政区域内的母婴保健监测和技术指导。

第三十一条 医疗保健机构按照国务院卫生行政部门的规定,负责其职责范围内的母婴保健工作,建立医疗保健工作规范,提高医学技术水平,采取各种措施方便人民群众,做好母婴保健服务工作。

第三十二条 医疗保健机构依照本法规定开展婚前医学检查、遗传病诊断、产前诊断以及施行结扎手术和终止妊娠手术的,必须符合国务院卫生行政部门规定的条件和技术标准,并经县级以上地方人民政府卫生行政部门许可。

严禁采用技术手段对胎儿进行性别鉴定,但医学上确有需要的除外。

第三十三条 从事本法规定的遗传病诊断、产前诊断的人员,必须经过省、自治区、直辖市人民政府卫生行政部门的考核,并取得相应的合格证书。

从事本法规定的婚前医学检查、施行结扎手术和终止妊娠手术的人员以及从事家庭接生的人员,必须经过县级以上地方人民政府卫生行政部门的考核,并取得相应的合格证书。

第三十四条 从事母婴保健工作的人员应当严格遵守职业道德,为当事人保守秘密。

第六章　法律责任

第三十五条　未取得国家颁发的有关合格证书的,有下列行为之一,县级以上地方人民政府卫生行政部门应当予以制止,并可以根据情节给予警告或者处以罚款:

(一) 从事婚前医学检查、遗传病诊断、产前诊断或者医学技术鉴定的;

(二) 施行终止妊娠手术的;

(三) 出具本法规定的有关医学证明的。

上款第(三)项出具的有关医学证明无效。

第三十六条　未取得国家颁发的有关合格证书,施行终止妊娠手术或者采取其他方法终止妊娠,致人死亡、残疾、丧失或者基本丧失劳动能力的,依照《刑法》第一百三十四条、第一百三十五条的规定追究刑事责任。

第三十七条　从事母婴保健工作的人员违反本法规定,出具有关虚假医学证明或者进行胎儿性别鉴定的,由医疗保健机构或者卫生行政部门根据情节给予行政处分;情节严重的,依法取消执业资格。

第七章　附　　则

第三十八条　本法下列用语的含义:

指定传染病,是指《中华人民共和国传染病防治法》中规定的艾滋病、淋病、梅毒、麻风病以及医学上认为影响结婚和生育的其他传染病。

严重遗传性疾病,是指由于遗传因素先天形成,患者全部或者部分丧失自主生活能力,后代再现风险高,医学上认为不宜生育的遗传性疾病。

有关精神病,是指精神分裂症、躁狂抑郁型精神病以及其他重型精神病。

产前诊断,是指对胎儿进行先天性缺陷和遗传性疾病的诊断。

第三十九条　本法自 1995 年 6 月 1 日起施行。

中华人民共和国药品管理法

(1984 年 9 月 20 日第六届全国人民代表大会常务委员会第七次会议通过 2001 年 2 月 28 日第九届全国人民代表大会常务委员会第二十次会议修订 2013 年 12 月 28 日第十二届全国人民代表大会常务委员会第六次会议第一次修正 2015 年 4 月 24 日第十二届全国人民代表大会常务委员会第十四次会议第二次修正)

目　录

第一章 总 则

第一条 为加强药品监督管理,保证药品质量,保障人体用药安全,维护人民身体健康和用药的合法权益,特制定本法。

第二条 在中华人民共和国境内从事药品的研制、生产、经营、使用和监督管理的单位或者个人,必须遵守本法。

第三条 国家发展现代药和传统药,充分发挥其在预防、医疗和保健中的作用。

国家保护野生药材资源,鼓励培育中药材。

第四条 国家鼓励研究和创制新药,保护公民、法人和其他组织研究、开发新药的合法权益。

第五条 国务院药品监督管理部门主管全国药品监督管理工作。国务院有关部门在各自的职责范围内负责与药品有关的监督管理工作。

省、自治区、直辖市人民政府药品监督管理部门负责本行政区域内的药品监督管理工作。省、自治区、直辖市人民政府有关部门在各自的职责范围内负责与药品有关的监督管理工作。

国务院药品监督管理部门应当配合国务院经济综合主管部门,执行国家制定的药品行业发展规划和产业政策。

第六条 药品监督管理部门设置或者确定的药品检验机构,承担依法实施药品审批和药品质量监督检查所需的药品检验工作。

第二章 药品生产企业管理

第七条 开办药品生产企业,须经企业所在地省、自治区、直辖市人民政府药品监督管理部门批准并发给《药品生产许可证》。无《药品生产许可证》的,不得生产药品。

《药品生产许可证》应当标明有效期和生产范围,到期重新审查发证。

药品监督管理部门批准开办药品生产企业,除依据本法第八条规定的条件外,还应当符合国家制定的药品行业发展规划和产业政策,防止重复建设。

第八条 开办药品生产企业,必须具备以下条件:

(一)具有依法经过资格认定的药学技术人员、工程技术人员及相应的技术工人;

(二)具有与其药品生产相适应的厂房、设施和卫生环境;

(三)具有能对所生产药品进行质量管理和质量检验的机构、人员以及必要的仪器设备;

(四)具有保证药品质量的规章制度。

第九条 药品生产企业必须按照国务院药品监督管理部门依据本法制定的《药品生产质量管理规范》组织生产。药品监督管理部门按照规定对药品生产企业是否符合《药品生产质量管理规范》的要求进行认证;对认证合格的,发给认证证书。

《药品生产质量管理规范》的具体实施办法、实施步骤由国务院药品监督管理部门规定。

第十条 除中药饮片的炮制外,药品必须按照国家药品标准和国务院药品监督管理部门批准的生产工艺进行生产,生产记录必须完整准确。药品生产企业改变影响药品质量的生产工艺的,必须报原批准部门审核批准。

中药饮片必须按照国家药品标准炮制;国家药品标准没有规定的,必须按照省、自治区、直辖市人民政府药品监督管理部门制定的炮制规范炮制。省、自治区、直辖市人民政府药品监督管理部门制定的炮制规范应当报国务院药品监督管理部门备案。

第十一条 生产药品所需的原料、辅料,必须符合药用要求。

第十二条 药品生产企业必须对其生产的药品进行质量检验;不符合国家药品标准或者不按照省、自治区、直辖市人民政府药品监督管理部门制定的中药饮片炮制规范炮制的,不得出厂。

第十三条　经省、自治区、直辖市人民政府药品监督管理部门批准,药品生产企业可以接受委托生产药品。

第三章　药品经营企业管理

第十四条　开办药品批发企业,须经企业所在地省、自治区、直辖市人民政府药品监督管理部门批准并发给《药品经营许可证》;开办药品零售企业,须经企业所在地县级以上地方药品监督管理部门批准并发给《药品经营许可证》。无《药品经营许可证》的,不得经营药品。

《药品经营许可证》应当标明有效期和经营范围,到期重新审查发证。

药品监督管理部门批准开办药品经营企业,除依据本法第十五条规定的条件外,还应当遵循合理布局和方便群众购药的原则。

第十五条　开办药品经营企业必须具备以下条件:

(一)具有依法经过资格认定的药学技术人员;

(二)具有与所经营药品相适应的营业场所、设备、仓储设施、卫生环境;

(三)具有与所经营药品相适应的质量管理机构或者人员;

(四)具有保证所经营药品质量的规章制度。

第十六条　药品经营企业必须按照国务院药品监督管理部门依据本法制定的《药品经营质量管理规范》经营药品。药品监督管理部门按照规定对药品经营企业是否符合《药品经营质量管理规范》的要求进行认证;对认证合格的,发给认证证书。

《药品经营质量管理规范》的具体实施办法、实施步骤由国务院药品监督管理部门规定。

第十七条　药品经营企业购进药品,必须建立并执行进货检查验收制度,验明药品合格证明和其他标识;不符合规定要求的,不得购进。

第十八条　药品经营企业购销药品,必须有真实完整的购销记录。购销记录必须注明药品的通用名称、剂型、规格、批号、有效期、生产厂商、购(销)货单位、购(销)货数量、购销价格、购(销)货日期及国务院药品监督管理部门规定的其他内容。

第十九条　药品经营企业销售药品必须准确无误,并正确说明用法、用量和注意事项;调配处方必须经过核对,对处方所列药品不得擅自更改或者代用。对有配伍禁忌或者超剂量的处方,应当拒绝调配;必要时,经处方医师更正或者重新签字,方可调配。

药品经营企业销售中药材,必须标明产地。

第二十条　药品经营企业必须制定和执行药品保管制度,采取必要的冷藏、防冻、防潮、防虫、防鼠等措施,保证药品质量。

药品入库和出库必须执行检查制度。

第二十一条　城乡集市贸易市场可以出售中药材,国务院另有规定的除外。

城乡集市贸易市场不得出售中药材以外的药品,但持有《药品经营许可证》的药品零售企业在规定的范围内可以在城乡集市贸易市场设点出售中药材以外的药品。具体办法由国务院规定。

第四章　医疗机构的药剂管理

第二十二条　医疗机构必须配备依法经过资格认定的药学技术人员。非药学技术人员不得直接从事药剂技术工作。

第二十三条　医疗机构配制制剂,须经所在地省、自治区、直辖市人民政府卫生行政部门审核同意,由省、自治区、直辖市人民政府药品监督管理部门批准,发给《医疗机构制剂许可证》。无《医疗机构制剂许可证》的,不得配制制剂。

《医疗机构制剂许可证》应当标明有效期,到期重新审查发证。

第二十四条 医疗机构配制制剂,必须具有能够保证制剂质量的设施、管理制度、检验仪器和卫生条件。

第二十五条 医疗机构配制的制剂,应当是本单位临床需要而市场上没有供应的品种,并须经所在地省、自治区、直辖市人民政府药品监督管理部门批准后方可配制。配制的制剂必须按照规定进行质量检验;合格的,凭医师处方在本医疗机构使用。特殊情况下,经国务院或者省、自治区、直辖市人民政府的药品监督管理部门批准,医疗机构配制的制剂可以在指定的医疗机构之间调剂使用。

医疗机构配制的制剂,不得在市场销售。

第二十六条 医疗机构购进药品,必须建立并执行进货检查验收制度,验明药品合格证明和其他标识;不符合规定要求的,不得购进和使用。

第二十七条 医疗机构的药剂人员调配处方,必须经过核对,对处方所列药品不得擅自更改或者代用。对有配伍禁忌或者超剂量的处方,应当拒绝调配;必要时,经处方医师更正或者重新签字,方可调配。

第二十八条 医疗机构必须制定和执行药品保管制度,采取必要的冷藏、防冻、防潮、防虫、防鼠等措施,保证药品质量。

第五章 药品管理

第二十九条 研制新药,必须按照国务院药品监督管理部门的规定如实报送研制方法、质量指标、药理及毒理试验结果等有关资料和样品,经国务院药品监督管理部门批准后,方可进行临床试验。药物临床试验机构资格的认定办法,由国务院药品监督管理部门、国务院卫生行政部门共同制定。

完成临床试验并通过审批的新药,由国务院药品监督管理部门批准,发给新药证书。

第三十条 药物的非临床安全性评价研究机构和临床试验机构必须分别执行药物非临床研究质量管理规范、药物临床试验质量管理规范。

药物非临床研究质量管理规范、药物临床试验质量管理规范由国务院确定的部门制定。

第三十一条 生产新药或者已有国家标准的药品的,须经国务院药品监督管理部门批准,并发给药品批准文号;但是,生产没有实施批准文号管理的中药材和中药饮片除外。实施批准文号管理的中药材、中药饮片品种目录由国务院药品监督管理部门会同国务院中医药管理部门制定。

药品生产企业在取得药品批准文号后,方可生产该药品。

第三十二条 药品必须符合国家药品标准。中药饮片依照本法第十条第二款的规定执行。

国务院药品监督管理部门颁布的《中华人民共和国药典》和药品标准为国家药品标准。

国务院药品监督管理部门组织药典委员会,负责国家药品标准的制定和修订。

国务院药品监督管理部门的药品检验机构负责标定国家药品标准品、对照品。

第三十三条 国务院药品监督管理部门组织药学、医学和其他技术人员,对新药进行审评,对已经批准生产的药品进行再评价。

第三十四条 药品生产企业、药品经营企业、医疗机构必须从具有药品生产、经营资格的企业购进药品;但是,购进没有实施批准文号管理的中药材除外。

第三十五条 国家对麻醉药品、精神药品、医疗用毒性药品、放射性药品,实行特殊管理。管理办法由国务院制定。

第三十六条 国家实行中药品种保护制度。具体办法由国务院制定。

第三十七条 国家对药品实行处方药与非处方药分类管理制度。具体办法由国务院制定。

第三十八条 禁止进口疗效不确、不良反应大或者其他原因危害人体健康的药品。

第三十九条 药品进口,须经国务院药品监督管理部门组织审查,经审查确认符合质量标准、安全有效的,方可批准进口,并发给进口药品注册证书。

医疗单位临床急需或者个人自用进口的少量药品,按照国家有关规定办理进口手续。

第四十条　药品必须从允许药品进口的口岸进口,并由进口药品的企业向口岸所在地药品监督管理部门登记备案。海关凭药品监督管理部门出具的《进口药品通关单》放行。无《进口药品通关单》的,海关不得放行。

口岸所在地药品监督管理部门应当通知药品检验机构按照国务院药品监督管理部门的规定对进口药品进行抽查检验,并依照本法第四十一条第二款的规定收取检验费。

允许药品进口的口岸由国务院药品监督管理部门会同海关总署提出,报国务院批准。

第四十一条　国务院药品监督管理部门对下列药品在销售前或者进口时,指定药品检验机构进行检验;检验不合格的,不得销售或者进口:

(一)国务院药品监督管理部门规定的生物制品;

(二)首次在中国销售的药品;

(三)国务院规定的其他药品。

前款所列药品的检验费项目和收费标准由国务院财政部门会同国务院价格主管部门核定并公告。检验费收缴办法由国务院财政部门会同国务院药品监督管理部门制定。

第四十二条　国务院药品监督管理部门对已经批准生产或者进口的药品,应当组织调查;对疗效不确、不良反应大或者其他原因危害人体健康的药品,应当撤销批准文号或者进口药品注册证书。

已被撤销批准文号或者进口药品注册证书的药品,不得生产或者进口、销售和使用;已经生产或者进口的,由当地药品监督管理部门监督销毁或者处理。

第四十三条　国家实行药品储备制度。

国内发生重大灾情、疫情及其他突发事件时,国务院规定的部门可以紧急调用企业药品。

第四十四条　对国内供应不足的药品,国务院有权限制或者禁止出口。

第四十五条　进口、出口麻醉药品和国家规定范围内的精神药品,必须持有国务院药品监督管理部门发给的《进口准许证》、《出口准许证》。

第四十六条　新发现和从国外引种的药材,经国务院药品监督管理部门审核批准后,方可销售。

第四十七条　地区性民间习用药材的管理办法,由国务院药品监督管理部门会同国务院中医药管理部门制定。

第四十八条　禁止生产(包括配制,下同)、销售假药。

有下列情形之一的,为假药:

(一)药品所含成份与国家药品标准规定的成份不符的;

(二)以非药品冒充药品或者以他种药品冒充此种药品的。

有下列情形之一的药品,按假药论处:

(一)国务院药品监督管理部门规定禁止使用的;

(二)依照本法必须批准而未经批准生产、进口,或者依照本法必须检验而未经检验即销售的;

(三)变质的;

(四)被污染的;

(五)使用依照本法必须取得批准文号而未取得批准文号的原料药生产的;

(六)所标明的适应症或者功能主治超出规定范围的。

第四十九条　禁止生产、销售劣药。

药品成份的含量不符合国家药品标准的,为劣药。

有下列情形之一的药品,按劣药论处:

(一)未标明有效期或者更改有效期的;

(二)不注明或者更改生产批号的;

(三)超过有效期的;

(四)直接接触药品的包装材料和容器未经批准的;

（五）擅自添加着色剂、防腐剂、香料、矫味剂及辅料的；

（六）其他不符合药品标准规定的。

第五十条 列入国家药品标准的药品名称为药品通用名称。已经作为药品通用名称的，该名称不得作为药品商标使用。

第五十一条 药品生产企业、药品经营企业和医疗机构直接接触药品的工作人员，必须每年进行健康检查。患有传染病或者其他可能污染药品的疾病的，不得从事直接接触药品的工作。

第六章 药品包装的管理

第五十二条 直接接触药品的包装材料和容器，必须符合药用要求，符合保障人体健康、安全的标准，并由药品监督管理部门在审批药品时一并审批。

药品生产企业不得使用未经批准的直接接触药品的包装材料和容器。

对不合格的直接接触药品的包装材料和容器，由药品监督管理部门责令停止使用。

第五十三条 药品包装必须适合药品质量的要求，方便储存、运输和医疗使用。

发运中药材必须有包装。在每件包装上，必须注明品名、产地、日期、调出单位，并附有质量合格的标志。

第五十四条 药品包装必须按照规定印有或者贴有标签并附有说明书。

标签或者说明书上必须注明药品的通用名称、成份、规格、生产企业、批准文号、产品批号、生产日期、有效期、适应症或者功能主治、用法、用量、禁忌、不良反应和注意事项。

麻醉药品、精神药品、医疗用毒性药品、放射性药品、外用药品和非处方药的标签，必须印有规定的标志。

第七章 药品价格和广告的管理

第五十五条 依法实行市场调节价的药品，药品的生产企业、经营企业和医疗机构应当按照公平、合理和诚实信用、质价相符的原则制定价格，为用药者提供价格合理的药品。

药品的生产企业、经营企业和医疗机构应当遵守国务院价格主管部门关于药价管理的规定，制定和标明药品零售价格，禁止暴利和损害用药者利益的价格欺诈行为。

第五十六条 药品的生产企业、经营企业、医疗机构应当依法向政府价格主管部门提供其药品的实际购销价格和购销数量等资料。

第五十七条 医疗机构应当向患者提供所用药品的价格清单；医疗保险定点医疗机构还应当按照规定的办法如实公布其常用药品的价格，加强合理用药的管理。具体办法由国务院卫生行政部门规定。

第五十八条 禁止药品的生产企业、经营企业和医疗机构在药品购销中账外暗中给予、收受回扣或者其他利益。

禁止药品的生产企业、经营企业或者其代理人以任何名义给予使用其药品的医疗机构的负责人、药品采购人员、医师等有关人员以财物或者其他利益。禁止医疗机构的负责人、药品采购人员、医师等有关人员以任何名义收受药品的生产企业、经营企业或者其代理人给予的财物或者其他利益。

第五十九条 药品广告须经企业所在地省、自治区、直辖市人民政府药品监督管理部门批准，并发给药品广告批准文号；未取得药品广告批准文号的，不得发布。

处方药可以在国务院卫生行政部门和国务院药品监督管理部门共同指定的医学、药学专业刊物上介绍，但不得在大众传播媒介发布广告或者以其他方式进行以公众为对象的广告宣传。

第六十条 药品广告的内容必须真实、合法，以国务院药品监督管理部门批准的说明书为准，不得含有虚假的内容。

药品广告不得含有不科学的表示功效的断言或者保证；不得利用国家机关、医药科研单位、学术机构或者专家、学者、医师、患者的名义和形象作证明。

非药品广告不得有涉及药品的宣传。

第六十一条 省、自治区、直辖市人民政府药品监督管理部门应当对其批准的药品广告进行检查,对于违反本法和《中华人民共和国广告法》的广告,应当向广告监督管理机关通报并提出处理建议,广告监督管理机关应当依法作出处理。

第六十二条 药品价格和广告,本法未规定的,适用《中华人民共和国价格法》、《中华人民共和国广告法》的规定。

第八章 药品监督

第六十三条 药品监督管理部门有权按照法律、行政法规的规定对报经其审批的药品研制和药品的生产、经营以及医疗机构使用药品的事项进行监督检查,有关单位和个人不得拒绝和隐瞒。

药品监督管理部门进行监督检查时,必须出示证明文件,对监督检查中知悉的被检查人的技术秘密和业务秘密应当保密。

第六十四条 药品监督管理部门根据监督检查的需要,可以对药品质量进行抽查检验。抽查检验应当按照规定抽样,并不得收取任何费用。所需费用按照国务院规定列支。

药品监督管理部门对有证据证明可能危害人体健康的药品及其有关材料可以采取查封、扣押的行政强制措施,并在七日内作出行政处理决定;药品需要检验的,必须自检验报告书发出之日起十五日内作出行政处理决定。

第六十五条 国务院和省、自治区、直辖市人民政府的药品监督管理部门应当定期公告药品质量抽查检验的结果;公告不当的,必须在原公告范围内予以更正。

第六十六条 当事人对药品检验机构的检验结果有异议的,可以自收到药品检验结果之日起七日内向原药品检验机构或者上一级药品监督管理部门设置或者确定的药品检验机构申请复验,也可以直接向国务院药品监督管理部门设置或者确定的药品检验机构申请复验。受理复验的药品检验机构必须在国务院药品监督管理部门规定的时间内作出复验结论。

第六十七条 药品监督管理部门应当按照规定,依据《药品生产质量管理规范》、《药品经营质量管理规范》,对经其认证合格的药品生产企业、药品经营企业进行认证后的跟踪检查。

第六十八条 地方人民政府和药品监督管理部门不得以要求实施药品检验、审批等手段限制或者排斥非本地区药品生产企业依照本法规定生产的药品进入本地区。

第六十九条 药品监督管理部门及其设置的药品检验机构和确定的专业从事药品检验的机构不得参与药品生产经营活动,不得以其名义推荐或者监制、监销药品。

药品监督管理部门及其设置的药品检验机构和确定的专业从事药品检验的机构的工作人员不得参与药品生产经营活动。

第七十条 国家实行药品不良反应报告制度。药品生产企业、药品经营企业和医疗机构必须经常考察本单位所生产、经营、使用的药品质量、疗效和反应。发现可能与用药有关的严重不良反应,必须及时向当地省、自治区、直辖市人民政府药品监督管理部门和卫生行政部门报告。具体办法由国务院药品监督管理部门会同国务院卫生行政部门制定。

对已确认发生严重不良反应的药品,国务院或者省、自治区、直辖市人民政府的药品监督管理部门可以采取停止生产、销售、使用的紧急控制措施,并应当在五日内组织鉴定,自鉴定结论作出之日起十五日内依法作出行政处理决定。

第七十一条 药品生产企业、药品经营企业和医疗机构的药品检验机构或者人员,应当接受当地药品监督管理部门设置的药品检验机构的业务指导。

第九章 法律责任

第七十二条 未取得《药品生产许可证》、《药品经营许可证》或者《医疗机构制剂许可证》生产药品、经营药品的,依法予以取缔,没收违法生产、销售的药品和违法所得,并处违法生产、销售的药品(包括已售出的和未售出的药品,下同)货值金额二倍以上五倍以下的罚款;构成犯罪的,依法追究刑事责任。

第七十三条 生产、销售假药的,没收违法生产、销售的药品和违法所得,并处违法生产、销售药品货值金额二倍以上五倍以下的罚款;有药品批准证明文件的予以撤销,并责令停产、停业整顿;情节严重的,吊销《药品生产许可证》、《药品经营许可证》或者《医疗机构制剂许可证》;构成犯罪的,依法追究刑事责任。

第七十四条 生产、销售劣药的,没收违法生产、销售的药品和违法所得,并处违法生产、销售药品货值金额一倍以上三倍以下的罚款;情节严重的,责令停产、停业整顿或者撤销药品批准证明文件、吊销《药品生产许可证》、《药品经营许可证》或者《医疗机构制剂许可证》;构成犯罪的,依法追究刑事责任。

第七十五条 从事生产、销售假药及生产、销售劣药情节严重的企业或者其他单位,其直接负责的主管人员和其他直接责任人员十年内不得从事药品生产、经营活动。

对生产者专门用于生产假药、劣药的原辅材料、包装材料、生产设备,予以没收。

第七十六条 知道或者应当知道属于假劣药品而为其提供运输、保管、仓储等便利条件的,没收全部运输、保管、仓储的收入,并处违法收入百分之五十以上三倍以下的罚款;构成犯罪的,依法追究刑事责任。

第七十七条 对假药、劣药的处罚通知,必须载明药品检验机构的质量检验结果;但是,本法第四十八条第三款第(一)、(二)、(五)、(六)项和第四十九条第三款规定的情形除外。

第七十八条 药品的生产企业、经营企业、药物非临床安全性评价研究机构、药物临床试验机构未按照规定实施《药品生产质量管理规范》、《药品经营质量管理规范》、药物非临床研究质量管理规范、药物临床试验质量管理规范的,给予警告,责令限期改正;逾期不改正的,责令停产、停业整顿,并处五千元以上二万元以下的罚款;情节严重的,吊销《药品生产许可证》、《药品经营许可证》和药物临床试验机构的资格。

第七十九条 药品的生产企业、经营企业或者医疗机构违反本法第三十四条的规定,从无《药品生产许可证》、《药品经营许可证》的企业购进药品的,责令改正,没收违法购进的药品,并处违法购进药品货值金额二倍以上五倍以下的罚款;有违法所得的,没收违法所得;情节严重的,吊销《药品生产许可证》、《药品经营许可证》或者医疗机构执业许可证书。

第八十条 进口已获得药品进口注册证书的药品,未按照本法规定向允许药品进口的口岸所在地的药品监督管理部门登记备案的,给予警告,责令限期改正;逾期不改正的,撤销进口药品注册证书。

第八十一条 伪造、变造、买卖、出租、出借许可证或者药品批准证明文件的,没收违法所得,并处违法所得一倍以上三倍以下的罚款;没有违法所得的,处二万元以上十万元以下的罚款;情节严重的,并吊销卖方、出租方、出借方的《药品生产许可证》、《药品经营许可证》、《医疗机构制剂许可证》或者撤销药品批准证明文件;构成犯罪的,依法追究刑事责任。

第八十二条 违反本法规定,提供虚假的证明、文件资料、样品或者采取其他欺骗手段取得《药品生产许可证》、《药品经营许可证》、《医疗机构制剂许可证》或者药品批准证明文件的,吊销《药品生产许可证》、《药品经营许可证》、《医疗机构制剂许可证》或者撤销药品批准证明文件,五年内不受理其申请,并处一万元以上三万元以下的罚款。

第八十三条 医疗机构将其配制的制剂在市场销售的,责令改正,没收违法销售的制剂,并处违法销售制剂货值金额一倍以上三倍以下的罚款;有违法所得的,没收违法所得。

第八十四条 药品经营企业违反本法第十八条、第十九条规定的,责令改正,给予警告;情节严重的,吊销《药品经营许可证》。

第八十五条 药品标识不符合本法第五十四条规定的,除依法应当按照假药、劣药论处的外,责令改正,给予警告;情节严重的,撤销该药品的批准证明文件。

第八十六条 药品检验机构出具虚假检验报告,构成犯罪的,依法追究刑事责任;不构成犯罪的,责令改正,给予警告,对单位并处三万元以上五万元以下的罚款;对直接负责的主管人员和其他直接责任人员依法给予降级、撤职、开除的处分,并处三万元以下的罚款;有违法所得的,没收违法所得;情节严重的,撤销其检验资格。药品检验机构出具的检验结果不实,造成损失的,应当承担相应的赔偿责任。

第八十七条　本法第七十二条至第八十六条规定的行政处罚,由县级以上药品监督管理部门按照国务院药品监督管理部门规定的职责分工决定,吊销《药品生产许可证》《药品经营许可证》、《医疗机构制剂许可证》、医疗机构执业许可证书或者撤销药品批准证明文件的,由原发证、批准的部门决定。

第八十八条　违反本法第五十五条、第五十六条关于药品价格管理的规定的,依照《中华人民共和国价格法》的规定处罚。

第八十九条　药品的生产企业、经营企业、医疗机构在药品购销中暗中给予、收受回扣或者其他利益的,药品的生产企业、经营企业或者其代理人给予使用其药品的医疗机构的负责人、药品采购人员、医师等有关人员以财物或者其他利益的,由工商行政管理部门处一万元以上二十万元以下的罚款,有违法所得的,予以没收;情节严重的,由工商行政管理部门吊销药品生产企业、药品经营企业的营业执照,并通知药品监督管理部门,由药品监督管理部门吊销其《药品生产许可证》、《药品经营许可证》;构成犯罪的,依法追究刑事责任。

第九十条　药品的生产企业、经营企业的负责人、采购人员等有关人员在药品购销中收受其他生产企业、经营企业或者其代理人给予的财物或者其他利益的,依法给予处分,没收违法所得;构成犯罪的,依法追究刑事责任。

医疗机构的负责人、药品采购人员、医师等有关人员收受药品生产企业、药品经营企业或者其代理人给予的财物或者其他利益的,由卫生行政部门或者本单位给予处分,没收违法所得;对违法行为情节严重的执业医师,由卫生行政部门吊销其执业证书;构成犯罪的,依法追究刑事责任。

第九十一条　违反本法有关药品广告的管理规定的,依照《中华人民共和国广告法》的规定处罚,并由发给广告批准文号的药品监督管理部门撤销广告批准文号,一年内不受理该品种的广告审批申请;构成犯罪的,依法追究刑事责任。

药品监督管理部门对药品广告不依法履行审查职责,批准发布的广告有虚假或者其他违反法律、行政法规的内容的,对直接负责的主管人员和其他直接责任人员依法给予行政处分;构成犯罪的,依法追究刑事责任。

第九十二条　药品的生产企业、经营企业、医疗机构违反本法规定,给药品使用者造成损害的,依法承担赔偿责任。

第九十三条　药品监督管理部门违反本法规定,有下列行为之一的,由其上级主管机关或者监察机关责令收回违法发给的证书、撤销药品批准证明文件,对直接负责的主管人员和其他直接责任人员依法给予行政处分;构成犯罪的,依法追究刑事责任:

(一) 对不符合《药品生产质量管理规范》、《药品经营质量管理规范》的企业发给符合有关规范的认证证书的,或者对取得认证证书的企业未按照规定履行跟踪检查的职责,对不符合认证条件的企业未依法责令其改正或者撤销其认证证书的;

(二) 对不符合法定条件的单位发给《药品生产许可证》、《药品经营许可证》或者《医疗机构制剂许可证》的;

(三) 对不符合进口条件的药品发给进口药品注册证书的;

(四) 对不具备临床试验条件或者生产条件而批准进行临床试验、发给新药证书、发给药品批准文号的。

第九十四条　药品监督管理部门或者其设置的药品检验机构或者其确定的专业从事药品检验的机构参与药品生产经营活动的,由其上级机关或者监察机关责令改正,有违法收入的予以没收;情节严重的,对直接负责的主管人员和其他直接责任人员依法给予行政处分。

药品监督管理部门或者其设置的药品检验机构或者其确定的专业从事药品检验的机构的工作人员参

与药品生产经营活动的,依法给予行政处分。

第九十五条 药品监督管理部门或者其设置、确定的药品检验机构在药品监督检验中违法收取检验费用的,由政府有关部门责令退还,对直接负责的主管人员和其他直接责任人员依法给予行政处分。对违法收取检验费用情节严重的药品检验机构,撤销其检验资格。

第九十六条 药品监督管理部门应当依法履行监督检查职责,监督已取得《药品生产许可证》、《药品经营许可证》的企业依照本法规定从事药品生产、经营活动。

已取得《药品生产许可证》、《药品经营许可证》的企业生产、销售假药、劣药的,除依法追究该企业的法律责任外,对有失职、渎职行为的药品监督管理部门直接负责的主管人员和其他直接责任人员依法给予行政处分;构成犯罪的,依法追究刑事责任。

第九十七条 药品监督管理部门对下级药品监督管理部门违反本法的行政行为,责令限期改正;逾期不改正的,有权予以改变或者撤销。

第九十八条 药品监督管理人员滥用职权、徇私舞弊、玩忽职守,构成犯罪的,依法追究刑事责任;尚不构成犯罪的,依法给予行政处分。

第九十九条 本章规定的货值金额以违法生产、销售药品的标价计算;没有标价的,按照同类药品的市场价格计算。

第十章　附　　则

第一百条 本法下列用语的含义是:

药品,是指用于预防、治疗、诊断人的疾病,有目的地调节人的生理机能并规定有适应症或者功能主治、用法和用量的物质,包括中药材、中药饮片、中成药、化学原料药及其制剂、抗生素、生化药品、放射性药品、血清、疫苗、血液制品和诊断药品等。

辅料,是指生产药品和调配处方时所用的赋形剂和附加剂。

药品生产企业,是指生产药品的专营企业或者兼营企业。

药品经营企业,是指经营药品的专营企业或者兼营企业。

第一百零一条 中药材的种植、采集和饲养的管理办法,由国务院另行制定。

第一百零二条 国家对预防性生物制品的流通实行特殊管理。具体办法由国务院制定。

第一百零三条 中国人民解放军执行本法的具体办法,由国务院、中央军事委员会依据本法制定。

第一百零四条 本法自 2001 年 12 月 1 日起施行。

中华人民共和国食品安全法

(2009 年 2 月 28 日第十一届全国人民代表大会常务委员会第七次会议通过 2015 年 4 月24 日第十二届全国人民代表大会常务委员会第十四次会议修订)

第一章　总　　则

第一条 为了保证食品安全,保障公众身体健康和生命安全,制定本法。

第二条 在中华人民共和国境内从事下列活动,应当遵守本法:

(一) 食品生产和加工(以下称食品生产),食品销售和餐饮服务(以下称食品经营);

(二) 食品添加剂的生产经营;

(三) 用于食品的包装材料、容器、洗涤剂、消毒剂和用于食品生产经营的工具、设备(以下称食品相关产品)的生产经营；

（四）食品生产经营者使用食品添加剂、食品相关产品；

（五）食品的贮存和运输；

（六）对食品、食品添加剂、食品相关产品的安全管理。

供食用的源于农业的初级产品（以下称食用农产品）的质量安全管理，遵守《中华人民共和国农产品质量安全法》的规定。但是，食用农产品的市场销售、有关质量安全标准的制定、有关安全信息的公布和本法对农业投入品作出规定的，应当遵守本法的规定。

第三条　食品安全工作实行预防为主、风险管理、全程控制、社会共治，建立科学、严格的监督管理制度。

第四条　食品生产经营者对其生产经营食品的安全负责。

食品生产经营者应当依照法律、法规和食品安全标准从事生产经营活动，保证食品安全，诚信自律，对社会和公众负责，接受社会监督，承担社会责任。

第五条　国务院设立食品安全委员会，其职责由国务院规定。

国务院食品药品监督管理部门依照本法和国务院规定的职责，对食品生产经营活动实施监督管理。

国务院卫生行政部门依照本法和国务院规定的职责，组织开展食品安全风险监测和风险评估，会同国务院食品药品监督管理部门制定并公布食品安全国家标准。

国务院其他有关部门依照本法和国务院规定的职责，承担有关食品安全工作。

第六条　县级以上地方人民政府对本行政区域的食品安全监督管理工作负责，统一领导、组织、协调本行政区域的食品安全监督管理工作以及食品安全突发事件应对工作，建立健全食品安全全程监督管理工作机制和信息共享机制。

县级以上地方人民政府依照本法和国务院的规定，确定本级食品药品监督管理、卫生行政部门和其他有关部门的职责。有关部门在各自职责范围内负责本行政区域的食品安全监督管理工作。

县级人民政府食品药品监督管理部门可以在乡镇或者特定区域设立派出机构。

第七条　县级以上地方人民政府实行食品安全监督管理责任制。上级人民政府负责对下一级人民政府的食品安全监督管理工作进行评议、考核。县级以上地方人民政府负责对本级食品药品监督管理部门和其他有关部门的食品安全监督管理工作进行评议、考核。

第八条　县级以上人民政府应当将食品安全工作纳入本级国民经济和社会发展规划，将食品安全工作经费列入本级政府财政预算，加强食品安全监督管理能力建设，为食品安全工作提供保障。

县级以上人民政府食品药品监督管理部门和其他有关部门应当加强沟通、密切配合，按照各自职责分工，依法行使职权，承担责任。

第九条　食品行业协会应当加强行业自律，按照章程建立健全行业规范和奖惩机制，提供食品安全信息、技术等服务，引导和督促食品生产经营者依法生产经营，推动行业诚信建设，宣传、普及食品安全知识。

消费者协会和其他消费者组织对违反本法规定，损害消费者合法权益的行为，依法进行社会监督。

第十条　各级人民政府应当加强食品安全的宣传教育，普及食品安全知识，鼓励社会组织、基层群众性自治组织、食品生产经营者开展食品安全法律、法规以及食品安全标准和知识的普及工作，倡导健康的饮食方式，增强消费者食品安全意识和自我保护能力。

新闻媒体应当开展食品安全法律、法规以及食品安全标准和知识的公益宣传，并对食品安全违法行为进行舆论监督。有关食品安全的宣传报道应当真实、公正。

第十一条　国家鼓励和支持开展与食品安全有关的基础研究、应用研究，鼓励和支持食品生产经营者为提高食品安全水平采用先进技术和先进管理规范。

国家对农药的使用实行严格的管理制度，加快淘汰剧毒、高毒、高残留农药，推动替代产品的研发和应用，鼓励使用高效低毒低残留农药。

第十二条　任何组织或者个人有权举报食品安全违法行为，依法向有关部门了解食品安全信息，对食品安全监督管理工作提出意见和建议。

第十三条 对在食品安全工作中做出突出贡献的单位和个人,按照国家有关规定给予表彰、奖励。

第二章 食品安全风险监测和评估

第十四条 国家建立食品安全风险监测制度,对食源性疾病、食品污染以及食品中的有害因素进行监测。

国务院卫生行政部门会同国务院食品药品监督管理、质量监督等部门,制定、实施国家食品安全风险监测计划。

国务院食品药品监督管理部门和其他有关部门获知有关食品安全风险信息后,应当立即核实并向国务院卫生行政部门通报。对有关部门通报的食品安全风险信息以及医疗机构报告的食源性疾病等有关疾病信息,国务院卫生行政部门应当会同国务院有关部门分析研究,认为必要的,及时调整国家食品安全风险监测计划。

省、自治区、直辖市人民政府卫生行政部门会同同级食品药品监督管理、质量监督等部门,根据国家食品安全风险监测计划,结合本行政区域的具体情况,制定、调整本行政区域的食品安全风险监测方案,报国务院卫生行政部门备案并实施。

第十五条 承担食品安全风险监测工作的技术机构应当根据食品安全风险监测计划和监测方案开展监测工作,保证监测数据真实、准确,并按照食品安全风险监测计划和监测方案的要求报送监测数据和分析结果。

食品安全风险监测工作人员有权进入相关食用农产品种植养殖、食品生产经营场所采集样品、收集相关数据。采集样品应当按照市场价格支付费用。

第十六条 食品安全风险监测结果表明可能存在食品安全隐患的,县级以上人民政府卫生行政部门应当及时将相关信息通报同级食品药品监督管理等部门,并报告本级人民政府和上级人民政府卫生行政部门。食品药品监督管理等部门应当组织开展进一步调查。

第十七条 国家建立食品安全风险评估制度,运用科学方法,根据食品安全风险监测信息、科学数据以及有关信息,对食品、食品添加剂、食品相关产品中生物性、化学性和物理性危害因素进行风险评估。

国务院卫生行政部门负责组织食品安全风险评估工作,成立由医学、农业、食品、营养、生物、环境等方面的专家组成的食品安全风险评估专家委员会进行食品安全风险评估。食品安全风险评估结果由国务院卫生行政部门公布。

对农药、肥料、兽药、饲料和饲料添加剂等的安全性评估,应当有食品安全风险评估专家委员会的专家参加。

食品安全风险评估不得向生产经营者收取费用,采集样品应当按照市场价格支付费用。

第十八条 有下列情形之一的,应当进行食品安全风险评估:

(一)通过食品安全风险监测或者接到举报发现食品、食品添加剂、食品相关产品可能存在安全隐患的;

(二)为制定或者修订食品安全国家标准提供科学依据需要进行风险评估的;

(三)为确定监督管理的重点领域、重点品种需要进行风险评估的;

(四)发现新的可能危害食品安全因素的;

(五)需要判断某一因素是否构成食品安全隐患的;

(六)国务院卫生行政部门认为需要进行风险评估的其他情形。

第十九条 国务院食品药品监督管理、质量监督、农业行政等部门在监督管理工作中发现需要进行食品安全风险评估的,应当向国务院卫生行政部门提出食品安全风险评估的建议,并提供风险来源、相关检验数据和结论等信息、资料。属于本法第十八条规定情形的,国务院卫生行政部门应当及时进行食品安全风险评估,并向国务院有关部门通报评估结果。

第二十条　省级以上人民政府卫生行政、农业行政部门应当及时相互通报食品、食用农产品安全风险监测信息。

国务院卫生行政、农业行政部门应当及时相互通报食品、食用农产品安全风险评估结果等信息。

第二十一条　食品安全风险评估结果是制定、修订食品安全标准和实施食品安全监督管理的科学依据。

经食品安全风险评估,得出食品、食品添加剂、食品相关产品不安全结论的,国务院食品药品监督管理、质量监督等部门应当依据各自职责立即向社会公告,告知消费者停止食用或者使用,并采取相应措施,确保该食品、食品添加剂、食品相关产品停止生产经营;需要制定、修订相关食品安全国家标准的,国务院卫生行政部门应当会同国务院食品药品监督管理部门立即制定、修订。

第二十二条　国务院食品药品监督管理部门应当会同国务院有关部门,根据食品安全风险评估结果、食品安全监督管理信息,对食品安全状况进行综合分析。对经综合分析表明可能具有较高程度安全风险的食品,国务院食品药品监督管理部门应当及时提出食品安全风险警示,并向社会公布。

第二十三条　县级以上人民政府食品药品监督管理部门和其他有关部门、食品安全风险评估专家委员会及其技术机构,应当按照科学、客观、及时、公开的原则,组织食品生产经营者、食品检验机构、认证机构、食品行业协会、消费者协会以及新闻媒体等,就食品安全风险评估信息和食品安全监督管理信息进行交流沟通。

第三章　食品安全标准

第二十四条　制定食品安全标准,应当以保障公众身体健康为宗旨,做到科学合理、安全可靠。

第二十五条　食品安全标准是强制执行的标准。除食品安全标准外,不得制定其他食品强制性标准。

第二十六条　食品安全标准应当包括下列内容:

(一)食品、食品添加剂、食品相关产品中的致病性微生物,农药残留、兽药残留、生物毒素、重金属等污染物质以及其他危害人体健康物质的限量规定;

(二)食品添加剂的品种、使用范围、用量;

(三)专供婴幼儿和其他特定人群的主辅食品的营养成分要求;

(四)对与卫生、营养等食品安全要求有关的标签、标志、说明书的要求;

(五)食品生产经营过程的卫生要求;

(六)与食品安全有关的质量要求;

(七)与食品安全有关的食品检验方法与规程;

(八)其他需要制定为食品安全标准的内容。

第二十七条　食品安全国家标准由国务院卫生行政部门会同国务院食品药品监督管理部门制定、公布,国务院标准化行政部门提供国家标准编号。

食品中农药残留、兽药残留的限量规定及其检验方法与规程由国务院卫生行政部门、国务院农业行政部门会同国务院食品药品监督管理部门制定。

屠宰畜、禽的检验规程由国务院农业行政部门会同国务院卫生行政部门制定。

第二十八条　制定食品安全国家标准,应当依据食品安全风险评估结果并充分考虑食用农产品安全风险评估结果,参照相关的国际标准和国际食品安全风险评估结果,并将食品安全国家标准草案向社会公布,广泛听取食品生产经营者、消费者、有关部门等方面的意见。

食品安全国家标准应当经国务院卫生行政部门组织的食品安全国家标准审评委员会审查通过。食品安全国家标准审评委员会由医学、农业、食品、营养、生物、环境等方面的专家以及国务院有关部门、食品行业协会、消费者协会的代表组成,对食品安全国家标准草案的科学性和实用性等进行审查。

第二十九条　对地方特色食品,没有食品安全国家标准的,省、自治区、直辖市人民政府卫生行政部门可以制定并公布食品安全地方标准,报国务院卫生行政部门备案。食品安全国家标准制定后,该地方标准即行废止。

第三十条 国家鼓励食品生产企业制定严于食品安全国家标准或者地方标准的企业标准,在本企业适用,并报省、自治区、直辖市人民政府卫生行政部门备案。

第三十一条 省级以上人民政府卫生行政部门应当在其网站上公布制定和备案的食品安全国家标准、地方标准和企业标准,供公众免费查阅、下载。

对食品安全标准执行过程中的问题,县级以上人民政府卫生行政部门应当会同有关部门及时给予指导、解答。

第三十二条 省级以上人民政府卫生行政部门应当会同同级食品药品监督管理、质量监督、农业行政等部门,分别对食品安全国家标准和地方标准的执行情况进行跟踪评价,并根据评价结果及时修订食品安全标准。

省级以上人民政府食品药品监督管理、质量监督、农业行政等部门应当对食品安全标准执行中存在的问题进行收集、汇总,并及时向同级卫生行政部门通报。

食品生产经营者、食品行业协会发现食品安全标准在执行中存在问题的,应当立即向卫生行政部门报告。

第四章　食品生产经营

第一节　一般规定

第三十三条 食品生产经营应当符合食品安全标准,并符合下列要求:

(一)具有与生产经营的食品品种、数量相适应的食品原料处理和食品加工、包装、贮存等场所,保持该场所环境整洁,并与有毒、有害场所以及其他污染源保持规定的距离;

(二)具有与生产经营的食品品种、数量相适应的生产经营设备或者设施,有相应的消毒、更衣、盥洗、采光、照明、通风、防腐、防尘、防蝇、防鼠、防虫、洗涤以及处理废水、存放垃圾和废弃物的设备或者设施;

(三)有专职或者兼职的食品安全专业技术人员、食品安全管理人员和保证食品安全的规章制度;

(四)具有合理的设备布局和工艺流程,防止待加工食品与直接入口食品、原料与成品交叉污染,避免食品接触有毒物、不洁物;

(五)餐具、饮具和盛放直接入口食品的容器,使用前应当洗净、消毒,炊具、用具用后应当洗净,保持清洁;

(六)贮存、运输和装卸食品的容器、工具和设备应当安全、无害,保持清洁,防止食品污染,并符合保证食品安全所需的温度、湿度等特殊要求,不得将食品与有毒、有害物品一同贮存、运输;

(七)直接入口的食品应当使用无毒、清洁的包装材料、餐具、饮具和容器;

(八)食品生产经营人员应当保持个人卫生,生产经营食品时,应当将手洗净,穿戴清洁的工作衣、帽等;销售无包装的直接入口食品时,应当使用无毒、清洁的容器、售货工具和设备;

(九)用水应当符合国家规定的生活饮用水卫生标准;

(十)使用的洗涤剂、消毒剂应当对人体安全、无害;

(十一)法律、法规规定的其他要求。

非食品生产经营者从事食品贮存、运输和装卸的,应当符合前款第六项的规定。

第三十四条 禁止生产经营下列食品、食品添加剂、食品相关产品:

(一)用非食品原料生产的食品或者添加食品添加剂以外的化学物质和其他可能危害人体健康物质的食品,或者用回收食品作为原料生产的食品;

(二)致病性微生物,农药残留、兽药残留、生物毒素、重金属等污染物质以及其他危害人体健康的物质含量超过食品安全标准限量的食品、食品添加剂、食品相关产品;

（三）用超过保质期的食品原料、食品添加剂生产的食品、食品添加剂；

（四）超范围、超限量使用食品添加剂的食品；

（五）营养成分不符合食品安全标准的专供婴幼儿和其他特定人群的主辅食品；

（六）腐败变质、油脂酸败、霉变生虫、污秽不洁、混有异物、掺假掺杂或者感官性状异常的食品、食品添加剂；

（七）病死、毒死或者死因不明的禽、畜、兽、水产动物肉类及其制品；

（八）未按规定进行检疫或者检疫不合格的肉类，或者未经检验或者检验不合格的肉类制品；

（九）被包装材料、容器、运输工具等污染的食品、食品添加剂；

（十）标注虚假生产日期、保质期或者超过保质期的食品、食品添加剂；

（十一）无标签的预包装食品、食品添加剂；

（十二）国家为防病等特殊需要明令禁止生产经营的食品；

（十三）其他不符合法律、法规或者食品安全标准的食品、食品添加剂、食品相关产品。

第三十五条 国家对食品生产经营实行许可制度。从事食品生产、食品销售、餐饮服务，应当依法取得许可。但是，销售食用农产品，不需要取得许可。

县级以上地方人民政府食品药品监督管理部门应当依照《中华人民共和国行政许可法》的规定，审核申请人提交的本法第三十三条第一款第一项至第四项规定要求的相关资料，必要时对申请人的生产经营场所进行现场核查；对符合规定条件的，准予许可；对不符合规定条件的，不予许可并书面说明理由。

第三十六条 食品生产加工小作坊和食品摊贩等从事食品生产经营活动，应当符合本法规定的与其生产经营规模、条件相适应的食品安全要求，保证所生产经营的食品卫生、无毒、无害，食品药品监督管理部门应当对其加强监督管理。

县级以上地方人民政府应当对食品生产加工小作坊、食品摊贩等进行综合治理，加强服务和统一规划，改善其生产经营环境，鼓励和支持其改进生产经营条件，进入集中交易市场、店铺等固定场所经营，或者在指定的临时经营区域、时段经营。

食品生产加工小作坊和食品摊贩等的具体管理办法由省、自治区、直辖市制定。

第三十七条 利用新的食品原料生产食品，或者生产食品添加剂新品种、食品相关产品新品种，应当向国务院卫生行政部门提交相关产品的安全性评估材料。国务院卫生行政部门应当自收到申请之日起六十日内组织审查；对符合食品安全要求的，准予许可并公布；对不符合食品安全要求的，不予许可并书面说明理由。

第三十八条 生产经营的食品中不得添加药品，但是可以添加按照传统既是食品又是中药材的物质。按照传统既是食品又是中药材的物质目录由国务院卫生行政部门会同国务院食品药品监督管理部门制定、公布。

第三十九条 国家对食品添加剂生产实行许可制度。从事食品添加剂生产，应当具有与所生产食品添加剂品种相适应的场所、生产设备或者设施、专业技术人员和管理制度，并依照本法第三十五条第二款规定的程序，取得食品添加剂生产许可。

生产食品添加剂应当符合法律、法规和食品安全国家标准。

第四十条 食品添加剂应当在技术上确有必要且经过风险评估证明安全可靠，方可列入允许使用的范围；有关食品安全国家标准应当根据技术必要性和食品安全风险评估结果及时修订。

食品生产经营者应当按照食品安全国家标准使用食品添加剂。

第四十一条 生产食品相关产品应当符合法律、法规和食品安全国家标准。对直接接触食品的包装材料等具有较高风险的食品相关产品，按照国家有关工业产品生产许可证管理的规定实施生产许可。质量监督部门应当加强对食品相关产品生产活动的监督管理。

第四十二条 国家建立食品安全全程追溯制度。

食品生产经营者应当依照本法的规定，建立食品安全追溯体系，保证食品可追溯。国家鼓励食品生产经营者采用信息化手段采集、留存生产经营信息,建立食品安全追溯体系。

国务院食品药品监督管理部门会同国务院农业行政等有关部门建立食品安全全程追溯协作机制。

第四十三条 地方各级人民政府应当采取措施鼓励食品规模化生产和连锁经营、配送。

国家鼓励食品生产经营企业参加食品安全责任保险。

第二节 生产经营过程控制

第四十四条 食品生产经营企业应当建立健全食品安全管理制度,对职工进行食品安全知识培训,加强食品检验工作,依法从事生产经营活动。

食品生产经营企业的主要负责人应当落实企业食品安全管理制度,对本企业的食品安全工作全面负责。

食品生产经营企业应当配备食品安全管理人员,加强对其培训和考核。经考核不具备食品安全管理能力的,不得上岗。食品药品监督管理部门应当对企业食品安全管理人员随机进行监督抽查考核并公布考核情况。监督抽查考核不得收取费用。

第四十五条 食品生产经营者应当建立并执行从业人员健康管理制度。患有国务院卫生行政部门规定的有碍食品安全疾病的人员,不得从事接触直接入口食品的工作。

从事接触直接入口食品工作的食品生产经营人员应当每年进行健康检查,取得健康证明后方可上岗工作。

第四十六条 食品生产企业应当就下列事项制定并实施控制要求,保证所生产的食品符合食品安全标准:

(一)原料采购、原料验收、投料等原料控制;

(二)生产工序、设备、贮存、包装等生产关键环节控制;

(三)原料检验、半成品检验、成品出厂检验等检验控制;

(四)运输和交付控制。

第四十七条 食品生产经营者应当建立食品安全自查制度,定期对食品安全状况进行检查评价。生产经营条件发生变化,不再符合食品安全要求的,食品生产经营者应当立即采取整改措施;有发生食品安全事故潜在风险的,应当立即停止食品生产经营活动,并向所在地县级人民政府食品药品监督管理部门报告。

第四十八条 国家鼓励食品生产经营企业符合良好生产规范要求,实施危害分析与关键控制点体系,提高食品安全管理水平。

对通过良好生产规范、危害分析与关键控制点体系认证的食品生产经营企业,认证机构应当依法实施跟踪调查;对不再符合认证要求的企业,应当依法撤销认证,及时向县级以上人民政府食品药品监督管理部门通报,并向社会公布。认证机构实施跟踪调查不得收取费用。

第四十九条 食用农产品生产者应当按照食品安全标准和国家有关规定使用农药、肥料、兽药、饲料和饲料添加剂等农业投入品,严格执行农业投入品使用安全间隔期或者休药期的规定,不得使用国家明令禁止的农业投入品。禁止将剧毒、高毒农药用于蔬菜、瓜果、茶叶和中草药材等国家规定的农作物。

食用农产品的生产企业和农民专业合作经济组织应当建立农业投入品使用记录制度。

县级以上人民政府农业行政部门应当加强对农业投入品使用的监督管理和指导,建立健全农业投入品安全使用制度。

第五十条 食品生产者采购食品原料、食品添加剂、食品相关产品,应当查验供货者的许可证和产品合格证明;对无法提供合格证明的食品原料,应当按照食品安全标准进行检验;不得采购或者使用不符合食品安全标准的食品原料、食品添加剂、食品相关产品。

食品生产企业应当建立食品原料、食品添加剂、食品相关产品进货查验记录制度,如实记录食品原料、食品添加剂、食品相关产品的名称、规格、数量、生产日期或者生产批号、保质期、进货日期以及供货者名称、地址、联系方式等内容,并保存相关凭证。记录和凭证保存期限不得少于产品保质期满后六个月;没有明确保质期的,保存期限不得少于二年。

第五十一条 食品生产企业应当建立食品出厂检验记录制度,查验出厂食品的检验合格证和安全状况,如实记录食品的名称、规格、数量、生产日期或者生产批号、保质期、检验合格证号、销售日期以及购货者名称、地址、联系方式等内容,并保存相关凭证。记录和凭证保存期限应当符合本法第五十条第二款的规定。

第五十二条 食品、食品添加剂、食品相关产品的生产者,应当按照食品安全标准对所生产的食品、食品添加剂、食品相关产品进行检验,检验合格后方可出厂或者销售。

第五十三条 食品经营者采购食品,应当查验供货者的许可证和食品出厂检验合格证或者其他合格证明(以下称合格证明文件)。

食品经营企业应当建立食品进货查验记录制度,如实记录食品的名称、规格、数量、生产日期或者生产批号、保质期、进货日期以及供货者名称、地址、联系方式等内容,并保存相关凭证。记录和凭证保存期限应当符合本法第五十条第二款的规定。

实行统一配送经营方式的食品经营企业,可以由企业总部统一查验供货者的许可证和食品合格证明文件,进行食品进货查验记录。

从事食品批发业务的经营企业应当建立食品销售记录制度,如实记录批发食品的名称、规格、数量、生产日期或者生产批号、保质期、销售日期以及购货者名称、地址、联系方式等内容,并保存相关凭证。记录和凭证保存期限应当符合本法第五十条第二款的规定。

第五十四条 食品经营者应当按照保证食品安全的要求贮存食品,定期检查库存食品,及时清理变质或者超过保质期的食品。

食品经营者贮存散装食品,应当在贮存位置标明食品的名称、生产日期或者生产批号、保质期、生产者名称及联系方式等内容。

第五十五条 餐饮服务提供者应当制定并实施原料控制要求,不得采购不符合食品安全标准的食品原料。倡导餐饮服务提供者公开加工过程,公示食品原料及其来源等信息。

餐饮服务提供者在加工过程中应当检查待加工的食品及原料,发现有本法第三十四条第六项规定情形的,不得加工或者使用。

第五十六条 餐饮服务提供者应当定期维护食品加工、贮存、陈列等设施、设备;定期清洗、校验保温设施及冷藏、冷冻设施。

餐饮服务提供者应当按照要求对餐具、饮具进行清洗消毒,不得使用未经清洗消毒的餐具、饮具;餐饮服务提供者委托清洗消毒餐具、饮具的,应当委托符合本法规定条件的餐具、饮具集中消毒服务单位。

第五十七条 学校、托幼机构、养老机构、建筑工地等集中用餐单位的食堂应当严格遵守法律、法规和食品安全标准;从供餐单位订餐的,应当从取得食品生产经营许可的企业订购,并按照要求对订购的食品进行查验。供餐单位应当严格遵守法律、法规和食品安全标准,当餐加工,确保食品安全。

学校、托幼机构、养老机构、建筑工地等集中用餐单位的主管部门应当加强对集中用餐单位的食品安全教育和日常管理,降低食品安全风险,及时消除食品安全隐患。

第五十八条 餐具、饮具集中消毒服务单位应当具备相应的作业场所、清洗消毒设备或者设施,用水和使用的洗涤剂、消毒剂应当符合相关食品安全国家标准和其他国家标准、卫生规范。

餐具、饮具集中消毒服务单位应当对消毒餐具、饮具进行逐批检验,检验合格后方可出厂,并应当随附消毒合格证明。消毒后的餐具、饮具应当在独立包装上标注单位名称、地址、联系方式、消毒日期以及使用期限等内容。

第五十九条 食品添加剂生产者应当建立食品添加剂出厂检验记录制度,查验出厂产品的检验合格证和安全状况,如实记录食品添加剂的名称、规格、数量、生产日期或者生产批号、保质期、检验合格证号、销售日期以及购货者名称、地址、联系方式等相关内容,并保存相关凭证。记录和凭证保存期限应当符合本法第五十条第二款的规定。

第六十条 食品添加剂经营者采购食品添加剂,应当依法查验供货者的许可证和产品合格证明文件,如实记录食品添加剂的名称、规格、数量、生产日期或者生产批号、保质期、进货日期以及供货者名称、地址、联系方式等内容,并保存相关凭证。记录和凭证保存期限应当符合本法第五十条第二款的规定。

第六十一条 集中交易市场的开办者、柜台出租者和展销会举办者,应当依法审查入场食品经营者的许可证,明确其食品安全管理责任,定期对其经营环境和条件进行检查,发现其有违反本法规定行为的,应当及时制止并立即报告所在地县级人民政府食品药品监督管理部门。

第六十二条 网络食品交易第三方平台提供者应当对入网食品经营者进行实名登记,明确其食品安全管理责任;依法应当取得许可证的,还应当审查其许可证。

网络食品交易第三方平台提供者发现入网食品经营者有违反本法规定行为的,应当及时制止并立即报告所在地县级人民政府食品药品监督管理部门;发现严重违法行为的,应当立即停止提供网络交易平台服务。

第六十三条 国家建立食品召回制度。食品生产者发现其生产的食品不符合食品安全标准或者有证据证明可能危害人体健康的,应当立即停止生产,召回已经上市销售的食品,通知相关生产经营者和消费者,并记录召回和通知情况。

食品经营者发现其经营的食品有前款规定情形的,应当立即停止经营,通知相关生产经营者和消费者,并记录停止经营和通知情况。食品生产者认为应当召回的,应当立即召回。由于食品经营者的原因造成其经营的食品有前款规定情形的,食品经营者应当召回。

食品生产经营者应当对召回的食品采取无害化处理、销毁等措施,防止其再次流入市场。但是,对因标签、标志或者说明书不符合食品安全标准而被召回的食品,食品生产者在采取补救措施且能保证食品安全的情况下可以继续销售;销售时应当向消费者明示补救措施。

食品生产经营者应当将食品召回和处理情况向所在地县级人民政府食品药品监督管理部门报告;需要对召回的食品进行无害化处理、销毁的,应当提前报告时间、地点。食品药品监督管理部门认为必要的,可以实施现场监督。

食品生产经营者未依照本条规定召回或者停止经营的,县级以上人民政府食品药品监督管理部门可以责令其召回或者停止经营。

第六十四条 食用农产品批发市场应当配备检验设备和检验人员或者委托符合本法规定的食品检验机构,对进入该批发市场销售的食用农产品进行抽样检验;发现不符合食品安全标准的,应当要求销售者立即停止销售,并向食品药品监督管理部门报告。

第六十五条 食用农产品销售者应当建立食用农产品进货查验记录制度,如实记录食用农产品的名称、数量、进货日期以及供货者名称、地址、联系方式等内容,并保存相关凭证。记录和凭证保存期限不得少于六个月。

第六十六条 进入市场销售的食用农产品在包装、保鲜、贮存、运输中使用保鲜剂、防腐剂等食品添加剂和包装材料等食品相关产品,应当符合食品安全国家标准。

第三节 标签、说明书和广告

第六十七条 预包装食品的包装上应当有标签。标签应当标明下列事项:

(一)名称、规格、净含量、生产日期;

(二)成分或者配料表;

(三)生产者的名称、地址、联系方式;

(四)保质期;

(五)产品标准代号;

(六)贮存条件;

（七）所使用的食品添加剂在国家标准中的通用名称；

（八）生产许可证编号；

（九）法律、法规或者食品安全标准规定应当标明的其他事项。

专供婴幼儿和其他特定人群的主辅食品，其标签还应当标明主要营养成分及其含量。

食品安全国家标准对标签标注事项另有规定的，从其规定。

第六十八条 食品经营者销售散装食品，应当在散装食品的容器、外包装上标明食品的名称、生产日期或者生产批号、保质期以及生产经营者名称、地址、联系方式等内容。

第六十九条 生产经营转基因食品应当按照规定显著标示。

第七十条 食品添加剂应当有标签、说明书和包装。标签、说明书应当载明本法第六十七条第一款第一项至第六项、第八项、第九项规定的事项，以及食品添加剂的使用范围、用量、使用方法，并在标签上载明"食品添加剂"字样。

第七十一条 食品和食品添加剂的标签、说明书，不得含有虚假内容，不得涉及疾病预防、治疗功能。生产经营者对其提供的标签、说明书的内容负责。

食品和食品添加剂的标签、说明书应当清楚、明显，生产日期、保质期等事项应当显著标注，容易辨识。

食品和食品添加剂与其标签、说明书的内容不符的，不得上市销售。

第七十二条 食品经营者应当按照食品标签标示的警示标志、警示说明或者注意事项的要求销售食品。

第七十三条 食品广告的内容应当真实合法，不得含有虚假内容，不得涉及疾病预防、治疗功能。食品生产经营者对食品广告内容的真实性、合法性负责。

县级以上人民政府食品药品监督管理部门和其他有关部门以及食品检验机构、食品行业协会不得以广告或者其他形式向消费者推荐食品。消费者组织不得以收取费用或者其他牟取利益的方式向消费者推荐食品。

第四节 特殊食品

第七十四条 国家对保健食品、特殊医学用途配方食品和婴幼儿配方食品等特殊食品实行严格监督管理。

第七十五条 保健食品声称保健功能，应当具有科学依据，不得对人体产生急性、亚急性或者慢性危害。

保健食品原料目录和允许保健食品声称的保健功能目录，由国务院食品药品监督管理部门会同国务院卫生行政部门、国家中医药管理部门制定、调整并公布。

保健食品原料目录应当包括原料名称、用量及其对应的功效；列入保健食品原料目录的原料只能用于保健食品生产，不得用于其他食品生产。

第七十六条 使用保健食品原料目录以外原料的保健食品和首次进口的保健食品应当经国务院食品药品监督管理部门注册。但是，首次进口的保健食品中属于补充维生素、矿物质等营养物质的，应当报国务院食品药品监督管理部门备案。其他保健食品应当报省、自治区、直辖市人民政府食品药品监督管理部门备案。

进口的保健食品应当是出口国（地区）主管部门准许上市销售的产品。

第七十七条 依法应当注册的保健食品，注册时应当提交保健食品的研发报告、产品配方、生产工艺、安全性和保健功能评价、标签、说明书等材料及样品，并提供相关证明文件。国务院食品药品监督管理部门经组织技术审评，对符合安全和功能声称要求的，准予注册；对不符合要求的，不予注册并书面说明理由。对使用保健食品原料目录以外原料的保健食品作出准予注册决定的，应当及时将该原料纳入保健食品原料目录。

依法应当备案的保健食品，备案时应当提交产品配方、生产工艺、标签、说明书以及表明产品安全性和保健功能的材料。

第七十八条 保健食品的标签、说明书不得涉及疾病预防、治疗功能,内容应当真实,与注册或者备案的内容相一致,载明适宜人群、不适宜人群、功效成分或者标志性成分及其含量等,并声明"本品不能代替药物"。保健食品的功能和成分应当与标签、说明书相一致。

第七十九条 保健食品广告除应当符合本法第七十三条第一款的规定外,还应当声明"本品不能代替药物";其内容应当经生产企业所在地省、自治区、直辖市人民政府食品药品监督管理部门审查批准,取得保健食品广告批准文件。省、自治区、直辖市人民政府食品药品监督管理部门应当公布并及时更新已经批准的保健食品广告目录以及批准的广告内容。

第八十条 特殊医学用途配方食品应当经国务院食品药品监督管理部门注册。注册时,应当提交产品配方、生产工艺、标签、说明书以及表明产品安全性、营养充足性和特殊医学用途临床效果的材料。

特殊医学用途配方食品广告适用《中华人民共和国广告法》和其他法律、行政法规关于药品广告管理的规定。

第八十一条 婴幼儿配方食品生产企业应当实施从原料进厂到成品出厂的全过程质量控制,对出厂的婴幼儿配方食品实施逐批检验,保证食品安全。

生产婴幼儿配方食品使用的生鲜乳、辅料等食品原料、食品添加剂等,应当符合法律、行政法规的规定和食品安全国家标准,保证婴幼儿生长发育所需的营养成分。

婴幼儿配方食品生产企业应当将食品原料、食品添加剂、产品配方及标签等事项向省、自治区、直辖市人民政府食品药品监督管理部门备案。

婴幼儿配方乳粉的产品配方应当经国务院食品药品监督管理部门注册。注册时,应当提交配方研发报告和其他表明配方科学性、安全性的材料。

不得以分装方式生产婴幼儿配方乳粉,同一企业不得用同一配方生产不同品牌的婴幼儿配方乳粉。

第八十二条 保健食品、特殊医学用途配方食品、婴幼儿配方乳粉的注册人或者备案人应当对其提交材料的真实性负责。

省级以上人民政府食品药品监督管理部门应当及时公布注册或者备案的保健食品、特殊医学用途配方食品、婴幼儿配方乳粉目录,并对注册或者备案中获知的企业商业秘密予以保密。

保健食品、特殊医学用途配方食品、婴幼儿配方乳粉生产企业应当按照注册或者备案的产品配方、生产工艺等技术要求组织生产。

第八十三条 生产保健食品,特殊医学用途配方食品、婴幼儿配方食品和其他专供特定人群的主辅食品的企业,应当按照良好生产规范的要求建立与所生产食品相适应的生产质量管理体系,定期对该体系的运行情况进行自查,保证其有效运行,并向所在地县级人民政府食品药品监督管理部门提交自查报告。

第五章 食品检验

第八十四条 食品检验机构按照国家有关认证认可的规定取得资质认定后,方可从事食品检验活动。但是,法律另有规定的除外。

食品检验机构的资质认定条件和检验规范,由国务院食品药品监督管理部门规定。

符合本法规定的食品检验机构出具的检验报告具有同等效力。

县级以上人民政府应当整合食品检验资源,实现资源共享。

第八十五条 食品检验由食品检验机构指定的检验人独立进行。

检验人应当依照有关法律、法规的规定,并按照食品安全标准和检验规范对食品进行检验,尊重科学,恪守职业道德,保证出具的检验数据和结论客观、公正,不得出具虚假检验报告。

第八十六条 食品检验实行食品检验机构与检验人负责制。食品检验报告应当加盖食品检验机构公章,并有检验人的签名或者盖章。食品检验机构和检验人对出具的食品检验报告负责。

第八十七条 县级以上人民政府食品药品监督管理部门应当对食品进行定期或者不定期的抽样检

验,并依据有关规定公布检验结果,不得免检。进行抽样检验,应当购买抽取的样品,委托符合本法规定的食品检验机构进行检验,并支付相关费用;不得向食品生产经营者收取检验费和其他费用。

第八十八条　对依照本法规定实施的检验结论有异议的,食品生产经营者可以自收到检验结论之日起七个工作日内向实施抽样检验的食品药品监督管理部门或者其上一级食品药品监督管理部门提出复检申请,由受理复检申请的食品药品监督管理部门在公布的复检机构名录中随机确定复检机构进行复检。复检机构出具的复检结论为最终检验结论。复检机构与初检机构不得为同一机构。复检机构名录由国务院认证认可监督管理、食品药品监督管理、卫生行政、农业行政等部门共同公布。

采用国家规定的快速检测方法对食用农产品进行抽查检测,被抽查人对检测结果有异议的,可以自收到检测结果时起四小时内申请复检。复检不得采用快速检测方法。

第八十九条　食品生产企业可以自行对所生产的食品进行检验,也可以委托符合本法规定的食品检验机构进行检验。

食品行业协会和消费者协会等组织、消费者需要委托食品检验机构对食品进行检验的,应当委托符合本法规定的食品检验机构进行。

第九十条　食品添加剂的检验,适用本法有关食品检验的规定。

第六章　食品进出口

第九十一条　国家出入境检验检疫部门对进出口食品安全实施监督管理。

第九十二条　进口的食品、食品添加剂、食品相关产品应当符合我国食品安全国家标准。

进口的食品、食品添加剂应当经出入境检验检疫机构依照进出口商品检验相关法律、行政法规的规定检验合格。

进口的食品、食品添加剂应当按照国家出入境检验检疫部门的要求随附合格证明材料。

第九十三条　进口尚无食品安全国家标准的食品,由境外出口商、境外生产企业或者其委托的进口商向国务院卫生行政部门提交所执行的相关国家(地区)标准或者国际标准。国务院卫生行政部门对相关标准进行审查,认为符合食品安全要求的,决定暂予适用,并及时制定相应的食品安全国家标准。进口利用新的食品原料生产的食品或者进口食品添加剂新品种、食品相关产品新品种,依照本法第三十七条的规定办理。

出入境检验检疫机构按照国务院卫生行政部门的要求,对前款规定的食品、食品添加剂、食品相关产品进行检验。检验结果应当公开。

第九十四条　境外出口商、境外生产企业应当保证向我国出口的食品、食品添加剂、食品相关产品符合本法以及我国其他有关法律、行政法规的规定和食品安全国家标准的要求,并对标签、说明书的内容负责。

进口商应当建立境外出口商、境外生产企业审核制度,重点审核前款规定的内容;审核不合格的,不得进口。

发现进口食品不符合我国食品安全国家标准或者有证据证明可能危害人体健康的,进口商应当立即停止进口,并依照本法第六十三条的规定召回。

第九十五条　境外发生的食品安全事件可能对我国境内造成影响,或者在进口食品、食品添加剂、食品相关产品中发现严重食品安全问题的,国家出入境检验检疫部门应当及时采取风险预警或者控制措施,并向国务院食品药品监督管理、卫生行政、农业行政部门通报。接到通报的部门应当及时采取相应措施。

县级以上人民政府食品药品监督管理部门对国内市场上销售的进口食品、食品添加剂实施监督管理。发现存在严重食品安全问题的,国务院食品药品监督管理部门应当及时向国家出入境检验检疫部门通报。国家出入境检验检疫部门应当及时采取相应措施。

第九十六条　向我国境内出口食品的境外出口商或者代理商、进口食品的进口商应当向国家出入境检验检疫部门备案。向我国境内出口食品的境外食品生产企业应当经国家出入境检验检疫部门注册。已经注册的境外食品生产企业提供虚假材料,或者因其自身的原因致使进口食品发生重大食品安全事故的,国家出入境检验检疫部门应当撤销注册并公告。

国家出入境检验检疫部门应当定期公布已经备案的境外出口商、代理商、进口商和已经注册的境外食品生产企业名单。

第九十七条 进口的预包装食品、食品添加剂应当有中文标签;依法应当有说明书的,还应当有中文说明书。标签、说明书应当符合本法以及我国其他有关法律、行政法规的规定和食品安全国家标准的要求,并载明食品的原产地以及境内代理商的名称、地址、联系方式。预包装食品没有中文标签、中文说明书或者标签、说明书不符合本条规定的,不得进口。

第九十八条 进口商应当建立食品、食品添加剂进口和销售记录制度,如实记录食品、食品添加剂的名称、规格、数量、生产日期、生产或者进口批号、保质期、境外出口商和购货者名称、地址及联系方式、交货日期等内容,并保存相关凭证。记录和凭证保存期限应当符合本法第五十条第二款的规定。

第九十九条 出口食品生产企业应当保证其出口食品符合进口国(地区)的标准或者合同要求。

出口食品生产企业和出口食品原料种植、养殖场应当向国家出入境检验检疫部门备案。

第一百条 国家出入境检验检疫部门应当收集、汇总下列进出口食品安全信息,并及时通报相关部门、机构和企业:

(一)出入境检验检疫机构对进出口食品实施检验检疫发现的食品安全信息;

(二)食品行业协会和消费者协会等组织、消费者反映的进口食品安全信息;

(三)国际组织、境外政府机构发布的风险预警信息及其他食品安全信息,以及境外食品行业协会等组织、消费者反映的食品安全信息;

(四)其他食品安全信息。

国家出入境检验检疫部门应当对进出口食品的进口商、出口商和出口食品生产企业实施信用管理,建立信用记录,并依法向社会公布。对有不良记录的进口商、出口商和出口食品生产企业,应当加强对其进出口食品的检验检疫。

第一百零一条 国家出入境检验检疫部门可以对向我国境内出口食品的国家(地区)的食品安全管理体系和食品安全状况进行评估和审查,并根据评估和审查结果,确定相应检验检疫要求。

第七章 食品安全事故处置

第一百零二条 国务院组织制定国家食品安全事故应急预案。

县级以上地方人民政府应当根据有关法律、法规的规定和上级人民政府的食品安全事故应急预案以及本行政区域的实际情况,制定本行政区域的食品安全事故应急预案,并报上一级人民政府备案。

食品安全事故应急预案应当对食品安全事故分级、事故处置组织指挥体系与职责、预防预警机制、处置程序、应急保障措施等作出规定。

食品生产经营企业应当制定食品安全事故处置方案,定期检查本企业各项食品安全防范措施的落实情况,及时消除事故隐患。

第一百零三条 发生食品安全事故的单位应当立即采取措施,防止事故扩大。事故单位和接收病人进行治疗的单位应当及时向事故发生地县级人民政府食品药品监督管理、卫生行政部门报告。

县级以上人民政府质量监督、农业行政等部门在日常监督管理中发现食品安全事故或者接到事故举报,应当立即向同级食品药品监督管理部门通报。

发生食品安全事故,接到报告的县级人民政府食品药品监督管理部门应当按照应急预案的规定向本级人民政府和上级人民政府食品药品监督管理部门报告。县级人民政府和上级人民政府食品药品监督管理部门应当按照应急预案的规定上报。

任何单位和个人不得对食品安全事故隐瞒、谎报、缓报,不得隐匿、伪造、毁灭有关证据。

第一百零四条 医疗机构发现其接收的病人属于食源性疾病病人或者疑似病人的,应当按照规定及时将相关信息向所在地县级人民政府卫生行政部门报告。县级人民政府卫生行政部门认为与食品安全有关的,应当及时通报同级食品药品监督管理部门。

县级以上人民政府卫生行政部门在调查处理传染病或者其他突发公共卫生事件中发现与食品安全相关的信息,应当及时通报同级食品药品监督管理部门。

第一百零五条 县级以上人民政府食品药品监督管理部门接到食品安全事故的报告后,应当立即会同同级卫生行政、质量监督、农业行政等部门进行调查处理,并采取下列措施,防止或者减轻社会危害:

(一)开展应急救援工作,组织救治因食品安全事故导致人身伤害的人员;

(二)封存可能导致食品安全事故的食品及其原料,并立即进行检验;对确认属于被污染的食品及其原料,责令食品生产经营者依照本法第六十三条的规定召回或者停止经营;

(三)封存被污染的食品相关产品,并责令进行清洗消毒;

(四)做好信息发布工作,依法对食品安全事故及其处理情况进行发布,并对可能产生的危害加以解释、说明。

发生食品安全事故需要启动应急预案的,县级以上人民政府应当立即成立事故处置指挥机构,启动应急预案,依照前款和应急预案的规定进行处置。

发生食品安全事故,县级以上疾病预防控制机构应当对事故现场进行卫生处理,并对与事故有关的因素开展流行病学调查,有关部门应当予以协助。县级以上疾病预防控制机构应当向同级食品药品监督管理、卫生行政部门提交流行病学调查报告。

第一百零六条 发生食品安全事故,设区的市级以上人民政府食品药品监督管理部门应当立即会同有关部门进行事故责任调查,督促有关部门履行职责,向本级人民政府和上一级人民政府食品药品监督管理部门提出事故责任调查处理报告。

涉及两个以上省、自治区、直辖市的重大食品安全事故由国务院食品药品监督管理部门依照前款规定组织事故责任调查。

第一百零七条 调查食品安全事故,应当坚持实事求是、尊重科学的原则,及时、准确查清事故性质和原因,认定事故责任,提出整改措施。

调查食品安全事故,除了查明事故单位的责任,还应当查明有关监督管理部门、食品检验机构、认证机构及其工作人员的责任。

第一百零八条 食品安全事故调查部门有权向有关单位和个人了解与事故有关的情况,并要求提供相关资料和样品。有关单位和个人应当予以配合,按照要求提供相关资料和样品,不得拒绝。

任何单位和个人不得阻挠、干涉食品安全事故的调查处理。

第八章 监督管理

第一百零九条 县级以上人民政府食品药品监督管理、质量监督部门根据食品安全风险监测、风险评估结果和食品安全状况等,确定监督管理的重点、方式和频次,实施风险分级管理。

县级以上地方人民政府组织本级食品药品监督管理、质量监督、农业行政等部门制定本行政区域的食品安全年度监督管理计划,向社会公布并组织实施。

食品安全年度监督管理计划应当将下列事项作为监督管理的重点:

(一)专供婴幼儿和其他特定人群的主辅食品;

(二)保健食品生产过程中的添加行为和按照注册或者备案的技术要求组织生产的情况,保健食品标签、说明书以及宣传材料中有关功能宣传的情况;

(三)发生食品安全事故风险较高的食品生产经营者;

(四)食品安全风险监测结果表明可能存在食品安全隐患的事项。

第一百一十条 县级以上人民政府食品药品监督管理、质量监督部门履行各自食品安全监督管理职责,有权采取下列措施,对生产经营者遵守本法的情况进行监督检查:

（一）进入生产经营场所实施现场检查；

（二）对生产经营的食品、食品添加剂、食品相关产品进行抽样检验；

（三）查阅、复制有关合同、票据、账簿以及其他有关资料；

（四）查封、扣押有证据证明不符合食品安全标准或者有证据证明存在安全隐患以及用于违法生产经营的食品、食品添加剂、食品相关产品；

（五）查封违法从事生产经营活动的场所。

第一百一十一条　对食品安全风险评估结果证明食品存在安全隐患，需要制定、修订食品安全标准的，在制定、修订食品安全标准前，国务院卫生行政部门应当及时会同国务院有关部门规定食品中有害物质的临时限量值和临时检验方法，作为生产经营和监督管理的依据。

第一百一十二条　县级以上人民政府食品药品监督管理部门在食品安全监督管理工作中可以采用国家规定的快速检测方法对食品进行抽查检测。

对抽查检测结果表明可能不符合食品安全标准的食品，应当依照本法第八十七条的规定进行检验。抽查检测结果确定有关食品不符合食品安全标准的，可以作为行政处罚的依据。

第一百一十三条　县级以上人民政府食品药品监督管理部门应当建立食品生产经营者食品安全信用档案，记录许可颁发、日常监督检查结果、违法行为查处等情况，依法向社会公布并实时更新；对有不良信用记录的食品生产经营者增加监督检查频次，对违法行为情节严重的食品生产经营者，可以通报投资主管部门、证券监督管理机构和有关的金融机构。

第一百一十四条　食品生产经营过程中存在食品安全隐患，未及时采取措施消除的，县级以上人民政府食品药品监督管理部门可以对食品生产经营者的法定代表人或者主要负责人进行责任约谈。食品生产经营者应当立即采取措施，进行整改，消除隐患。责任约谈情况和整改情况应当纳入食品生产经营者食品安全信用档案。

第一百一十五条　县级以上人民政府食品药品监督管理、质量监督等部门应当公布本部门的电子邮件地址或者电话，接受咨询、投诉、举报。接到咨询、投诉、举报，对属于本部门职责的，应当受理并在法定期限内及时答复、核实、处理；对不属于本部门职责的，应当移交有权处理的部门并书面通知咨询、投诉、举报人。有权处理的部门应当在法定期限内及时处理，不得推诿。对查证属实的举报，给予举报人奖励。

有关部门应当对举报人的信息予以保密，保护举报人的合法权益。举报人举报所在企业的，该企业不得以解除、变更劳动合同或者其他方式对举报人进行打击报复。

第一百一十六条　县级以上人民政府食品药品监督管理、质量监督等部门应当加强对执法人员食品安全法律、法规、标准和专业知识与执法能力等的培训，并组织考核。不具备相应知识和能力的，不得从事食品安全执法工作。

食品生产经营者、食品行业协会、消费者协会等发现食品安全执法人员在执法过程中有违反法律、法规规定的行为以及不规范执法行为的，可以向本级或者上级人民政府食品药品监督管理、质量监督等部门或者监察机关投诉、举报。接到投诉、举报的部门或者机关应当进行核实，并将经核实的情况向食品安全执法人员所在部门通报；涉嫌违法违纪的，按照本法和有关规定处理。

第一百一十七条　县级以上人民政府食品药品监督管理等部门未及时发现食品安全系统性风险，未及时消除监督管理区域内的食品安全隐患的，本级人民政府可以对其主要负责人进行责任约谈。

地方人民政府未履行食品安全职责，未及时消除区域性重大食品安全隐患的，上级人民政府可以对其主要负责人进行责任约谈。

被约谈的食品药品监督管理等部门、地方人民政府应当立即采取措施，对食品安全监督管理工作进行整改。

责任约谈情况和整改情况应当纳入地方人民政府和有关部门食品安全监督管理工作评议、考核记录。

第一百一十八条　国家建立统一的食品安全信息平台，实行食品安全信息统一公布制度。国家食品安全总体情况、食品安全风险警示信息、重大食品安全事故及其调查处理信息和国务院确定需要统一公布的其他信息由国务院食品药品监督管理部门统一公布。食品安全风险警示信息和重大食品安全事故及其调查处理信息的影响限于特定区域的,也可以由有关省、自治区、直辖市人民政府食品药品监督管理部门公布。未经授权不得发布上述信息。

县级以上人民政府食品药品监督管理、质量监督、农业行政部门依据各自职责公布食品安全日常监督管理信息。

公布食品安全信息,应当做到准确、及时,并进行必要的解释说明,避免误导消费者和社会舆论。

第一百一十九条 县级以上地方人民政府食品药品监督管理、卫生行政、质量监督、农业行政部门获知本法规定需要统一公布的信息,应当向上级主管部门报告,由上级主管部门立即报告国务院食品药品监督管理部门;必要时,可以直接向国务院食品药品监督管理部门报告。

县级以上人民政府食品药品监督管理、卫生行政、质量监督、农业行政部门应当相互通报获知的食品安全信息。

第一百二十条 任何单位和个人不得编造、散布虚假食品安全信息。

县级以上人民政府食品药品监督管理部门发现可能误导消费者和社会舆论的食品安全信息,应当立即组织有关部门、专业机构、相关食品生产经营者等进行核实、分析,并及时公布结果。

第一百二十一条 县级以上人民政府食品药品监督管理、质量监督等部门发现涉嫌食品安全犯罪的,应当按照有关规定及时将案件移送公安机关。对移送的案件,公安机关应当及时审查;认为有犯罪事实需要追究刑事责任的,应当立案侦查。

公安机关在食品安全犯罪案件侦查过程中认为没有犯罪事实,或者犯罪事实显著轻微,不需要追究刑事责任,但依法应当追究行政责任的,应当及时将案件移送食品药品监督管理、质量监督等部门和监察机关,有关部门应当依法处理。

公安机关商请食品药品监督管理、质量监督、环境保护等部门提供检验结论、认定意见以及对涉案物品进行无害化处理等协助的,有关部门应当及时提供,予以协助。

第九章　法律责任

第一百二十二条 违反本法规定,未取得食品生产经营许可从事食品生产经营活动,或者未取得食品添加剂生产许可从事食品添加剂生产活动的,由县级以上人民政府食品药品监督管理部门没收违法所得和违法生产经营的食品、食品添加剂以及用于违法生产经营的工具、设备、原料等物品;违法生产经营的食品、食品添加剂货值金额不足一万元的,并处五万元以上十万元以下罚款;货值金额一万元以上的,并处货值金额十倍以上二十倍以下罚款。

明知从事前款规定的违法行为,仍为其提供生产经营场所或者其他条件的,由县级以上人民政府食品药品监督管理部门责令停止违法行为,没收违法所得,并处五万元以上十万元以下罚款;使消费者的合法权益受到损害的,应当与食品、食品添加剂生产经营者承担连带责任。

第一百二十三条 违反本法规定,有下列情形之一,尚不构成犯罪的,由县级以上人民政府食品药品监督管理部门没收违法所得和违法生产经营的食品,并可以没收用于违法生产经营的工具、设备、原料等物品;违法生产经营的食品货值金额不足一万元的,并处十万元以上十五万元以下罚款;货值金额一万元以上的,并处货值金额十五倍以上三十倍以下罚款;情节严重的,吊销许可证,并可以由公安机关对其直接负责的主管人员和其他直接责任人员处五日以上十五日以下拘留:

(一)用非食品原料生产食品、在食品中添加食品添加剂以外的化学物质和其他可能危害人体健康的物质,或者用回收食品作为原料生产食品,或者经营上述食品;

(二)生产经营营养成分不符合食品安全标准的专供婴幼儿和其他特定人群的主辅食品;

(三)经营病死、毒死或者死因不明的禽、畜、兽、水产动物肉类,或者生产经营其制品;

(四)经营未按规定进行检疫或者检疫不合格的肉类,或者生产经营未经检验或者检验不合格的肉类制品;

（五）生产经营国家为防病等特殊需要明令禁止生产经营的食品；

（六）生产经营添加药品的食品。

明知从事前款规定的违法行为，仍为其提供生产经营场所或者其他条件的，由县级以上人民政府食品药品监督管理部门责令停止违法行为，没收违法所得，并处十万元以上二十万元以下罚款；使消费者的合法权益受到损害的，应当与食品生产经营者承担连带责任。

违法使用剧毒、高毒农药的，除依照有关法律、法规规定给予处罚外，可以由公安机关依照第一款规定给予拘留。

第一百二十四条 违反本法规定，有下列情形之一，尚不构成犯罪的，由县级以上人民政府食品药品监督管理部门没收违法所得和违法生产经营的食品、食品添加剂，并可以没收用于违法生产经营的工具、设备、原料等物品；违法生产经营的食品、食品添加剂货值金额不足一万元的，并处五万元以上十万元以下罚款；货值金额一万元以上的，并处货值金额十倍以上二十倍以下罚款；情节严重的，吊销许可证：

（一）生产经营致病性微生物，农药残留、兽药残留、生物毒素、重金属等污染物质以及其他危害人体健康的物质含量超过食品安全标准限量的食品、食品添加剂；

（二）用超过保质期的食品原料、食品添加剂生产食品、食品添加剂，或者经营上述食品、食品添加剂；

（三）生产经营超范围、超限量使用食品添加剂的食品；

（四）生产经营腐败变质、油脂酸败、霉变生虫、污秽不洁、混有异物、掺假掺杂或者感官性状异常的食品、食品添加剂；

（五）生产经营标注虚假生产日期、保质期或者超过保质期的食品、食品添加剂；

（六）生产经营未按规定注册的保健食品、特殊医学用途配方食品、婴幼儿配方乳粉，或者未按注册的产品配方、生产工艺等技术要求组织生产；

（七）以分装方式生产婴幼儿配方乳粉，或者同一企业以同一配方生产不同品牌的婴幼儿配方乳粉；

（八）利用新的食品原料生产食品，或者生产食品添加剂新品种，未通过安全性评估；

（九）食品生产经营者在食品药品监督管理部门责令其召回或者停止经营后，仍拒不召回或者停止经营。

除前款和本法第一百二十三条、第一百二十五条规定的情形外，生产经营不符合法律、法规或者食品安全标准的食品、食品添加剂的，依照前款规定给予处罚。

生产食品相关产品新品种，未通过安全性评估，或者生产不符合食品安全标准的食品相关产品的，由县级以上人民政府质量监督部门依照第一款规定给予处罚。

第一百二十五条 违反本法规定，有下列情形之一的，由县级以上人民政府食品药品监督管理部门没收违法所得和违法生产经营的食品、食品添加剂，并可以没收用于违法生产经营的工具、设备、原料等物品；违法生产经营的食品、食品添加剂货值金额不足一万元的，并处五千元以上五万元以下罚款；货值金额一万元以上的，并处货值金额五倍以上十倍以下罚款；情节严重的，责令停产停业，直至吊销许可证：

（一）生产经营被包装材料、容器、运输工具等污染的食品、食品添加剂；

（二）生产经营无标签的预包装食品、食品添加剂或者标签、说明书不符合本法规定的食品、食品添加剂；

（三）生产经营转基因食品未按规定进行标示；

（四）食品生产经营者采购或者使用不符合食品安全标准的食品原料、食品添加剂、食品相关产品。

生产经营的食品、食品添加剂的标签、说明书存在瑕疵但不影响食品安全且不会对消费者造成误导的，由县级以上人民政府食品药品监督管理部门责令改正；拒不改正的，处二千元以下罚款。

第一百二十六条 违反本法规定，有下列情形之一的，由县级以上人民政府食品药品监督管理部门责令改正，给予警告；拒不改正的，处五千元以上五万元以下罚款；情节严重的，责令停产停业，直至吊销许可证：

（一）食品、食品添加剂生产者未按规定对采购的食品原料和生产的食品、食品添加剂进行检验；

（二）食品生产经营企业未按规定建立食品安全管理制度，或者未按规定配备或者培训、考核食品安全管理人员；

（三）食品、食品添加剂生产经营者进货时未查验许可证和相关证明文件，或者未按规定建立并遵守进货查验记录、出厂检验记录和销售记录制度；

（四）食品生产经营企业未制定食品安全事故处置方案；

（五）餐具、饮具和盛放直接入口食品的容器，使用前未经洗净、消毒或者清洗消毒不合格，或者餐饮服务设施、设备未按规定定期维护、清洗、校验；

（六）食品生产经营者安排未取得健康证明或者患有国务院卫生行政部门规定的有碍食品安全疾病的人员从事接触直接入口食品的工作；

（七）食品经营者未按规定要求销售食品；

（八）保健食品生产企业未按规定向食品药品监督管理部门备案，或者未按备案的产品配方、生产工艺等技术要求组织生产；

（九）婴幼儿配方食品生产企业未将食品原料、食品添加剂、产品配方、标签等向食品药品监督管理部门备案；

（十）特殊食品生产企业未按规定建立生产质量管理体系并有效运行，或者未定期提交自查报告；

（十一）食品生产经营者未定期对食品安全状况进行检查评价，或者生产经营条件发生变化，未按规定处理；

（十二）学校、托幼机构、养老机构、建筑工地等集中用餐单位未按规定履行食品安全管理责任；

（十三）食品生产企业、餐饮服务提供者未按规定制定、实施生产经营过程控制要求。

餐具、饮具集中消毒服务单位违反本法规定用水，使用洗涤剂、消毒剂，或者出厂的餐具、饮具未按规定检验合格并随附消毒合格证明，或者未按规定在独立包装上标注相关内容的，由县级以上人民政府卫生行政部门依照前款规定给予处罚。

食品相关产品生产者未按规定对生产的食品相关产品进行检验的，由县级以上人民政府质量监督部门依照第一款规定给予处罚。

食用农产品销售者违反本法第六十五条规定的，由县级以上人民政府食品药品监督管理部门依照第一款规定给予处罚。

第一百二十七条 对食品生产加工小作坊、食品摊贩等的违法行为的处罚，依照省、自治区、直辖市制定的具体管理办法执行。

第一百二十八条 违反本法规定，事故单位在发生食品安全事故后未进行处置、报告的，由有关主管部门按照各自职责分工责令改正，给予警告；隐匿、伪造、毁灭有关证据的，责令停产停业，没收违法所得，并处十万元以上五十万元以下罚款；造成严重后果的，吊销许可证。

第一百二十九条 违反本法规定，有下列情形之一的，由出入境检验检疫机构依照本法第一百二十四条的规定给予处罚：

（一）提供虚假材料，进口不符合我国食品安全国家标准的食品、食品添加剂、食品相关产品；

（二）进口尚无食品安全国家标准的食品，未提交所执行的标准并经国务院卫生行政部门审查，或者进口利用新的食品原料生产的食品或者进口食品添加剂新品种、食品相关产品新品种，未通过安全性评估；

（三）未遵守本法的规定出口食品；

（四）进口商在有关主管部门责令其依照本法规定召回进口的食品后，仍拒不召回。

违反本法规定，进口商未建立并遵守食品、食品添加剂进口和销售记录制度、境外出口商或者生产企业审核制度的，由出入境检验检疫机构依照本法第一百二十六条的规定给予处罚。

第一百三十条 违反本法规定，集中交易市场的开办者、柜台出租者、展销会的举办者允许未依法取得许可的食品经营者进入市场销售食品，或者未履行检查、报告等义务的，由县级以上人民政府食品药品监督管理部门责令改正，没收违法所得，并处五万元以上二十万元以下罚款；造成严重后果的，责令停业，直至由原发证部门吊销许可证;使消费者的合法权益受到损害的,应当与食品经营者承担连带责任。

食用农产品批发市场违反本法第六十四条规定的,依照前款规定承担责任。

第一百三十一条 违反本法规定,网络食品交易第三方平台提供者未对入网食品经营者进行实名登记、审查许可证,或者未履行报告、停止提供网络交易平台服务等义务的,由县级以上人民政府食品药品监督管理部门责令改正,没收违法所得,并处五万元以上二十万元以下罚款;造成严重后果的,责令停业,直至由原发证部门吊销许可证;使消费者的合法权益受到损害的,应当与食品经营者承担连带责任。

消费者通过网络食品交易第三方平台购买食品,其合法权益受到损害的,可以向入网食品经营者或者食品生产者要求赔偿。网络食品交易第三方平台提供者不能提供入网食品经营者的真实名称、地址和有效联系方式的,由网络食品交易第三方平台提供者赔偿。网络食品交易第三方平台提供者赔偿后,有权向入网食品经营者或者食品生产者追偿。网络食品交易第三方平台提供者作出更有利于消费者承诺的,应当履行其承诺。

第一百三十二条 违反本法规定,未按要求进行食品贮存、运输和装卸的,由县级以上人民政府食品药品监督管理等部门按照各自职责分工责令改正,给予警告;拒不改正的,责令停产停业,并处一万元以上五万元以下罚款;情节严重的,吊销许可证。

第一百三十三条 违反本法规定,拒绝、阻挠、干涉有关部门、机构及其工作人员依法开展食品安全监督检查、事故调查处理、风险监测和风险评估的,由有关主管部门按照各自职责分工责令停产停业,并处二千元以上五万元以下罚款;情节严重的,吊销许可证;构成违反治安管理行为的,由公安机关依法给予治安管理处罚。

违反本法规定,对举报人以解除、变更劳动合同或者其他方式打击报复的,应当依照有关法律的规定承担责任。

第一百三十四条 食品生产经营者在一年内累计三次因违反本法规定受到责令停产停业、吊销许可证以外处罚的,由食品药品监督管理部门责令停产停业,直至吊销许可证。

第一百三十五条 被吊销许可证的食品生产经营者及其法定代表人、直接负责的主管人员和其他直接责任人员自处罚决定作出之日起五年内不得申请食品生产经营许可,或者从事食品生产经营管理工作、担任食品生产经营企业食品安全管理人员。

因食品安全犯罪被判处有期徒刑以上刑罚的,终身不得从事食品生产经营管理工作,也不得担任食品生产经营企业食品安全管理人员。

食品生产经营者聘用人员违反前两款规定的,由县级以上人民政府食品药品监督管理部门吊销许可证。

第一百三十六条 食品经营者履行了本法规定的进货查验等义务,有充分证据证明其不知道所采购的食品不符合食品安全标准,并能如实说明其进货来源的,可以免予处罚,但应当依法没收其不符合食品安全标准的食品;造成人身、财产或者其他损害的,依法承担赔偿责任。

第一百三十七条 违反本法规定,承担食品安全风险监测、风险评估工作的技术机构、技术人员提供虚假监测、评估信息的,依法对技术机构直接负责的主管人员和技术人员给予撤职、开除处分;有执业资格的,由授予其资格的主管部门吊销执业证书。

第一百三十八条 违反本法规定,食品检验机构、食品检验人员出具虚假检验报告的,由授予其资质的主管部门或者机构撤销该食品检验机构的检验资质,没收所收取的检验费用,并处检验费用五倍以上十倍以下罚款,检验费用不足一万元的,并处五万元以上十万元以下罚款;依法对食品检验机构直接负责的主管人员和食品检验人员给予撤职或者开除处分;导致发生重大食品安全事故的,对直接负责的主管人员和食品检验人员给予开除处分。

违反本法规定,受到开除处分的食品检验机构人员,自处分决定作出之日起十年内不得从事食品检验工作;因食品安全违法行为受到刑事处罚或者因出具虚假检验报告导致发生重大食品安全事故受到开除处分的食品检验机构人员,终身不得从事食品检验工作。食品检验机构聘用不得从事食品检验工作的人员的,由授予其资质的主管部门或者机构撤销该食品检验机构的检验资质。

食品检验机构出具虚假检验报告,使消费者的合法权益受到损害的,应当与食品生产经营者承担连带责任。

第一百三十九条 违反本法规定,认证机构出具虚假认证结论,由认证认可监督管理部门没收所收取的认证费用,并外认证费用五倍以上十倍以下罚款,认证费用不足一万元的,并处五万元以上十万元以下罚款;情节严重的,责令停业,直至撤销认证机构批准文件,并向社会公布;对直接负责的主管人员和负有直接责任的认证人员,撤销其执业资格。

认证机构出具虚假认证结论,使消费者的合法权益受到损害的,应当与食品生产经营者承担连带责任。

第一百四十条 违反本法规定,在广告中对食品作虚假宣传,欺骗消费者,或者发布未取得批准文件、广告内容与批准文件不一致的保健食品广告的,依照《中华人民共和国广告法》的规定给予处罚。

广告经营者、发布者设计、制作、发布虚假食品广告,使消费者的合法权益受到损害的,应当与食品生产经营者承担连带责任。

社会团体或者其他组织、个人在虚假广告或者其他虚假宣传中向消费者推荐食品,使消费者的合法权益受到损害的,应当与食品生产经营者承担连带责任。

违反本法规定,食品药品监督管理等部门、食品检验机构、食品行业协会以广告或者其他形式向消费者推荐食品,消费者组织以收取费用或者其他牟取利益的方式向消费者推荐食品的,由有关主管部门没收违法所得,依法对直接负责的主管人员和其他直接责任人员给予记大过、降级或者撤职处分;情节严重的,给予开除处分。

对食品作虚假宣传且情节严重的,由省级以上人民政府食品药品监督管理部门决定暂停销售该食品,并向社会公布;仍然销售该食品的,由县级以上人民政府食品药品监督管理部门没收违法所得和违法销售的食品,并处二万元以上五万元以下罚款。

第一百四十一条 违反本法规定,编造、散布虚假食品安全信息,构成违反治安管理行为的,由公安机关依法给予治安管理处罚。

媒体编造、散布虚假食品安全信息的,由有关主管部门依法给予处罚,并对直接负责的主管人员和其他直接责任人员给予处分;使公民、法人或者其他组织的合法权益受到损害的,依法承担消除影响、恢复名誉、赔偿损失、赔礼道歉等民事责任。

第一百四十二条 违反本法规定,县级以上地方人民政府有下列行为之一的,对直接负责的主管人员和其他直接责任人员给予记大过处分;情节较重的,给予降级或者撤职处分;情节严重的,给予开除处分;造成严重后果的,其主要负责人还应当引咎辞职:

(一)对发生在本行政区域内的食品安全事故,未及时组织协调有关部门开展有效处置,造成不良影响或者损失;

(二)对本行政区域内涉及多环节的区域性食品安全问题,未及时组织整治,造成不良影响或者损失;

(三)隐瞒、谎报、缓报食品安全事故;

(四)本行政区域内发生特别重大食品安全事故,或者连续发生重大食品安全事故。

第一百四十三条 违反本法规定,县级以上地方人民政府有下列行为之一的,对直接负责的主管人员和其他直接责任人员给予警告、记过或者记大过处分;造成严重后果的,给予降级或者撤职处分:

(一)未确定有关部门的食品安全监督管理职责,未建立健全食品安全全程监督管理工作机制和信息共享机制,未落实食品安全监督管理责任制;

(二)未制定本行政区域的食品安全事故应急预案,或者发生食品安全事故后未按规定立即成立事故处置指挥机构、启动应急预案。

第一百四十四条 违反本法规定,县级以上人民政府食品药品监督管理、卫生行政、质量监督、农业行政等部门有下列行为之一的,对直接负责的主管人员和其他直接责任人员给予记大过处分;情节较重的,

给予降级或者撤职处分;情节严重的,给予开除处分;造成严重后果的,其主要负责人还应当引咎辞职:

（一）隐瞒、谎报、缓报食品安全事故;

（二）未按规定查处食品安全事故,或者接到食品安全事故报告未及时处理,造成事故扩大或者蔓延;

（三）经食品安全风险评估得出食品、食品添加剂、食品相关产品不安全结论后,未及时采取相应措施,造成食品安全事故或不良社会影响;

（四）对不符合条件的申请人准予许可,或者超越法定职权准予许可;

（五）不履行食品安全监督管理职责,导致发生食品安全事故。

第一百四十五条 违反本法规定,县级以上人民政府食品药品监督管理、卫生行政、质量监督、农业行政等部门有下列行为之一,造成不良后果的,对直接负责的主管人员和其他直接责任人员给予警告、记过或者记大过处分;情节较重的,给予降级或者撤职处分;情节严重的,给予开除处分:

（一）在获知有关食品安全信息后,未按规定向上级主管部门和本级人民政府报告,或者未按规定相互通报;

（二）未按规定公布食品安全信息;

（三）不履行法定职责,对查处食品安全违法行为不配合,或者滥用职权、玩忽职守、徇私舞弊。

第一百四十六条 食品药品监督管理、质量监督等部门在履行食品安全监督管理职责过程中,违法实施检查、强制等执法措施,给生产经营者造成损失的,应当依法予以赔偿,对直接负责的主管人员和其他直接责任人员依法给予处分。

第一百四十七条 违反本法规定,造成人身、财产或者其他损害的,依法承担赔偿责任。生产经营者财产不足以同时承担民事赔偿责任和缴纳罚款、罚金时,先承担民事赔偿责任。

第一百四十八条 消费者因不符合食品安全标准的食品受到损害的,可以向经营者要求赔偿损失,也可以向生产者要求赔偿损失。接到消费者赔偿要求的生产经营者,应当实行首负责任制,先行赔付,不得推诿;属于生产者责任的,经营者赔偿后有权向生产者追偿;属于经营者责任的,生产者赔偿后有权向经营者追偿。

生产不符合食品安全标准的食品或者经营明知是不符合食品安全标准的食品,消费者除要求赔偿损失外,还可以向生产者或者经营者要求支付价款十倍或者损失三倍的赔偿金;增加赔偿的金额不足一千元的,为一千元。但是,食品的标签、说明书存在不影响食品安全且不会对消费者造成误导的瑕疵的除外。

第一百四十九条 违反本法规定,构成犯罪的,依法追究刑事责任。

第十章 附 则

第一百五十条 本法下列用语的含义:

食品,指各种供人食用或者饮用的成品和原料以及按照传统既是食品又是中药材的物品,但是不包括以治疗为目的的物品。

食品安全,指食品无毒、无害,符合应当有的营养要求,对人体健康不造成任何急性、亚急性或者慢性危害。

预包装食品,指预先定量包装或者制作在包装材料、容器中的食品。

食品添加剂,指为改善食品品质和色、香、味以及为防腐、保鲜和加工工艺的需要而加入食品中的人工合成或者天然物质,包括营养强化剂。

用于食品的包装材料和容器,指包装、盛放食品或者食品添加剂用的纸、竹、木、金属、搪瓷、陶瓷、塑料、橡胶、天然纤维、化学纤维、玻璃等制品和直接接触食品或者食品添加剂的涂料。

用于食品生产经营的工具、设备,指在食品或者食品添加剂生产、销售、使用过程中直接接触食品或者食品添加剂的机械、管道、传送带、容器、用具、餐具等。

用于食品的洗涤剂、消毒剂,指直接用于洗涤或者消毒食品、餐具、饮具以及直接接触食品的工具、设备或者食品包装材料和容器的物质。

食品保质期,指食品在标明的贮存条件下保持品质的期限。

食源性疾病,指食品中致病因素进入人体引起的感染性、中毒性等疾病,包括食物中毒。

食品安全事故,指食源性疾病、食品污染等源于食品,对人体健康有危害或者可能有危害的事故。

第一百五十一条 转基因食品和食盐的食品安全管理,本法未作规定的,适用其他法律、行政法规的规定。

第一百五十二条 铁路、民航运营中食品安全的管理办法由国务院食品药品监督管理部门会同国务院有关部门依照本法制定。

保健食品的具体管理办法由国务院食品药品监督管理部门依照本法制定。

食品相关产品生产活动的具体管理办法由国务院质量监督部门依照本法制定。

国境口岸食品的监督管理由出入境检验检疫机构依照本法以及有关法律、行政法规的规定实施。

军队专用食品和自供食品的食品安全管理办法由中央军事委员会依照本法制定。

第一百五十三条 国务院根据实际需要,可以对食品安全监督管理体制作出调整。

第一百五十四条 本法自 2015 年 10 月 1 日起施行。

中华人民共和国传染病防治法

(1989 年 2 月 21 日第七届全国人民代表大会常务委员会第六次会议通过 2004 年 8 月 28 日第十届全国人民代表大会常务委员会第十一次会议第一次修订 2013 年 6 月 29 日第十二届全国人民代表大会常务委员会第 3 次会议第二次修正)

第一章 总 则

第一条 为了预防、控制和消除传染病的发生与流行,保障人体健康和公共卫生,制定本法。

第二条 国家对传染病防治实行预防为主的方针,防治结合、分类管理、依靠科学、依靠群众。

第三条 本法规定的传染病分为甲类、乙类和丙类。

甲类传染病是指:鼠疫、霍乱。

乙类传染病是指:传染性非典型肺炎、艾滋病、病毒性肝炎、脊髓灰质炎、人感染高致病性禽流感、麻疹、流行性出血热、狂犬病、流行性乙型脑炎、登革热、炭疽、细菌性和阿米巴性痢疾、肺结核、伤寒和副伤寒、流行性脑脊髓膜炎、百日咳、白喉、新生儿破伤风、猩红热、布鲁氏菌病、淋病、梅毒、钩端螺旋体病、血吸虫病、疟疾。

丙类传染病是指:流行性感冒、流行性腮腺炎、风疹、急性出血性结膜炎、麻风病、流行性和地方性斑疹伤寒、黑热病、包虫病、丝虫病,除霍乱、细菌性和阿米巴性痢疾、伤寒和副伤寒以外的感染性腹泻病。

国务院卫生行政部门根据传染病暴发、流行情况和危害程度,可以决定增加、减少或者调整乙类、丙类传染病病种并予以公布。

第四条 对乙类传染病中传染性非典型肺炎、炭疽中的肺炭疽和人感染高致病性禽流感,采取本法所称甲类传染病的预防、控制措施。其他乙类传染病和突发原因不明的传染病需要采取本法所称甲类传染病的预防、控制措施的,由国务院卫生行政部门及时报经国务院批准后予以公布、实施。

需要解除依照前款规定采取的甲类传染病预防、控制措施的,由国务院卫生行政部门报经国务院批准后予以公布。

省、自治区、直辖市人民政府对本行政区域内常见、多发的其他地方性传染病,可以根据情况决定按照乙类或者丙类传染病管理并予以公布,报国务院卫生行政部门备案。

第五条　各级人民政府领导传染病防治工作。

县级以上人民政府制定传染病防治规划并组织实施,建立健全传染病防治的疾病预防控制、医疗救治和监督管理体系。

第六条　国务院卫生行政部门主管全国传染病防治及其监督管理工作。县级以上地方人民政府卫生行政部门负责本行政区域内的传染病防治及其监督管理工作。

县级以上人民政府其他部门在各自的职责范围内负责传染病防治工作。

军队的传染病防治工作,依照本法和国家有关规定办理,由中国人民解放军卫生主管部门实施监督管理。

第七条　各级疾病预防控制机构承担传染病监测、预测、流行病学调查、疫情报告以及其他预防、控制工作。

医疗机构承担与医疗救治有关的传染病防治工作和责任区域内的传染病预防工作。城市社区和农村基层医疗机构在疾病预防控制机构的指导下,承担城市社区、农村基层相应的传染病防治工作。

第八条　国家发展现代医学和中医药等传统医学,支持和鼓励开展传染病防治的科学研究,提高传染病防治的科学技术水平。

国家支持和鼓励开展传染病防治的国际合作。

第九条　国家支持和鼓励单位和个人参与传染病防治工作。各级人民政府应当完善有关制度,方便单位和个人参与防治传染病的宣传教育、疫情报告、志愿服务和捐赠活动。

居民委员会、村民委员会应当组织居民、村民参与社区、农村的传染病预防与控制活动。

第十条　国家开展预防传染病的健康教育。新闻媒体应当无偿开展传染病防治和公共卫生教育的公益宣传。

各级各类学校应当对学生进行健康知识和传染病预防知识的教育。

医学院校应当加强预防医学教育和科学研究,对在校学生以及其他与传染病防治相关人员进行预防医学教育和培训,为传染病防治工作提供技术支持。

疾病预防控制机构、医疗机构应当定期对其工作人员进行传染病防治知识、技能的培训。

第十一条　对在传染病防治工作中做出显著成绩和贡献的单位和个人,给予表彰和奖励。

对因参与传染病防治工作致病、致残、死亡的人员,按照有关规定给予补助、抚恤。

第十二条　在中华人民共和国领域内的一切单位和个人,必须接受疾病预防控制机构、医疗机构有关传染病的调查、检验、采集样本、隔离治疗等预防、控制措施,如实提供有关情况。疾病预防控制机构、医疗机构不得泄露涉及个人隐私的有关信息、资料。

卫生行政部门以及其他有关部门、疾病预防控制机构和医疗机构因违法实施行政管理或者预防、控制措施,侵犯单位和个人合法权益的,有关单位和个人可以依法申请行政复议或者提起诉讼。

第二章　传染病预防

第十三条　各级人民政府组织开展群众性卫生活动,进行预防传染病的健康教育,倡导文明健康的生活方式,提高公众对传染病的防治意识和应对能力,加强环境卫生建设,消除鼠害和蚊、蝇等病媒生物的危害。

各级人民政府农业、水利、林业行政部门按照职责分工负责指导和组织消除农田、湖区、河流、牧场、林区的鼠害与血吸虫危害,以及其他传播传染病的动物和病媒生物的危害。

铁路、交通、民用航空行政部门负责组织消除交通工具以及相关场所的鼠害和蚊、蝇等病媒生物的危害。

第十四条　地方各级人民政府应当有计划地建设和改造公共卫生设施,改善饮用水卫生条件,对污水、污物、粪便进行无害化处置。

第十五条　国家实行有计划的预防接种制度。国务院卫生行政部门和省、自治区、直辖市人民政府卫生行政部门,根据传染病预防、控制的需要,制定传染病预防接种规划并组织实施。用于预防接种的疫苗必须符合国家质量标准。

国家对儿童实行预防接种证制度。国家免疫规划项目的预防接种实行免费。医疗机构、疾病预防控制机构与儿童的监护人应当相互配合,保证儿童及时接受预防接种。具体办法由国务院制定。

第十六条 国家和社会应当关心、帮助传染病病人、病原携带者和疑似传染病病人,使其得到及时救治。任何单位和个人不得歧视传染病病人、病原携带者和疑似传染病病人。

传染病病人、病原携带者和疑似传染病病人,在治愈前或者在排除传染病嫌疑前,不得从事法律、行政法规和国务院卫生行政部门规定禁止从事的易使该传染病扩散的工作。

第十七条 国家建立传染病监测制度。

国务院卫生行政部门制定国家传染病监测规划和方案。省、自治区、直辖市人民政府卫生行政部门根据国家传染病监测规划和方案,制定本行政区域的传染病监测计划和工作方案。

各级疾病预防控制机构对传染病的发生、流行以及影响其发生、流行的因素,进行监测;对国外发生、国内尚未发生的传染病或者国内新发生的传染病,进行监测。

第十八条 各级疾病预防控制机构在传染病预防控制中履行下列职责:

(一)实施传染病预防控制规划、计划和方案;

(二)收集、分析和报告传染病监测信息,预测传染病的发生、流行趋势;

(三)开展对传染病疫情和突发公共卫生事件的流行病学调查、现场处理及其效果评价;

(四)开展传染病实验室检测、诊断、病原学鉴定;

(五)实施免疫规划,负责预防性生物制品的使用管理;

(六)开展健康教育、咨询,普及传染病防治知识;

(七)指导、培训下级疾病预防控制机构及其工作人员开展传染病监测工作;

(八)开展传染病防治应用性研究和卫生评价,提供技术咨询。

国家、省级疾病预防控制机构负责对传染病发生、流行以及分布进行监测,对重大传染病流行趋势进行预测,提出预防控制对策,参与并指导对暴发的疫情进行调查处理,开展传染病病原学鉴定,建立检测质量控制体系,开展应用性研究和卫生评价。

设区的市和县级疾病预防控制机构负责传染病预防控制规划、方案的落实,组织实施免疫、消毒、控制病媒生物的危害,普及传染病防治知识,负责本地区疫情和突发公共卫生事件监测、报告,开展流行病学调查和常见病原微生物检测。

第十九条 国家建立传染病预警制度。

国务院卫生行政部门和省、自治区、直辖市人民政府根据传染病发生、流行趋势的预测,及时发出传染病预警,根据情况予以公布。

第二十条 县级以上地方人民政府应当制定传染病预防、控制预案,报上一级人民政府备案。

传染病预防、控制预案应当包括以下主要内容:

(一)传染病预防控制指挥部的组成和相关部门的职责;

(二)传染病的监测、信息收集、分析、报告、通报制度;

(三)疾病预防控制机构、医疗机构在发生传染病疫情时的任务与职责;

(四)传染病暴发、流行情况的分级以及相应的应急工作方案;

(五)传染病预防、疫点疫区现场控制,应急设施、设备、救治药品和医疗器械以及其他物资和技术的储备与调用。

地方人民政府和疾病预防控制机构接到国务院卫生行政部门或者省、自治区、直辖市人民政府发出的传染病预警后,应当按照传染病预防、控制预案,采取相应的预防、控制措施。

第二十一条 医疗机构必须严格执行国务院卫生行政部门规定的管理制度、操作规范,防止传染病的医源性感染和医院感染。

医疗机构应当确定专门的部门或者人员,承担传染病疫情报告、本单位的传染病预防、控制以及责任区域内的传染病预防工作;承担医疗活动中与医院感染有关的危险因素监测、安全防护、消毒、隔离和医疗废物处置工作。

疾病预防控制机构应当指定专门人员负责对医疗机构内传染病预防工作进行指导、考核,开展流行病学调查。

第二十二条 疾病预防控制机构、医疗机构的实验室和从事病原微生物实验的单位,应当符合国家规定的条件和技术标准,建立严格的监督管理制度,对传染病病原体样本按照规定的措施实行严格监督管理,严防传染病病原体的实验室感染和病原微生物的扩散。

第二十三条 采供血机构、生物制品生产单位必须严格执行国家有关规定,保证血液、血液制品的质量。禁止非法采集血液或者组织他人出卖血液。

疾病预防控制机构、医疗机构使用血液和血液制品,必须遵守国家有关规定,防止因输入血液、使用血液制品引起经血液传播疾病的发生。

第二十四条 各级人民政府应当加强艾滋病的防治工作,采取预防、控制措施,防止艾滋病的传播。具体办法由国务院制定。

第二十五条 县级以上人民政府农业、林业行政部门以及其他有关部门,依据各自的职责负责与人畜共患传染病有关的动物传染病的防治管理工作。

与人畜共患传染病有关的野生动物、家畜家禽,经检疫合格后,方可出售、运输。

第二十六条 国家建立传染病菌种、毒种库。

对传染病菌种、毒种和传染病检测样本的采集、保藏、携带、运输和使用实行分类管理,建立健全严格的管理制度。

对可能导致甲类传染病传播的以及国务院卫生行政部门规定的菌种、毒种和传染病检测样本,确需采集、保藏、携带、运输和使用的,须经省级以上人民政府卫生行政部门批准。具体办法由国务院制定。

第二十七条 对被传染病病原体污染的污水、污物、场所和物品,有关单位和个人必须在疾病预防控制机构的指导下或者按照其提出的卫生要求,进行严格消毒处理;拒绝消毒处理的,由当地卫生行政部门或者疾病预防控制机构进行强制消毒处理。

第二十八条 在国家确认的自然疫源地计划兴建水利、交通、旅游、能源等大型建设项目的,应当事先由省级以上疾病预防控制机构对施工环境进行卫生调查。建设单位应当根据疾病预防控制机构的意见,采取必要的传染病预防、控制措施。施工期间,建设单位应当设专人负责工地上的卫生防疫工作。工程竣工后,疾病预防控制机构应当对可能发生的传染病进行监测。

第二十九条 用于传染病防治的消毒产品、饮用水供水单位供应的饮用水和涉及饮用水卫生安全的产品,应当符合国家卫生标准和卫生规范。

饮用水供水单位从事生产或者供应活动,应当依法取得卫生许可证。

生产用于传染病防治的消毒产品的单位和生产用于传染病防治的消毒产品,应当经省级以上人民政府卫生行政部门审批。具体办法由国务院制定。

第三章 疫情报告、通报和公布

第三十条 疾病预防控制机构、医疗机构和采供血机构及其执行职务的人员发现本法规定的传染病疫情或者发现其他传染病暴发、流行以及突发原因不明的传染病时,应当遵循疫情报告属地管理原则,按照国务院规定的或者国务院卫生行政部门规定的内容、程序、方式和时限报告。

军队医疗机构向社会公众提供医疗服务,发现前款规定的传染病疫情时,应当按照国务院卫生行政部门的规定报告。

第三十一条 任何单位和个人发现传染病病人或者疑似传染病病人时,应当及时向附近的疾病预防控制机构或者医疗机构报告。

第三十二条　港口、机场、铁路疾病预防控制机构以及国境卫生检疫机关发现甲类传染病病人、病原携带者、疑似传染病病人时,应当按照国家有关规定立即向国境口岸所在地的疾病预防控制机构或者所在地县级以上地方人民政府卫生行政部门报告并互相通报。

第三十三条　疾病预防控制机构应当主动收集、分析、调查、核实传染病疫情信息。接到甲类、乙类传染病疫情报告或者发现传染病暴发、流行时,应当立即报告当地卫生行政部门,由当地卫生行政部门立即报告当地人民政府,同时报告上级卫生行政部门和国务院卫生行政部门。

疾病预防控制机构应当设立或者指定专门的部门、人员负责传染病疫情信息管理工作,及时对疫情报告进行核实、分析。

第三十四条　县级以上地方人民政府卫生行政部门应当及时向本行政区域内的疾病预防控制机构和医疗机构通报传染病疫情以及监测、预警的相关信息。接到通报的疾病预防控制机构和医疗机构应当及时告知本单位的有关人员。

第三十五条　国务院卫生行政部门应当及时向国务院其他有关部门和各省、自治区、直辖市人民政府卫生行政部门通报全国传染病疫情以及监测、预警的相关信息。

毗邻的以及相关的地方人民政府卫生行政部门,应当及时互相通报本行政区域的传染病疫情以及监测、预警的相关信息。

县级以上人民政府有关部门发现传染病疫情时,应当及时向同级人民政府卫生行政部门通报。

中国人民解放军卫生主管部门发现传染病疫情时,应当向国务院卫生行政部门通报。

第三十六条　动物防疫机构和疾病预防控制机构,应当及时互相通报动物间和人间发生的人畜共患传染病疫情以及相关信息。

第三十七条　依照本法的规定负有传染病疫情报告职责的人民政府有关部门、疾病预防控制机构、医疗机构、采供血机构及其工作人员,不得隐瞒、谎报、缓报传染病疫情。

第三十八条　国家建立传染病疫情信息公布制度。

国务院卫生行政部门定期公布全国传染病疫情信息。省、自治区、直辖市人民政府卫生行政部门定期公布本行政区域的传染病疫情信息。

传染病暴发、流行时,国务院卫生行政部门负责向社会公布传染病疫情信息,并可以授权省、自治区、直辖市人民政府卫生行政部门向社会公布本行政区域的传染病疫情信息。

公布传染病疫情信息应当及时、准确。

第四章　疫情控制

第三十九条　医疗机构发现甲类传染病时,应当及时采取下列措施:

(一)对病人、病原携带者,予以隔离治疗,隔离期限根据医学检查结果确定;

(二)对疑似病人,确诊前在指定场所单独隔离治疗;

(三)对医疗机构内的病人、病原携带者、疑似病人的密切接触者,在指定场所进行医学观察和采取其他必要的预防措施。

拒绝隔离治疗或者隔离期未满擅自脱离隔离治疗的,可以由公安机关协助医疗机构采取强制隔离治疗措施。

医疗机构发现乙类或者丙类传染病病人,应当根据病情采取必要的治疗和控制传播措施。

医疗机构对本单位内被传染病病原体污染的场所、物品以及医疗废物,必须依照法律、法规的规定实施消毒和无害化处置。

第四十条　疾病预防控制机构发现传染病疫情或者接到传染病疫情报告时,应当及时采取下列措施:

(一)对传染病疫情进行流行病学调查,根据调查情况提出划定疫点、疫区的建议,对被污染的场所进行卫生处理,对密切接触者,在指定场所进行医学观察和采取其他必要的预防措施,并向卫生行政部门提出疫情控制方案;

（二）传染病暴发、流行时，对疫点、疫区进行卫生处理，向卫生行政部门提出疫情控制方案，并按照卫生行政部门的要求采取措施；

（三）指导下级疾病预防控制机构实施传染病预防、控制措施，组织、指导有关单位对传染病疫情的处理。

第四十一条 对已经发生甲类传染病病例的场所或者该场所内的特定区域的人员，所在地的县级以上地方人民政府可以实施隔离措施，并同时向上一级人民政府报告；接到报告的上级人民政府应当及时作出是否批准的决定。上级人民政府作出不予批准决定的，实施隔离措施的人民政府应当立即解除隔离措施。

在隔离期间，实施隔离措施的人民政府应当对被隔离人员提供生活保障；被隔离人员有工作单位的，所在单位不得停止支付其隔离期间的工作报酬。

隔离措施的解除，由原决定机关决定并宣布。

第四十二条 传染病暴发、流行时，县级以上地方人民政府应当立即组织力量，按照预防、控制预案进行防治，切断传染病的传播途径，必要时，报经上一级人民政府决定，可以采取下列紧急措施并予以公告：

（一）限制或者停止集市、影剧院演出或者其他人群聚集的活动；

（二）停工、停业、停课；

（三）封闭或者封存被传染病病原体污染的公共饮用水源、食品以及相关物品；

（四）控制或者扑杀染疫野生动物、家畜家禽；

（五）封闭可能造成传染病扩散的场所。

上级人民政府接到下级人民政府关于采取前款所列紧急措施的报告时，应当及时作出决定。

紧急措施的解除，由原决定机关决定并宣布。

第四十三条 甲类、乙类传染病暴发、流行时，县级以上地方人民政府报经上一级人民政府决定，可以宣布本行政区域部分或者全部为疫区；国务院可以决定并宣布跨省、自治区、直辖市的疫区。县级以上地方人民政府可以在疫区内采取本法第四十二条规定的紧急措施，并可以对出入疫区的人员、物资和交通工具实施卫生检疫。

省、自治区、直辖市人民政府可以决定对本行政区域内的甲类传染病疫区实施封锁；但是，封锁大、中城市的疫区或者封锁跨省、自治区、直辖市的疫区，以及封锁疫区导致中断干线交通或者封锁国境的，由国务院决定。

疫区封锁的解除，由原决定机关决定并宣布。

第四十四条 发生甲类传染病时，为了防止该传染病通过交通工具及其乘运的人员、物资传播，可以实施交通卫生检疫。具体办法由国务院制定。

第四十五条 传染病暴发、流行时，根据传染病疫情控制的需要，国务院有权在全国范围或者跨省、自治区、直辖市范围内，县级以上地方人民政府有权在本行政区域内紧急调集人员或者调用储备物资，临时征用房屋、交通工具以及相关设施、设备。

紧急调集人员的，应当按照规定给予合理报酬。临时征用房屋、交通工具以及相关设施、设备的，应当依法给予补偿；能返还的，应当及时返还。

第四十六条 患甲类传染病、炭疽死亡的，应当将尸体立即进行卫生处理，就近火化。患其他传染病死亡的，必要时，应当将尸体进行卫生处理后火化或者按照规定深埋。

为了查找传染病病因，医疗机构在必要时可以按照国务院卫生行政部门的规定，对传染病病人尸体或者疑似传染病病人尸体进行解剖查验，并应当告知死者家属。

第四十七条 疫区中被传染病病原体污染或者可能被传染病病原体污染的物品，经消毒可以使用的，应当在当地疾病预防控制机构的指导下，进行消毒处理后，方可使用、出售和运输。

第四十八条 发生传染病疫情时，疾病预防控制机构和省级以上人民政府卫生行政部门指派的其他与传染病有关的专业技术机构，可以进入传染病疫点、疫区进行调查、采集样本、技术分析和检验。

第四十九条　传染病暴发、流行时，药品和医疗器械生产、供应单位应当及时生产、供应防治传染病的药品和医疗器械。铁路、交通、民用航空经营单位必须优先运送处理传染病疫情的人员以及防治传染病的药品和医疗器械。县级以上人民政府有关部门应当做好组织协调工作。

第五章　医疗救治

第五十条　县级以上人民政府应当加强和完善传染病医疗救治服务网络的建设，指定具备传染病救治条件和能力的医疗机构承担传染病救治任务，或者根据传染病救治需要设置传染病医院。

第五十一条　医疗机构的基本标准、建筑设计和服务流程，应当符合预防传染病医院感染的要求。

医疗机构应当按照规定对使用的医疗器械进行消毒；对按照规定一次使用的医疗器具，应当在使用后予以销毁。

医疗机构应当按照国务院卫生行政部门规定的传染病诊断标准和治疗要求，采取相应措施，提高传染病医疗救治能力。

第五十二条　医疗机构应当对传染病病人或者疑似传染病病人提供医疗救护、现场救援和接诊治疗，书写病历记录以及其他有关资料，并妥善保管。

医疗机构应当实行传染病预检、分诊制度；对传染病病人、疑似传染病病人，应当引导至相对隔离的分诊点进行初诊。医疗机构不具备相应救治能力的，应当将患者及其病历记录复印件一并转至具备相应救治能力的医疗机构。具体办法由国务院卫生行政部门规定。

第六章 监督管理

第五十三条　县级以上人民政府卫生行政部门对传染病防治工作履行下列监督检查职责：

（一）对下级人民政府卫生行政部门履行本法规定的传染病防治职责进行监督检查；

（二）对疾病预防控制机构、医疗机构的传染病防治工作进行监督检查；

（三）对采供血机构的采供血活动进行监督检查；

（四）对用于传染病防治的消毒产品及其生产单位进行监督检查，对饮用水供水单位从事生产或者供应活动以及涉及饮用水卫生安全的产品进行监督检查；

（五）对传染病菌种、毒种和传染病检测样本的采集、保藏、携带、运输、使用进行监督检查；

（六）对公共场所和有关单位的卫生条件和传染病预防、控制措施进行监督检查。

省级以上人民政府卫生行政部门负责组织对传染病防治重大事项的处理。

第五十四条　县级以上人民政府卫生行政部门在履行监督检查职责时，有权进入被检查单位和传染病疫情发生现场调查取证，查阅或者复制有关的资料和采集样本。被检查单位应当予以配合，不得拒绝、阻挠。

第五十五条　县级以上地方人民政府卫生行政部门在履行监督检查职责时，发现被传染病病原体污染的公共饮用水源、食品以及相关物品，如不及时采取控制措施可能导致传染病传播、流行的，可以采取封闭公共饮用水源、封存食品以及相关物品或者暂停销售的临时控制措施，并予以检验或者进行消毒。经检验，属于被污染的食品，应当予以销毁；对未被污染的食品或者经消毒后可以使用的物品，应当解除控制措施。

第五十六条　卫生行政部门工作人员依法执行职务时，应当不少于两人，并出示执法证件，填写卫生执法文书。

卫生执法文书经核对无误后，应当由卫生执法人员和当事人签名。当事人拒绝签名的，卫生执法人员应当注明情况。

第五十七条　卫生行政部门应当依法建立健全内部监督制度，对其工作人员依据法定职权和程序履行职责的情况进行监督。

上级卫生行政部门发现下级卫生行政部门不及时处理职责范围内的事项或者不履行职责的,应当责令纠正或者直接予以处理。

第五十八条 卫生行政部门及其工作人员履行职责,应当自觉接受社会和公民的监督。单位和个人有权向上级人民政府及其卫生行政部门举报违反本法的行为。接到举报的有关人民政府或者其卫生行政部门,应当及时调查处理。

第七章 保障措施

第五十九条 国家将传染病防治工作纳入国民经济和社会发展计划,县级以上地方人民政府将传染病防治工作纳入本行政区域的国民经济和社会发展计划。

第六十条 县级以上地方人民政府按照本级政府职责负责本行政区域内传染病预防、控制、监督工作的日常经费。

国务院卫生行政部门会同国务院有关部门,根据传染病流行趋势,确定全国传染病预防、控制、救治、监测、预测、预警、监督检查等项目。中央财政对困难地区实施重大传染病防治项目给予补助。

省、自治区、直辖市人民政府根据本行政区域内传染病流行趋势,在国务院卫生行政部门确定的项目范围内,确定传染病预防、控制、监督等项目,并保障项目的实施经费。

第六十一条 国家加强基层传染病防治体系建设,扶持贫困地区和少数民族地区的传染病防治工作。地方各级人民政府应当保障城市社区、农村基层传染病预防工作的经费。

第六十二条 国家对患有特定传染病的困难人群实行医疗救助,减免医疗费用。具体办法由国务院卫生行政部门会同国务院财政部门等部门制定。

第六十三条 县级以上人民政府负责储备防治传染病的药品、医疗器械和其他物资,以备调用。

第六十四条 对从事传染病预防、医疗、科研、教学、现场处理疫情的人员,以及在生产、工作中接触传染病病原体的其他人员,有关单位应当按照国家规定,采取有效的卫生防护措施和医疗保健措施,并给予适当的津贴。

第八章 法律责任

第六十五条 地方各级人民政府未依照本法的规定履行报告职责,或者隐瞒、谎报、缓报传染病疫情,或者在传染病暴发、流行时,未及时组织救治、采取控制措施的,由上级人民政府责令改正,通报批评;造成传染病传播、流行或者其他严重后果的,对负有责任的主管人员,依法给予行政处分;构成犯罪的,依法追究刑事责任。

第六十六条 县级以上人民政府卫生行政部门违反本法规定,有下列情形之一的,由本级人民政府、上级人民政府卫生行政部门责令改正,通报批评;造成传染病传播、流行或者其他严重后果的,对负有责任的主管人员和其他直接责任人员,依法给予行政处分;构成犯罪的,依法追究刑事责任:

(一)未依法履行传染病疫情通报、报告或者公布职责,或者隐瞒、谎报、缓报传染病疫情的;

(二)发生或者可能发生传染病传播时未及时采取预防、控制措施的;

(三)未依法履行监督检查职责,或者发现违法行为不及时查处的;

(四)未及时调查、处理单位和个人对下级卫生行政部门不履行传染病防治职责的举报的;

(五)违反本法的其他失职、渎职行为。

第六十七条 县级以上人民政府有关部门未依照本法的规定履行传染病防治和保障职责的,由本级人民政府或者上级人民政府有关部门责令改正,通报批评;造成传染病传播、流行或者其他严重后果的,对负有责任的主管人员和其他直接责任人员,依法给予行政处分;构成犯罪的,依法追究刑事责任。

第六十八条 疾病预防控制机构违反本法规定,有下列情形之一的,由县级以上人民政府卫生行政部门责令限期改正,通报批评,给予警告;对负有责任的主管人员和其他直接责任人员,依法给予降级、撤职、

开除的处分,并可以依法吊销有关责任人员的执业证书;构成犯罪的,依法追究刑事责任:

（一）未依法履行传染病监测职责的;

（二）未依法履行传染病疫情报告、通报职责,或者隐瞒、谎报、缓报传染病疫情的;

（三）未主动收集传染病疫情信息,或者对传染病疫情信息和疫情报告未及时进行分析、调查、核实的;

（四）发现传染病疫情时,未依据职责及时采取本法规定的措施的;

（五）故意泄露传染病病人、病原携带者、疑似传染病病人、密切接触者涉及个人隐私的有关信息、资料的。

第六十九条　医疗机构违反本法规定,有下列情形之一的,由县级以上人民政府卫生行政部门责令改正,通报批评,给予警告;造成传染病传播、流行或者其他严重后果的,对负有责任的主管人员和其他直接责任人员,依法给予降级、撤职、开除的处分,并可以依法吊销有关责任人员的执业证书;构成犯罪的,依法追究刑事责任:

（一）未按照规定承担本单位的传染病预防、控制工作、医院感染控制任务和责任区域内的传染病预防工作的;

（二）未按照规定报告传染病疫情,或者隐瞒、谎报、缓报传染病疫情的;

（三）发现传染病疫情时,未按照规定对传染病病人、疑似传染病病人提供医疗救护、现场救援、接诊、转诊的,或者拒绝接受转诊的;

（四）未按照规定对本单位内被传染病病原体污染的场所、物品以及医疗废物实施消毒或者无害化处置的;

（五）未按照规定对医疗器械进行消毒,或者对按照规定一次使用的医疗器具未予销毁,再次使用的;

（六）在医疗救治过程中未按照规定保管医学记录资料的;

（七）故意泄露传染病病人、病原携带者、疑似传染病病人、密切接触者涉及个人隐私的有关信息、资料的。

第七十条　采供血机构未按照规定报告传染病疫情,或者隐瞒、谎报、缓报传染病疫情,或者未执行国家有关规定,导致因输入血液引起经血液传播疾病发生的,由县级以上人民政府卫生行政部门责令改正,通报批评,给予警告;造成传染病传播、流行或者其他严重后果的,对负有责任的主管人员和其他直接责任人员,依法给予降级、撤职、开除的处分,并可以依法吊销采供血机构的执业许可证;构成犯罪的,依法追究刑事责任。

非法采集血液或者组织他人出卖血液的,由县级以上人民政府卫生行政部门予以取缔,没收违法所得,可以并处十万元以下的罚款;构成犯罪的,依法追究刑事责任。

第七十一条　国境卫生检疫机关、动物防疫机构未依法履行传染病疫情通报职责的,由有关部门在各自职责范围内责令改正,通报批评;造成传染病传播、流行或者其他严重后果的,对负有责任的主管人员和其他直接责任人员,依法给予降级、撤职、开除的处分;构成犯罪的,依法追究刑事责任。

第七十二条　铁路、交通、民用航空经营单位未依照本法的规定优先运送处理传染病疫情的人员以及防治传染病的药品和医疗器械的,由有关部门责令限期改正,给予警告;造成严重后果的,对负有责任的主管人员和其他直接责任人员,依法给予降级、撤职、开除的处分。

第七十三条　违反本法规定,有下列情形之一,导致或者可能导致传染病传播、流行的,由县级以上人民政府卫生行政部门责令限期改正,没收违法所得,可以并处五万元以下的罚款;已取得许可证的,原发证部门可以依法暂扣或者吊销许可证;构成犯罪的,依法追究刑事责任:

（一）饮用水供水单位供应的饮用水不符合国家卫生标准和卫生规范的;

（二）涉及饮用水卫生安全的产品不符合国家卫生标准和卫生规范的;

（三）用于传染病防治的消毒产品不符合国家卫生标准和卫生规范的;

（四）出售、运输疫区中被传染病病原体污染或者可能被传染病病原体污染的物品,未进行消毒处理的;

（五）生物制品生产单位生产的血液制品不符合国家质量标准的。

第七十四条 违反本法规定，有下列情形之一的，由县级以上地方人民政府卫生行政部门责令改正，通报批评，给予警告，已取得许可证的，可以依法暂扣或者吊销许可证；造成传染病传播、流行以及其他严重后果的，对负有责任的主管人员和其他直接责任人员，依法给予降级、撤职、开除的处分，并可以依法吊销有关责任人员的执业证书；构成犯罪的，依法追究刑事责任：

（一）疾病预防控制机构、医疗机构和从事病原微生物实验的单位，不符合国家规定的条件和技术标准，对传染病病原体样本未按照规定进行严格管理，造成实验室感染和病原微生物扩散的；

（二）违反国家有关规定，采集、保藏、携带、运输和使用传染病菌种、毒种和传染病检测样本的；

（三）疾病预防控制机构、医疗机构未执行国家有关规定，导致因输入血液、使用血液制品引起经血液传播疾病发生的。

第七十五条 未经检疫出售、运输与人畜共患传染病有关的野生动物、家畜家禽的，由县级以上地方人民政府畜牧兽医行政部门责令停止违法行为，并依法给予行政处罚。

第七十六条 在国家确认的自然疫源地兴建水利、交通、旅游、能源等大型建设项目，未经卫生调查进行施工的，或者未按照疾病预防控制机构的意见采取必要的传染病预防、控制措施的，由县级以上人民政府卫生行政部门责令限期改正，给予警告，处五千元以上三万元以下的罚款；逾期不改正的，处三万元以上十万元以下的罚款，并可以提请有关人民政府依据职责权限，责令停建、关闭。

第七十七条 单位和个人违反本法规定，导致传染病传播、流行，给他人人身、财产造成损害的，应当依法承担民事责任。

第九章 附 则

第七十八条 本法中下列用语的含义：

（一）传染病病人、疑似传染病病人：指根据国务院卫生行政部门发布的《中华人民共和国传染病防治法规定管理的传染病诊断标准》，符合传染病病人和疑似传染病病人诊断标准的人。

（二）病原携带者：指感染病原体无临床症状但能排出病原体的人。

（三）流行病学调查：指对人群中疾病或者健康状况的分布及其决定因素进行调查研究，提出疾病预防控制措施及保健对策。

（四）疫点：指病原体从传染源向周围播散的范围较小或者单个疫源地。

（五）疫区：指传染病在人群中暴发、流行，其病原体向周围播散时所能波及的地区。

（六）人畜共患传染病：指人与脊椎动物共同罹患的传染病，如鼠疫、狂犬病、血吸虫病等。

（七）自然疫源地：指某些可引起人类传染病的病原体在自然界的野生动物中长期存在和循环的地区。

（八）病媒生物：指能够将病原体从人或者其他动物传播给人的生物，如蚊、蝇、蚤类等。

（九）医源性感染：指在医学服务中，因病原体传播引起的感染。

（十）医院感染：指住院病人在医院内获得的感染，包括在住院期间发生的感染和在医院内获得出院后发生的感染，但不包括入院前已开始或者入院时已处于潜伏期的感染。医院工作人员在医院内获得的感染也属医院感染。

（十一）实验室感染：指从事实验室工作时，因接触病原体所致的感染。

（十二）菌种、毒种：指可能引起本法规定的传染病发生的细菌菌种、病毒毒种。

（十三）消毒：指用化学、物理、生物的方法杀灭或者消除环境中的病原微生物。

（十四）疾病预防控制机构：指从事疾病预防控制活动的疾病预防控制中心以及与上述机构业务活动相同的单位。

（十五）医疗机构：指按照《医疗机构管理条例》取得医疗机构执业许可证，从事疾病诊断、治疗活动的机构。

第七十九条 传染病防治中有关食品、药品、血液、水、医疗废物和病原微生物的管理以及动物防疫和国境卫生检疫,本法未规定的,分别适用其他有关法律、行政法规的规定。

第八十条　本法自 2004 年 12 月 1 日起施行。

中华人民共和国精神卫生法

（2012 年 10 月 26 日第十一届全国人民代表大会常务委员会第二十九次会议通过）

第一章　总　　则

第一条　为了发展精神卫生事业,规范精神卫生服务,维护精神障碍患者的合法权益,制定本法。

第二条　在中华人民共和国境内开展维护和增进公民心理健康、预防和治疗精神障碍、促进精神障碍患者康复的活动,适用本法。

第三条　精神卫生工作实行预防为主的方针,坚持预防、治疗和康复相结合的原则。

第四条　精神障碍患者的人格尊严、人身和财产安全不受侵犯。

精神障碍患者的教育、劳动、医疗以及从国家和社会获得物质帮助等方面的合法权益受法律保护。

有关单位和个人应当对精神障碍患者的姓名、肖像、住址、工作单位、病历资料以及其他可能推断出其身份的信息予以保密;但是,依法履行职责需要公开的除外。

第五条　全社会应当尊重、理解、关爱精神障碍患者。

任何组织或者个人不得歧视、侮辱、虐待精神障碍患者,不得非法限制精神障碍患者的人身自由。

新闻报道和文学艺术作品等不得含有歧视、侮辱精神障碍患者的内容。

第六条　精神卫生工作实行政府组织领导、部门各负其责、家庭和单位尽力尽责、全社会共同参与的综合管理机制。

第七条　县级以上人民政府领导精神卫生工作,将其纳入国民经济和社会发展规划,建设和完善精神障碍的预防、治疗和康复服务体系,建立健全精神卫生工作协调机制和工作责任制,对有关部门承担的精神卫生工作进行考核、监督。

乡镇人民政府和街道办事处根据本地区的实际情况,组织开展预防精神障碍发生、促进精神障碍患者康复等工作。

第八条　国务院卫生行政部门主管全国的精神卫生工作。县级以上地方人民政府卫生行政部门主管本行政区域的精神卫生工作。

县级以上人民政府司法行政、民政、公安、教育、人力资源社会保障等部门在各自职责范围内负责有关的精神卫生工作。

第九条　精神障碍患者的监护人应当履行监护职责,维护精神障碍患者的合法权益。

禁止对精神障碍患者实施家庭暴力,禁止遗弃精神障碍患者。

第十条　中国残疾人联合会及其地方组织依照法律、法规或者接受政府委托,动员社会力量,开展精神卫生工作。

村民委员会、居民委员会依照本法的规定开展精神卫生工作,并对所在地人民政府开展的精神卫生工作予以协助。

国家鼓励和支持工会、共产主义青年团、妇女联合会、红十字会、科学技术协会等团体依法开展精神卫生工作。

第十一条　国家鼓励和支持开展精神卫生专门人才的培养,维护精神卫生工作人员的合法权益,加强精神卫生专业队伍建设。

国家鼓励和支持开展精神卫生科学技术研究,发展现代医学、我国传统医学、心理学,提高精神障碍预防、诊断、治疗、康复的科学技术水平。

国家鼓励和支持开展精神卫生领域的国际交流与合作。

第十二条 各级人民政府和县级以上人民政府有关部门应当采取措施,鼓励和支持组织、个人提供精神卫生志愿服务,捐助精神卫生事业,兴建精神卫生公益设施。

对在精神卫生工作中作出突出贡献的组织、个人,按照国家有关规定给予表彰、奖励。

第二章 心理健康促进和精神障碍预防

第十三条 各级人民政府和县级以上人民政府有关部门应当采取措施,加强心理健康促进和精神障碍预防工作,提高公众心理健康水平。

第十四条 各级人民政府和县级以上人民政府有关部门制定的突发事件应急预案,应当包括心理援助的内容。发生突发事件,履行统一领导职责或者组织处置突发事件的人民政府应当根据突发事件的具体情况,按照应急预案的规定,组织开展心理援助工作。

第十五条 用人单位应当创造有益于职工身心健康的工作环境,关注职工的心理健康;对处于职业发展特定时期或者在特殊岗位工作的职工,应当有针对性地开展心理健康教育。

第十六条 各级各类学校应当对学生进行精神卫生知识教育;配备或者聘请心理健康教育教师、辅导人员,并可以设立心理健康辅导室,对学生进行心理健康教育。学前教育机构应当对幼儿开展符合其特点的心理健康教育。

发生自然灾害、意外伤害、公共安全事件等可能影响学生心理健康的事件,学校应当及时组织专业人员对学生进行心理援助。

教师应当学习和了解相关的精神卫生知识,关注学生心理健康状况,正确引导、激励学生。地方各级人民政府教育行政部门和学校应当重视教师心理健康。

学校和教师应当与学生父母或者其他监护人、近亲属沟通学生心理健康情况。

第十七条 医务人员开展疾病诊疗服务,应当按照诊断标准和治疗规范的要求,对就诊者进行心理健康指导;发现就诊者可能患有精神障碍的,应当建议其到符合本法规定的医疗机构就诊。

第十八条 监狱、看守所、拘留所、强制隔离戒毒所等场所,应当对服刑人员,被依法拘留、逮捕、强制隔离戒毒的人员等,开展精神卫生知识宣传,关注其心理健康状况,必要时提供心理咨询和心理辅导。

第十九条 县级以上地方人民政府人力资源社会保障、教育、卫生、司法行政、公安等部门应当在各自职责范围内分别对本法第十五条至第十八条规定的单位履行精神障碍预防义务的情况进行督促和指导。

第二十条 村民委员会、居民委员会应当协助所在地人民政府及其有关部门开展社区心理健康指导、精神卫生知识宣传教育活动,创建有益于居民身心健康的社区环境。

乡镇卫生院或者社区卫生服务机构应当为村民委员会、居民委员会开展社区心理健康指导、精神卫生知识宣传教育活动提供技术指导。

第二十一条 家庭成员之间应当相互关爱,创造良好、和睦的家庭环境,提高精神障碍预防意识;发现家庭成员可能患有精神障碍的,应当帮助其及时就诊,照顾其生活,做好看护管理。

第二十二条 国家鼓励和支持新闻媒体、社会组织开展精神卫生的公益性宣传,普及精神卫生知识,引导公众关注心理健康,预防精神障碍的发生。

第二十三条 心理咨询人员应当提高业务素质,遵守执业规范,为社会公众提供专业化的心理咨询服务。

心理咨询人员不得从事心理治疗或者精神障碍的诊断、治疗。

心理咨询人员发现接受咨询的人员可能患有精神障碍的,应当建议其到符合本法规定的医疗机构就诊。

心理咨询人员应当尊重接受咨询人员的隐私,并为其保守秘密。

第二十四条　国务院卫生行政部门建立精神卫生监测网络,实行严重精神障碍发病报告制度,组织开展精神障碍发生状况、发展趋势等的监测和专题调查工作。精神卫生监测和严重精神障碍发病报告管理办法,由国务院卫生行政部门制定。

国务院卫生行政部门应当会同有关部门、组织,建立精神卫生工作信息共享机制,实现信息互联互通、交流共享。

第三章　精神障碍的诊断和治疗

第二十五条　开展精神障碍诊断、治疗活动,应当具备下列条件,并依照医疗机构的管理规定办理有关手续:

（一）有与从事的精神障碍诊断、治疗相适应的精神科执业医师、护士;

（二）有满足开展精神障碍诊断、治疗需要的设施和设备;

（三）有完善的精神障碍诊断、治疗管理制度和质量监控制度。

从事精神障碍诊断、治疗的专科医疗机构还应当配备从事心理治疗的人员。

第二十六条　精神障碍的诊断、治疗,应当遵循维护患者合法权益、尊重患者人格尊严的原则,保障患者在现有条件下获得良好的精神卫生服务。

精神障碍分类、诊断标准和治疗规范,由国务院卫生行政部门组织制定。

第二十七条　精神障碍的诊断应当以精神健康状况为依据。

除法律另有规定外,不得违背本人意志进行确定其是否患有精神障碍的医学检查。

第二十八条　除个人自行到医疗机构进行精神障碍诊断外,疑似精神障碍患者的近亲属可以将其送往医疗机构进行精神障碍诊断。对查找不到近亲属的流浪乞讨疑似精神障碍患者,由当地民政等有关部门按照职责分工,帮助送往医疗机构进行精神障碍诊断。

疑似精神障碍患者发生伤害自身、危害他人安全的行为,或者有伤害自身、危害他人安全的危险的,其近亲属、所在单位、当地公安机关应当立即采取措施予以制止,并将其送往医疗机构进行精神障碍诊断。

医疗机构接到送诊的疑似精神障碍患者,不得拒绝为其作出诊断。

第二十九条　精神障碍的诊断应当由精神科执业医师作出。

医疗机构接到依照本法第二十八条第二款规定送诊的疑似精神障碍患者,应当将其留院,立即指派精神科执业医师进行诊断,并及时出具诊断结论。

第三十条　精神障碍的住院治疗实行自愿原则。

诊断结论、病情评估表明,就诊者为严重精神障碍患者并有下列情形之一的,应当对其实施住院治疗:

（一）已经发生伤害自身的行为,或者有伤害自身的危险的;

（二）已经发生危害他人安全的行为,或者有危害他人安全的危险的。

第三十一条　精神障碍患者有本法第三十条第二款第一项情形的,经其监护人同意,医疗机构应当对患者实施住院治疗;监护人不同意的,医疗机构不得对患者实施住院治疗。监护人应当对在家居住的患者做好看护管理。

第三十二条　精神障碍患者有本法第三十条第二款第二项情形,患者或者其监护人对需要住院治疗的诊断结论有异议,不同意对患者实施住院治疗的,可以要求再次诊断和鉴定。

依照前款规定要求再次诊断的,应当自收到诊断结论之日起三日内向原医疗机构或者其他具有合法资质的医疗机构提出。承担再次诊断的医疗机构应当在接到再次诊断要求后指派二名初次诊断医师以外的精神科执业医师进行再次诊断,并及时出具再次诊断结论。承担再次诊断的执业医师应当到收治患者的医疗机构面见、询问患者,该医疗机构应当予以配合。

对再次诊断结论有异议的,可以自主委托依法取得执业资质的鉴定机构进行精神障碍医学鉴定;医疗机构应当公示经公告的鉴定机构名单和联系方式。接受委托的鉴定机构应当指定本机构具有该鉴定事项执业资格的二名以上鉴定人共同进行鉴定,并及时出具鉴定报告。

第三十三条 鉴定人应当到收治精神障碍患者的医疗机构面见、询问患者,该医疗机构应当予以配合。

鉴定人本人或者其近亲属与鉴定事项有利害关系,可能影响其独立、客观、公正进行鉴定的,应当回避。

第三十四条 鉴定机构、鉴定人应当遵守有关法律、法规、规章的规定,尊重科学,恪守职业道德,按照精神障碍鉴定的实施程序、技术方法和操作规范,依法独立进行鉴定,出具客观、公正的鉴定报告。

鉴定人应当对鉴定过程进行实时记录并签名。记录的内容应当真实、客观、准确、完整,记录的文本或者声像载体应当妥善保存。

第三十五条 再次诊断结论或者鉴定报告表明,不能确定就诊者为严重精神障碍患者,或者患者不需要住院治疗的,医疗机构不得对其实施住院治疗。

再次诊断结论或者鉴定报告表明,精神障碍患者有本法第三十条第二款第二项情形的,其监护人应当同意对患者实施住院治疗。监护人阻碍实施住院治疗或者患者擅自脱离住院治疗的,可以由公安机关协助医疗机构采取措施对患者实施住院治疗。

在相关机构出具再次诊断结论、鉴定报告前,收治精神障碍患者的医疗机构应当按照诊疗规范的要求对患者实施住院治疗。

第三十六条 诊断结论表明需要住院治疗的精神障碍患者,本人没有能力办理住院手续的,由其监护人办理住院手续;患者属于查找不到监护人的流浪乞讨人员的,由送诊的有关部门办理住院手续。

精神障碍患者有本法第三十条第二款第二项情形,其监护人不办理住院手续的,由患者所在单位、村民委员会或者居民委员会办理住院手续,并由医疗机构在患者病历中予以记录。

第三十七条 医疗机构及其医务人员应当将精神障碍患者在诊断、治疗过程中享有的权利,告知患者或者其监护人。

第三十八条 医疗机构应当配备适宜的设施、设备,保护就诊和住院治疗的精神障碍患者的人身安全,防止其受到伤害,并为住院患者创造尽可能接近正常生活的环境和条件。

第三十九条 医疗机构及其医务人员应当遵循精神障碍诊断标准和治疗规范,制定治疗方案,并向精神障碍患者或者其监护人告知治疗方案和治疗方法、目的以及可能产生的后果。

第四十条 精神障碍患者在医疗机构内发生或者将要发生伤害自身、危害他人安全、扰乱医疗秩序的行为,医疗机构及其医务人员在没有其他可替代措施的情况下,可以实施约束、隔离等保护性医疗措施。实施保护性医疗措施应当遵循诊断标准和治疗规范,并在实施后告知患者的监护人。

禁止利用约束、隔离等保护性医疗措施惩罚精神障碍患者。

第四十一条 对精神障碍患者使用药物,应当以诊断和治疗为目的,使用安全、有效的药物,不得为诊断或者治疗以外的目的使用药物。

医疗机构不得强迫精神障碍患者从事生产劳动。

第四十二条 禁止对依照本法第三十条第二款规定实施住院治疗的精神障碍患者实施以治疗精神障碍为目的的外科手术。

第四十三条 医疗机构对精神障碍患者实施下列治疗措施,应当向患者或者其监护人告知医疗风险、替代医疗方案等情况,并取得患者的书面同意;无法取得患者意见的,应当取得其监护人的书面同意,并经本医疗机构伦理委员会批准:

(一)导致人体器官丧失功能的外科手术;

(二)与精神障碍治疗有关的实验性临床医疗。

实施前款第一项治疗措施,因情况紧急查找不到监护人的,应当取得本医疗机构负责人和伦理委员会批准。

禁止对精神障碍患者实施与治疗其精神障碍无关的实验性临床医疗。

第四十四条 自愿住院治疗的精神障碍患者可以随时要求出院,医疗机构应当同意。

对有本法第三十条第二款第一项情形的精神障碍患者实施住院治疗的,监护人可以随时要求患者出院,医疗机构应当同意。

医疗机构认为前两款规定的精神障碍患者不宜出院的,应当告知不宜出院的理由;患者或者其监护人仍要求出院的,执业医师应当在病历资料中详细记录告知的过程,同时提出出院后的医学建议,患者或者其监护人应当签字确认。

对有本法第三十条第二款第二项情形的精神障碍患者实施住院治疗,医疗机构认为患者可以出院的,应当立即告知患者及其监护人。

医疗机构应当根据精神障碍患者病情,及时组织精神科执业医师对依照本法第三十条第二款规定实施住院治疗的患者进行检查评估。评估结果表明患者不需要继续住院治疗的,医疗机构应当立即通知患者及其监护人。

第四十五条 精神障碍患者出院,本人没有能力办理出院手续的,监护人应当为其办理出院手续。

第四十六条 医疗机构及其医务人员应当尊重住院精神障碍患者的通讯和会见探访者等权利。除在急性发病期或者为了避免妨碍治疗可以暂时性限制外,不得限制患者的通讯和会见探访者等权利。

第四十七条 医疗机构及其医务人员应当在病历资料中如实记录精神障碍患者的病情、治疗措施、用药情况、实施约束、隔离措施等内容,并如实告知患者或者其监护人。患者及其监护人可以查阅、复制病历资料;但是,患者查阅、复制病历资料可能对其治疗产生不利影响的除外。病历资料保存期限不得少于三十年。

第四十八条 医疗机构不得因就诊者是精神障碍患者,推诿或者拒绝为其治疗属于本医疗机构诊疗范围内的其他疾病。

第四十九条 精神障碍患者的监护人应当妥善看护未住院治疗的患者,按照医嘱督促其按时服药、接受随访或者治疗。村民委员会、居民委员会、患者所在单位等应当依患者或者其监护人的请求,对监护人看护患者提供必要的帮助。

第五十条 县级以上地方人民政府卫生行政部门应当定期就下列事项对本行政区域内从事精神障碍诊断、治疗的医疗机构进行检查:

(一)相关人员、设施、设备是否符合本法要求;

(二)诊疗行为是否符合本法以及诊断标准、治疗规范的规定;

(三)对精神障碍患者实施住院治疗的程序是否符合本法规定;

(四)是否依法维护精神障碍患者的合法权益。

县级以上地方人民政府卫生行政部门进行前款规定的检查,应当听取精神障碍患者及其监护人的意见;发现存在违反本法行为的,应当立即制止或者责令改正,并依法作出处理。

第五十一条 心理治疗活动应当在医疗机构内开展。专门从事心理治疗的人员不得从事精神障碍的诊断,不得为精神障碍患者开具处方或者提供外科治疗。心理治疗的技术规范由国务院卫生行政部门制定。

第五十二条 监狱、强制隔离戒毒所等场所应当采取措施,保证患有精神障碍的服刑人员、强制隔离戒毒人员等获得治疗。

第五十三条 精神障碍患者违反治安管理处罚法或者触犯刑法的,依照有关法律的规定处理。

第四章 精神障碍的康复

第五十四条 社区康复机构应当为需要康复的精神障碍患者提供场所和条件,对患者进行生活自理能力和社会适应能力等方面的康复训练。

第五十五条 医疗机构应当为在家居住的严重精神障碍患者提供精神科基本药物维持治疗,并为社区康复机构提供有关精神障碍康复的技术指导和支持。

社区卫生服务机构、乡镇卫生院、村卫生室应当建立严重精神障碍患者的健康档案,对在家居住的严重精神障碍患者进行定期随访,指导患者服药和开展康复训练,并对患者的监护人进行精神卫生知识和看护知识的培训。县级人民政府卫生行政部门应当为社区卫生服务机构、乡镇卫生院、村卫生室开展上述工作给予指导和培训。

第五十六条 村民委员会、居民委员会应当为生活困难的精神障碍患者家庭提供帮助,并向所在地乡镇人民政府或者街道办事处以及县级人民政府有关部门反映患者及其家庭的情况和要求,帮助其解决实际困难,为患者融入社会创造条件。

第五十七条 残疾人组织或者残疾人康复机构应当根据精神障碍患者康复的需要,组织患者参加康复活动。

第五十八条 用人单位应当根据精神障碍患者的实际情况,安排患者从事力所能及的工作,保障患者享有同等待遇,安排患者参加必要的职业技能培训,提高患者的就业能力,为患者创造适宜的工作环境,对患者在工作中取得的成绩予以鼓励。

第五十九条 精神障碍患者的监护人应当协助患者进行生活自理能力和社会适应能力等方面的康复训练。

精神障碍患者的监护人在看护患者过程中需要技术指导的,社区卫生服务机构或者乡镇卫生院、村卫生室、社区康复机构应当提供。

第五章 保障措施

第六十条 县级以上人民政府卫生行政部门会同有关部门依据国民经济和社会发展规划的要求,制定精神卫生工作规划并组织实施。

精神卫生监测和专题调查结果应当作为制定精神卫生工作规划的依据。

第六十一条 省、自治区、直辖市人民政府根据本行政区域的实际情况,统筹规划,整合资源,建设和完善精神卫生服务体系,加强精神障碍预防、治疗和康复服务能力建设。

县级人民政府根据本行政区域的实际情况,统筹规划,建立精神障碍患者社区康复机构。

县级以上地方人民政府应当采取措施,鼓励和支持社会力量举办从事精神障碍诊断、治疗的医疗机构和精神障碍患者康复机构。

第六十二条 各级人民政府应当根据精神卫生工作需要,加大财政投入力度,保障精神卫生工作所需经费,将精神卫生工作经费列入本级财政预算。

第六十三条 国家加强基层精神卫生服务体系建设,扶持贫困地区、边远地区的精神卫生工作,保障城市社区、农村基层精神卫生工作所需经费。

第六十四条 医学院校应当加强精神医学的教学和研究,按照精神卫生工作的实际需要培养精神医学专门人才,为精神卫生工作提供人才保障。

第六十五条 综合性医疗机构应当按照国务院卫生行政部门的规定开设精神科门诊或者心理治疗门诊,提高精神障碍预防、诊断、治疗能力。

第六十六条 医疗机构应当组织医务人员学习精神卫生知识和相关法律、法规、政策。

从事精神障碍诊断、治疗、康复的机构应当定期组织医务人员、工作人员进行在岗培训,更新精神卫生知识。

县级以上人民政府卫生行政部门应当组织医务人员进行精神卫生知识培训,提高其识别精神障碍的能力。

第六十七条 师范院校应当为学生开设精神卫生课程;医学院校应当为非精神医学专业的学生开设精神卫生课程。

县级以上人民政府教育行政部门对教师进行上岗前和在岗培训,应当有精神卫生的内容,并定期组织心理健康教育教师、辅导人员进行专业培训。

第六十八条 县级以上人民政府卫生行政部门应当组织医疗机构为严重精神障碍患者免费提供基本

公共卫生服务。

精神障碍患者的医疗费用按照国家有关社会保险的规定由基本医疗保险基金支付。医疗保险经办机构应当按照国家有关规定将精神障碍患者纳入城镇职工基本医疗保险、城镇居民基本医疗保险或者新型农村合作医疗的保障范围。县级人民政府应当按照国家有关规定对家庭经济困难的严重精神障碍患者参加基本医疗保险给予资助。人力资源社会保障、卫生、民政、财政等部门应当加强协调,简化程序,实现属于基本医疗保险基金支付的医疗费用由医疗机构与医疗保险经办机构直接结算。

精神障碍患者通过基本医疗保险支付医疗费用后仍有困难,或者不能通过基本医疗保险支付医疗费用的,民政部门应当优先给予医疗救助。

第六十九条 对符合城乡最低生活保障条件的严重精神障碍患者,民政部门应当会同有关部门及时将其纳入最低生活保障。

对属于农村五保供养对象的严重精神障碍患者,以及城市中无劳动能力、无生活来源且无法定赡养、抚养、扶养义务人,或者其法定赡养、抚养、扶养义务人无赡养、抚养、扶养能力的严重精神障碍患者,民政部门应当按照国家有关规定予以供养、救助。

前两款规定以外的严重精神障碍患者确有困难的,民政部门可以采取临时救助等措施,帮助其解决生活困难。

第七十条 县级以上地方人民政府及其有关部门应当采取有效措施,保证患有精神障碍的适龄儿童、少年接受义务教育,扶持有劳动能力的精神障碍患者从事力所能及的劳动,并为已经康复的人员提供就业服务。

国家对安排精神障碍患者就业的用人单位依法给予税收优惠,并在生产、经营、技术、资金、物资、场地等方面给予扶持。

第七十一条 精神卫生工作人员的人格尊严、人身安全不受侵犯,精神卫生工作人员依法履行职责受法律保护。全社会应当尊重精神卫生工作人员。

县级以上人民政府及其有关部门、医疗机构、康复机构应当采取措施,加强对精神卫生工作人员的职业保护,提高精神卫生工作人员的待遇水平,并按照规定给予适当的津贴。精神卫生工作人员因工致伤、致残、死亡的,其工伤待遇以及抚恤按照国家有关规定执行。

第六章　法律责任

第七十二条 县级以上人民政府卫生行政部门和其他有关部门未依照本法规定履行精神卫生工作职责,或者滥用职权、玩忽职守、徇私舞弊的,由本级人民政府或者上一级人民政府有关部门责令改正,通报批评,对直接负责的主管人员和其他直接责任人员依法给予警告.记过或者记大过的处分;造成严重后果的,给予降级、撤职或者开除的处分。

第七十三条 不符合本法规定条件的医疗机构擅自从事精神障碍诊断、治疗的,由县级以上人民政府卫生行政部门责令停止相关诊疗活动,给予警告,并处五千元以上一万元以下罚款,有违法所得的,没收违法所得;对直接负责的主管人员和其他直接责任人员依法给予或者责令给予降低岗位等级或者撤职、开除的处分;对有关医务人员,吊销其执业证书。

第七十四条 医疗机构及其工作人员有下列行为之一的,由县级以上人民政府卫生行政部门责令改正,给予警告;情节严重的,对直接负责的主管人员和其他直接责任人员依法给予或者责令给予降低岗位等级或者撤职、开除的处分,并可以责令有关医务人员暂停一个月以上六个月以下执业活动:

(一)拒绝对送诊的疑似精神障碍患者作出诊断的;

(二)对依照本法第三十条第二款规定实施住院治疗的患者未及时进行检查评估或者未根据评估结果作出处理的。

第七十五条 医疗机构及其工作人员有下列行为之一的,由县级以上人民政府卫生行政部门责令改正,对直接负责的主管人员和其他直接责任人员依法给予或者责令给予降低岗位等级或者撤职的处分;对

有关医务人员,暂停六个月以上一年以下执业活动;情节严重的,给予或者责令给予开除的处分,并吊销有关医务人员的执业证书:

（一）违反本法规定实施约束、隔离等保护性医疗措施的;

（二）违反本法规定,强迫精神障碍患者劳动的;

（三）违反本法规定对精神障碍患者实施外科手术或者实验性临床医疗的;

（四）违反本法规定,侵害精神障碍患者的通讯和会见探访者等权利的;

（五）违反精神障碍诊断标准,将非精神障碍患者诊断为精神障碍患者的。

第七十六条　有下列情形之一的,由县级以上人民政府卫生行政部门、工商行政管理部门依据各自职责责令改正,给予警告,并处五千元以上一万元以下罚款,有违法所得的,没收违法所得;造成严重后果的,责令暂停六个月以上一年以下执业活动,直至吊销执业证书或者营业执照:

（一）心理咨询人员从事心理治疗或者精神障碍的诊断、治疗的;

（二）从事心理治疗的人员在医疗机构以外开展心理治疗活动的;

（三）专门从事心理治疗的人员从事精神障碍的诊断的;

（四）专门从事心理治疗的人员为精神障碍患者开具处方或者提供外科治疗的。

心理咨询人员、专门从事心理治疗的人员在心理咨询、心理治疗活动中造成他人人身、财产或者其他损害的,依法承担民事责任。

第七十七条　有关单位和个人违反本法第四条第三款规定,给精神障碍患者造成损害的,依法承担赔偿责任;对单位直接负责的主管人员和其他直接责任人员,还应当依法给予处分。

第七十八条　违反本法规定,有下列情形之一,给精神障碍患者或者其他公民造成人身、财产或者其他损害的,依法承担赔偿责任:

（一）将非精神障碍患者故意作为精神障碍患者送入医疗机构治疗的;

（二）精神障碍患者的监护人遗弃患者,或者有不履行监护职责的其他情形的;

（三）歧视、侮辱、虐待精神障碍患者,侵害患者的人格尊严、人身安全的;

（四）非法限制精神障碍患者人身自由的;

（五）其他侵害精神障碍患者合法权益的情形。

第七十九条　医疗机构出具的诊断结论表明精神障碍患者应当住院治疗而其监护人拒绝,致使患者造成他人人身、财产损害的,或者患者有其他造成他人人身、财产损害情形的,其监护人依法承担民事责任。

第八十条　在精神障碍的诊断、治疗、鉴定过程中,寻衅滋事,阻挠有关工作人员依照本法的规定履行职责,扰乱医疗机构、鉴定机构工作秩序的,依法给予治安管理处罚。

违反本法规定,有其他构成违反治安管理行为的,依法给予治安管理处罚。

第八十一条　违反本法规定,构成犯罪的,依法追究刑事责任。

第八十二条　精神障碍患者或者其监护人、近亲属认为行政机关、医疗机构或者其他有关单位和个人违反本法规定侵害患者合法权益的,可以依法提起诉讼。

第七章　附　　则

第八十三条　本法所称精神障碍,是指由各种原因引起的感知、情感和思维等精神活动的紊乱或者异常,导致患者明显的心理痛苦或者社会适应等功能损害。

本法所称严重精神障碍,是指疾病症状严重,导致患者社会适应等功能严重损害、对自身健康状况或者客观现实不能完整认识,或者不能处理自身事务的精神障碍。

本法所称精神障碍患者的监护人,是指依照民法通则的有关规定可以担任监护人的人。

第八十四条　军队的精神卫生工作,由国务院和中央军事委员会依据本法制定管理办法。

第八十五条　本法自 2013 年 5 月 1 日起施行。

中华人民共和国侵权责任法（节选）

（2009 年 12 月 26 日第十一届全国人民代表大会常务委员会第十二次会议通过）

第一章　一般规定

第一条　为保护民事主体的合法权益，明确侵权责任，预防并制裁侵权行为，促进社会和谐稳定，制定本法。

第二条　侵害民事权益，应当依照本法承担侵权责任。

本法所称民事权益，包括生命权、健康权、姓名权、名誉权、荣誉权、肖像权、隐私权、婚姻自主权、监护权、所有权、用益物权、担保物权、著作权、专利权、商标专用权、发现权、股权、继承权等人身、财产权益。

第三条　被侵权人有权请求侵权人承担侵权责任。

第四条　侵权人因同一行为应当承担行政责任或者刑事责任的，不影响依法承担侵权责任。

因同一行为应当承担侵权责任和行政责任、刑事责任，侵权人的财产不足以支付的，先承担侵权责任。

第五条　其他法律对侵权责任另有特别规定的，依照其规定。

第二章　责任构成和责任方式

第六条　行为人因过错侵害他人民事权益，应当承担侵权责任。

根据法律规定推定行为人有过错，行为人不能证明自己没有过错的，应当承担侵权责任。

第七条　行为人损害他人民事权益，不论行为人有无过错，法律规定应当承担侵权责任的，依照其规定。

第八条　二人以上共同实施侵权行为，造成他人损害的，应当承担连带责任。

第九条　教唆、帮助他人实施侵权行为的，应当与行为人承担连带责任。

教唆、帮助无民事行为能力人、限制民事行为能力人实施侵权行为的，应当承担侵权责任；该无民事行为能力人、限制民事行为能力人的监护人未尽到监护责任的，应当承担相应的责任。

第十条　二人以上实施危及他人人身、财产安全的行为，其中一人或者数人的行为造成他人损害，能够确定具体侵权人的，由侵权人承担责任，不能确定具体侵权人的，行为人承担连带责任。

第十一条　二人以上分别实施侵权行为造成同一损害，每个人的侵权行为都足以造成全部损害的，行为人承担连带责任。

第十二条　二人以上分别实施侵权行为造成同一损害，能够确定责任大小的，各自承担相应的责任；难以确定责任大小的，平均承担赔偿责任。

第十三条　法律规定承担连带责任的，被侵权人有权请求部分或者全部连带责任人承担责任。

第十四条　连带责任人根据各自责任大小确定相应的赔偿数额；难以确定责任大小的，平均承担赔偿责任。

支付超出自己赔偿数额的连带责任人，有权向其他连带责任人追偿。

第十五条　承担侵权责任的方式主要有：

（一）停止侵害；

（二）排除妨碍；

（三）消除危险；

（四）返还财产；

（五）恢复原状；

（六）赔偿损失；

（七）赔礼道歉；

（八）消除影响、恢复名誉。

以上承担侵权责任的方式，可以单独适用，也可以合并适用。

第十六条 侵害他人造成人身损害的，应当赔偿医疗费、护理费、交通费等为治疗和康复支出的合理费用，以及因误工减少的收入。造成残疾的，还应当赔偿残疾生活辅助具费和残疾赔偿金。造成死亡的，还应当赔偿丧葬费和死亡赔偿金。

第十七条 因同一侵权行为造成多人死亡的，可以以相同数额确定死亡赔偿金。

第十八条 被侵权人死亡的，其近亲属有权请求侵权人承担侵权责任。被侵权人为单位，该单位分立、合并的，承继权利的单位有权请求侵权人承担侵权责任。

被侵权人死亡的，支付被侵权人医疗费、丧葬费等合理费用的人有权请求侵权人赔偿费用，但侵权人已支付该费用的除外。

第十九条 侵害他人财产的，财产损失按照损失发生时的市场价格或者其他方式计算。

第二十条 侵害他人人身权益造成财产损失的，按照被侵权人因此受到的损失赔偿；被侵权人的损失难以确定，侵权人因此获得利益的，按照其获得的利益赔偿；侵权人因此获得的利益难以确定，被侵权人和侵权人就赔偿数额协商不一致，向人民法院提起诉讼的，由人民法院根据实际情况确定赔偿数额。

第二十一条 侵权行为危及他人人身、财产安全的，被侵权人可以请求侵权人承担停止侵害、排除妨碍、消除危险等侵权责任。

第二十二条 侵害他人人身权益，造成他人严重精神损害的，被侵权人可以请求精神损害赔偿。

第二十三条 因防止、制止他人民事权益被侵害而使自己受到损害的，由侵权人承担责任。侵权人逃逸或者无力承担责任，被侵权人请求补偿的，受益人应当给予适当补偿。

第二十四条 受害人和行为人对损害的发生都没有过错的，可以根据实际情况，由双方分担损失。

第二十五条 损害发生后，当事人可以协商赔偿费用的支付方式。协商不一致的，赔偿费用应当一次性支付；一次性支付确有困难的，可以分期支付，但应当提供相应的担保。

第三章　不承担责任和减轻责任的情形

第二十六条 被侵权人对损害的发生也有过错的，可以减轻侵权人的责任。

第二十七条 损害是因受害人故意造成的，行为人不承担责任。

第二十八条 损害是因第三人造成的，第三人应当承担侵权责任。

第二十九条 因不可抗力造成他人损害的，不承担责任。法律另有规定的，依照其规定。

第三十条 因正当防卫造成损害的，不承担责任。正当防卫超过必要的限度，造成不应有的损害的，正当防卫人应当承担适当的责任。

第三十一条 因紧急避险造成损害的，由引起险情发生的人承担责任。如果危险是由自然原因引起的，紧急避险人不承担责任或者给予适当补偿。紧急避险采取措施不当或者超过必要的限度，造成不应有的损害的，紧急避险人应当承担适当的责任。

第七章　医疗损害责任

第五十四条 患者在诊疗活动中受到损害，医疗机构及其医务人员有过错的，由医疗机构承担赔偿责任。

第五十五条 医务人员在诊疗活动中应当向患者说明病情和医疗措施。需要实施手术、特殊检查、特殊治疗的，医务人员应当及时向患者说明医疗风险、替代医疗方案等情况，并取得其书面同意；不宜向患者说明的,应当向患者的近亲属说明,并取得其书面同意。

医务人员未尽到前款义务,造成患者损害的,医疗机构应当承担赔偿责任。

第五十六条 因抢救生命垂危的患者等紧急情况,不能取得患者或者其近亲属意见的,经医疗机构负责人或者授权的负责人批准,可以立即实施相应的医疗措施。

第五十七条 医务人员在诊疗活动中未尽到与当时的医疗水平相应的诊疗义务,造成患者损害的,医疗机构应当承担赔偿责任。

第五十八条 患者有损害,因下列情形之一的,推定医疗机构有过错:

(一)违反法律、行政法规、规章以及其他有关诊疗规范的规定;

(二)隐匿或者拒绝提供与纠纷有关的病历资料;

(三)伪造、篡改或者销毁病历资料。

第五十九条 因药品、消毒药剂、医疗器械的缺陷,或者输入不合格的血液造成患者损害的,患者可以向生产者或者血液提供机构请求赔偿,也可以向医疗机构请求赔偿。患者向医疗机构请求赔偿的,医疗机构赔偿后,有权向负有责任的生产者或者血液提供机构追偿。

第六十条 患者有损害,因下列情形之一的,医疗机构不承担赔偿责任:

(一)患者或者其近亲属不配合医疗机构进行符合诊疗规范的诊疗;

(二)医务人员在抢救生命垂危的患者等紧急情况下已经尽到合理诊疗义务;

(三)限于当时的医疗水平难以诊疗。

前款第一项情形中,医疗机构及其医务人员也有过错的,应当承担相应的赔偿责任。

第六十一条 医疗机构及其医务人员应当按照规定填写并妥善保管住院志、医嘱单、检验报告、手术及麻醉记录、病理资料、护理记录、医疗费用等病历资料。

患者要求查阅、复制前款规定的病历资料的,医疗机构应当提供。

第六十二条 医疗机构及其医务人员应当对患者的隐私保密。泄露患者隐私或者未经患者同意公开其病历资料,造成患者损害的,应当承担侵权责任。

第六十三条 医疗机构及其医务人员不得违反诊疗规范实施不必要的检查。

第六十四条 医疗机构及其医务人员的合法权益受法律保护。干扰医疗秩序,妨害医务人员工作、生活的,应当依法承担法律责任。

第十二章附则

第九十二条 本法自 2010 年 7 月 1 日起施行。

医疗机构管理条例

(1994 年 2 月 26 日国务院令,第 149 号发布,自 1994 年 9 月 1 日起施行)

第一章 总 则

第一条 为了加强对医疗机构的管理,促进医疗卫生事业的发展,保障公民健康,制定本条例。

第二条 本条例适用于从事疾病诊断、治疗活动的医院、卫生院、疗养院、门诊部、诊所、卫生所(室)以及急救站等医疗机构。

第三条 医疗机构以救死扶伤,防病治病,为公民的健康服务为宗旨。

第四条 国家扶持医疗机构的发展,鼓励多种形式兴办医疗机构。

第五条 国务院卫生行政部门负责全国医疗机构的监督管理工作。

县级以上地方人民政府卫生行政部门负责本行政区域内医疗机构的监督管理工作。

中国人民解放军卫生主管部门依照本条例和国家有关规定,对军队的医疗机构实施监督管理。

第二章　规划布局和设置审批

第六条　县级以上地方人民政府卫生行政部门应当根据本行政区域内的人口、医疗资源、医疗需求和现有医疗机构的分布状况,制定本行政区域医疗机构设置规划。

机关、企业和事业单位可以根据需要设置医疗机构,并纳入当地医疗机构的设置规划。

第七条　县级以上地方人民政府应当把医疗机构设置规划纳入当地的区域卫生发展规划和城乡建设发展总体规划。

第八条　设置医疗机构应当符合医疗机构设置规划和医疗机构基本标准。医疗机构基本标准由国务院卫生行政部门制定。

第九条　单位或者个人设置医疗机构,必须经县级以上地方人民政府卫生行政部门审查批准,并取得设置医疗机构批准书,方可向有关部门办理其他手续。

第十条　申请设置医疗机构,应当提交下列文件:

(一)设置申请书;

(二)设置可行性研究报告;

(三)选址报告和建筑设计平面图。

第十一条　单位或者个人设置医疗机构,应当按照以下规定提出设置申请:

(一)不设床位或者床位不满100张的医疗机构,向所在地的县级人民政府卫生行政部门申请;

(二)床位在100张以上的医疗机构和专科医院按照省级人民政府卫生行政部门的规定申请。

第十二条　县级以上地方人民政府卫生行政部门应当自受理设置申请之日起30日内,作出批准或者不批准的书面答复;批准设置的,发给设置医疗机构批准书。

第十三条　国家统一规划的医疗机构的设置,由国务院卫生行政部门决定。

第十四条　机关、企业和事业单位按照国家医疗机构基本标准设置为内部职工服务的门诊部、诊所、卫生所(室),报所在地的县级人民政府卫生行政部门备案。

第三章　登　记

第十五条　医疗机构执业,必须进行登记,领取《医疗机构执业许可证》。

第十六条　申请医疗机构执业登记,应当具备下列条件:

(一)有设置医疗机构批准书;

(二)符合医疗机构的基本标准;

(三)有适合的名称、组织机构和场所;

(四)有与其开展的业务相适应的经费、设施、设备和专业卫生技术人员;

(五)有相应的规章制度;

(六)能够独立承担民事责任。

第十七条　医疗机构的执业登记,由批准其设置的人民政府卫生行政部门办理。

按照本条例第十三条规定设置的医疗机构的执业登记,由所在地的省、自治区、直辖市人民政府卫生行政部门办理。

机关、企业和事业单位设置的为内部职工服务的门诊部、诊所、卫生所(室)的执业登记,由所在地的县级人民政府卫生行政部门办理。

第十八条　医疗机构执业登记的主要事项:

(一)名称、地址、主要负责人;

（二）所有制形式；

（三）诊疗科目、床位；

（四）注册资金。

第十九条 县级以上地方人民政府卫生行政部门自受理执业登记申请之日起 45 日内,根据本条例和医疗机构基本标准进行审核。审核合格的,予以登记,发给《医疗机构执业许可证》;审核不合格的,将审核结果以书面形式通知申请人。

第二十条 医疗机构改变名称、场所、主要负责人、诊疗科目、床位,必须向原登记机关办理变更登记。

第二十一条 医疗机构歇业,必须向原登记机关办理注销登记。经登记机关核准后,收缴《医疗机构执业许可证》。

医疗机构非因改建、扩建、迁建原因停业超过 1 年的,视为歇业。

第二十二条 床位不满 100 张的医疗机构,其《医疗机构执业许可证》每年校验 1 次;床位在 100 张以上的医疗机构,其《医疗机构执业许可证》每 3 年校验 1 次。校验由原登记机关办理。

第二十三条 《医疗机构执业许可证》不得伪造、涂改、出卖、转让、出借。

《医疗机构执业许可证》遗失的,应当及时申明,并向原登记机关申请补发。

第四章 执 业

第二十四条 任何单位或者个人,未取得《医疗机构执业许可证》,不得开展诊疗活动。

第二十五条 医疗机构执业,必须遵守有关法律、法规和医疗技术规范。

第二十六条 医疗机构必须将《医疗机构执业许可证》、诊疗科目、诊疗时间和收费标准悬挂于明显处所。

第二十七条 医疗机构必须按照核准登记的诊疗科目开展诊疗活动。

第二十八条 医疗机构不得使用非卫生技术人员从事医疗卫生技术工作。

第二十九条 医疗机构应当加强对医务人员的医德教育。

第三十条 医疗机构工作人员上岗工作,必须佩带载有本人姓名、职务或者职称的标牌。

第三十一条 医疗机构对危重病人应当立即抢救。对限于设备或者技术条件不能诊治的病人,应当及时转诊。

第三十二条 未经医师(士)亲自诊查病人,医疗机构不得出具疾病诊断书、健康证明书或者死亡证明书等证明文件;未经医师(士)、助产人员亲自接产,医疗机构不得出具出生证明书或者死产报告书。

第三十三条 医疗机构施行手术、特殊检查或者特殊治疗时,必须征得患者同意,并应当取得其家属或者关系人同意并签字;无法取得患者意见时,应当取得家属或者关系人同意并签字;无法取得患者意见又无家属或者关系人在场,或者遇到其他特殊情况时,经治医师应当提出医疗处置方案,在取得医疗机构负责人或者被授权负责人员的批准后实施。

第三十四条 医疗机构发生医疗事故,按照国家有关规定处理。

第三十五条 医疗机构对传染病、精神病、职业病等患者的特殊诊治和处理,应当按照国家有关法律、法规的规定办理。

第三十六条 医疗机构必须按照有关药品管理的法律、法规,加强药品管理。

第三十七条 医疗机构必须按照人民政府或者物价部门的有关规定收取医疗费用,详列细项,并出具收据。

第三十八条 医疗机构必须承担相应的预防保健工作,承担县级以上人民政府卫生行政部门委托的支援农村、指导基层医疗卫生工作等任务。

第三十九条 发生重大灾害、事故、疾病流行或者其他意外情况时,医疗机构及其卫生技术人员必须服从县级以上人民政府卫生行政部门的调遣。

第五章　监督管理

第四十条　县级以上人民政府卫生行政部门行使下列监督管理职权：

（一）负责医疗机构的设置审批、执业登记和校验；

（二）对医疗机构的执业活动进行检查指导；

（三）负责组织对医疗机构的评审；

（四）对违反本条例的行为给予处罚。

第四十一条　国家实行医疗机构评审制度，由专家组成的评审委员会按照医疗机构评审办法和评审标准，对医疗机构的执业活动、医疗服务质量等进行综合评价。

医疗机构评审办法和评审标准由国务院卫生行政部门制定。

第四十二条　县级以上地方人民政府卫生行政部门负责组织本行政区域医疗机构评审委员会。

医疗机构评审委员会由医院管理、医学教育、医疗、医技、护理和财务等有关专家组成。评审委员会成员由县级以上地方人民政府卫生行政部门聘任。

第四十三条　县级以上地方人民政府卫生行政部门根据评审委员会的评审意见，对达到评审标准的医疗机构，发给评审合格证书；对未达到评审标准的医疗机构，提出处理意见。

第六章　罚　　则

第四十四条　违反本条例第二十四条规定，未取得《医疗机构执业许可证》擅自执业的，由县级以上人民政府卫生行政部门责令其停止执业活动，没收非法所得和药品、器械，并可以根据情节处以 1 万元以下的罚款。

第四十五条　违反本条例第二十二条规定，逾期不校验《医疗机构执业许可证》仍从事诊疗活动的，由县级以上人民政府卫生行政部门责令其限期补办校验手续；拒不校验的，吊销其《医疗机构执业许可证》。

第四十六条　违反本条例第二十三条规定，出卖、转让、出借《医疗机构执业许可证》的，由县级以上人民政府卫生行政部门没收非法所得，并可以处以 5000 元以下的罚款；情节严重的，吊销其《医疗机构执业许可证》。

第四十七条　违反本条例第二十七条规定，诊疗活动超出登记范围的，由县级以上人民政府卫生行政部门予以警告、责令其改正，并可以根据情节处以 3000 元以下的罚款；情节严重的，吊销其《医疗机构执业许可证》。

第四十八条　违反本条例第二十八条规定，使用非卫生技术人员从事医疗卫生技术工作的，由县级以上人民政府卫生行政部门责令其限期改正，并可以处以 5000 元以下的罚款，情节严重的，吊销其《医疗机构执业许可证》。

第四十九条　违反本条例第三十二条规定，出具虚假证明文件的，由县级以上人民政府卫生行政部门予以警告；对造成危害后果的，可以处以 1000 元以下的罚款；对直接责任人员由所在单位或者上级机关给予行政处分。

第五十条　没收的财物和罚款全部上交国库。

第五十一条　当事人对行政处罚决定不服的，可以依照国家法律、法规的规定申请行政复议或者提起行政诉讼。当事人对罚款及没收药品、器械的处罚决定未在法定期限内申请复议或者提起诉讼又不履行的，县级以上人民政府卫生行政部门可以用着人民法院强制执行。

第七章　附　　则

第五十二条　本条例实施前已经执业的医疗机构，应当在条例实施后的 6 个月内，按照本条例第三章的规定，补办登记手续，领取《医疗机构执业许可证》。

第五十三条 外国人在中华人民共和国境内开设医疗机构及香港、澳门、台湾居民在内地开设医疗机构的管理办法,由国务院卫生行政部门另行制定。

第五十四条 本条例由国务院卫生行政部门负责解释。

第五十五条 本条例自 1994 年 9 月 1 日起施行。1951 年政务院批准发布的《医院诊所管理暂行条例》同时废止。

医疗事故处理条例

(2004 年 4 月 4 日,国务院令第 351 号,自 2002 年 9 月 1 日起施行)

第一章 总 则

第一条 为了正确处理医疗事故,保护患者和医疗机构及其医务人员的合法权益,维护医疗秩序,保障医疗安全,促进医学科学的发展,制定本条例。

第二条 本条例所称医疗事故,是指医疗机构及其医务人员在医疗活动中,违反医疗卫生管理法律、行政法规、部门规章和诊疗护理规范、常规,过失造成患者人身损害的事故。

第三条 处理医疗事故,应当遵循公开、公平、公正、及时、便民的原则,坚持实事求是的科学态度,做到事实清楚、定性准确、责任明确、处理恰当。

第四条 根据对患者人身造成的损害程度,医疗事故分为四级:

一级医疗事故:造成患者死亡、重度残疾的;

二级医疗事故:造成患者中度残疾、器官组织损伤导致严重功能障碍的;

三级医疗事故:造成患者轻度残疾、器官组织损伤导致一般功能障碍的;

四级医疗事故:造成患者明显人身损害的其他后果的。

具体分级标准由国务院卫生行政部门制定。

第二章 医疗事故的预防与处置

第五条 医疗机构及其医务人员在医疗活动中,必须严格遵守医疗卫生管理法律、行政法规、部门规章和诊疗护理规范、常规,恪守医疗服务职业道德。

第六条 医疗机构应当对其医务人员进行医疗卫生管理法律、行政法规、部门规章和诊疗护理规范、常规的培训和医疗服务职业道德教育。

第七条 医疗机构应当设置医疗服务质量监控部门或者配备专(兼)职人员,具体负责监督本医疗机构的医务人员的医疗服务工作,检查医务人员执业情况,接受患者对医疗服务的投诉,向其提供咨询服务。

第八条 医疗机构应当按照国务院卫生行政部门规定的要求,书写并妥善保管病历资料。

因抢救急危患者,未能及时书写病历的,有关医务人员应当在抢救结束后 6 小时内据实补记,并加以注明。

第九条 严禁涂改、伪造、隐匿、销毁或者抢夺病历资料。

第十条 患者有权复印或者复制其门诊病历、住院志、体温单、医嘱单、化验单(检验报告)、医学影像检查资料、特殊检查同意书、手术同意书、手术及麻醉记录单、病理资料、护理记录以及国务院卫生行政部门规定的其他病历资料。

患者依照前款规定要求复印或者复制病历资料的,医疗机构应当提供复印或者复制服务并在复印或者复制的病历资料上加盖证明印记。复印或者复制病历资料时,应当有患者在场。

医疗机构应患者的要求,为其复印或者复制病历资料,可以按照规定收取工本费。具体收费标准由省、自治区、直辖市人民政府价格主管部门会同同级卫生行政部门规定。

第十一条 在医疗活动中,医疗机构及其医务人员应当将患者的病情、医疗措施、医疗风险等如实告知患者,及时解答其咨询;但是,应当避免对患者产生不利后果。

第十二条 医疗机构应当制定防范、处理医疗事故的预案,预防医疗事故的发生,减轻医疗事故的损害。

第十三条 医务人员在医疗活动中发生或者发现医疗事故、可能引起医疗事故的医疗过失行为或者发生医疗事故争议的,应当立即向所在科室负责人报告,科室负责人应当及时向本医疗机构负责医疗服务质量监控的部门或者专(兼)职人员报告;负责医疗服务质量监控的部门或者专(兼)职人员接到报告后,应当立即进行调查、核实,将有关情况如实向本医疗机构的负责人报告,并向患者通报、解释。

第十四条 发生医疗事故的,医疗机构应当按照规定向所在地卫生行政部门报告。

发生下列重大医疗过失行为的,医疗机构应当在12小时内向所在地卫生行政部门报告:

(一) 导致患者死亡或者可能为二级以上的医疗事故;

(二) 导致3人以上人身损害后果;

(三) 国务院卫生行政部门和省、自治区、直辖市人民政府卫生行政部门规定的其他情形。

第十五条 发生或者发现医疗过失行为,医疗机构及其医务人员应当立即采取有效措施,避免或者减轻对患者身体健康的损害,防止损害扩大。

第十六条 发生医疗事故争议时,死亡病例讨论记录、疑难病例讨论记录、上级医师查房记录、会诊意见、病程记录应当在医患双方在场的情况下封存和启封。封存的病历资料可以是复印件,由医疗机构保管。

第十七条 疑似输液、输血、注射、药物等引起不良后果的,医患双方应当共同对现场实物进行封存和启封,封存的现场实物由医疗机构保管;需要检验的,应当由双方共同指定的、依法具有检验资格的检验机构进行检验;双方无法共同指定时,由卫生行政部门指定。

疑似输血引起不良后果,需要对血液进行封存保留的,医疗机构应当通知提供该血液的采供血机构派员到场。

第十八条 患者死亡,医患双方当事人不能确定死因或者对死因有异议的,应当在患者死亡后48小时内进行尸检;具备尸体冻存条件的,可以延长至7日。尸检应当经死者近亲属同意并签字。

尸检应当由按照国家有关规定取得相应资格的机构和病理解剖专业技术人员进行。承担尸检任务的机构和病理解剖专业技术人员有进行尸检的义务。

医疗事故争议双方当事人可以请法医病理学人员参加尸检,也可以委派代表观察尸检过程。拒绝或者拖延尸检,超过规定时间,影响对死因判定的,由拒绝或者拖延的一方承担责任。

第十九条 患者在医疗机构内死亡的,尸体应当立即移放太平间。死者尸体存放时间一般不得超过2周。逾期不处理的尸体,经医疗机构所在地卫生行政部门批准,并报经同级公安部门备案后,由医疗机构按照规定进行处理。

第三章 医疗事故的技术鉴定

第二十条 卫生行政部门接到医疗机构关于重大医疗过失行为的报告或者医疗事故争议当事人要求处理医疗事故争议的申请后,对需要进行医疗事故技术鉴定的,应当交由负责医疗事故技术鉴定工作的医学会组织鉴定;医患双方协商解决医疗事故争议,需要进行医疗事故技术鉴定的,由双方当事人共同委托负责医疗事故技术鉴定工作的医学会组织鉴定。

第二十一条 设区的市级地方医学会和省、自治区、直辖市直接管辖的县(市)地方医学会负责组织首次医疗事故技术鉴定工作。省、自治区、直辖市地方医学会负责组织再次鉴定工作。

必要时,中华医学会可以组织疑难、复杂并在全国有重大影响的医疗事故争议的技术鉴定工作。

第二十二条　当事人对首次医疗事故技术鉴定结论不服的,可以自收到首次鉴定结论之日起 15 日内向医疗机构所在地卫生行政部门提出再次鉴定的申请。

第二十三条　负责组织医疗事故技术鉴定工作的医学会应当建立专家库。

专家库由具备下列条件的医疗卫生专业技术人员组成:

(一)有良好的业务素质和执业品德;

(二)受聘于医疗卫生机构或者医学教学、科研机构并担任相应专业高级技术职务 3 年以上。

符合前款第(一)项规定条件并具备高级技术任职资格的法医可以受聘进入专家库。

负责组织医疗事故技术鉴定工作的医学会依照本条例规定聘请医疗卫生专业技术人员和法医进入专家库,可以不受行政区域的限制。

第二十四条　医疗事故技术鉴定,由负责组织医疗事故技术鉴定工作的医学会组织专家鉴定组进行。

参加医疗事故技术鉴定的相关专业的专家,由医患双方在医学会主持下从专家库中随机抽取。在特殊情况下,医学会根据医疗事故技术鉴定工作的需要,可以组织医患双方在其他医学会建立的专家库中随机抽取相关专业的专家参加鉴定或者函件咨询。

符合本条例第二十三条规定条件的医疗卫生专业技术人员和法医有义务受聘进入专家库,并承担医疗事故技术鉴定工作。

第二十五条　专家鉴定组进行医疗事故技术鉴定,实行合议制。专家鉴定组人数为单数,涉及的主要学科的专家一般不得少于鉴定组成员的二分之一;涉及死因、伤残等级鉴定的,并应当从专家库中随机抽取法医参加专家鉴定组。

第二十六条　专家鉴定组成员有下列情形之一的,应当回避,当事人也可以以口头或者书面的方式申请其回避:

(一)是医疗事故争议当事人或者当事人的近亲属的;

(二)与医疗事故争议有利害关系的;

(三)与医疗事故争议当事人有其他关系,可能影响公正鉴定的。

第二十七条　专家鉴定组依照医疗卫生管理法律、行政法规、部门规章和诊疗护理规范、常规,运用医学科学原理和专业知识,独立进行医疗事故技术鉴定,对医疗事故进行鉴别和判定,为处理医疗事故争议提供医学依据。

任何单位或者个人不得干扰医疗事故技术鉴定工作,不得威胁、利诱、辱骂、殴打专家鉴定组成员。

专家鉴定组成员不得接受双方当事人的财物或者其他利益。

第二十八条　负责组织医疗事故技术鉴定工作的医学会应当自受理医疗事故技术鉴定之日起 5 日内通知医疗事故争议双方当事人提交进行医疗事故技术鉴定所需的材料。

当事人应当自收到医学会的通知之日起 10 日内提交有关医疗事故技术鉴定的材料、书面陈述及答辩。医疗机构提交的有关医疗事故技术鉴定的材料应当包括下列内容:

(一)住院患者的病程记录、死亡病例讨论记录、疑难病例讨论记录、会诊意见、上级医师查房记录等病历资料原件;

(二)住院患者的住院志、体温单、医嘱单、化验单(检验报告)、医学影像检查资料、特殊检查同意书、手术同意书、手术及麻醉记录单、病理资料、护理记录等病历资料原件;

(三)抢救急危患者,在规定时间内补记的病历资料原件;

(四)封存保留的输液、注射用物品和血液、药物等实物,或者依法具有检验资格的检验机构对这些物品、实物作出的检验报告;

(五)与医疗事故技术鉴定有关的其他材料。

在医疗机构建有病历档案的门诊、急诊患者,其病历资料由医疗机构提供;没有在医疗机构建立病历档案的,由患者提供。

医患双方应当依照本条例的规定提交相关材料。医疗机构无正当理由未依照本条例的规定如实提供相关材料,导致医疗事故技术鉴定不能进行的,应当承担责任。

第二十九条　负责组织医疗事故技术鉴定工作的医学会应当自接到当事人提交的有关医疗事故技术鉴定的材料、书面陈述及答辩之日起 45 日内组织鉴定并出具医疗事故技术鉴定书。

负责组织医疗事故技术鉴定工作的医学会可以向双方当事人调查取证。

第三十条　专家鉴定组应当认真审查双方当事人提交的材料,听取双方当事人的陈述及答辩并进行核实。

双方当事人应当按照本条例的规定如实提交进行医疗事故技术鉴定所需要的材料,并积极配合调查。当事人任何一方不予配合,影响医疗事故技术鉴定的,由不予配合的一方承担责任。

第三十一条　专家鉴定组应当在事实清楚、证据确凿的基础上,综合分析患者的病情和个体差异,作出鉴定结论,并制作医疗事故技术鉴定书。鉴定结论以专家鉴定组成员的过半数通过。鉴定过程应当如实记载。

医疗事故技术鉴定书应当包括下列主要内容:

（一）双方当事人的基本情况及要求;

（二）当事人提交的材料和负责组织医疗事故技术鉴定工作的医学会的调查材料;

（三）对鉴定过程的说明;

（四）医疗行为是否违反医疗卫生管理法律、行政法规、部门规章和诊疗护理规范、常规;

（五）医疗过失行为与人身损害后果之间是否存在因果关系;

（六）医疗过失行为在医疗事故损害后果中的责任程度;

（七）医疗事故等级;

（八）对医疗事故患者的医疗护理医学建议。

第三十二条　医疗事故技术鉴定办法由国务院卫生行政部门制定。

第三十三条　有下列情形之一的,不属于医疗事故:

（一）在紧急情况下为抢救垂危患者生命而采取紧急医学措施造成不良后果的;

（二）在医疗活动中由于患者病情异常或者患者体质特殊而发生医疗意外的;

（三）在现有医学科学技术条件下,发生无法预料或者不能防范的不良后果的;

（四）无过错输血感染造成不良后果的;

（五）因患方原因延误诊疗导致不良后果的;

（六）因不可抗力造成不良后果的。

第三十四条　医疗事故技术鉴定,可以收取鉴定费用。经鉴定,属于医疗事故的,鉴定费用由医疗机构支付;不属于医疗事故的,鉴定费用由提出医疗事故处理申请的一方支付。鉴定费用标准由省、自治区、直辖市人民政府价格主管部门会同同级财政部门、卫生行政部门规定。

第四章　医疗事故的行政处理与监督

第三十五条　卫生行政部门应当依照本条例和有关法律、行政法规、部门规章的规定,对发生医疗事故的医疗机构和医务人员作出行政处理。

第三十六条　卫生行政部门接到医疗机构关于重大医疗过失行为的报告后,除责令医疗机构及时采取必要的医疗救治措施,防止损害后果扩大外,应当组织调查,判定是否属于医疗事故;对不能判定是否属于医疗事故的,应当依照本条例的有关规定交由负责医疗事故技术鉴定工作的医学会组织鉴定。

第三十七条　发生医疗事故争议,当事人申请卫生行政部门处理的,应当提出书面申请。申请书应当载明申请人的基本情况、有关事实、具体请求及理由等。

当事人自知道或者应当知道其身体健康受到损害之日起 1 年内,可以向卫生行政部门提出医疗事故争议处理申请。

第三十八条　发生医疗事故争议,当事人申请卫生行政部门处理的,由医疗机构所在地的县级人民政府卫生行政部门受理。医疗机构所在地是直辖市的,由医疗机构所在地的区、县人民政府卫生行政部门受理。

有下列情形之一的,县级人民政府卫生行政部门应当自接到医疗机构的报告或者当事人提出医疗事故争议处理申请之日起7日内移送上一级人民政府卫生行政部门处理:

(一)患者死亡;

(二)可能为二级以上的医疗事故;

(三)国务院卫生行政部门和省、自治区、直辖市人民政府卫生行政部门规定的其他情形。

第三十九条 卫生行政部门应当自收到医疗事故争议处理申请之日起10日内进行审查,作出是否受理的决定。对符合本条例规定,予以受理,需要进行医疗事故技术鉴定的,应当自作出受理决定之日起5日内将有关材料交由负责医疗事故技术鉴定工作的医学会组织鉴定并书面通知申请人;对不符合本条例规定,不予受理的,应当书面通知申请人并说明理由。

当事人对首次医疗事故技术鉴定结论有异议,申请再次鉴定的,卫生行政部门应当自收到申请之日起7日内交由省、自治区、直辖市地方医学会组织再次鉴定。

第四十条 当事人既向卫生行政部门提出医疗事故争议处理申请,又向人民法院提起诉讼的,卫生行政部门不予受理;卫生行政部门已经受理的,应当终止处理。

第四十一条 卫生行政部门收到负责组织医疗事故技术鉴定工作的医学会出具的医疗事故技术鉴定书后,应当对参加鉴定的人员资格和专业类别、鉴定程序进行审核;必要时,可以组织调查,听取医疗事故争议双方当事人的意见。

第四十二条 卫生行政部门经审核,对符合本条例规定作出的医疗事故技术鉴定结论,应当作为对发生医疗事故的医疗机构和医务人员作出行政处理以及进行医疗事故赔偿调解的依据;经审核,发现医疗事故技术鉴定不符合本条例规定的,应当要求重新鉴定。

第四十三条 医疗事故争议由双方当事人自行协商解决的,医疗机构应当自协商解决之日起7日内向所在地卫生行政部门作出书面报告,并附具协议书。

第四十四条 医疗事故争议经人民法院调解或者判决解决的,医疗机构应当自收到生效的人民法院的调解书或者判决书之日起7日内向所在地卫生行政部门作出书面报告,并附具调解书或者判决书。

第四十五条 县级以上地方人民政府卫生行政部门应当按照规定逐级将当地发生的医疗事故以及依法对发生医疗事故的医疗机构和医务人员作出行政处理的情况,上报国务院卫生行政部门。

第五章 医疗事故的赔偿

第四十六条 发生医疗事故的赔偿等民事责任争议,医患双方可以协商解决;不愿意协商或者协商不成的,当事人可以向卫生行政部门提出调解申请,也可以直接向人民法院提起民事诉讼。

第四十七条 双方当事人协商解决医疗事故的赔偿等民事责任争议的,应当制作协议书。协议书应当载明双方当事人的基本情况和医疗事故的原因、双方当事人共同认定的医疗事故等级以及协商确定的赔偿数额等,并由双方当事人在协议书上签名。

第四十八条 已确定为医疗事故的,卫生行政部门应医疗事故争议双方当事人请求,可以进行医疗事故赔偿调解。调解时,应当遵循当事人双方自愿原则,并应当依据本条例的规定计算赔偿数额。

经调解,双方当事人就赔偿数额达成协议的,制作调解书,双方当事人应当履行;调解不成或者经调解达成协议后一方反悔的,卫生行政部门不再调解。

第四十九条 医疗事故赔偿,应当考虑下列因素,确定具体赔偿数额:

(一)医疗事故等级;

(二)医疗过失行为在医疗事故损害后果中的责任程度;

(三)医疗事故损害后果与患者原有疾病状况之间的关系。

不属于医疗事故的,医疗机构不承担赔偿责任。

第五十条 医疗事故赔偿,按照下列项目和标准计算:

(一)医疗费:按照医疗事故对患者造成的人身损害进行治疗所发生的医疗费用计算,凭据支付,但不包括原发病医疗费用。结案后确实需要继续治疗的,按照基本医疗费用支付。

(二)误工费:患者有固定收入的,按照本人因误工减少的固定收入计算,对收入高于医疗事故发生地上一年度职工年平均工资3倍以上的,按照3倍计算;无固定收入的,按照医疗事故发生地上一年度职工年平均工资计算。

(三)住院伙食补助费:按照医疗事故发生地国家机关一般工作人员的出差伙食补助标准计算。

(四)陪护费:患者住院期间需要专人陪护的,按照医疗事故发生地上一年度职工年平均工资计算。

(五)残疾生活补助费:根据伤残等级,按照医疗事故发生地居民年平均生活费计算,自定残之月起最长赔偿30年;但是,60周岁以上的,不超过15年;70周岁以上的,不超过5年。

(六)残疾用具费:因残疾需要配置补偿功能器具的,凭医疗机构证明,按照普及型器具的费用计算。

(七)丧葬费:按照医疗事故发生地规定的丧葬费补助标准计算。

(八)被扶养人生活费:以死者生前或者残疾者丧失劳动能力前实际扶养且没有劳动能力的人为限,按照其户籍所在地或者居所地居民最低生活保障标准计算。对不满16周岁的,扶养到16周岁。对年满16周岁但无劳动能力的,扶养20年;但是,60周岁以上的,不超过15年;70周岁以上的,不超过5年。

(九)交通费:按照患者实际必需的交通费用计算,凭据支付。

(十)住宿费:按照医疗事故发生地国家机关一般工作人员的出差住宿补助标准计算,凭据支付。

(十一)精神损害抚慰金:按照医疗事故发生地居民年平均生活费计算。造成患者死亡的,赔偿年限最长不超过6年;造成患者残疾的,赔偿年限最长不超过3年。

第五十一条 参加医疗事故处理的患者近亲属所需交通费、误工费、住宿费,参照本条例第五十条的有关规定计算,计算费用的人数不超过2人。

医疗事故造成患者死亡的,参加丧葬活动的患者的配偶和直系亲属所需交通费、误工费、住宿费,参照本条例第五十条的有关规定计算,计算费用的人数不超过2人。

第五十二条 医疗事故赔偿费用,实行一次性结算,由承担医疗事故责任的医疗机构支付。

第六章 罚 则

第五十三条 卫生行政部门的工作人员在处理医疗事故过程中违反本条例的规定,利用职务上的便利收受他人财物或者其他利益,滥用职权,玩忽职守,或者发现违法行为不予查处,造成严重后果的,依照刑法关于受贿罪、滥用职权罪、玩忽职守罪或者其他有关罪的规定,依法追究刑事责任;尚不够刑事处罚的,依法给予降级或者撤职的行政处分。

第五十四条 卫生行政部门违反本条例的规定,有下列情形之一的,由上级卫生行政部门给予警告并责令限期改正;情节严重的,对负有责任的主管人员和其他直接责任人员依法给予行政处分:

(一)接到医疗机构关于重大医疗过失行为的报告后,未及时组织调查的;

(二)接到医疗事故争议处理申请后,在规定时间内审查或者移送上一级人民政府卫生行政部门处理的;

(三)未将应当进行医疗事故技术鉴定的重大医疗过失行为或者医疗事故争议移交医学会组织鉴定的;

(四)未按照规定逐级将当地发生的医疗事故以及依法对发生医疗事故的医疗机构和医务人员的行政处理情况上报的;

(五)未依照本条例规定审核医疗事故技术鉴定书的。

第五十五条 医疗机构发生医疗事故的,由卫生行政部门根据医疗事故等级和情节,给予警告;情节严重的,责令限期停业整顿直至由原发证部门吊销执业许可证,对负有责任的医务人员依照刑法关于医疗事故罪的规定,依法追究刑事责任;尚不够刑事处罚的,依法给予行政处分或者纪律处分。

对发生医疗事故的有关医务人员,除依照前款处罚外,卫生行政部门并可以责令暂停 6 个月以上 1 年以下执业活动;情节严重的,吊销其执业证书。

第五十六条 医疗机构违反本条例的规定,有下列情形之一的,由卫生行政部门责令改正;情节严重的,对负有责任的主管人员和其他直接责任人员依法给予行政处分或者纪律处分:

(一)未如实告知患者病情、医疗措施和医疗风险的;

(二)没有正当理由,拒绝为患者提供复印或者复制病历资料服务的;

(三)未按照国务院卫生行政部门规定的要求书写和妥善保管病历资料的;

(四)未在规定时间内补记抢救工作病历内容的;

(五)未按照本条例的规定封存、保管和启封病历资料和实物的;

(六)未设置医疗服务质量监控部门或者配备专(兼)职人员的;

(七)未制定有关医疗事故防范和处理预案的;

(八)未在规定时间内向卫生行政部门报告重大医疗过失行为的;

(九)未按照本条例的规定向卫生行政部门报告医疗事故的;

(十)未按照规定进行尸检和保存、处理尸体的。

第五十七条 参加医疗事故技术鉴定工作的人员违反本条例的规定,接受申请鉴定双方或者一方当事人的财物或者其他利益,出具虚假医疗事故技术鉴定书,造成严重后果的,依照刑法关于受贿罪的规定,依法追究刑事责任;尚不够刑事处罚的,由原发证部门吊销其执业证书或者资格证书。

第五十八条 医疗机构或者其他有关机构违反本条例的规定,有下列情形之一的,由卫生行政部门责令改正,给予警告;对负有责任的主管人员和其他直接责任人员依法给予行政处分或者纪律处分;情节严重的,由原发证部门吊销其执业证书或者资格证书:

(一)承担尸检任务的机构没有正当理由,拒绝进行尸检的;

(二)涂改、伪造、隐匿、销毁病历资料的。

第五十九条 以医疗事故为由,寻衅滋事、抢夺病历资料,扰乱医疗机构正常医疗秩序和医疗事故技术鉴定工作,依照刑法关于扰乱社会秩序罪的规定,依法追究刑事责任;尚不够刑事处罚的,依法给予治安管理处罚。

第七章 附 则

第六十条 本条例所称医疗机构,是指依照《医疗机构管理条例》的规定取得《医疗机构执业许可证》的机构。

县级以上城市从事计划生育技术服务的机构依照《计划生育技术服务管理条例》的规定开展与计划生育有关的临床医疗服务,发生的计划生育技术服务事故,依照本条例的有关规定处理;但是,其中不属于医疗机构的县级以上城市从事计划生育技术服务的机构发生的计划生育技术服务事故,由计划生育行政部门行使依照本条例有关规定由卫生行政部门承担的受理、交由负责医疗事故技术鉴定工作的医学会组织鉴定和赔偿调解的职能;对发生计划生育技术服务事故的该机构及其有关责任人员,依法进行处理。

第六十一条 非法行医,造成患者人身损害,不属于医疗事故,触犯刑律的,依法追究刑事责任;有关赔偿,由受害人直接向人民法院提起诉讼。

第六十二条 军队医疗机构的医疗事故处理办法,由中国人民解放军卫生主管部门会同国务院卫生行政部门依据本条例制定。

第六十三条 本条例自 2002 年 9 月 1 日起施行。1987 年 6 月 29 日国务院发布的《医疗事故处理办法》同时废止。本条例施行前已经处理结案的医疗事故争议,不再重新处理。

附录二

常用专业词汇、词组英汉对照简表

A

accreditation of medical malpractice　医疗事故鉴定

accreditation of medical damage　医疗损害鉴定

active euthanasia　主动安乐死

alternative dispute resolution　解决纠纷的替代办法

artificial insemination　人工授精

B

best interests of the patient　患者的最大利益

blood donation law　献血法

burden of proof　举证责任

C

clinical medical quality　临床医疗质量

control of infection　传染病控制

D

damages　损害赔偿

doctor's advice　医嘱

doctor-patient relationship　医患关系

drug administration law　药品管理法

duty of care　谨慎义务

E

electronic medical records　电子病例

emergency first visit responsibility system　急诊首诊负责制

ensuring patient's understanding　确保患者理解

euthanasia　安乐死

expert judgment　专家鉴定

expert opinion　鉴定意见

F

food hygiene law　食品卫生法

food hygiene standard　食品卫生标准

frontier health quarantine inspection　国境卫生检疫

H

health administrative action　卫生行政诉讼

health administrative compensation　卫生行政赔偿

health administrative penalty　卫生行政处罚

health administrative reconsideration　卫生行政复议

health civil action　卫生民事诉讼

health civil liability　卫生民事责任

health criminal action　卫生刑事诉讼

health legal liability　卫生法律责任

health legal relationship　卫生法律关系

health legality　卫生法制

health policy　卫生政策

health regulation　卫生规章

health standard　卫生标准

health supervision　卫生监督

hospital management　医院管理

hospital management regulation　医院工作条例

human rights　人权

humanitarianism　人道主义

I

infectious disease control law　传染病防治法

informed consent　知情同意

international health law　国际卫生法

international health treaty　国际卫生条约

J

jurisprudence of medicine　医学法学

L

law of food hygiene　食品卫生法

law on practicing physician　执业医师法

legal obligation　法定义务

legal duty　法律责任

legal relationship　法律关系

M

maternal and infant health care law　母婴保健法

medical accident　医疗意外

medical damage　医疗损害

medical defect　医疗过失、医疗缺陷

medical dispute　医疗纠纷

medical error　医疗过失、医疗差错

medical history　病历、病史

medical informed consent　医疗知情同意

medical jurisprudence　医事法学

medical malpractice　医疗事故

medical negligence　医疗过失

medical record　病案

medical rules and systems　医疗规章制度

mental compensation　精神赔偿

mental impairment　精神损害

N

negligence　疏忽、过失

nursing error　护理差错

O

occupational disease　职业病

offences　违法行为

patient's consent　患者的同意

patient's rights　患者的权利

population and family planning　人口与计划生育

presumption of negligence　过失推定

primary health care　初级卫生保健

R

red cross society law　红十字会法

refusal of treatment　拒绝治疗

relation between medical treatment and nursing　医护关系

respect for autonomy　尊重病人的自主权

right of access to medical records　(患者)查阅病历的权利

right to liberty and security　自由和安全的权利

right to life　生命权

right to respect for private and family life　隐私和家庭生活的受尊重权

S

sanitary inspection　卫生监督

sanitary standard　卫生标准

science of health law　卫生法学

shift the burden of proof　举证责任转换

system of hospital management and work　医院管理工作制度

T

technical regulation　技术法规

the medical humanities　医学人文学

therapeutic principles　治疗原则

transplant　器官移植

trespass to the person　人身侵害

参考文献

1. 法律出版社法规中心.2015 中华人民共和国医疗法律法规全书. 北京:法律出版社,2015.

2. 罗豪才.行政法学.北京:北京大学出版社,2001.

3. 张文显.法理学. 北京:高等教育出版社、北京大学出版社,2011.

4. 应松年.行政诉讼法学. 北京:中国政法大学出版社,2015.

5. 江伟.民事诉讼法学. 北京:北京大学出版社,2015.

6. 陈光中.刑事诉讼法学. 北京:北京大学出版社、高等教育出版社,2013.

7. 信春鹰.中华人民共和国精神卫生法解读.北京:中国法制出版社,2012.

8. 吴崇其.卫生法学.北京:法律出版社,2005.

9. 孙东东.卫生法学.北京:高等教育出版社,2004.

10. 达庆东,田侃.卫生法学纲要(第 4 版).上海:复旦大学出版社,2004.

11. 汪建荣.卫生法(第 4 版).北京:人民卫生出版社,2013.

12. 樊立华.卫生法学概论(第 2 版).北京:人民卫生出版社,2007.

13. 陈晓阳,沈秀芹,曹永福.医学法学.北京:人民卫生出版社,2006.

14. 刘长秋,陆庆胜,韩建军.脑死亡法研究.北京:法律出版社,2006.

15. 倪正茂,李惠,杨彤丹.安乐死法研究.北京:法律出版社,2005.

16. 张静,王萍.卫生法学.重庆:西南师范大学出版社,2008.

17. 刘鑫.医事法学(第 2 版).北京:中国人民大学出版社,2015.

18. 徐正东,刘博.医事法学.成都:四川大学出版社,2011.

19. 宋文质. 卫生法学(第 2 版).北京:北京大学医学出版社,2008.

20. 沈春明.医事法学案例分析.重庆:西南师范大学出版社,2008.

21. 石俊华.卫生法学概论.杭州:浙江工商大学出版社,2012.

22. 王岳.医事法. 北京:人民卫生出版社,2009.

23. 黄丁全.医事法新论. 北京:法律出版社,2012.

24. 古津贤,强美英.医事法学.北京:北京大学出版社,2011.

25. 杨芳,杨才宽.卫生法学(第 2 版).合肥:中国科学技术大学出版社,2013.

26. 姜柏生,万建华,王炜.医事法学(第 4 版).南京:东南大学出版社,2014.